高速公路管理设施系统设计理论与方法

王建军　宋平兴　吴宜松　编著

人民交通出版社

内 容 提 要

本书比较系统地介绍了我国高速公路管理设施系统的基础知识及其设计方面的技术知识，书中突出了理论和实践相结合，并给出了大量高速公路管理设施系统的图表和示例，主要内容包括高速公路监控系统、通信系统、收费系统、供配电系统、照明系统以及隧道管理设施系统等。

本书既可作为高等院校交通工程、交通运输规划与管理等相关专业本科生及研究生的教材，也适合于从事高速公路管理设施建设和高速公路设施管理工作的工程技术人员及科研人员学习参考。

图书在版编目（CIP）数据

高速公路管理设施系统设计理论与方法/王建军等编著.—北京：人民交通出版社，2008.6

ISBN 978-7-114-07149-2

Ⅰ.高… Ⅱ.王… Ⅲ.高速公路－交通运输管理－基础设施－设计 Ⅳ.U491

中国版本图书馆 CIP 数据核字（2008）第 063189 号

书　　名：高速公路管理设施系统设计理论与方法
著 作 者：王建军　宋平兴　吴宜淞
责任编辑：谢仁物
出版发行：人民交通出版社
地　　址：（100011）北京市朝阳区安定门外外馆斜街 3 号
网　　址：http：//www.ccpress.com.cn
销售电话：（010）85285838，85285995
总 经 销：北京中交盛世书刊有限公司
经　　销：各地新华书店
印　　刷：北京交通印务实业公司
开　　本：787×1092　1/16
印　　张：22
字　　数：511 千
版　　次：2008 年 6 月第 1 版
印　　次：2008 年 6 月第 1 次印刷
书　　号：ISBN 978-7-114-07149-2
印　　数：0001—4000 册
定　　价：38.00 元

前　言

近年来，我国高速公路的发展令世人瞩目，作为现代化高速公路运营、管理的核心，高速公路管理设施系统在保障通行能力和交通运行效率、提高交通安全性、降低交通能耗和交通对环境的影响、提高运输生产力、提高出行的舒适和方便程度、加快建设资金的回收速度等方面起着举足轻重的作用。高速公路管理设施系统涉及的技术领域相当广泛，包括数据通信、计算机网络、多媒体视讯、数据采集与处理、网络管理与设计、信息显示、数据加密与信息安全、防雷接地等技术，此外还涉及到土建、钢结构件、防腐处理等方面的知识。但限于各种原因，目前在高速公路领域从业的技术、管理人员相对来说还比较缺少管理设施系统方面必要的专业知识，这制约了高速公路进一步良性发展，也阻碍了高速公路服务质量及管理水平的进一步提高。因此，需要有一本加强或完善相应从业人员高速公路管理设施系统设计理论与方法知识的专业用书，以满足该领域从事设计和建设的技术人员及高速公路未来发展的需要。

本书立足于现代科技发展趋势，结合多年教学、科研、设计和建设工作的相关经验，比较系统地介绍了高速公路管理设施系统设计理论与方法知识，为高校相关专业本科生、研究生，以及高速公路设计、建设和管理等技术人员提供一本较好的参考书。

全书共分八章。第一章主要介绍了高速公路管理设施系统的总体构成及其需要遵循的设计要求；第二章主要介绍了高速公路监控系统的构成、功能及各主要子系统的设计理论与方法；第三章主要介绍了高速公路通信系统的设计理论与方法及施工质量要求；第四章主要介绍了高速公路收费系统的车道、计算机网络、闭路电视监视、内部对讲、安全报警、联网收费等系统的设计理论与方法；第五章主要介绍了高速公路供配电系统的特点、组成及防雷接地要求；第六章主要介绍了照明功能要求、照明设备选择及节能与控制的设计内容；第七章主要介绍了隧道交通监控、通风、火灾报警、消防、照明及供配电系统的设计理论与方法；第八章主要介绍了高速公路管理设施系统的发展趋势及部分设施系统设计实例。

本书由长安大学王建军、山西省公路局太原分局宋平兴、福建省交通规划设计院吴宜淞编著。其中，第一、三、五章由王建军编写；第七章由宋平兴编写；第二、六章由吴宜淞编写；第四章由范俊玲、贾伟编写；第八章由宋平兴、范俊玲编写。全书由王建军、宋平兴拟定写作大纲和总纂定稿，由吴宜淞、范俊玲负责统稿和核对。此外，参加本书部分资料收集、整理及校对、图表绘制工作的还有：孙世峰、杨佩佩、黄兰华、刘乙橙、张晶晶、常振文。

在编写本书过程中，中咨华科（北京）交通建设技术有限公司的领导和同事们给予了关心和帮助，对本书内容提供了许多宝贵意见，同时本书也引用了部分专著与论文的一些资料，在此谨向帮助本书写作的朋友们表示衷心感谢！

鉴于本书涉及的内容跨度大、学科门类多，加之时间仓促和作者水平有限，书中难免有疏漏和错误之处，敬请读者批评指正。

作　者

2008.3.28

目　　录

第一章　绪　　论

1.1　概述

交通运输体系是国民经济运行的命脉，其流动性、高效益的特性体现了对信息化的强烈需求，推动了交通基础设施信息化建设始终走在各大行业的前列。国内高速公路的发展比西方发达国家晚近半个世纪的时间，从20世纪80年代末开始起步，经历了至1997年的起步建设阶段和1998年至今的快速发展阶段。1988年上海至嘉定高速公路建成通车，结束了我国大陆没有高速公路的历史；1990年，被誉为“神州第一路”的沈大高速公路全线建成通车，标志着我国高速公路发展进入了一个新的时代；1993年京津塘高速公路的建成，使我国拥有了第一条利用世界银行贷款建设的、跨省市的高速公路。截至2007年底，我国公路通车总里程达357.3万公里，其中高速公路5.36万公里。

我们发现，我国交通基础设施的信息化程度正在不断提高，同时，整合部门内和部门间的信息资源，并加快推进标准化工作，已经成为下一步交通运输业信息化建设的着力点。我国交通信息化建设已经取得了阶段性成果，“数字网”已经初步成形，这些都对交通现代化发展起到了重要的推动作用。

2005年以来，高速公路交通基础设施建设项目稳步推进，投资增长速度逐步放缓，下一步现代化“大交通”体系的建设，最需要的就是信息网络技术的支撑。高速公路管理设施系统在保证高速公路安全、高效运行中发挥了越来越重要的作用，其建设情况直接影响其运营管理体系和运营管理模式，而运营管理体系和运营管理模式以及运营管理水平又直接影响了管理设施系统作用的发挥。两者是一个统一的整体。其综合效率是随着科学的发展进步、国家的发展进步程度成正比。我国对智能交通系统（ITS）的研究起步较晚，应用在高速公路系统方面还较少，主要集中在省会一级的大城市。近几年随着改革开放的深入，高速公路建设总里程数量日益剧增，在监控、通信、收费三大系统建设方面的设备、技术及应用领域也在迅速发展，它将与高速公路合为一体成为拉动我国交通经济增长的主要动力之一。

1.2　高速公路管理设施系统

1.2.1　高速公路管理设施系统组成

高速公路管理设施系统是高速公路系统工程建设的重要组成部分。主要包括高速公路监控系统、收费系统和通信系统（简称“三大系统”）以及供配电、照明系统、隧道管理设施系统等其他部分。各系统内部及系统间由通信网联系，如图1-1所示。它是一项复杂的系统工程，是计算机、自动控制、电子、电信等技术的综合应用。它是保证高速公路实现高速、安全、舒适、经济功能的必要组成部分，也是保障高速公路正常运营的必要手段。

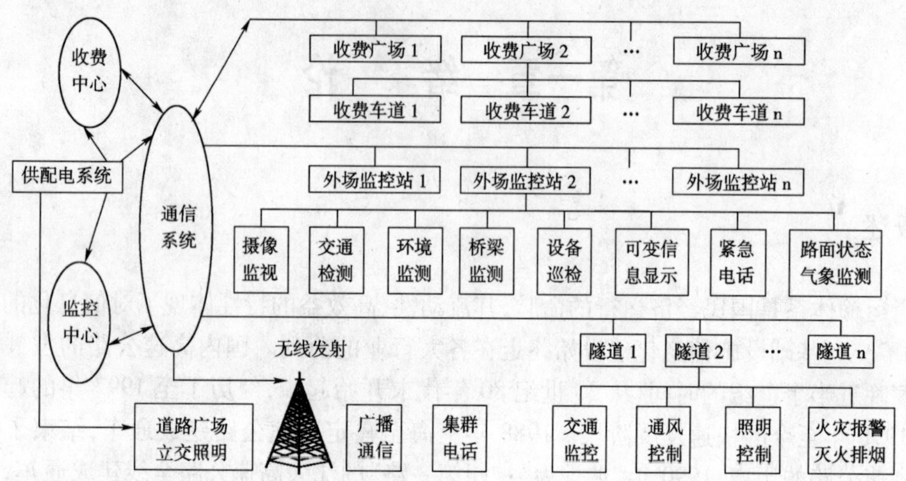

图 1-1 高速公路管理设施系统组成示意图

1.2.1.1 监控系统

监控系统是实现高速公路大流量、快速和安全的指挥调度系统，它是根据交通流、气候、路况及随时发生的意外情况，对车流进行适时指挥。尤其是意外情况会不同程度地对交通状况产生影响，如由于交通事故、车辆故障、道路维修以及恶劣天气等造成的局部交通阻塞，甚至引发二次交通事故。因此必须及时地采用先进的、自动化程度较高的监控系统设备来检测、发现、疏导和处理这些异常事件，保证高速公路的安全和畅通。

1.2.1.2 通信系统

高速公路通信系统是高速公路建设中的重要配套项目和基础设施，它为高速公路各级部门的运营、管理以及沿线设立的收费、监控系统提供话音、数据和图像的传输，它为各种网络服务（如 Intranet，Internet）及会议电视系统提供传输通道。

1.2.1.3 收费系统

收费系统是通过对所管辖段的车流量、汽车类型及收费情况，进行实时地科学统计、分析及数据备份，并对收费广场、车道进行监控，及时处理站区内发生的紧急或异常情况。车道收费系统是对进出口车道的车辆进行收费或发卡，将收费数据实时地存入收费站的管理服务器，在车道本系统内控制通行信号灯、雨篷信号灯、电动栏杆、车道检测器及报警系统。对冲卡车辆，系统可以抓拍冲卡车辆的外形、车号，并自动发出报警信息通知值班人员，及时采取相应的处理措施，维持通道的正常秩序。

1.2.1.4 供配电系统

供配电系统是高速公路管理设施系统必不可少的辅助系统，它的作用是保证 24h 无间断供应电源，既能正常供电，又能紧急供电。正常供电包含变电和配电两部分。变电应建设高压和低压配电房以及装备各种配电箱和配电屏。配电则须沿线布设电缆管道及各种规格电力电缆和控制、通信电缆。紧急供电一般配备柴油发电机组或 UPS 备用电源。

1.2.1.5　照明系统

高速公路照明系统一般包括三个部分:主车道照明、广场(立交和收费站)照明和隧道照明。在运输特别繁忙和重要的路段设置主车道照明,可以改善夜间行车环境,减少事故的发生。立交和匝道连接点是事故多发地区,照明能使 CCTV 摄像机充分发挥夜间监视作用;收费广场普遍采用高杆照明,以保证收费车辆的安全交汇和排队。隧道照明在白天和黑夜都是必需的,隧道内各区段的亮度分布需满足人的视觉适应性;各区段的人工照明亮度需按照环境亮度条件来进行调节;隧道还应设置断电和火灾时的应急照明系统。

1.2.1.6　隧道管理设施系统

高速公路隧道管理设施系统是指在隧道这一特殊路段上,根据交通工程学原理和方法,为使车辆安全、快速、舒适通过而设置的监控、通风、消防、照明、供配电、火灾报警等设施、设备和系统。该系统主要包括:隧道交通监控系统、通风系统、火灾报警系统、消防系统、照明系统、供配电系统等。

1.2.2　三大系统相互关系

高速公路的监控、通信和收费系统都是为运营管理服务的信息系统。收费系统是对收费公路的使用者征收合理费用,偿还修路贷款,提供改善公路路网建设资金的设施;交通监控系统是连续监测道路状况、交通流状态,根据气候、环境、交通流、出入口车辆、道路使用、异常事件等路网的动态变化,对驾驶人提供道路交通状况信息,发出进行、限速、路径诱导等指令,避免道路拥塞和交通事故发生,一旦发现交通事故及异常情况,立即通知路政、排障、交警等部门及时清除故障,输导交通,减少二次事故的发生,保证道路的交通安全,使道路和路网通行能力达到最大化;通信系统是为交通监控系统、收费系统提供数据、图像、视频等传输支持,为运营管理提供语音、视频、数据等多媒体通信服务的支持平台。目前,路段或省域的监控、收费及通信系统多数是自成系统,相互间的信息交汇是比较少的,随着高速公路不停车收费系统和联网收费系统等的应用,一系列整合各类交通信息资源应用的飞速发展,必然要求整合和集成各系统间的信息,从而更好地发挥高速公路安全、高效、舒适、经济的作用。

1.2.2.1　监控系统与收费系统的关系

监控系统与收费系统的联系表现在多个方面,具体说明如下:

(1)收费操作与车道监控

车道计算机在收费操作时,遇到免费车、特种车、逃费车等情况,需要抓拍车道监控图像,并和收费数据一起经过计算机局域网上传到收费站。图像数据由多媒体监控计算机处理、编辑、存储;收费数据由收费计算机统计、处理上传。车道的收费过程需要与车道图像监控配合完成,确保收费数据准确、安全和可靠。

(2)收费识别与监控系统

车道计算机利用车载识别卡与收费车道自动车辆识别系统,并结合监控摄像的牌照识别,获取通过车辆的类型、路由和所属用户等资料,由计算机系统加以判断及分析,给出准确的收费信息。它们也可在不同路径的路网中不停车收费时使用。

(3)收费与监控系统的局域网统一

收费站——收费分中心的收费计算机网络与各监控站——监控分中心的监控计算机网属

于不同类型的虚拟局域网 VLAN,但采用统一的通信平台,在物理层可以是统一的。这种统一应考虑数据的安全性、可靠性和实时性。

(4)收费与监控系统的数据共享

收费系统提供给监控系统的数据主要有出入口交通量信息、收费车道与站开、闭状况,收费站视频监视信息,收费站事件信息,收费系统故障信息,系统与网络管理信息等。监控系统提供给收费系统的数据有收费站与车道的开、闭控制信息,重要车队、特殊车辆通行信息,系统与网络管理信息等。

1.2.2.2　监控系统与通信系统的关系

监控系统与通信系统有着密切的联系,它以通信系统提供的信道作为数据传输通道,通信系统必须提供满足相应条件的通信线路和设备接口。

通信系统为监控系统提供了一个外场设备(监控站)——监控分中心——监控中心的通信平台,该平台支持多种媒体传输,特别是在实时图像数据传输的设计中,应确保实时、时延、连续、抖动等性能。此外,通信系统还需向监控系统提供通信网管理信息,包括通信网络与通信设备状态和通信系统维护计划及状态等。

1.2.2.3　收费系统与通信系统的关系

收费系统要求通信系统提供收费分中心——所辖收费站、收费中心——所辖收费分中心、收费结算中心——所辖收费分中心之间的数据传输通道。为保障收费数据传输的可靠性,应提供上述连接的备份路由。其中,收费中心、分中心与收费站的收费计算机局域网通过主干通信网络和路段通信接入网连接成广域网。

1.3　高速公路管理设施系统设计要求

依据《高速公路交通工程及沿线设施设计通用规范》(JTG D80—2006)规定,高速公路管理设施系统设计应根据交通量增长及路网发展状况采取“总体规划、一次设计、分期实施”的原则做出分期修建设计,但与主体工程相关的基础工程、管道等应在主体工程实施时一并预留或预埋。各系统的分期设计方案应充分考虑到未来科技进步的影响。

1.3.1　高速公路管理设施系统设计的一般规定

1.3.1.1　高速公路的管理设施等级应为 A 级。

(1)A 级管理设施应为用路者提供清晰、完整、明了、准确的公路信息;为公路管理者提供科学、先进的技术手段,保障高速公路运行的安全、舒适与高效。

(2)A 级管理设施应设置管理、监控、收费、通信、配电、照明和养护等设施。

1.3.1.2　管理设施应适应我国高速公路建设的特点,并充分考虑省(市、自治区)内,或区域联网统一管理的规划要求,确定符合项目所在地区特点的联网管理模式。

1.3.1.3　管理机构应根据主体工程总体设计,确定交通工程及沿线设施总体设计及其管理机构的部门、人员定编等,以保证日常管理工作的正常运行,并随交通量增长情况逐步完善。

管理机构的设置涉及国家有关政策、法规、项目所在地区经济发展以及建设单位管理模式、编制等多种因素,其设计应在充分调查研究的基础上,拟定本项目的管理机构方案,采用现代化管理技术与手段,使高速公路充分发挥其整体功能与经济效益。

1.3.1.4　斜拉桥、悬索桥等特殊大桥设置结构监测,或隧道设置监控系统时,应具备主线控制的基本功能和手段,并纳入主线监控系统实行系统集成。

1.3.1.5　供配电设施应设置电力监控,并纳入主线监控系统实行系统集成。

1.3.2　管理机构

近年来,各省(市、自治区)随着融资渠道的不同,联网收费管理模式不同,高速公路的管理体制和机构设置也呈现出多样化的趋势。我国大部分省份都已实行了省内联网,各省均根据本省内高速公路项目的建设特点形成了有助于运营管理的联网管理体制。从几个省的管理现状看,投资渠道比较单一的省份管理体制多采用自上而下的统一管理体制;而投资方式多元化的省份,则采用联合管理的方式。

随着高速公路的发展,为避免重复建设,同时受机电工程设备和系统的技术要求限制,我国大部分省(市、自治区)已完成了机电工程的联网规划。不论是那种投资方式下的建设项目,高速公路管理机构的设置均应服从联网规划,才能实现技术上和管理上的统一。因此,高速公路的管理机构应主要围绕联网收费为主来设置,养护设施、机构、人员的设置和编制应结合项目所在路段情况,根据各项目的路段及行政管理服从整个高速公路管理的统一规定。

综上所述,我们在研究和制定我国高速公路管理体制和收费管理体制时,必须考虑它与高速公路公益性和商品性的双重属性特点的内在要求并与之相适应。高速公路的双重属性特点,也说明了其管理体制既与普通公路的管理体制不同,又不能完全照搬国外高速公路的管理体制模式,而必须从我国国情出发,研究制定出具有我国特色的高速公路管理体制和收费管理体制。

对于管理机构的设置一般规定为:

1.3.2.1　省(市、自治区)管理机构宜设置管理中心、管理分中心、管理站、养护工区等。

(1)管理中心:宜设置收费中心、监控中心、通信中心,负责全省(市、自治区)高速公路的管理与养护,收集监控、收费、运行信息并反馈决策信息,应具备从行政、技术和信息等方面对全省(市、自治区)路网和任一路段进行实时监视、调度、管理和控制的能力。

(2)管理分中心:宜设置收费分中心、监控分中心、通信分中心,负责所辖区域或路段的管理工作,应具备收集、分析所辖区域或路段管理各部门有关资料与数据,随时掌握公路状况和交通情况,实现对公路运行和信息的监视和控制的能力。

(3)管理站:根据行政区划或路段长度、构造物特性以及管理需要,宜设置路段监控站、通信站、收费站、隧道管理站、特大桥管理站,负责所辖范围内交通安全、收费、监控、通信等设备的业务管理和维护,应具备收集、分析、整理公路运行和信息,并按时逐级上报的能力。

(4)养护工区:负责所辖路段的维修与维护,应具备收集、分析所辖路段公路各设施的相关资料、数据,掌握公路运用状况,并按时逐级上报的能力。

1.3.2.2　管理机构的设置

(1)管理中心宜设在省(市、自治区)会城市,每省一处。

(2)管理分中心、管理站、养护工区,宜靠近所辖路段或区域设置。

(3)收费站应设在主线或匝道收费广场的一侧。

第二章 高速公路监控系统设计理论与方法

目前我国的高速公路网正以较快的速度建设和完善,有效地提高了我国的道路快速运输的能力。与此同时,由于我国经济持续、快速、健康的发展,产生了大量的质量要求较高的道路运输需求,因此在某些高速公路易产生交通拥堵、交通事故频发、交通混乱的局面,监控系统发挥了重要作用。监控系统能够提高高速公路的有效利用,是保证高速公路实现高速、安全和舒适功能的必要组成部分,也是保障高速公路正常运营的必要手段,监控系统的建设情况直接影响运营管理体系、运营管理模式。

2.1 概述

在规划设计高速公路的过程中已经充分考虑到要使车辆高速、安全、舒适地行驶,道路景观的美化、道路走向、平纵面线形、车道数量、车道宽度、路面材料、铺装工艺、道路结构物的位置和形式等都将作为设计的出发点。高速公路交通安全设施是在高速公路主体工程确定之后的重要补充,目的仍然是保证车辆高速、安全和舒适地行驶。高速公路主体工程和交通安全设施等静态设施是对稳态交通流提供高速、安全、舒适的基本保障。但是,高速公路建成后的交通状况和道路环境状况不是一成不变的,在很大程度上呈现随机性。这种随机性主要表现在以下三个方面:第一,交通流本身的随机性,即交通流量、行驶速度、车流密度等在一天内、一年内和若干年内都是变化的,车辆的驾驶行为如加减速、转移车道等呈现着更大的随机性;第二,交通干扰的随机性,即交通事故、车辆抛锚、物品散落、道路维修工程等都对高速公路交通产生严重干扰,这些事件发生的时间、地点都是随机的;第三,气象环境变化的随机性,如白天黑夜、进出隧道、恶劣天气等都对驾驶行为造成影响。高速公路监控系统正是针对这些变化着的道路交通状态而设置的,它将进一步确保高速公路的高速、安全和舒适。

高速公路监控系统从安全和效应角度讲,可为人类节约时间和金钱,减少交通伤亡,提高人们的生活质量。因此高速公路监控系统已经成为世界各国极其关注并下大气力进行研究开发的重要科学研究领域,同时它也代表着21世纪智能交通运输体系的发展趋势。

2.1.1 高速公路监控系统的定义

所谓高速公路监控系统,是将先进的信息技术、数据通讯传输技术、电子控制技术以及计算机处理等技术综合运用于地面运输管理体系而建立起的一种在大范围内、全方位发挥作用的,实时、准确、高效的公路运输综合管理系统。高速公路应用监控系统对高速公路进行全面的监视和控制,对高速公路的正常运行和发挥其效益起着极为重要的作用。

所谓"监视"就是指利用路面、路旁的数据采集、检测设备和人工观察,对道路交通状况、路面、天气状况和设备工作状况等参数进行实时观察和测量,并通过通信系统传送至监控中心控制室。

所谓“控制”就是依据监视所得到的各种数据，由监控中心控制计算机或监控员按照一定的模式进行分析、判断和决策，并将最终的决策结果和下达的控制命令通过通信系统传送到信息发布设备(可变情报板和可变限速标志)、收费口控制设备或匝道控制设备，将路况及各种控制信息提供给驾驶人员，以促进行车安全，提高行车效率；对于引起延误的事件，迅速响应，提供紧急服务，并快速排除事件，把事件引起的延误控制到最小值，从而达到调节和控制道路交通状况的目的。

2.1.2　高速公路监控系统的功能及特点

2.1.2.1　高速公路监控系统的功能

根据高速公路监控系统的设置宗旨，它应当具备以下三个方面的功能：第一，信息采集功能，即运用现代科技手段实时采集变化着的道路交通状态，包括交通信息、气象信息、交通异常事件信息等；第二，信息的分析处理功能，即对采集的实时道路交通状态信息进行数据化、可视化处理，包括对交通运行状态正常与否的判断、交通异常事件严重程度的确认、交通异常状态的预测、对已经发生或可能发生的异常事件处置方案的确定等，并进行交通运行数据信息和图像信息的统计，为监控人员了解和分析道路当前和历史状况，进而提出调度控制的决策，提供确凿有力的依据；第三，信息提供功能，即利用计算机网络、数据通信、专家系统等现代化手段，及时应对交通动态情况，沿途发布提示信息，包括对驾驶人提供道路交通状况信息，对行驶车辆发出限制、诱导等建议性指令，对交通事故和其他异常事件的处理提供处置指令，对信息媒体或社会提供更广泛的使用高速公路的信息，进行全程合理调度，以促进交通的安全畅通。具体而言，高速公路监控系统一般应具有以下基本功能：

(1)实时采集道路交通量、车道占有率、车速等路况状态信息；

(2)实时采集风力、风向、气温、路面温度、路面湿度、能见度、结冰度等环境状态信息；

(3)专项图像监控功能，如用视频系统监视桥梁、隧道、收费站出入口等重点防护部位的车流通过情况，探测和确认交通事件等；

(4)根据采集的实时交通信息，迅速做出有针对性的分析处理和优化控制方案，并立即执行；

(5)统计查询功能，即系统对数据库服务器上的数据进行处理生成历史数据，以便在需要时供用户进行统计、查询等，复制和调出历史数据进行各项分析、处理工作；

(6)对发生的交通事故能够做出快速响应，进行交通疏导，迅速排除事故和提供救援服务；

(7)通过建立多种信息发布渠道，为用户提供信息服务，以达到交通流的动态平衡；

(8)建立道路交通数据库，用以支持道路运行状态状况评价，为改善道路经营和交通管理的决策提供数据分析；

(9)自动数据备份和系统恢复功能，即系统具有数据自动备份功能，能实时自动地将重要数据进行备份，一旦系统受到破坏，可以尽快地恢复系统运行；

(10)自检与报警功能，即监控系统具有对系统软、硬件，监控室设备及所有外场设备的自动检测和报警功能，以提示值班员进行相应的处理；

(11)安全功能,即系统对不同层次和职责的监控人员,分别设置不同的操作使用权限,设置不同的操作口令和密码,防止越权存取和修改,保障数据的完整性;

(12)系统设备应具有一定的冗余设置,以确保系统的可靠、安全。

2.1.2.2　高速公路监控系统的特点

高速公路监控系统是通过采集的各种交通信息,按照规范的策略,合理地运用交通调度方案,引导、限制和阻止交通流,减少交通事故的发生率或事故中断的交通时间,以提高高速公路的有效性和安全性,其主要特点有:

(1)高速公路监控系统覆盖的地域面很广,监控设备分散,对环境的适应性要求高。

(2)传输媒体种类多,有语音、图像、数据等,对通信带宽和实时性要求较高。

(3)高速公路监控外场设备种类繁杂、原理不一、接口多样、速率不同,维护管理有一定难度。

(4)涉及的技术领域面很广,包括计算机网络、视频监视、数据采集与处理、通信协议、多媒体图像处理、计算机软件设计、交通控制策略等。

2.1.2.3　监控过程

高速公路监控系统监控的对象为交通流,是在中心控制子系统的统一管理下,通过高速公路沿线的车辆检测器、气象检测器、环境检测器等信息采集设备,准确统计道路交通数据,有效监测道路的交通、气象状况,及时掌握道路运营状况,将交通量分布、气象参数、车辆运行情况等信息及时采集到监控中心,经计算机处理形成交通控制方案,再通过可变情报板、可变限速标志发布诱导信息,从而合理地引导、限制和组织交通流,使高速公路的交通流始终保持在最佳的运行状态,及时发现和处理交通事故并减少交通事故的发生率,提高道路通行能力。监控中心和监控外场设备经过通信系统进行信号传输。监控中心设有大屏幕投影和地图板,可动态显示每一区段交通运行状态、设备工作状态和报警位置;计算机系统可对交通数据进行处理、记录并生成各种报表。

交通流的闭环控制系统功能方框图如图2-1所示。输出为处理运行状态,输入为控制指标,受控对象为交通流,道路、交通和气象环境等各种影响交通流的因素作为系统的干扰输入;表征交通流状态特征的信息历经采集、处理、决策和执行各个环节,遵循反馈控制原理,按预定指标完成控制任务。

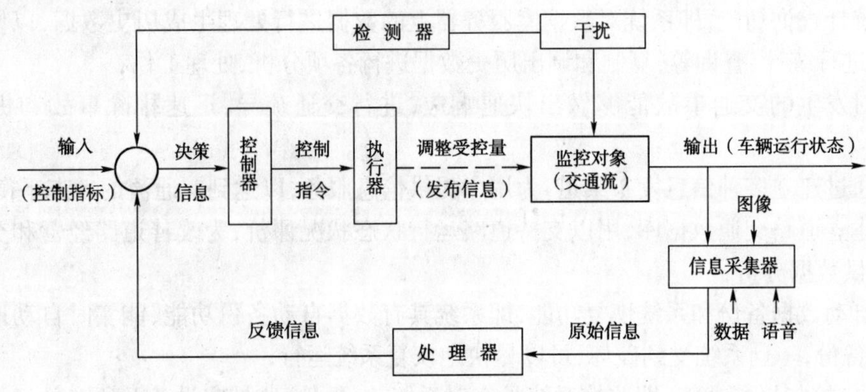

图2-1　监控系统功能方框图

受控对象——交通流的状态特征随路段位置和事件而变化,具体表现为交通量、车速和交通密度等物理量的变化。这些变化由系统内部供求变动和外界干扰造成。表征交通流状态特征的各种参数由布设在各个路段的传感器检测出来并传给下一环节。这些原始检测信号不可避免地会混入噪声,需要经过处理器对其滤波和统计分析,以对表征输出特征的状态参数进行估计,并反馈给控制器。大部分干扰是可测的,把测出的干扰信号也输送给控制器(或人);控制器(或人)根据特定的性能指标和环境约束条件,使用经过辨识的模型,对反馈信息进行优化计算,确定控制策略,选定控制参量的标称值,执行控制。

为了探测交通事件,对交通流需要掌握更详细的情况。布设在少数断面的传感器无法提供细节,为此在各路段的必要地点设置有摄像机和紧急电话,采集图像、语音信息,由人的视觉、听觉感官对这些信息进行补充识别、判断;当出现事件或事故时,由人组织医疗、消防、车辆救援等部门,并通过计算机网络控制事故现场邻近路段的交通,统一指挥和处理。

由上述分析可以看出，高速公路监控系统只有一个，但针对不同的情况和管理目标，系统的运行过程并不完全一样，而是各有侧重。以安全和设施完好为目标的监控过程具有以下特点:

(1)监控和管理紧密结合,表现为人参与监控过程的各个环节,时滞较长,人员素质对效果产生较大影响。

(2)监视和监测为人的决策提供信息,监视和监测在监控过程中具有重要地位。

以道路畅通为目标的监控过程特点表现为:

(1)在执行控制环节上需要驾驶人参与,人的素质仍然影响控制效果,使控制具有一定程度的不确定性。

(2)其他环节都可由器件自动执行。目前大多数环节有计算机或微处理器介入,形成计算机控制网络,及时性和准确性都较好,为优化控制提供了一定的条件。

2.2　高速公路监控系统的设计目的及原则

2.2.1　高速公路监控系统的设计目的

高速公路监控系统是对高速公路交通流运行状态及其交通设施和交通环境的监测(视)与对交通流行为的控制。由信息采集、数据传输、中心控制、信息发布、现场监控站和各级监控中心等组成监控系统,是实现高速公路运行管理的主要手段。高速公路监控系统设计的目的是保证行车“安全”和道路“畅通”,在此基础上再实现高速、环境保护等其他目标。

2.2.1.1　设计目的

安全和交通事故相关联,事故不仅造成经济损失,也使车道堵塞,车速降低,行车延误时间加长,无法保持道路的畅通。保证行车“安全”是维持道路“畅通”的前提条件,两者紧密相关。

(1)最大行车安全

从总体上讲,由于高速公路是全封闭、全立交,供机动车辆分向行驶,因此其安全性优于普通公路。但是,高速公路交通量大,车速高,一旦出现交通事故,车辆的排队长度、堵塞时间、车辆损坏和人员伤亡程度都较普通公路严重,即恶性事故多。大雾天气的偶然驾驶差错,能造成很多车辆追尾。因此,对高速公路的行车安全应有更高的要求,监控系统将行车安全作为主要工作目标之一。

事故原因来自车辆和交通环境两个方面:车辆不安全因素为驾驶人操作差错,酒后开车或车辆故障失控等;人们将恶劣气候、道路失修和交通事件(各种意外原因使车道被暂时堵塞)归纳为交通环境干扰产生的不安全诱因。高速公路监控系统的主要工作就是确定各种环境诱因,掌握它们诱发交通事故的机制,检测其状态值作为预报或预警,并采取相应的对策。

高速公路交通事件出现频繁,事件一旦出现,跟随而来的是偶发性交通拥挤,而且容易诱发成交通事故;由于高速公路偶发性事件产生的地点、时刻具有不确定性,因此,监测交通事件的出现成为安全监控的重点。大型桥梁、隧道等关键交通设施尤其需要重点监控。

(2)道路畅通

道路畅通是指没有堵塞现象,车辆能够持续以理想车速运行的状态。这是公路运输最基本也是最重要的条件。实际运行环境存在着各种各样影响道路畅通的干扰因素,交通监控的目标是通过对交通流状态的监视来预防事故发生、减轻拥挤程度、排除堵塞、恢复道路的通畅。

车辆群在公路运行称为交通流,它是主要监控对象。畅通和拥挤是交通流的两种对立运行状态,畅通受到干扰就会变为拥挤。要维持道路畅通,首先要掌握交通流现时的状态和检测出各种干扰目前的状态和变化趋势;要对所掌握的上述信息进行处理分析,提供能减轻或消除拥挤的控制措施并迅速执行。这里存在两个问题:一是需要了解的信息能否得到,即监控对象和干扰的可测性;二是控制措施能否实施,即对象的可控性。

最常见的交通堵塞现象为常发性拥挤。产生常发性拥挤的基本原因是道路通行能力和交通流量(交通供求双方)不平衡,外界干扰只起激发作用。因此,应及时测出发生拥挤的路段、时刻、性质和程度,对交通流量(需求方)进行调节控制,以维持道路畅通。整个监控过程要求在尽可能短的时间内完成。时滞过长,阻塞车辆增多,排除拥挤更为困难。为此,将由具有快速响应能力的电子器件按自动控制原理组成监控系统,实现消除拥挤的控制作用。但是,对需求方的控制只能通过驾驶人来实现,人所表现的时滞和不准确性使整个过程具有弱控性,成为交通控制一大特点。

(3)交通设施状态完好

公路交通设施由路、桥、隧道等土木建筑物和各类机电设备组成。任何设施失效都将使公路运输系统丧失部分功能,影响正常运行。设备失效大都有一个从量变到质变的过程,即存在征兆,采用针对性强的检测器可以探测出来。监控系统应该通过各种检测设备轮回采集主要设施的工作状态,做出评价。当设备发生故障时,系统能够快速做出诊断和报警,并及时进行相应的抢修维护。

机电工程投资通常占公路总投资的10%~15%,但它可提高道路通行能力达30%以上。机电设备应具有自诊功能,在系统建设时,应明确提出主要机电设备的保护和自检要求,使各个子系统能保持良好的工作状态。

(4)其他优化目标

为了向用户提供优质服务,使得高速公路获取更大的社会和经济效益,对监控提出若干优化目标:如用户总旅行时间最小;车辆总行驶距离最大;油耗量最小和对环境的污染最小等。人们正在对这些控制方案进行理论研究和系统试验,相信今后能投入使用。

2.2.1.2　高速公路监控系统的任务

高速公路监控系统为确保车流的高速、安全、舒适,要解决的主要问题就是拥挤和危险。其具体任务可归结为以下几个方面:

(1)减少高速公路常发性拥挤的影响;

(2)减少偶发性拥挤的影响;

(3)获得最大的运行安全;

(4)提供必要的信息,帮助使用者有效地利用高速公路的各种设施,并减轻他们在脑力和体力方面的紧张程度;

(5)给在高速公路上遇到困难的使用者提供援助;

(6)减轻交通事故对环境和人类的危害。

2.2.2　高速公路监控系统的设计原则

高速公路监控系统设计的主要目的是通过对高速公路全线的交通流量检测、交通状况监测、环境气象检测、运行状况监视、产生控制方案,从而达到控制交通流量、改善交通环境、减少事故,以使高速公路达到较高的服务水平。为了达到此目的,在监控系统的设计中应遵循以下几点原则:

(1)遵循集中管理、统一规划、统一标准、分期实施的原则;

(2)遵循技术先进、安全可靠、经济实用、兼容性强、易扩容和升级、便于维护管理的原则;

(3)系统技术标准统一,严格执行国际标准,国家标准和专业标准;

(4)应满足分期建设的需要,预留接口,便于升级、扩展,避免由于技术的发展、路网的变化而带来的投资浪费。

除此之外,在高速公路监控系统设计中还应注意下面几个关键性的问题。

①监控系统体系结构的确定;

②监控策略的选择;

③外场设备的布置;

④信息的传输和控制方式。

其中,监控系统体系结构的确定,监控策略的选择起着至关重要的作用。

2.3　高速公路监控系统构成

高速公路监控系统是一个地理范围分布很广的系统,从监控中心的硬件设备到高速公路沿线布设的一系列外场设备都必须进行统一协调的管理。

从控制理论角度考虑系统,高速公路路段多且相互关联,受控变量和控制量既多又随时间作不确定的变化,还要求多种控制目标,这使得对各路段进行集中式最优控制困难很多,难以达到预期控制效果。从管理角度分析,要求对各路段交通情况能及时、准确了解,对出现的各类交通事件能够迅速、有效地做出响应。

2.3.1 高速公路监控系统管理体制

高速公路监控系统管理体制的研究就是根据整个高速公路的路网情况，监控系统要达到的目标，本着便于管理的原则，制定合理的监控系统的层次结构。

根据高速公路里程长短、道路状况和监控功能需求的不同，监控系统模式有集中式和分布式等形式。对于集中式而言，一条高速公路只有一个监控中心；对于分布式而言，一条高速公路可能有一个监控中心，下辖若干个监控分中心，每个监控分中心管辖一个路段上的若干监控站。

一般来说一条长 50km 以下的高速公路，一般只有一个监控中心，对于更长的高速公路而言，则设一个监控中心，同时下设若干个监控分中心，每个分中心管辖各自路段，监控中心对分中心进行协调管理。对于多条高速公路路网而言，须增设省监控总中心对各监控中心进一步协调管理。为了管理方便，目前我国大多数高速公路都采用由下至上、分级分散监控管理方式。一个高速公路监控网络系统可分成一个监控中心和若干各级监控分中心的多级分层的分布式系统构架，高速公路监控系统的设计通常是基于客户/服务器(Client/Server)的三级分布式的系统构架，如图 2-2 所示。相应地，高速公路监控系统也分为监控中心和监控分中心两大系统，监控中心负责协调分中心的工作，设有大型监控室，三个层次用计算机网络远程联系，形成多级计算机网络监控系统。

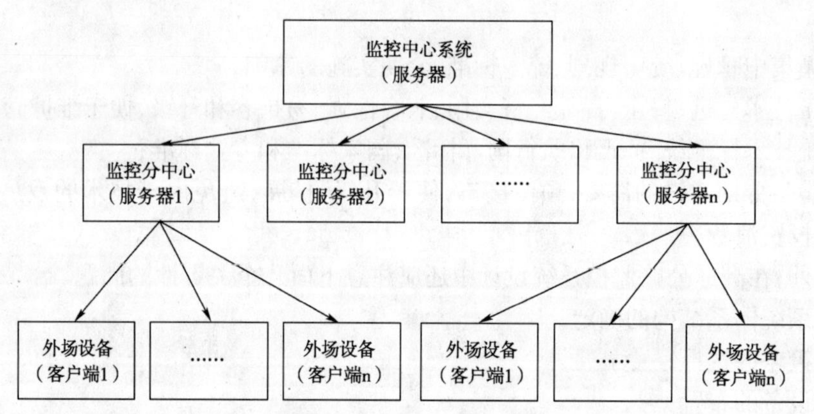

图 2-2 高速公路监控系统构成图

2.3.1.1 监控中心

监控系统之所以成为系统，完全要依靠监控中心发挥核心指挥作用。正是由于监控中心的存在，分散、孤立的道路、交通、环境、事件信息等才能综合成反映道路实际运行状态的完整的图画；也正是由于监控中心的存在，才能使高速公路发挥总体的路段、路网优势，使道路使用者有意识地使用最佳行驶路线。

监控中心是随着高速公路的需要而建立和发展起来的。在高速公路建立初期，由于交通量不大，监控中心可能非常简单，但随着交通的发展，监控系统也在不断发展，监控中心也随之越来越完善，作用也就越来越明显。监控系统从一个孤立的、负责单个路段的单一系统逐步发展成大范围的综合信息网络，监控中心可能成为路网的总中心，成为一条高速公路的中心和一个路段的分中心等(不同层次)。对于拥有多条高速公路的路网而言，监控中心对每一条高速公路的监控分中心，进行统一协调的管理。

监控中心不负责直接采集外场设备的数据，而是负责对全局的宏观管理，实时接收各监控分中心所上传的数据，对上传的数据进行分析后形成协调命令发送到各监控分中心，任务量比较小；在高速公路里程较短或独立的特长隧道、特大桥等特殊路段，没有设监控分中心的管理系统中，该监控中心完成与多级管理系统中监控分中心相同的功能。一般来说，监控中心的结构，如图2-3所示，相应地，监控中心的功能可分为接收数据和协调命令生成两个功能。

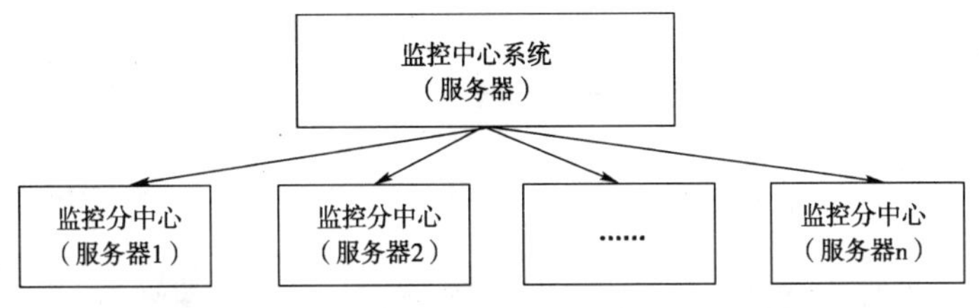

图2-3　监控中心结构图

2.3.1.2　监控分中心

在高速公路路网中，每一条高速公路都设有一个监控分中心。监控分中心控制系统的功能是负责监视协调高速公路全线的交通运行状况及监控系统的运行状况，完成所辖区内路段的日常交通管理，包括信息处理、控制决策和下达控制命令等具体实施道路的监视与控制的职能。另外还负责向上一级监控中心上传监控数据，接收监控中心发布的协调命令，并与相关路段监控系统交换信息，把终端设备收集来的数据进行加工、处理，确定外场设备信息发布内容，然后再向终端设备发出工作指令，以实现交通控制与管理的目的。

监控分中心是进行高速公路交通控制与管理的核心部分，相当于整个高速公路监控系统的总决策部、总指挥部。为了监视所属路段的交通情况，配置有闭路电视系统（CCTV）；设立入口匝道控制系统，以便对所属各路段收费匝道入口交通量进行控制，管区内各种设备的状态也由监控分中心监视。区段的紧急电话都接通到监控分中心监控室，以便接收紧急电话的求助信息，随时发现高速公路上可能发生的有关事件，并与交警、路政、排障等部门联系，及时组织处理重大事故。

为完成上述任务，监控分中心设有一个面积较大的监控室，配备各种专用控制台，装有大、小多种显示屏幕，并配有采集、监视、处理、存储、决策、联系、指挥用的多台计算机及通信设备。监控分中心的结构，如图2-4所示。

2.3.1.3　监控站

监控站是底层的监控单元，担负着信息采集和执行控制两大任务，即将现场设备采集的各种数据汇集起来，进行初步处理后，通过通信单元将数据送到监控分中心或监控中心；将监控分中心或监控中心的控制信号传送给外场终端设备，执行控制指令。

监控站一般设置在收费站、长大桥梁及隧道处，在这些关键点附近安装有交通数据检测器、环境检测器、可变信息显示器和摄像机等外场设备，这些设备紧靠基本路段一侧的路肩外，其监测、处理、和通信单元（模块）分别安装在各自的机箱内。如图2-5所示，监控外场设备采集的数据先送入监控站，由监控站将各种数据通过通信系统传输到监控中心或分中心。

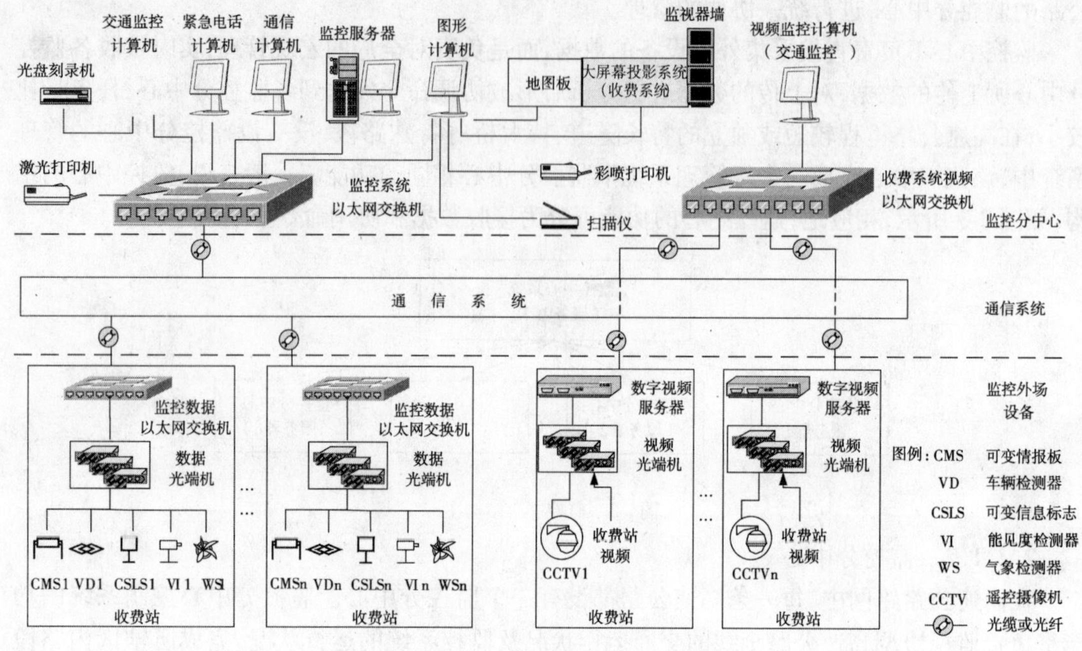

图 2-4　监控分中心结构图

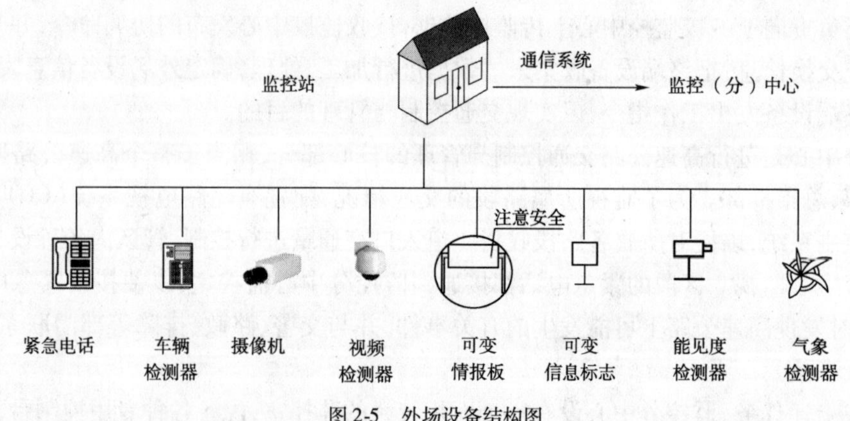

图 2-5　外场设备结构图

2.3.2　高速公路监控系统体系结构

为反映监控系统中的内在关系，根据监控系统的功能要求和设备特点，可将监控分为交通参数及道路环境信息采集子系统、CCTV 闭路电视监控子系统、交通控制子系统、交通诱导信息子系统、高速公路监控计算机网络系统及各类外场设备等系统，如图 2-6 所示。

(1)高速公路监控计算机网络系统。通过计算机网络系统，可以将数据采集、交通控制、交通信息诱导等其他子系统连接为一个有机的整体，使之真正成为一个功能强大的控制系统。计算机网络系统设备主要包括计算机硬件设备和监控系统应用软件。计算机硬件设备包括交换机、服务器、客户机、打印机、路由器、调制解调器等，监控系统应用软件包括计算机操作系统、数据库系统、计算机网络管理系统、软件等。

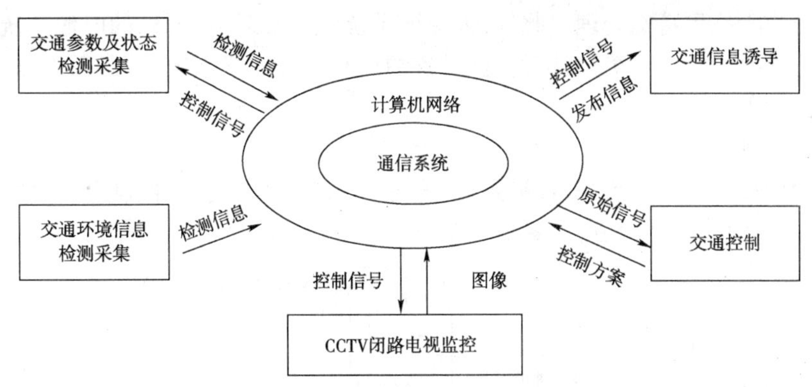

图 2-6　监控系统体系结构图

(2)交通参数及道路环境信息采集子系统。该子系统将所采集的数据,如车辆检测器采集的车流量数据,气象监测器等采集高速公路各地段的温度、湿度、能见度、雨雪雾天等气象数据,及时、准确地送至监控中心,同时根据原始数据进行统计运算,生成各类报表。

(3)闭路电视(CCTV)监控子系统。高速公路的闭路电视监控环境是一个典型的大规模的闭路电视监控环境,控制中心要及时了解各收费站的运营情况、车道情况,对紧急事故实时做出处理等。闭路电视子系统由摄像机、解码器、云台、光端机、图形计算机、监视器、投影仪、矩阵切换器、多画面分割器、录像机、控制键盘及附属设备等组成,实施交通状况的视频图像实时采集及图像抓拍,重要车辆的追踪监视等。

(4)交通控制子系统。该子系统对所采集的各路段交通和气象原始数据进行处理和分析,并综合各相关数据,通过专家系统生成最优的路网调度和交通控制方案。交通控制方案包括交通控制目标、交通控制方法、交通控制参数等。其中,控制参数以一定的控制形式作用于交通流,控制方法可以分为匝道控制、主线控制和通道控制三大类。控制算法中有基于稳态交通模型、动态交通模型的准确推导方法、基于模糊理论的算法、基于神经网络原理的算法等,这些算法理论在实践和交流中不断得到发展和完善,为高速公路交通控制奠定了良好的理论基础。

(5)交通信息诱导子系统。高速公路交通诱导子系统是最优的路网调度方案执行者,其进行相关信息的发布,对交通流进行引导和控制,以提高道路网通行能力。该子系统包括指挥信息的可变情报板系统、可变限速诱导系统,向车辆提供准确的交通状态和警告,通过通信网络的路政、养护、高速巡警等监控计算机终端显示以及电台、电视台、报纸等媒体报道通告道路状况、路径诱导提示等信息,在宏观上进行交通流的调控诱导。

2.3.3　高速公路监控系统主要设备构成

为实现监控系统的功能要求,需要配备各种设备,根据这些设备需要安装在不同的位置,根据其位置分布的特点,总体上可分为两大类:室内设备和外场设备。室内设备包括监控站、监控分中心、监控中心放置的设备;外场设备为放置在室外的设备。不同的工作环境,要求设备具有一定的环境适应性。如外场设备放置在野外,工作条件恶劣,因此,一些外场设备要考虑安装工作(防止被破坏、损伤)、隔热、防腐、通风、防水等处理,在雷雨比较多的地区,要处理好设备的防雷和接地。在特殊地段,设备会受到其他系统的信号干扰而影响设备的正常工作,需要进行屏蔽防干扰等特殊处理。此外,为保证系统的正常运行,可靠的电源系统和防雷、接地系统是十分必要的。在系统设计时根据设备的功率合理配置系统电源,保证系统主要设备在不间断电源的条件下工作。

2.3.3.1 监控室设备

监控室内应设有计算机系统、投影系统、地图板、闭路电视设备、控制台、紧急电话控制设备、UPS 不间断电源等硬件构成,如图 2-7 所示。

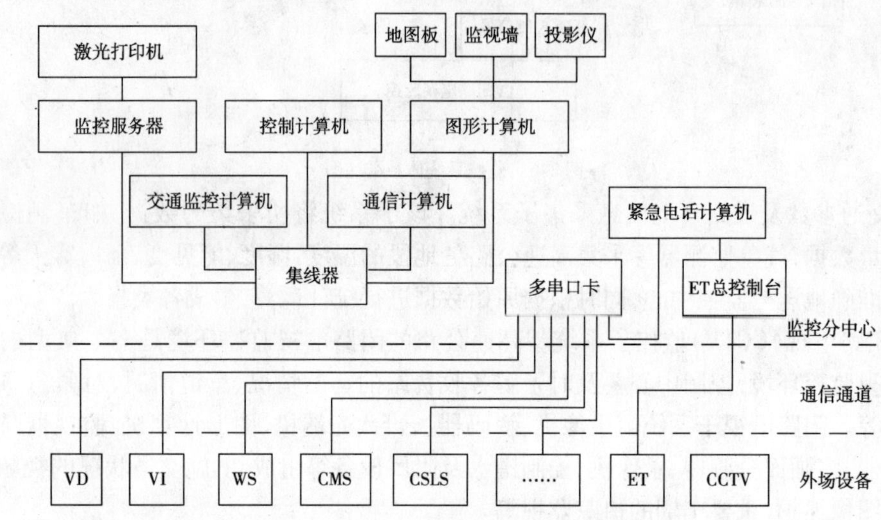

图 2-7 监控室硬件结构图

(1)中央控制室:服务器一台、以太网交换机一台、数据采集(设备通信)计算机一台、交通控制计算机一台、信息管理计算机一台、电子地图显示(图形)计算机一台、视频监控计算机一台、紧急电话计算机一台以及数据光端机,主要负责各种数据的运算处理、分析判断,并根据预定的方案做出控制决策。一般配备有中央处理装置及操作系统、信息收集系统、信息显示系统等几个辅助处理装置。为防止因故障而中断,还配备有备用机,配备的数量由业务规模决定。

(2)交通状况监测装置:设置在中央控制室内的交通状况监测装置,通常采用三种图形显示板,即沿线地图模拟监测板、交通数据监测板和交通限制监视屏。

(3)操作台:管理人员通过操作台的各种键盘操作,实现与系统之间的信息交换。主要内容包括:高速公路上的各种道路信息板显示内容的变更,闭路电视摄像机遥控,闭路电视监控器的切换和编辑,沿线地图模拟监测板的显示和操作,交通限制的实施操作,隧道防灾设备的控制与操作等。

(4)其他设备:如打印机、传真机、光盘刻录机及数据通信设备,各种办公自动化设备,不停电电源(UPS)设备等。

随着电子技术的不断发展,中央控制室的设备也将不断更新和增加。

2.3.3.2 监控外场设备

外场设备为布设在高速公路两侧,可检测道路交通数据、气象数据或显示诱导信息等设备。

(1)环形线圈车辆检测器(VD):检测道路交通数据,埋设在主线路面下,一般至少每个路段设一组。当车辆通过埋设在路面下的环行线圈,车辆检测器就可检测出通过该车道的车流量、车辆速度、车辆占有率等。车辆检测器包括控制单元和磁性线圈两部分。其中控制单元有数据处理微型计算机、检测单元和通信控制单元；磁性线圈采用双线圈工作模式。

(2)能见度检测器(VI)：能见度检测器有两个发射器和两个接收器，发射光源为高亮度红色光源，散射角度为35°，检测范围为30～20000 mm。

(3)气象检测器(WS)：检测道路气象数据，一般设在气象变化较严重的路段，除可以检测风力和风向、大气温度和湿度以及路面温度和湿度外，还可以给出路面结冰预报。

(4)闭路电视摄像机(CCTV)：沿线设置闭路电视摄像机，用来监视重点地段的交通状况。

(5)可变限速标志(CSLS)：可变限速标志用来显示40、60、80、100、120 km/h限速指示。限速显示既可固定，也可以是跳闪的，可进行8级自动和人工调光控制。另外，为了保证该设备工作的可靠性，还采用了双光源自动切换技术。光源为卤素钨丝灯，使用寿命800 h。光纤孔视角为6°，可满足道路使用者在100 km/h速度行驶时在250 m以外确认显示数字。

(6)可变情报板(CMS)：可变情报板可显示各种图像和文字，通告各种交通情况和气象信息，发布交通指令，保证交通行车安全。所显示的图像和文字既可以事先编制、存储在可变情报板控制器内，也可在可变情报板的计算机随时进行编制再发布。

①大型可变信息标志：可显示文字、图形信息的LED大型电子显示屏通过龙门架，横跨道路半幅，一般设在高速公路出口之前或道路的起终点；

②小型可变信息标志：可显示文字、图形信息的LED小型电子显示屏，一般为方形，立于道路入口处。

(7)紧急电话分机(ET)：按每公里一对的原则，在高速公路两侧设置了紧急电话分机，为道路使用者提供单向呼叫、双向通话服务，紧急电话分机的音量为90 dB，失真小于3%，电源为免维护充电电池。

2.4　高速公路监控计算机网络系统

2.4.1　高速公路监控计算机网络系统概述

随着科学技术的迅猛发展，计算机在社会中的地位越来越高，网络技术已广泛应用于各行各业，各个单位的计算机软件、硬件资源也同样得到了充分的发挥。局域网LAN(Local Area Network)是计算机网络系统的一种，它指的是在较小的地理范围内，将有限的通信设备互联起来的计算机网络，它只是一种通信网，仅有OSI参考模型的下三层，具有共享信道的拓扑结构，较简单的低层协议的特点，局域网是在多终端系统(也称紧耦合多处理系统)和远程网技术基础上发展起来的，由多台主机互联，资源由全网提供，也由全网共享，并且局域网大多采用分布式控制，便于系统的扩展，提高了系统的可靠性，可用性和残存性，系统响应速度快。

一般来说，各条高速公路的计算机监控室是由若干台计算机组成一个局域网，局域网又是通过广域网来连接的。因此，我们在设计、规划一个计算机网络时，要从局域网和广域网两个方面来加以考虑和研究。

2.4.1.1　高速公路监控计算机局域网系统设计的总体原则

我们依据计算机网络实验室建设的先进实用性、符合标准性、开放性、灵活可扩充性、安全可靠性的设计原则,以标准化、规范化为前提,开展系统分析和系统设计。

(1)开放性原则。只有开放的,符合国际标准的网络系统才能够实现多厂家产品的互联,才能实现网络系统同其他单位及其他系统的互联。

(2)可扩充性原则。具有良好扩充性的网络系统,可以通过产品升级,采用新技术来扩充现有的网络系统,以减少投资。

(3)可靠性原则。网络平台必须具有一定的可靠和容错能力,保障在意外情况下,不中断用户的正常工作。

(4)可管理性原则。网络系统应支持 SNMP(简单网管协议),便于维护人员通过网管软件随时监视网络的运行状况。

2.4.1.2 高速公路监控计算机局域网系统的设计方案

(1)主干网络可选择 100Mbit/s 的速度交换以太网;

(2)服务器和工作站点分别以 100Mbit/s 的速度连接主干网;

(3)多协议、多介质交换能力;

(4)采用模块化结构,多网段支持能力,易于扩充;

(5)可平滑升级到千兆网;

(6)支持端口交换功能、虚拟网;

(7)可通过网管中心利用网管软件进行统一的管理和配置。

局域网系统设计的设备选型要求交换机能够完整支持各种以太网技术,为高性价比的工作组网络解决方案提供高可靠性,高扩充性和简便安装性等强大能力;同时具有即插即用、灵活性、增强堆叠能力、投资保护、管理简便、以太网/快速以太网/千兆以太网交换等特点。

2.4.1.3 高速公路监控计算机网络系统组成

计算机网络是一门综合学科,一般将其分解为资源子网和通信子网。

资源子网的主体为网络资源设备,包括服务器、用户计算机(也称工作站)、网络存储系统、打印机、网络终端设备等。此外还包括在网络上运行的各种软件资源和数据资源。资源子网负责全网的数据处理和向网络用户提供网络资源及网络服务等。

通信子网的主体为网络通信传输介质和通信设备,包括网络接口卡(NIC)、通信线路、集线器(HUB)、网络交换机、路由器、网桥、转发器、远程访问服务器(RAS)和调制解调器等。通信子网负责解决网络传输和网间互联问题。

2.4.2 高速公路监控计算机网络系统的安全考虑

2.4.2.1 从结构方面考虑

为了保证计算机网络的安全,计算机网络结构还采取了以下措施:物理层上,服务器与交换机的连接采用冗余连接的方法,既可以保证链路上无断点故障,又能均衡网络流量,减少拥塞的发生,使信息传输比较畅通,有效减少数据丢失。

网络层安全通过正确设计拓扑结构,将计算机网络划分为内、外两个网段。一方面通过合理配置路由器的访问控制列表,设置地址转换功能,利用路由器充当外部防火墙,防止来自 Internet 的外部入侵。另一方面,在内、外网段间添加代理服务器,利用代理服务器充当内部防火墙,即可以屏蔽计算机室内部网络结构,防止来自 Internet 的外部入侵,又可以通过正确使用加密模块,防止来自内部的破坏。

2.4.2.2　从综合布线方面考虑

应考虑网络布线设计的可靠性。草原类双绞线布线,应保证其与电力导线平行铺设间距大于0.5m,以防止电磁干扰;所布线长度应保证比 HUB 到工作台实际距离略长,但又不可留的太长,五类线的传输距离为90m,考虑到各种干扰,实际布线长度不应大于75m。

2.4.2.3　从电源和消防报警方面考虑

为保证网络系统设备不间断运转,根据每天机房设备所需的电源流量,同时为保证24小时不间断工作,使用的冗余电源系统应能满足目前机房设施输出功率的要求。

为了消除安全隐患,我们推荐使用美国 CK 系列产品中的烟雾自动报警系统,它采用智能型烟雾感应探头和温度感应探头,能够智能地感应烟雾与热量,给出相应的模拟量值,通过先进的算法将正确的报警信号传输至消防中心。

2.4.2.4　从病毒防范方面考虑

因网络常采用 DOS 的格式存取文件,所以用户一不小心就容易受 DOS 病毒的侵害;而网络型病毒受网络使用范围的限制,其破坏性也受到了限制,加上网络的安全性,使其比 DOS 病毒更易防范,所以主要应防止 DOS 病毒的感染。可以采用以下防范措施:

(1)对服务器进行分区时,应用无病毒软盘启动;

(2)将共用目录中的系统文件,应用软件及工具软件设置为只读属性,并对其所在的目录授予只读和文件扫描权限;

(3)将以 exe 和 ccm 结尾的文件名,设为只读和只执行属性(除了那些要求不能设置只执行属性的文件外);

(4)超级用户上网,应尽量少用 Supervisor 或与其等效的用户登录,保证服务器无病毒;

(5)做好计算机系统文件和用户数据的备份工作;

(6)应做好网络病毒防范工作,定期对计算机进行病毒检查,发现病毒,应及时杀毒,以免破坏软件;若怀疑或发现工作站受到病毒的感染,应在无其他用户登录时,用无病毒软件启动工作站,并清除该工作站的病毒,然后用 Supervisor 用户登录,对网络进行防病毒扫描软件扫描,并且杀毒,恢复被感染文件,对需要删除的感染文件进行重新安装。

总之,按本设计建设的监控计算机网系统,在性能、稳定性、安全性等方面满足应用需求,为高速公路交通监测、控制、管理等工作提供了有力的技术保障。当然,我们在运行过程中会不断地发现新问题,不断地完善它。所以,在今后的工作中,我们还要全力以赴,迎接挑战,使高速公路监控计算机网络系统能高水平、高效率地成为高速公路监控系统重要组成部分。

2.4.3　高速公路监控系统软件

2.4.3.1　系统软件的基本要求

(1)系统软件满足系统规范规定的采集、运算、控制、显示、报警、存储、打印的功能要求;

(2)监控室计算机与操作员之间的前台信息处理交互界面应采用 GB 2312 汉字显示,选用菜单的图形方式;

(3)软件采用模块化结构,剪裁、扩充方便;有容错程序,以保证系统出现小故障时不至于重新启动;

(4)系统具有迅速重新编排及输入改变了的模块的能力，而不需要产生一个全新的系统。它能启动一个新的模块，如果新的模块不能正常运行，系统有能力返回老模块；

(5)计算机软件提供开发新软件的工具；

(6)可使用修补技术以临时修正故障，为此制定一个程序，以保持修补和后续软件的跟踪；

(7)系统具有分级保密功能，不同级别的管理人员使用不同的口令，以此口令进入不同的系统功能，在一定程度上实现对系统软件和数据的保护；系统具有一系列的安全保护措施，绝不会因系统本身故障而引起交通运转异常或失控，同时备有强大功能的杀毒软件用于清除各种因素引起的计算机病毒。

2.4.3.2　软件构成

高速公路监控系统软件流程如图 2-8 所示，其主要包括：①网络操作系统软件；②数据收集及处理软件；③图形应用软件；④交通控制应用软件、各种外场设备编辑、显示应用软件。其中，服务器运行网络操作系统软件，交通监控计算机运行数据收集及处理软件，图形计算机运行图形应用软件，通信计算机运行交通控制应用软件、各种外场设备编辑、显示应用软件。

2.4.3.3　网络操作系统软件功能要求

(1)提供多任务多用户支持，对不同实时要求的用户或任务提供不同的优先级，满足监控系统的实时要求。

(2)提供网管功能(如系统备份、数据安全、容错、性能控制等)、支持网络资源共享。

(3)用户界面友好，且有多窗口、菜单、命令等多种网络控制方式。

(4)负责网络间的数据传输和网络数据库的管理，收集系统中各计算机提供的数据，形成监控系统数据库，可向网络内各计算机提供所需的有关数据。

(5)保证网上各计算机的可操作性。

(6)保证与收费系统计算机及其他路网监控计算机之间的信息传递。

2.4.3.4　数据收集及处理软件功能要求

(1)数据采集

监控室计算机与外场设备的通信周期为 30 ~ 60s 可调，采用 RS232/RS485，异步半双工，传输速率≥9600bit/s。计算机信息处理系统与任一外场设备进行通信，若第一次通信失败，将进行第二次通信，若连续三次通信失败则判为故障，通过用户接口向操作员发出声光报警。

(2)事件输入

事件输入是指操作员可将事件通过键盘送入监控室计算机系统中，事件输入的内容可分为如下几类：

①重大灾害性事件：如火灾、塌方、人员伤亡等。

②交通事件：交通事故、交通阻塞等。

③日常事件：道路维护、设备维护、气象状况(大风、雨、雪等)、一般意外等。

每一事件的详细情况，如时间、地点、人员状况、持续时间均记录在案。对每一类事件所采用的措施、处置方式也应能同时输入监控室计算机。时间输入的方式可采用彩色图形用户界面及菜单提示方式，窗口界面及菜单为中文。操作员可使用键盘或鼠标选择事先做好的菜单。

(3)数据处理

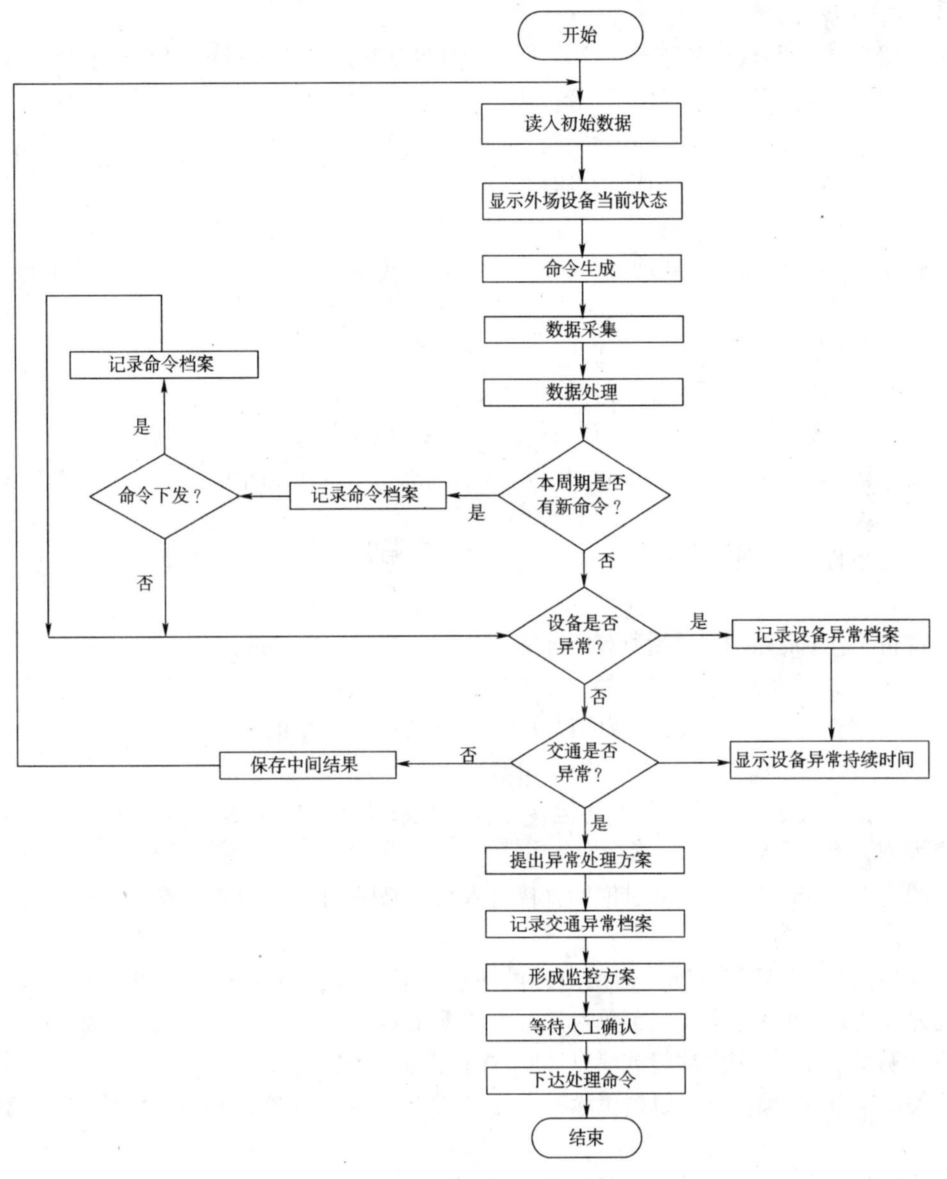

图 2-8　监控系统软件流程图

数据处理软件至少具有执行交通参数原始数据处理，判断交通拥挤、阻塞或事故以及通过人机接口进行报警等功能。

(4)事故检测

本系统只涉及人工事故检测。人工事故检测是指操作员通过紧急电话及巡逻车等手段获得的有关事故的信息，然后通过用户接口将事故输入到计算机。事故状态的解除由操作员来做出。

(5)设备状态监视

软件能够检测监控系统内各个设备的工作状态。

①外场设备检测

外场设备控制器软件和监控室计算机软件均能监测外场终端设备（包括：车辆检测器、可变情报板、可变限速标志等）的状态，接受其工作状态确认信号。在监控系统主控程序工作过程中，发现外场设备故障或非正常运行时，设备监测程序就通过用户接口向操作员发出声光报警信息。报警信息可人工解除或自动解除。

②监控室设备监测

监控室计算机软件不间断地运行，当发现设备非正常运行时，设备监测程序就通过用户接口向操作员发出信息。

（6）统计、报表生成

①可在监控室计算机系统图形计算机和交通监控计算机的显示器上显示以及在打印机上打印各种报表。报表以中文形式显示和打印。报表主要包括：

a. 交通报告：能显示和打印1min、5min、1h、日、周、月、季度和年的交通量、平均车速、占有率报表；

b. 各种事件、事故报表：包括火灾、紧急电话、巡逻车报警等的事件类型、时间、处理经过及内容等；

c. 设备工作状态报表：包括所有的外场设备和监控室的主要设备；

d. 发布命令报表：情报板发布的命令内容、操作员、地点、日期等。

②可任意查询一年内系统运行的详细数据，包括任一时刻的交通参数、设备状况、事件事故输入、命令发布记录，可以报表形式打印出来。

③操作员需要了解道路上的交通运转、设备状态等信息均可在操作员终端上查询到，其基本的查询方式有：

a. 图形方式：操作员可以通过鼠标直接进入某一路段，了解该路段的交通、设备工作状态、设备显示内容等信息。

b. 菜单方式：人机接口软件向用户提供一整套菜单，操作员可根据菜单上的提示完成对系统的操作管理、事件输入等。菜单的选择方式采用GB2312汉字图标显示、鼠标选择。各级菜单都有明确的提示、帮助功能或信息，便于操作人员掌握。

c. 关键字方式：操作员可以提供输入几个关键字如VD（检测器）直接查询有关检测器的信息。

上述操作以中文显示，并使用彩色图形用户界面。

对于软件结构，流程图及需要打印输出的全部信息及表格形式，彩色图形用户界面及菜单等，可根据用户具体情况确定。

（7）数据存储

上述的各种数据存于计算机的数据库中，由数据库管理软件进行数据管理和处理。完成每日的系统备份及重要文件的存档（包括重要的事件、操作、各个设备的状态变化），并带有时间记录，以便在需要时可以复制每日的数据，或调出历史数据进行各项分析（如交通量分析、事故分析等）。

2.4.3.5　图形应用软件功能要求

（1）图形计算机从交通监控计算机主要接收如下信息：

①车辆检测器信息；

②收费系统信息；

③监控系统控制方案信息；

④交通事故，异常信息。

上述为彩色图形软件可接收的信息，经过实时处理，以图形、图像和文字等方式传输给显示系统。具体的显示内容及图形方式等由用户来提出方案。

(2)图形软件可形成彩色图形在显示器上显示。

(3)图形软件中有一地图图形数据库，每一条路的详细情况(图形)是此数据库的基本内容。地图数据库中存有与路有关的地图照片。其中包括地形、地物、道路、河流、地面构造物；有关设施，如消防队、医院、急救站、汽车修理厂等。在地图上标明以上各种设施的位置、电话号码等，可提供局部放大显示地图上某一点的详细信息。

(4)彩色图形操作方式

操作员利用鼠标或键盘可以进入某一图形或某一区域，并进一步调出细节内容在彩色图形显示器上显示。

2.4.3.6　交通控制软件功能要求

(1)预先编制25幅以上显示图形，自动接受或操作员在通信控制计算机终端上手动下发显示其中任一幅图形命令；

(2)操作员可根据需要在图形计算机上任意编辑新的图形、文字；

(3)显示的字体及图形构成要清楚、易懂，符合中国惯例；

(4)实时控制功能。

监控系统的控制执行程序能接受系统主机的有关数据，根据道路的交通运行情况迅速准确地提出控制方案。系统有自动控制和人工控制两种方式。

自动控制方式为在正常情况下，从采集检测信息到处理发出控制方案均自动完成。在紧急情况下，计算机一方面向值班员报警，一方面迅速做出处置方案，经值班员认可后立即发出各种控制指令，进行紧急处置，对控制执行程序要求反应迅速、方案可行、执行准确。

人工控制状态下，通信控制计算机根据检测到的交通情报，向操作员提供合理的建议控制方案，供其选择参考，最终的控制由人工完成。

(5)外场设备工作状态监视

系统软件能监测各种外场设备的工作状态，接受其工作状态反馈信号，在工作过程中，发现此设备故障或非正常运行时，设备监测程序通过用户接口向操作员发出声光信息。

(6)向系统主机输送已发布的命令记录(包括时间、内容)和工作状态。

2.5　交通参数及道路环境信息采集子系统

高速公路交通监控系统通过对高速公路交通运行状况、交通参数、气象环境条件和自身设备工作状况等方面信息进行实时采集和有效处理，及时确定出响应的控制策略，同时对高速公路上的车辆违章、交通事故及其他偶发性事件进行监测并做出相应的处理，从而对交通流进行调节、警告和诱导，保证高速公路运行在最佳状态，最大限度的发挥其通行能力。其中对交通信息快速、准确的采集以及有效的处理是实现动态交通控制的基础。

本节主要讨论利用检测器进行交通信息自动采集以及处理的有关内容,包括车辆检测器、气象检测器、路面状态检测器工作原理及性能等方面。

2.5.1 车辆检测子系统

车辆检测子系统主要通过各种类型的车辆检测器采集交通流信息,包括交通量、速度、车流密度、车辆占有率、车头时距和车头间距等。这些交通参数信息是各种信息中最为重要的,能够表征高速公路交通运行状况,只有更准确地测定和计算出这些参数,才能清楚地了解当前时段公路的交通状况,以便实施更为有效的控制。因此,对这些交通信息的检测具有较为广泛的应用性和重要性,是高速公路监控的基础。

车辆检测器是以车辆为检测对象,检测车辆的通过或存在状况,如行驶速度、车辆占有率、交通流量,对大、中、小型车进行分类等,其作用是为监控系统提供足够的信息以便进行最优的控制。目前国内外使用的车辆检测器种类繁多,常见使用的主要有环形线圈检测器、红外检测器、超声波检测器、微波车辆检测器、磁映像检测器、视频图像检测器等。

2.5.1.1 环形线圈检测器

环形线圈检测器又称感应线圈检测器,由于其对气象和交通环境的变化表现出较强的抗干扰能力,故障率低,安装方便,具有极大的适应性,能适应各种不同的要求,可以检测交通量、车速、车道占有率、车头时距、车长和车辆存在等多个项目,因此被认为是目前高速公路检测交通流状态使用性能价格比较高的一类检测器。

1)环形线圈检测器工作原理及组成部分

环形线圈检测器的工作原理如图2-9所示,是利用埋设在车道下、通有一定工作电流的一个或多个环形线圈作为它的传感器,当车辆通过线圈或存在于线圈上时,产生的电磁感应变化引起相位的变化,通过相位比较器获得一个相应的信号,从而检测出车辆的存在,达到检测的目的。

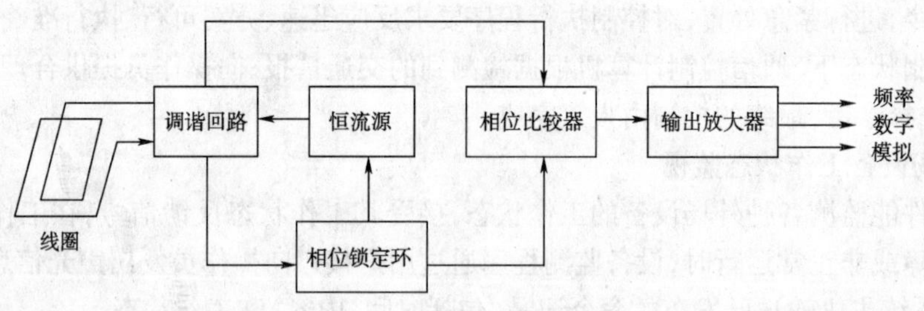

图2-9 环形线圈检测器工作原理图

环形线圈检测器主要包括:环形线圈、线圈调谐回路、相位比较器、相位锁定环及输出电路。

(1)环形线圈

在车道路面下50~100mm深处埋设一环形线圈。一般规格为2m×2m的矩形形状。使用线圈专用电缆绕4匝,使电感量达到100~150μH,加上传输线电感,总电感为200~250μH。根据不同需要,可以改变线圈的形状和尺寸以分别检测各种形状大小的车辆。

环形线圈是有源线圈。当铁磁性的物体通过环形线圈时，便产生感应电流，并在金属体内自成闭合回路；由于车辆金属体的电阻很小，因此产生的涡流很大，反过来涡流又产生感应磁场，其磁场的方向正好与原来的方向相反，使得线圈总电感有减少的趋势。检测出线圈环路电感量的变化，就可判断车辆的存在和通过。

(2)调谐回路

调谐电路是一个 LC 并联谐振回路，环形线圈通过一个变压器接到被恒流源支持的调谐回路上，使调谐回路有一个固定的谐振频率（当车辆通过线圈时，使其电感量减少，则谐振频率上升）。此时再送到相位比较器上去，与相位比较器的压控振荡器频率相比较，从而得到与所通过的车辆相应的输出信号。

调谐电路设计时，适当选择电容 C 和电感 L，使得调谐回路有一个固有的振荡频率。由电子线路知识可知，振荡频率 f 与 L 的方根成反比。前面已分析，车辆进入环形线圈将使环路总电感 L 减小，因而也会使得振荡回路频率增大。只要将该回路的输出送检测电路处理，得到频率随时间变化的信号，就可检测出是否有车辆通过。

(3)相位锁定器和相位比较器

相位锁定器用来锁定初始相位，实际就是记录下最初时刻没有车辆通过环形线圈时的相位值，并一直保持下来；相位比较器是用来比较前后信号的差别，特别是在相位上的不同。相位比较器一般有两路输入信号，一个输入信号是相位所定器的输出信号，其频率为调谐回路的固有振荡频率；另一个输入信号跟踪车辆通过线圈时谐振回路的频率变化，从而使得输出的信号为一反映频率随时间变化的电压信号，也就是反映车辆通过环形线圈的过程的信号。其相位比较器由专用芯片组成。相位比较器提供输出信号，并控制压控振荡器，使压控振荡器的频率跟踪车辆通过线圈时谐振回路的频率变化，从而使输出的信号为一脉冲信号，其信号宽度由锁相电路的充电时间常数决定，一般为几秒。

(4)输出放大器

输出放大器将相位比较器输出的脉冲信号放大，并以频率、数字信号和模拟信号三种方式输出。其中数字输出是将脉冲信号与一个基准电压相比较得到的。各种不同的输出方式有各自不同的用途，如频率输出可以用来测速，数字信号的输出可以用来计数，模拟信号的输出可以用来计算车长和分辨车型。也可用计算机综合处理输出信号获得不同的交通参数。

2)环形线圈的技术及性能要求

环形线圈检测器是目前用于高速公路车辆检测最广泛而且也是效果最好的检测器，它的技术要求一般如下：

环境温度：-40℃ ~ +80℃；

电源：220V AC ±20%，50Hz ±4%，功率消耗 5W；

调谐范围：线圈电感在 20 ~ 250μH 自动调谐，并在此范围内连续自动做漂移补偿；灵敏度从 0.02% ~ 1.30% 可调；检测器应具有防冲突功能；

检测精度：两轮以上机动车计数精度大于 98%；占有率检测误差 4% ~ 6%；测速范围为 0 ~ 250km/h，误差 4% ~ 6%；排队长度检测误差 4% ~ 6%；

平均无故障时间：15000h；

寿命：>10 年。

此外根据一些多年经验可以认为环形线圈检测气具有如下性能:

(1)环形线圈检测器是用来检测交通流量、速度、占有率、排队长度等交通性能参数效果比较好而且性价比也比较高的一种检测器。

调查资料表明:用 2m × 2m 的标准环形线圈进行检测,交通流量测量值可精确到 ±2% ~ ±3%,排队长度测量值可精确到 ±4% ~ ±6%,速度测量值(使用双线圈)可精确到 ±4% ~ ±6%。当车辆边线在线圈外通过时,检出率约为 90%;随车头时距的减小,误检率将提高到大于 2%;两车横向距离小于 1.5m,纵向间隔小于 1.3m,或车辆行驶于两车道中间,则难于分辨;对于摩托和底盘高的大型车应调整到两者都有较满意的灵敏度。

(2)感应检测器具有极大的适应性。由于环形线圈尺寸变化范围大,因此能适应各种不同的要求和场合。

(3)在高速公路施工或路面翻修期间,安装环形线圈检测器比较经济有效。

(4)使用中问题相对较少。经验表明,其可靠性不低于大多数其他类型的检测器,多数故障都与路面移动有关。

(5)对气象和交通环境的变化表现出较强的抗干扰能力;可自我调整改善工作稳定性。

(6)环形线圈的有关问题主要是:环形线圈需要有坚固的路面,否则检测点容易遭到破坏;检测较小的车辆比较困难;安装和维修时必须挖开路面,因此就得封闭车道;环境的变化和感应线圈的正常老化对检测器的工作性能有较大的影响,可使检测部分电路出现故障而不能准确判断车辆存在造成的频变。因此,感应线圈检测器要定期进行手工检查调整,以保证仪器的正常工作。

2.5.1.2 超声波检测器

超声波检测器是波束检测装置的一种,利用车辆形状对超声波波前的影响实现检测,在高速公路上应用比较多。

1)波束检测装置的基本结构

波束检测装置有多种形式,都由波束发射器、接收器和时控电路三部分组成。前两者为换能器(能量转换器),产生电→声或电磁波的正、逆变换。波束发射器由高压脉冲发生器和换能器构成,换能器在接受到高压脉冲时产生电声转换,将一束超声波发射出去;接收器由换能器产生声电转换,按接收到的超声回波变换为一定的电量并进行放大输出;时控电路对发射器和接收器进行调谐控制,其同步脉冲发生器所产生的同步脉冲控制产生器按照一定时间间隔输出,并经换能器产生一束超声波发射出去。同时,又可在发射的间隙接收换能器反射回来的声—电转换信号。接收的声强较发射时衰减,而且路面也会反射声波传送到接收器,因此,要分别进行放大和滤除。由此可见,换能器在超声波检测器中起着发射和接收的双重作用。当然,也可分成两个器件,安装于两处。

2)超声波检测器的工作原理

超声波检测器的工作原理一般分为两类:传播时间差法和多普勒法。传播时间差法是一种将超声波分割成脉冲射向路面,然后接收其反射波的方法。当有车辆时,超声波会经车辆反射提前返回,检测出超前于地面反射的反射波,就表明车辆存在或通过。多普勒法则是通过超声波探头向空间发射超声波同时接收信号,如果有移动物体,那么接收到的反射波信号就会呈现多普勒效应,利用此方法可检测正在驶近或正在远离的车辆,而不能检测处于检测范围内的静止车辆。

超声波检测工作原理如图 2-10 所示。安装在车道上方的收发式超声探头向下发射超声脉冲。无车时路面反射声波,由安装同一个探头内的接收器接收,时控电路对发射至接收这段时间计时,作为基础时距;有车通过或存在时,由车辆上界面对声波反射。显然,有车时,发生和反射距离缩短,时距减小,与基础时距的差异即车辆出现信号。如果将车辆上界面反射的信号强度全部像素灰度表示,可以得到一张不很清晰的车辆俯视图。沿车道方向安装两个间距不大的传感器,即可对车速、时间占有率等变量和车长作检测。

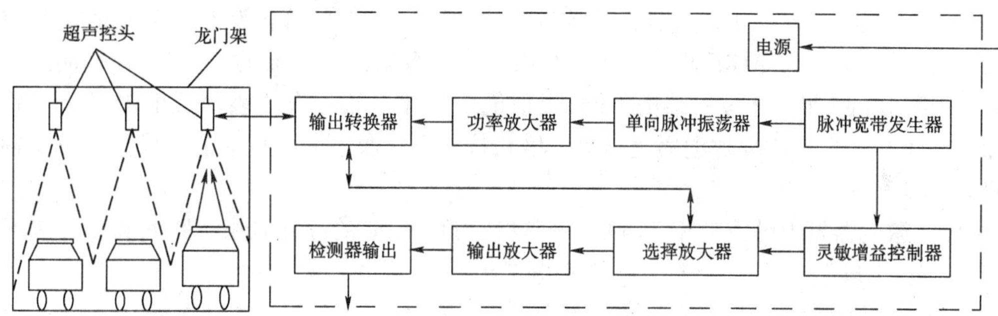

图 2-10　超声波检测器的工作原理图

超声检测器的主要技术指标为:

发射频率:26kHz;

检测车速:0 ~ 160km/h;

检测区域:探头下方路面圆形区,圆直径约为 2.4 ~ 3.2m;

环境温度:-35 ~ +70℃。

由于超声波检测器采用悬挂式安装,这与路面埋设式检测器(环形线圈检测器)相比有许多优点。首先是不需要破坏路面,也不受路面变形的影响;其次是使用寿命长、可移动、架设方便,在日本交通工程中被大量采用。其不足之处是容易受环境的影响。当风速 6 级以上时,反射波产生漂移而无法正常检测;探头下方通过的人或物也会产生反射波,造成误检。所以超声波检测器要按照一定的规范安装。

从架设方便、使用寿命长等方面来说,路面埋设式检测器不如超声波检测器,所以超声波检测器成为目前使用量仅次于环形线圈的一种检测器。

2.5.1.3　红外检测器

红外检测器是波速检测装置的一种,有主动和被动两种形式。

1)红外检测器检测原理

红外检测器一般采用反射式或阻断式检测技术,其工作原理是由调制脉冲发生器产生调制脉冲,经红外探头向道路上辐射,当有车辆通过时,红外线脉冲从车体反射回来,被探头的接收管接收。经红外解调器解调,再通过选通、放大、整流和滤波后触发驱动器输出一个检测信号。

2)主动式红外检测器

红外光是太阳光谱外侧的不可见电磁波,波长范围为 0.75 ~ 1000μm,在检测和通信中常用的是近红外光,波长在 0.8 ~ 1.6μm 之间。主动式红外检测有阻塞(或称阻断)和反射式

两类。

(1)主动遮断式红外检测器

主动遮断式红外检测器的发射器和接收器分别为半导体激光器和光电二极管,将两者对中,水平安装在车道两边。无车通过时,接收器接收细束线状红外光,有信号输出;车辆通过时,遮断光束,接收器无输出,通、断转换即是对车辆的检测信号。这种设备不能检测车速、占有率等变量,常采用它在收费匝道检测通过车数和车辆前轴处车身高度(用于车型分类)。

(2)主动反射式红外检测器

主动反射式检测器探头,它包括一个红外发光管和一个接收管。没有车辆通过时,接收管不受光;有车辆时,接收车体反射回来的红外线。主动反射式检测器的原理为:在相同红外光辐射下,反射物的大小、材料和结构不同,反射能量就不一样。车体表面反射能量大于路面(如金属与木材的反射率要比混凝土高出1倍),接收器接收不同的反射能量成为区分车辆和道路的标志。

半导体激光器发射峰值功率为500mW,波长为0.9μm的红外光束。路面和车体表面反射的红外光,由安装在同一个探头内的光电二极管接收,如图2-11所示。因为两者反射的辐射能不一样,二极管输出的电流大小不一样。在沿车道方向给定的距离 d 内装设两个探头,此种设备就和环形线圈一样,可以检测包括车长在内的交通流参数。

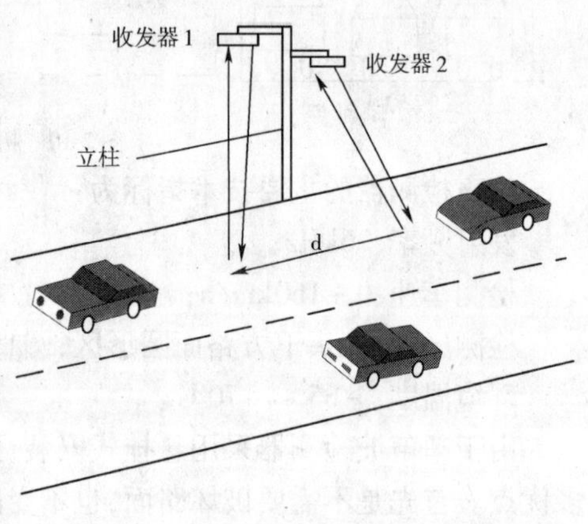

图2-11 主动反射式红外检测原理

有人论证过,在18m辐射距离内,要想误报率不大于0.1%,检测出信号的信噪比(SNR)应大于17dB。经过推算,不同颜色车辆各种测距检出信号信噪比不同,对于黑色汽车,检测距离为18m时,检出信号信噪比为18dB;对于银灰色汽车,同样的检测距离,检出信号的信噪比可高达55dB。

浓雾、大雪和大雨等严重影响能见度的因素会降低红外检测效果。试验证明,在能见度为3~5m的浓雾下,不宜用红外方式检测车辆;而能见度好的天气,红外检测距离可达到40m。

3)被动式红外检测器

任何物体温度高于绝对零度即辐射红外光。在低照度和黑夜环境,红外光都能使热敏和光电元件产生反应,因此广泛应用于检测工作。被动式红外检测没有发射器,只有接收器,接收器感受路面和车辆以红外波长为主的辐射能量。路面和车体材料的温度和表面光洁度都不一样,它们的辐射能不相等。现代红外测温的分辨率已达到千分之一度,因此,区分道路和车辆已不存在困难。

被动式红外检测器在路面相隔一定距离的地方,以特种涂料画出两个明显的区域,使它们在给定的环境温度下,辐射出比较稳定的能量。在车道上方的龙门架上,安装红外接收器,分别对准这两个区域。无车时,接收器分别感受路面两个特定区域的辐射能量;有车通过时,又先后感受车辆的辐射能量。能量的差异使接收器不仅分辨出车辆的存在和通过,也能检测车速和占有率。红外成像技术还提供获得车辆长度和图像的可能性。

这种检测器的特点为：抗干扰性好，波长为 8 ~ 14μm 能穿透雨雾；路面温度变化对检测精度无影响；功率消耗低；有静态和动态两种形式，静态，检测车辆的存在和排队长度，动态，检测交通量、车速和占有率；工作环境为 -40 ~ +70℃，湿度大于 95%。

2.5.1.4　微波交通检测器

1）微波交通检测器的检测原理及组成部分

前面介绍的超声、红外和光学检测器有一个共同的缺点是穿透云雾、雨滴和雪花的能力很弱，无法在这些气候条件下进行检测。而波长 3m 左右的电磁波对云、雨的透射率达 70% ~ 90%，为此，人们利用成熟的雷达测距、测速和成像技术开发出微波交通检测器。

微波检测器向检测区发射小功率以不同中心频率连续调制微波，中心频率大于 10GHz（波长为 3m），带宽 45MHz，进行分区扫描，获得被测物的反射回波。扫描区域的数量和大小可由软件控制，最多可分为 8 个区，每个区长度 2 ~ 10m（可调），宽度为 2m（覆盖一个车道）；每区还可进一步细分 2 ~ 4 个小区，供测速使用。检测器最多可检测 8 个车道的交通量、平均车速、占有率、按长度划分的车型和排队长度等参数。

2）微波交通检测器的组成

微波交通检测器由三个部分组成：微波发射、接收探头及其控制器、调制解调器和专用电源。发射器可安装在路侧灯杆或专用立柱上，安装高度大于 5m，称为侧视安装，微波波束俯仰角 40° ~ 50°，水平方位角 15°，作用距离 3 ~ 60m。也可像超声检测一样安装在车道上方的龙门架上，称为前视安装。调制解调器安装在同一根立柱上，通过接线盒与探头联结，将处理过的检测信号调制后发射给接收单元。

检测面对高速公路车道行驶方向布设，称为前视检测，通常将一条车道划分为一个检测区，配置一台检测器。检测车速时，需要在检测区内沿行驶方向细分成几个窄区，并设定窄区间的距离长度；对通过窄区的车辆计时，就可以测出车速及其他交通参数。前视可延长纵向区（车道）监测长度，以提供更精确的数据。检测区及窄区的划分均由软件设定，修改软件可重新设定。因此，可应用于高速公路监测、城市交通信号控制和区域交通事件报警等不同场合。检测器沿车道横向布置，称为侧视检测，可同时得出各车道的交通流状态变化量的实时数据。前视和侧视也可以混合使用。

3）微波交通检测器的使用特点

一般来讲，微波检测器具有以下使用特点：

（1）多车道检测：一台检测器可完成多条车道交通流的同时监测。

（2）全天候工作：抗干扰能力强，能穿透雨滴、浓雾和大雪而不受影响；测速为非多普勒模式，安装杆的弯曲和振动不影响检测质量，因此大风下能正常检测。

（3）使用方便：安装维修不封闭车道，不破坏路面；运行模式由软件决定，便于扩展升级。

（4）检测精度高：前视——车辆计数和占有率：误差 2%；平均车速：误差 5%；侧视——车辆计数和占有率：误差 5%；平均车速：误差 10%。

（5）漏检率低：超声和红外检测时，存在车辆相互遮挡问题。特别是小车紧靠大车行驶，往往出现漏检。厘米波接触大型车车顶边缘时，边缘成为一个副天线，使微波再次发射形成绕射现象，仍可测出紧靠在大车旁的小车。据统计，使用一般车辆检测设备，被遮挡而未能测出的车辆约占被测总数的 2%，使用微波可使漏检数减少一半。

2.5.1.5　磁映像检测器

磁映像检测器利用车辆对通过地磁场的影响，检测车流交通参数。它利用低功率、高灵敏度的强导磁材料，将地磁磁通线集中约束在比较小的空间，当车辆停驻、慢速接近或通过时，被约束的磁力线发生变形，产生原始信号，经转换、处理后形成一个电压随时间变化的曲线，这些曲线具有如下特点：

(1)各种车辆车体的铁金属材料分布不同，对地磁通线产生的变形影响不一样，所得出的电压——时间曲线形状也各不相同、各具特色。这一现象可以用来区分大货车和小客车、检测车身长度，也为识别车型提供了基础。要实现车型识别目标，需要有庞大的车型图像数据库和容量更大、运算速度更快的计算机。

(2)车辆车速改变，曲线的形状发生变化。当有车经过时，横坐标时间轴被压缩，而且压缩量明显地与车速成正比。

磁映像检测器由于体积小、质量轻，安装不需要破坏路面，直接平放于路面，加一薄保护罩即可工作；检测数据可先存储后处理，也可以计算机现场实时处理，因此很适合作为交通调查等科研使用。

2.5.1.6　视频车辆检测器

视频车辆检测器（视频检测器英文名称为：The autoscope TV system of widearea video vehicle detection）是运用视频图像处理和计算机图形识别技术于近年开发出来的新产品，它可以取代环形线圈，进行高效益的广域视频监视并现场实时采集各种交通参数。

在需要重点监测的路段，安装一台或多台（如4台）数字式摄像机，将一定范围的交通图像，经过图像处理，输入计算机显示器；通过互动控制软件，用鼠标操作在屏幕交通图像上，设定和叠加检测区，其尺寸、数量可随时调整。操作设定一旦建立，车辆经过检测区，就会产生检测信号，经过分析和处理（软件）可得到交通量、平均车速、占有率、车头间距和排队长度等参数。在软件支持下，还可以对不同检测区的信号进行逻辑处理（与、或、非等），对交通情况做出正确判断。在具有交通事件门限值和算法软件的配合下，可对交通事件的发生做出判别，发出预警信号。由于检测元件是在屏幕上画出来的，在布置上有很大的灵活性，检测项目也可视需要而增加，功能存在巨大开发潜力。

视频车辆检测器由摄像机、连接箱、计算机（附外设）和专用软件等组成。其中连接箱用来接收各摄像机拍摄的交通图像，传输给计算机或加以存储。

视频车辆检测器可以在 -34 ~ +74℃和95%相对湿度下工作，它的特点为：

(1)功能强大。图像直观，软件控制，便于升级，易于增添检测项目；

(2)多车道检测。一台摄像机可覆盖6条车道，监视长度通常为1.5 ~ 50m；可监视交叉路口各个方向的交通；

(3)安装使用方便。安装维修不破坏路面，不封闭车道，可重新设定，以满足不同要求；

(4)易受环境干扰。受恶劣气候（雨、雪、雾）影响，夜间要求为路面提供足够的亮度。

2.5.1.7　车重检测器

为了保持道路正常使用寿命，公路法规定检测车辆的最大轮载、轴载和总重。

1)公路车辆称重特点

(1)从保持道路正常使用寿命出发，没有必要对所有的上路车辆进行载荷检测，只需对载货汽车做超载检查。

(2)货车的轴数和轴距变化很大,很难采用一块平台(如地磅)对各种不同规格的车辆作整体称重。目前大都以轴重检测为基础,算出整车质量。

(3)车辆高速运行时,由于振动会在垂直路面方向产生加速度,将影响动态称重精度;车速越快,影响越大。如有一种动态称重器,允许最高车速达到 120km/h,单检测误差接近 ±15%(95%的可信度)。

(4)从收费匝道引出一条检测车辆超载的旁路,引导重型货车至此作静态或慢速车载检测。

称重设备按传感器分类,有应变梁、压电型和电容型等多种类型;按使用方式分,有固定式和移动式(手持)。下面介绍常见的两种。

2)压电传感器

压电传感器可检测轴数、轴载和车速,其主要特点是体积小、使用方便。

压电传感器的工作原理为压电效应。有套管形压电聚合体,其内外均镀以金属层,形成一条可弯曲变形的压电电缆。当沿径向施加外力时,在两金属表面产生正负电荷,电荷量与外力成正比。压电传感器的输出能量非常微弱,为了减小检测量误差,一般先将信号送到具有高输入阻抗的前置放大器(电压或电荷放大器),然后再进行一般的放大、检波等处理,最终输出指示信号。

市场供应的管形压电检测器一般做成压电电缆形式。压电电缆被凝结在挤压成型的工程塑料壳体内,壳体连同壳座一同埋设在车道路面下。当车轮滚过时,检测器承受荷载而输出信号,每通过一根车轴,就会出现一个脉冲,故常用来检测车辆的轴数。脉冲的峰值越高,轴载也越大。因此,也可检测轴载和车载。隔一定距离埋设两根压电检测器,测出时间和已知距离,车速也就间接测出。压电传感器有多种形状,它的主要问题是对车速和动态计重的检测精度还不够高。

3)电容式轴载检测器

有一种板式可移动的电容式车载检测器,工作原理与压电检测类似。其上下两块为导电橡胶板,中间一块为绝缘橡胶板,黏结后形成称重胶垫,尺寸一定时,两导电板有固定的静电容量,接通直流电源,上下两块橡胶板便载有符号相反的电荷,形成一个电容器。当车辆轮胎压在橡胶板上,绝缘层被压缩,两块导电板的相隔距离和形状都发生变化,电容也随荷载而变化。检测电容变化量,能获得轮重和轴载,各轴载之和即为车载。

称重胶垫厚约 16 ~ 30mm,重约 10 ~ 10kg。称重时,将两倍于车轴数的胶垫置于各个车轮前,汽车开到各轮都压在胶垫上时,即停住不动,由与各胶垫相连的计重仪叠加轴重得出车辆总重、超载质量和超载率。也可用两块胶垫,依次检测各个轴重再求和。

胶垫称重器可在 -10 ~ +80℃使用,称重综合误差小于 5%。其主要优点是重量轻,便于挪动,可布设在主车道旁侧,不影响主车道交通。传感器常配专用处理器实现检测功能。公路监控系统由于多种传感器安装在同一地方,处理器设计成一个整体,可简化结构、节约投资。

2.5.1.8 车辆检测器比较

美国交通运输部委托休斯测试中心对各类检测器进行检测后所作的性能评估报告显示,见表 2-1。

各类车辆检测器性能评估报告 表2-1

检测技术	优 点	缺 陷
感应线圈检测	线圈电子放大器已标准化,技术成熟,易于掌握,技术非常精确	安装过程对可靠性和寿命影响很大,修理或安装需终端交通,影响路面寿命,易被重型车辆、路面修理等损坏
红外线视频检测	昼夜可采用同一算法而解决昼夜转换的问题,可提供大量交通管理信息	可能需要很好的红外线焦平面检测器,也就是要用提高功率降低可靠性来实现高灵敏度
超声波检测	体积小,易于安装	性能随环境温度和气流影响而降低
多普勒微波检测	在恶劣气候条件下性能出色,直接检测速度	不能检测静止或低速行驶的车辆,以前向方式用定向天线跟踪单车道
微波真实现场检测	在恶劣气候条件下性能出色,可检测静止的车辆,可以侧向方式检测多车道,直接检测速度	视距较短,目前精度、稳定性待提高
声学检测	根据特定车辆的声学特征识别该车辆	为识别车辆需要将接收信号进行大量的除去背景静噪声的处理
磁力计检测	可检测小型车辆,包括自行车,适合在不便安装线圈场合采用	很难分辨纵向过于靠近的车辆
视频检测	可为事故管理提供可视图像,可提供大量交通管理信息,单台摄像机和处理器可检测多车道	大型车辆能遮挡随行的小型车辆,阴影、积水反射或昼夜转换可造成检测误差

2.5.2 气象检测子系统

气象与人类的生存和生产活动有着密切的关系。随着经济与技术的发展,随着国家可持续发展战略的逐步实施,国家高速公路网的不断完善,对气象检测提出了愈来愈高的要求。高速公路交通运输属于对气象高度敏感的行业,由于其所追求快速、高效、安全、准时的目标,在很大程度上受到气象因素的制约,因此在高速公路上需要很多准确的气象检测站。

研究发现,天气对公路交通造成最大影响的是降雨和路面潮湿,而高速公路交通事故的高发期也多发生在多雨、多雪、多雾的季节。通过气象检测系统,对雨、雪、雾天等天气情况做出准确的预测,然后采取一定的措施,包括关闭车道,利用限速标志等提醒驾驶人,把气象变化可能带来的损伤降低到最低程度。因此,公路交通运输部门应和气象部门紧密合作,掌握充分、精确的气象资料和天气预报,再根据预报采取相应措施,提前对公路交通进行管制,以避免在恶劣的天气条件下蒙受重大损失。气象部门为了提高气象检测数据的及时性和准确性,迫切希望能实现气象检测的自动化。为了适应各种不同用途对气象自动检测的要求,迫切需要实现气象检测系统的模块化结构设计。随着计算机控制技术的迅速发展和软件水平的不断提高,使得应用不同的模块组合成不同的应用系统成为可能,气象自动检测系统将更容易实现。

气象检测系统是集计算机、通信、电子技术、工业工艺设计、气象观测科学为一体的综合探测系统。系统从数据采集、处理、传输到系统网络实现了自动化。其总体特点：一是观测精度高、自动化程度高、性能价格比高；二是长时间、全天候、不间断；三是具有较好的可靠性、稳定性和抗干扰性。气象检测系统观测气温、路表下不同深度的温度、浓雾、风向、风力、雨量、路面积雪计冰冻状况等，所有这些数据都传送给管理中心输入计算机处理，供交通控制及统计使用。其中能见度、湿度、风速等气象参数对交通有较大的影响，因此，检测这些参数对高速公路交通管理与控制具有积极作用。

2.5.2.1　气象检测方法

气象检测主要有一种检测方法，最早的可以追溯至17世纪的意大利科学家托里拆利发明的水银气压表，随后人们又陆续发明了一系列能够定量测量气象要素的仪器，例如液体玻璃温度表、雨量器、毛发湿度表、风杯风速计等等，直至20世纪初，第一个气象站由拉马锲克在欧洲建立，气象检测经历着发展的初始阶段，即地面气象检测。

从20世纪20年代开始，人们开始进行高空气象检测。随着科学技术的发展进步，人们利用无线电技术研制基于无线电的探空仪器，即探空式气象检测系统，用于探测高空的气象参数，美国、前苏联、芬兰、法国和德国等陆续推出无线电探空仪产品，可以探测距离地平面30km高度范围内的高空大气参数。无线电探空仪再结合火箭技术的发展，出现了火箭探空仪，可以探测甚至100km高度范围内的气象参数。

气象检测第三个方法是利用大气遥感探测。早在20世纪40年代，人们利用雷达测量云雨，60年代初美国第一颗气象卫星太罗斯1号发射升空用于卫星气象遥测，另外，还有一些基于雷达、微波和计算机技术的气象遥测系统设备也陆续投入实际应用，从而结合地面和高空的气象检测，实现了数字化、智能化的综合气象观测。

在这三种主要的气象检测方法中，由于观测的方便、仪器的简单等原因，地面气象检测应用最为普遍，并广泛分布于世界各地。天气现象不仅仅与地表面附近的大气要素有关，它与地球表面对流层直至平流层的大气要素密切相关，即距离地平面10km直至30km甚至更高范围内的气象参数决定着气象的演变，因此高空气象检测的大气要素数据具有更重要的实际意义。另外，高空气象检测是利用感应元件直接感应探测大气要素，相对于大气遥测技术，其检测的大气要素数据更真实、更准确、更可靠。因此，人们对高空气象检测越来越引起重视。

2.5.2.2　气象检测设备

气象检测的项目主要有：风速、风向、气温、相对湿度、能见度等。

(1)常规气象检测器

气象变化超过一定范围就会影响交通流的正常运行，如平均或瞬时横向风速过高，易破坏行驶稳定性而出现安全事故。同时，气象对车辆排放的扩散，即气象对公路沿线大气污染影响很大。中小范围的气象可从公路所在地区的气象预报中获得，安装常规气象检测仪器是为了检测公路上空贴地层的气象。下面介绍常用的气象检测器。

①温度检测器

大气温度测量常采用薄膜工艺制作的铂电阻，路面温度检测常用绕线工艺制作的铂电阻。铂电阻温度传感器的电阻值与温度有如下关系：

$$R_t = R_0 + \beta_t^2 \tag{2-1}$$

式中：R_0——0℃时铂电阻的阻值；

β_t——铂电阻温度系数。

铂具有良好的化学稳定性,铂电阻温度传感器也具有很好的稳定性。要注意铂电阻的原始阻值 R_0 为 100Ω 左右,检测时引线电阻和接线端子电阻对检测精度具有一定的影响,可以采用恒流源供电,用四线制测量方式将引线和节点电阻的影响降到最小。

②湿度检测器

湿度传感器常用聚合物湿敏电容,由两块下电极、湿敏材料和上电极组成两个电容的串联电路,置于玻璃底衬上。湿敏材料为高分子聚合物,其介电常数随环境的相对湿度而变化,因此电路电容是相对湿度的函数。传感器的变换电路将电容变化转换成电压变化(0~100mV,相当于0~100%相对湿度)。磁检测器结构简单,稳定性较好。

③风速、风向检测器

风速检测器的传感元件为安装在轴承上的三个风杯。风杯由碳纤维增强塑料制成,质量轻、强度高,具有优良的动态和抗腐蚀性能。风杯转速由固定在转轴上的磁棒盘及霍尔电路测出并转换成频率,输出信号频率与风速成正比。

风向感应元件是风标,其尾板用轻巧、坚韧的碳纤维增强塑料板制成,以改善动态性能。风标方向用固定在转轴上的导电塑料电位器测量,电位器电阻和转角具有良好的线性关系,改变电阻可以将风向转换成所期望的电压信号值输出。

④雨量检测器

常采用双翻斗式雨量传感器,每次降水达到0.1mm,计数翻斗翻转一次;翻斗上固定有一块永久磁铁,磁铁翻转使磁铁附近的弹簧继电器闭合,闭合次数由计数电路测量并转换成降水量信号输出。双翻斗结构具有高分辨率和较均匀的灵敏度。

(2)能见度检测器

气象意义上的大气能见度的概念被定义为:视力正常的人,在白天当时天气条件下,能够从天空背景中看到和辨认出现(张)角大于0.5°且大小适度的黑色目标物(或2700°K色温光强变衰减至5%)的最大水平距离(m或km);夜间则是能够看到和确定出一定强度灯光下的最大水平距离。

能见度对高速公路上的安全行驶是一个非常重要的影响因素,能见度的大小主要取决于雾、雨、雪等天气情况以及烟雾、粉尘等影响。雾是因为地面和近地大气迅速降温,大气中的水汽达到饱和状态,凝结和凝华成小水滴晶,漂浮在大气中所形成的一种天气现象。雾的发生具有很强的突然性和随机性,它迷漫在近地大气层中,能使视野变得迷糊不清,大气能见度减弱,以致严重影响行驶中交通运输工具的安全,尤其是高速行驶车辆的安全。现实中因大雾使得能见度降低而造成的交通事故屡有发生,因此在高速公路上常设有能见度检测器。

光线通过空气,特别是当空气中含有一定浓度的悬浮颗粒物和气溶胶时(水蒸气和烟雾),部分光线被这些颗粒物所吸收和散射(折射和漫反射),使得穿透空气,到达目的物的光通量大为减少。人们为此提出透射率(τ)的概念,它定义为:光线穿透某透明体时,入射前的光通 $\Phi(0)$ 和通过透明体后的光通 $\Phi(\chi)$ 之比。

$$\tau = \frac{\Phi(\chi)}{\Phi(0)} = e^{-a\chi/d} \tag{2-2}$$

式中: τ——透射率;

$\Phi(\chi)$、$\Phi(0)$——与光源相距 xm 处和 0m 处的光通量；

d——基准距离，一般取为 1m；

a——衰减系数，因为 $a_s \geqslant a_a$，故 $a = a_a + a_s \approx a_s$；

a_s，a_a——光线散射、吸收所产生的衰减系数，对一定的透明媒质，a 为定值；测出 $\Phi(\chi)$ 和 $\Phi(0)$，通过式(2-2)可求出 a。

为了检测能见度，研制出透射和散射型能见度检测仪。前者将光发射器和光接收器分别安装在两地，按上面所讲的原理检测出透射前后的光通量，从而得出能见度。后者考虑空气消光主要是由于散射，以测量空气的散射衰减系数来确定能见度。使用中常见的有前向和后向散射仪。前向散射仪由光发射器、光接收器和控制器单元等部件组成如图 2-12 所示。由大功率发光二极管发出的一束经过调制的红外光，投射到被测空间，造成视程障碍的颗粒物（雾、雨等）对入射光产生散射。在与入射光束成 35°角的前方，装有光接收器，接收前向散射光的强度。由散射光的强度可以得出散射衰减系数，从而算出表示能见度的光学距离 MOR。发光器投射调制光束是为了在能见度散射仪中采用同步检波技术，有利于减小背景光和散杂光对散射衰减系数测量精度的影响。

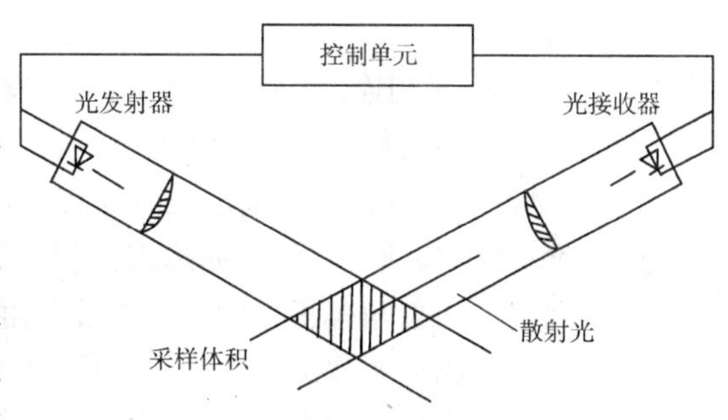

图 2-12　前向散射能见度仪工作原理图

由于能见度与空气透射率（反映烟雾浓度）存在式(2-2)的关系，故能见度检测器也可以用来检测透射率和烟雾浓度。

常规气象检测设备（气压、气温等）种类很多，应选择能连续检测、自动采集数据，显示存储，并有接口可以输出数据的仪器。

2.5.3　路面状态检测子系统

路面状态对车辆运行影响很大。雨、雪、雾天能直接影响驾驶人的视野和能见度，由驾驶人自己感知，容易引起警惕。而路面的积雪深度、结冰程度等路面状态往往不能引起驾驶人足够的重视。高速公路路面湿润、结冰和积雪都会显著降低路面平均附着系数，使得路面抗滑能力突然降低，对车辆正常运行产生相当大的破坏作用，容易导致事故的发生。此外，道路养护工作和路面质量的保持都需要建立路面状态环境检测系统，对路表湿度、相对湿度、路面冰冻、积雪厚度等参数进行经常监测，并将监测结果实时传输给监控中心处理，再通过信息发布系统将这些信息实时提供给驾驶人，以保障雨、雪天气高速公路行车安全性。

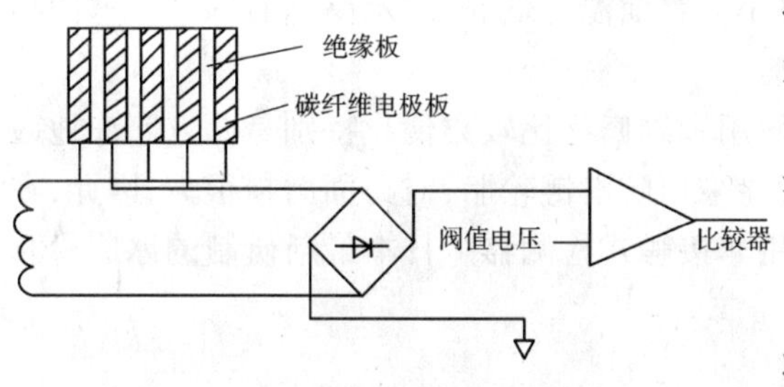

图 2-13　路面干/湿状态检测器原理图

常见的路面状态检测器主要有：路面干/湿状态检测器、冰冻检测器、积雪厚度检测器。

2.5.3.1　路面干/湿状态检测器

路面状态检测器的结构如图 2-13 所示，将四个路面状态检测探头均匀埋设在所检测路面的四周。

探头由两组碳纤维导电板制成的电极和电极间的绝缘板组成。为了减小电极的极化,对电极加交流电压。通过电极的交变电流经整流电路转换成直流电压。此电压与电极间的漏电电流有关,路面潮湿有水时,漏电电流较大,直流电压也大。将此电压与设定的门限值电压相比较,就可判断探头表面是否有水和沾水的程度。用光电隔离电路将有无积水的开关信号经过 D/A 变换器转换成模拟电压传输给采集系统。此模拟电压与表面有积水的探头数目成正比,也与探头表面沾水的程度有关。

2.5.3.2 冰冻检测器

高速公路路面结冰时,附着系数变小,易造成交通事故,桥面上更是如此。这是因为桥是空腔体,直接与外界相连,下小雨雪时相对于路面,桥面更易于结出薄冰层,而桥面的视距较长,驾驶人往往看不清结冰,导致车辆在桥面上制动失控而酿成事故。因此,及时收集路面,特别是桥面的冰冻信息,提供给驾驶人,对于保证雨雪天气的行车安全具有重要作用。

非接触式冰冻检测器是利用冰冻表面和干燥路面对光的不同反射性质制成的。凡物体表面平整光滑,光的入射角等于反射角。在反射角以外,人眼看不到反射光,这种反射称为定向反射,有水的潮湿路面和冰冻路面具有此性质。光线从某方向入射到粗糙表面,反射光射向各个不同的方向,与入射方向无关,称为漫反射,干燥的路面具有漫反射性质。还有一种反射介于两者之间,称为定向漫反射。在装有路面温度计的道路上方,安装一个带有收光器的投光装置,从上往下对路面投射光线,当路表面有水,则带水的镜面对入射光定向正反射,反射的光通量绝大部分被收光器接收。若此时路面温度大于摄氏零度,则说明路面有积水镜面;若此时路面温度低于摄氏零度,则路面冰冻成镜面。如果路面干燥,则入射光成漫反射,与投光器装在一起的收光器就不可能接收到较多的光通量,其工作原理如图 2-14 所示。

冰冻检测器主要由投光器、漫反射收光器、正反射收光器、投光量计测器和路面温度计组成。它将投光器、漫反射收光器、正反射收光器、投光量计测器安装在伸臂杆上,将路面温度计和检测器安装在柱子上。为了将投光器向地面投射的光和外界自然光区别开来,应该对投射光进行调制。这种调制光碰到路面反射回来可能有几种情况:当调制光的漫反射率大时,表示路面干燥;当调制光的漫反射率小,但正反射率适中或可见光漫反射式中时,表示路面有积雪;当正反射率大而漫反射率小,但路面温度高时,表示路面湿润;当正反射率大而漫反射率小但路面温度低时,表示路面有冻结。这四种状况的判断都必须经检测器中的处理机来完成。

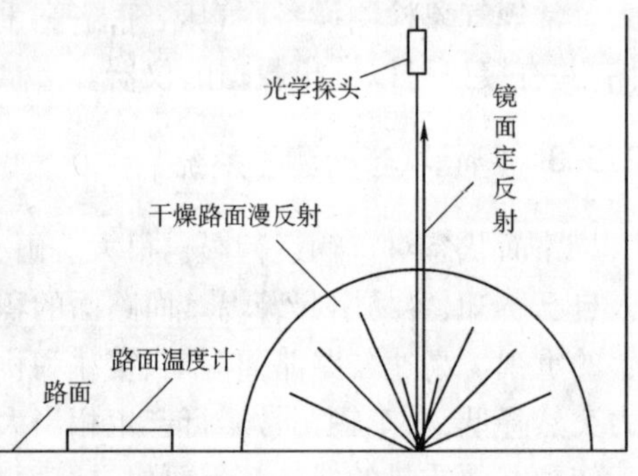

图 2-14 路面冰冻检测器原理图

这种非接触式检测与埋设式检测器不同,使用和维修都比较方便。特别是北方寒冻地区的冬天,路面上的车道线被积雪覆盖,车辆一般要采用防滑链轮胎,对路面磨损很大,因此,在这种情况下不宜采用埋设式检测器,最好是选用非接触式检测器。日本最新研制的冰冻检测器还具有对雾天检测的自动补偿功能。

2.5.3.3 积雪厚度检测器

积雪不仅改变路面摩擦系数,加大行驶阻力,降低车速,而且积雪在车轮反复碾压下,极易冰冻。因此,需要及时检测积雪厚度。积雪厚度检测器是利用超声波来测定路面积雪厚度的一种非接触式检测器,它由超声波探头向路面发射超声波束,然后根据其速度及其由路面反射回来的时间来计算积雪厚度。因为声速是随温度的降低而减小,故此项检测需作温度修正。由于新下的雪对声波吸收良好,因此还可根据反射的衰减来判断路面的雪质。

2.6　闭路电视 CCTV 监控子系统

近年来,随着计算机图像处理技术的迅速发展,闭路电视监控系统在高速公路交通监控中的应用已经非常广泛,为高速公路监控系统提供了最直观、最重要的监视手段。

高速公路闭路电视监控系统一般分为收费监控和道路监控两部分。收费监控系统主要是对收费站的车道、收费广场、收费亭的收费情况,对收费车道通过的车辆类型、收费员的操作过程以及收费过程中的突发事件和特殊事件进行观察和记录,实施有效的监督。道路监控系统主要是对高速公路干线、互通立交、隧道等高速公路重点路段进行监视,掌握高速公路交通状况,及时发现交通阻塞路段、违章车辆,及时给予引导,保证高速公路的安全通畅。

目前高速公路中对视频信号的监控和管理自下而上可分为以下几层:

(1)收费站:各收费站需要对本地的视频信号进行监控。各收费站所辖的摄像机信号全部引入本地视频监控系统,收费站对本地所有图像进行监控管理。

(2)监控分中心:一条高速公路通常设置几个路段监控分中心,分别对某一路段进行监控和管理。各收费站图像根据路段监控分中心要求选择几路上传,路段监控分中心对路段中各收费站上传的图像进行统一监控和管理。

(3)监控中心:多条高速公路的统一管理通常根据地域划分为若干个片区来进行。一个片区对某一区域内相临或相连的几条高速公路进行统一的监控和管理。这几条高速公路的监控分中心根据片区监控中心的要求上传图像,片区监控中心对各路段监控分中心上传的图像进行统一监控和管理。

对需要随时了解全面情况的重要地点,利用车辆检测器等设备往往难以获得完整的信息,使用闭路电视监控的手段将现场数据传送到监控室,使监控人员看到检测地点的全面情况,对交通事件进行确认。由于监控图像涉及传输质量、编码效率、实时控制等技术,因此闭路电视监控系统是高速公路交通监控系统中最为复杂的子系统。

2.6.1　闭路电视 CCTV 监控系统特点及要求

2.6.1.1　闭路电视 CCTV 监控系统特点

依据国家有关文件的要求,系统具有以下特点:

(1)设备先进,功能齐全

系统所选用的设备,除了满足技术规范外,更应注重设备的工程经历,所选用的各类设备在已有的工程中实际应用过,同时又有良好的用户评价,以保证系统稳定、可靠的运行。系统所选用的设备在技术上能代表当今国内外领先水平,保证该系统技术的延续和实用性。

(2)功能齐全,操作方便

本系统涉及计算机技术和通信技术,通过智能化设置、远距离数字、图像和语音的传输和报警等系统联网管理，形成多级分层网络化管理系统。该系统各设备配套合理、功能齐全，从而保证了系统的优化。本系统还采用了目前代表计算机领域应用方向的计算机多媒体图形工作站，操作直观、准确、方便，保证了系统的可操作性。

(3)实时性强，反应快捷

系统具有很强的实时性和快捷的反应能力。显示系统对采集到的数据立即进行分类处理，实时地将其显示在相应的显示设备上，以使操作员能及时、直观地了解各个设备的运行情况以及路上的交通情况等。此外，当设备工作异常、传输链路出现故障时，系统会立即发出报警信息提醒和通知值班人员，以便及时采取措施进行处理；在遇到交通异常、发生事故、堵塞等情况时，系统会及时发出告警，并自动提供相应的处理方案供操作员选择确认。

2.6.1.2 闭路电视 CCTV 监控系统的总体技术要求

根据高速公路网交通管理和交通事件处理对监控系统的要求，闭路电视监控系统应满足以下技术指标：

(1)数据传输误码率：在交通监控系统中，要求在数据链路层数据为无差错传输，所以在数据链路层有良好的差错控制功能。为确保数据链路层数据无差错传输，要求在数据电路的误码率 $<10^{-9}$。

(2)系统可靠性：MTBF >10000h。

(3)系统具有自检功能及设备故障和市电中断告警及数据自动保存功能。

2.6.2 闭路电视 CCTV 监控系统构成及功能

在高速公路监控系统的构成上，无论是道路监控系统、还是收费监控系统，基本上可划分为前端摄像机、监控室控制设备、图像传输设备、输出/显示设备四大部分：

(1)前端设备主要包括：摄像机、摄像机镜头、云台、防护罩、摄像机立柱等。

(2)监控室控制设备中的基本项包括视频矩阵切换器、监视器、时滞录像机。另外，根据具体的使用需求，还可增加投影设备、云台控制器或控制键盘、视频分配器，多画面分割器等。

(3)图像传输设备主要有光端机、光多路复用器、视频发射机、中继器、接收器、线/光缆、视频分配器等。

(4)输出/显示设备包括：监视器、硬盘录像机、视频监控计算机、大屏幕投影仪等。

闭路电视监控系统主要实现视频图像的采集和视频图像的切换等功能，即通过外场摄像机将现场的视频信号采集拾取到监视系统中，由传输设备完成视频信号的传递，视频信号在监控室连接到监视器、录像机等输出设备，系统用户通过控制键盘、解码器等控制系统的设备完成变焦、旋转等功能。具体可分为以下几项功能：

(1)监视本路段道路状况，在道路发生拥挤阻塞等现象时给路政、交警提供信息。

(2)了解车辆通行状况。

(3)遥控各台摄像机，以方便监视。

(4)对所有摄像机画面按需或轮询录像，对发生特殊事件的车道进行重点录像。

(5)对录像画面进行回放，以便事后检查。

2.6.3 前端设备

2.6.3.1 前端设备主要构成及其技术指标

前端设备主要构成包括:摄像机、摄像机镜头、云台、防护罩、摄像机立柱等。

1)摄像机

摄像机是拾取图像信号的设备,也就是说,被监视场所的画面是由摄像机将其光信号(画面)变为电信号(图像信号)的。目前,无论是彩色摄像机还是黑白摄像机,其光电转换的器件均采用了电耦合(CCD)器件。摄像机通过它的镜头把被监视场所的画面成像在CCD片子(靶面)上。通过CCD本身的电子扫描(即电荷转移),把成像的光信号变为电信号,再通过放大、整形等一系列信号处理,最后变为标准的电视信号输出。

目前,高速公路监控系统用的摄像机一般都是CCD摄像机,相对于摄像管式摄像机,其具有体积小、灵敏度高、寿命长等优点。高速公路监控系统用的摄像机包括道路沿线摄像机、隧道洞口的摄像机、隧道洞内摄像机和收费系统用的收费亭摄像机、收费车道摄像机、收费广场摄像机等。根据前端摄像机性能特点的不同可分为带云台的方向和焦距可控式摄像机、固定式摄像机。可控式摄像机包括道路沿线摄像机、隧道洞口摄像机、收费广场摄像机,固定式摄像机包括隧道洞内摄像机、收费亭摄像机,收费车道摄像机。

2)镜头

镜头是安装在摄像机前端的成像装置,其作用是把被摄景物成像在摄像管的靶面上,形成清晰的光学影像。影响图像清晰的镜头参数主要是光圈和焦距。光圈孔径和焦距之比愈大,进入的光通量就愈多。摄像机的光圈是根据环境照度自动调节的。焦距决定物像比例,当被摄景物与镜头间的距离改变时,焦距应能自动调整;否则成像面可能落到焦点深度以外,而使图像模糊。

3)云台

云台的作用是安装和支持摄像机,同时以两个伺服电动机带动摄像机作水平、上下运动,以扩大监视视域。水平转动的角度一般为350°,垂直转动则为35°、45°、75°等等。水平及垂直转动的角度大小可以通过限位开关进行调整,转动速度要求均匀,不能太快(每秒约3°~6°),不能有任何抖动,否则会影响图像的清晰、稳定。

云台有室内、外之分,室内用云台承重小,没有防雨装置;室外用云台承重大,有防雨装置,有些甚至还有防冻加温和雨刷装置。

一般的云台均属于有线控制的电动云台,其控制线的输入端有五个,其中一个为电源的公共端,另外四个分为上、下、左、右控制端。常见的电源供电电压有交流24V和220V两种。

4)防护罩

防护罩用于保护摄像机和镜头工作的可靠性,保证摄像机在有灰尘、雨水、高低温等条件下正常工作,延长其使用寿命。防护罩还可以尽量防止对摄像机和镜头的人为破坏。与云台设备相似,防护罩一般分为室内型防护罩和室外型防护罩两种。

(1)室内型防护罩,这种防护罩以装饰性、隐蔽性和防尘为主要目标,结构简单,价格便宜。其主要功能是防止摄像机落灰并有一定的安全防护作用,如防盗、防破坏等。

(2)室外型防护罩,这种防护罩因属全天候应用,要能适应不同的使用环境,防护罩的材料主要为铝质、合金、挤压成型、不锈钢等,其密封性能好,保证雨水不能进入防护罩内部侵蚀摄像机。有的室外防护罩还带有排风扇、加热板、雨刮器,可以更好地保护设备。当天气太热时,排风扇自动工作;太冷时加热板自动工作;当防护罩玻璃上有雨水时,可以通过控制系统启动雨刮器。因而这种防护罩具有降温、加温、防雨、防雪等功能。目前较好的全天候防护罩是采用半导体器件加温和降温的防护罩。这种防护罩内装有半导体元件,既可自动加温,也可自动降温,并且功耗较小。

5)摄像机立柱

摄像机立柱一般有水泥立柱、钢管立柱。水泥立柱的优点是不发生晃动,缺点是美观性差一些,采用标准杆体时走线不方便。钢管立柱具有外观漂亮,安装简单,易于走线,易于固定摄像机等优点,但在大风时会有较大的晃动。目前,高速公路监控系统大多采用钢管立柱的形式。

6)摄像机性能的技术指标

衡量摄像机性能的技术指标主要有以下几方面:

(1)清晰度

一般多给出水平清晰度。闭路电视监控系统使用的摄像机,要求彩色摄像机水平清晰度在300线以上,黑白摄像机在350线以上。这样的指标即可满足一般电视监控系统的要求。

(2)照度(或称灵敏度)

照度是衡量摄像机在什么光照强度的情况下,可以输出正常图像信号的一个指标。一般用“lx”表示,如某一摄像机的照度(灵敏度)为0.01lx。在给出照度的这一指标时,往往是给出“正常照度”和“最低照度”两个指标。“正常照度”是指摄像机在这个照度下工作时,能输出满意的图像信号。“最低照度”是指如果低于这个照度值时,摄像机输出的图像信号就难以使用,或者说摄像机至少要工作在“最低照度”之上。

(3)信噪比

信噪比的定义是摄像机的图像信号与其噪声信号之比。一般用 *S/N* 表示这一指标,*S* 表示摄像机在假设无噪声时的图像信号值,*N* 表示摄像机本身产生的噪声值(比如热噪声等噪声),二者之比即为信噪比。信噪比一般用分贝(dB)表示,信噪比愈高,表明这一指标愈好。闭路电视监控系统中使用的摄像机,要求其信噪比高于46dB。

摄像机还有一个技术指标是其输出信号的幅度,一般用输出信号电压的峰—峰值表示。摄像机输出的图像信号一般都是1Vp-p至1.2Vp-p,即1V至1.2V峰—峰值,且为负极性输出(即同步头朝下)。

除了上述的技术指标之外,摄像机的供电电源分为直流供电和交流供电两种形式。常见的直流供电电压为12V,交流供电电压为220V,交流供电的摄像机,在其内部装有电源适配器,即有一个将交流电变为直流电的装置,而直流供电的摄像机没有这一装置。摄像机的电源无论是直流还是交流,其电压都应是稳定的,即便是交流电源,其电压变动也不允许超过5%。

2.6.3.2 摄像机类型的选用

高速公路摄像机一般都设置于较为重要的路段,如交通事故多发区、重要桥梁、路网的节点立交桥、连接各个高速公路的主要出入口、高速公路隧道区段、收费站广场等,对于以上不同情况应适当选取不同的摄像机是非常必要的,应从以下两方面加以考虑:

1)固定式及可控式的选用

固定式摄像机是安装在固定的支架上,一般镜头也采用固定焦距的镜头,在使用时预先调好位置即可,这种摄像机不需要进行控制,设备简单可靠,成本低,比较适合于宏观监视的场合,如隧道内、收费站广场等。可变型摄像机是摄像机安装于可上下左右转动的云台上,摄像机的镜头采用电动变焦镜头,控制中心可对摄像机进行上下左右移动控制及镜头的变焦控制,这种摄像机适合于安装在立交桥、隧道口、收费广场等重要场所。

2)摄像机照度的选择

在选择摄像机时,一般要求监视目标的环境最低照度应高于摄像机要求最低照度的10倍以上。通常黑白监视器监视目标最低照度不应小于10lx,彩色监视器监视目标最低照度不应小于50lx。零照度环境下宜采用红外光源或其他光源。

3)摄像机镜头的选用

摄像机镜头的主要指标是焦距,一般选用8~80mm焦距,10倍变焦可满足道路监控的需要。如要求看清车牌号,则应适当提高镜头的变焦倍数。对于定焦镜头则要根据所要观察的视角进行选取。

(1)镜头尺寸应等于或大于摄像机成像面尺寸。例如:1/3″摄像机可选1/3″~1″整个范围内的镜头,但水平视角的大小都是一样的。只是使用大于1/3″的镜头能够更多地利用成形,更精确了镜头中心光路,所以可提高图像质量和分辨率。

(2)选用合适的镜头焦距。焦距越大,监看距离越远,水平视角越小,监视范围越窄;焦距越小,监看距离越近,水平视角越大,监视范围越宽。镜头焦距可按照以公式(2-3)估算。

$$f = A \times L/H \tag{2-3}$$

式中:f——镜头焦距;

A——摄像机CCD垂向尺寸(参见表2-2);

L——被摄物体到镜头距离;

H——被摄物体高度。

CCD垂向尺寸　　表2-2

格式	1in	2/3in	1/2in	1/3in	1/4in
CCD垂向尺寸	9.6mm	6.6mm	4.8mm	3.6mm	2.7mm

(3)考虑环境光线的变化。光线对图像的采集效果起着十分重要的作用。一般来说,对于光线变化不明显的环境,我们常选用手动光圈镜头,将光圈手调到一个比较理想的数值后就可不动了;如果光线变化较大,如室外24小时监看,应选用自动光圈,能够根据光线的明暗变化自动调节光圈值的大小,保证图像质量。但需注意的是,如果光线照度不均匀,特别是监视目标与背景光反差较大时,采用自动光圈镜头效果不理想。

(4)考虑最佳监看范围。因为镜头焦距和水平视角成反比,因此既想看得远,又想看得宽阔和清晰,是无法同时实现的。每个焦距的镜头都只能在一定范围内达到最佳的监看效果,所以如果监看的距离较远且范围较大,最好是增加摄像机的数量,或采用电动变焦镜头配合云台安装。

(5)镜头接口与摄像机接口要一致。现在的摄像机和镜头通常都是CS型接口,CS型摄像机可以和 CS 型、C 型镜头配接，但和 C 型镜头接配时，必须在镜头和摄像机之间加接配环，否则可能碰坏 CCD 成像面的保护玻璃，造成 CCD 摄像机的损坏。C 型摄像机不能和 CS 型镜头配接。

4)摄像机云台的选用

在选择云台时，最好选用在云台固定不动的位置上安装有控制输入端及视频输入输出端接口的云台，并且在固定部位与转动部位之间(即与摄像机之间)有用软螺旋线形成的摄像机及镜头的控制输入线和视频输出线的连线。这样的云台安装后不会因长期使用导致转动部分的连线损坏，特别是室外用的云台更应如此。

5)摄像机防护罩的选用

摄像机防护罩的选择，首先是要包容所使用的摄像机加镜头，并留有适当的富余空间，其次是依据使用环境选择适合的防护罩类型，在此基础上，将包括防护罩及云台在内的整个摄像前端之重量累计，选择具有相应承重值的支架。还要看整体结构，安装孔越少越利于防水，再看内部线路是否便于连接，最后还要考虑外观、重量、安装座等等。

近年来 CCTV 系统新产品层出不穷，目前市场上出现了一种集摄像机、云台、镜头、解码器于一体，安装在一个球形的透明罩子里，俗称球型摄像机。这种摄像机最大特点是跟踪快速，操作灵活，自动聚焦，使用方便。这种摄像机适合于安装在收费站广场，当有异常情况发生时操作员可以立即把摄像机指向事故点，迅速了解事故的情况，以便处理，能够满足管理上的要求。由于其价格比一般的摄像机偏高，因此实际选用时应根据业主需求来确定。

2.6.3.3 摄像机的布设

摄像机最理想的布设方法就是全路段覆盖。但考虑到一台摄像机的视域半径仅为 500m，要想达到对整条高速公路的覆盖必须每公里即布设一台 CCTV 摄像机。按当前价格计算。每台 CCTV 摄像机(含立柱，不含通信缆线)造价约为 20 万元左右，每 100km 高速公路仅 CCTV 摄像机初装费就要 2000 万元。这是一般的项目很难承受的，再考虑到 CCTV 摄像机一旦实施后就很难移动，所以一般的 CCTV 摄像机都是有选择地布设，以便对高速公路形成重点监视。

1)布设原则

CCTV 摄像机一般应优先布设于：

(1)交通拥挤路段及事故多发路段，尽量将匝道及交通干道全部覆盖，使合流、分流及交织区段的交通状况“尽收眼底”；

(2)易于安装和维修人员及车辆的接近，而不受道路几何条件及横断形状之约束的地点，如道路纵坡最好不超过 2% 等；

(3)摄像机视野不为周围地形、建筑、广告牌、标志板及类似设施所遮挡的地点；

(4)可变情报板(CMS)附近，能够对 CMS 显示内容进行确认的地点；

(5)具备可靠的电力、通信供应的地段而又不与其他各种地下管线干扰的地段；

(6)满足业主特殊要求。

同时，路侧 CCTV 摄像机应尽量布设于道路同一侧，交叉道路处的摄像机应布设于同一象限，以求 CCTV 摄像机图像的一致性，即看了图像容易判断现场实际方向与地点。

2)布设标准

CCTV 摄像机布设之前应首先根据实际情况拟定布设标准，或者布设阈限值。比如道路拥挤程度、交通事故频率等等，从而确定哪里该设，哪里不该设。这就使设计者工作时“有法可依，有章可循。”目前在我国的高速公路设计中，主要参考国外相关标准，工程师根据设计经验，依据业主投资限制情况来确定布设数量，尚缺少统一成文的定量标准。

3）图上作业

CCTV 摄像机布设的初步图上作业需以全部交通工程设施的平面布设图为基准。该图以道路几何设计平面图为底图，在此图上首先标明事故多发段、预测交通拥挤程度较高（超过设计标准阈限值）的路段、CMS 布设地点、重要道路设施及地下管线、路旁高大建筑物、CCTV 摄像机不允许覆盖区域（如军事设施等）及业主指定的重点区段等。在此基础上，结合布设标准即可将 CCTV 摄像机逐一布设至上述重点区域并避开 CCTV 摄像机不得覆盖区域和重要地下管线。当然，也应避免视域的过分重叠，比如为一个 CMS 信息确认而导致两个 CCTV 摄像机相距过近等。

图上作业统计的 CCTV 摄像机布设数量还应在业主投资约束下进行调整。

4）实地沿线初检

实地初检主要包括摄像机视域初步检查和摄像机安装维护地坪检查。视域检查可进一步确认道路几何线形，如道路平、纵曲线对视域的影响，也可确认 CCTV 摄像机是否完全覆盖/避开了选定的目标区域。维护地坪检查，可进一步结合现场情况定位 CCTV 摄像机。如果图上选定位置横断面上高填深挖，或是有构造物，或是基础处有重要管线，或是供电系统过于昂贵，或是维护车辆、人员难于接近等等，就应考虑另选位置。

CCTV 摄像机虽属耐用设备，但考虑到凡属安装之处，交通都相当繁忙，因此有必要考虑预留其维修场坪。维修场坪以维修车辆易于接近并能正常进行维修工作而不干扰车道交通为原则，其渐变段长度及渐近角度由道路设计速度决定，而其宽度则与 CCTV 摄像机安装高度有关。美国标准认为，只有当维修车辆能够从辅路接近 CCTV 摄像机并进行维修时，才不需要设置专门的维修场坪。否则维修场坪应至少长 30m 宽 5m。加拿大也有类似标准。

视域检查可考虑先用如下的简单方法：比如预先在选定地点停一部车子，然后两名观测者从此点分头向道路两侧各走出 500m，然后，使两观测者视线基本与地平，回头看能否见到或部分见到远处的车子。如能，说明 CCTV 摄像机视域无妨碍，否则即在底图上标出具体的妨碍距离及原因。用这种方法初检后，即可加速后述的详细高车（Bucket Truck）检查（因为有了检查重点）。

5）实地高车检查及 CCTV 摄像机安装高度的确定

经过前面几个步骤，CCTV 摄像机的布设数量及位置已基本确定，但为确保 CCTV 摄像机实施后满足设计要求及业主意愿，还需进行视域的全面检验，即实地高车视域及安装高度检查。考虑到 CCTV 摄像机一般为开放交通后才实施，因而高车会对交通造成一定影响，为避免这一点，国外目前推荐采用“摄影车”检查的方法。采用这种方法，CCTV 摄像机安装在车子上，随时可以自由移动，检查速度快，对交通干扰小，不过设备投资较大。

CCTV 摄像机的安装高度一般为 6 ~ 15m。考虑到后期维护方便，杆高通常不超过 12m。由于过高的 CCTV 摄像机对多层立交监视存在死角，所以 10m 左右较为常用。实际设计中的杆高，应以实地高车检查为准，在保证视域的前提下，尽量统一杆高。

2.6.4 视频图像传输

2.6.4.1 视频图像传输方式

随着高速公路的建设监控收费服务和隧道系统都有大量的图像信息需要实时传送,高速超大规模集成电路、图像压缩和负载波调制技术的发展给利用光纤网络传送图像提供了可行性。下面重点介绍一下视频图像传输方案的选择。

视频图像传输方案即根据省监控中心、监控分中心、收费站监控室需上传的视频信号数量、传输距离等工程实际情况选择一个能够保证图像质量的传输方案。闭路电视 CCTV 监控系统的图像传输包括摄像机至监控分中心及监控分中心至总中心的传输。根据 CCTV 业内目前技术手段,视频图像传输方式可分为模拟方式、数字方式两大类。

1)模拟视频传输

模拟视频传输是传统的传输方案。对于视频传输距离在三、四百米以内的情况,一般都采用同轴电缆作为传输介质直接传输;大于这个距离时,模拟视频传输将以光纤作为传输介质,因为光纤带宽大,光信号抗干扰能力也较强。在光纤方案中又可分为点对点方式和多节点方式。

点对点的模拟视频传输方案(即采用光端机、光缆的模拟传输方式)通过模拟视频光端机将模拟视频信号转换成光信号,通过光纤进行传输,然后再通过模拟视频光端机将光信号还原为模拟视频信号。由于这种传输方式可以在图像传输距离满足光端机的使用前提下可靠地保证图像质量,工程造价较低,因此使它不仅在交通行业,而且在其他行业的 CCTV 系统中都得到广泛的应用。但是,在要求传输较多路数的视频信号时,需要足够芯数的光纤支持,而且必须集中在某点上、下视频信号。

多节点的模拟视频传输是近年出现的新技术,它同样利用光纤的连接带宽资源,采用 WDM 或 FDM 技术可在单芯光纤上传输 32 路、64 路或更多路的视频信号。该方案不仅大大地提高了光纤的利用率,而且在保证图像质量的前提下延长视频图像的传输距离。另外,部分此类产品还可以特别提供网络管理功能,提高系统的可靠性。

2)数字视频传输

在电子技术不断向数字化发展的同时,视频传输技术也走上了数字化道路。根据对视频信号的采样方式可分为非压缩方式、压缩方式。

非压缩数字视频传输方式也是以光纤的带宽资源为保证,将模拟信号通过模数转换设备变成数字视频信号,由光纤进行传输,在目的地再经数模转换还原成模拟视频信号。在此过程中,丰富的带宽资源允许一路或多路的视频图像不经压缩就进行远距离传输,图像质量可得到保障。

压缩数字视频传输方案(即采用压缩编码的数字化传输方式)则是将模拟视频信号按视频压缩标准 M-JPEG、H. 261、H. 263、MPEG1、MPEG2、MPEG4 等进行压缩编码后在以太网、光纤以及 E1 信道上实现图像传输。这种传输方案中图像的质量必须有足够的传输带宽来保障,带宽过窄时,图像将模糊不清,甚至还会出现“马赛克”现象。

3)图像的数字传输及模拟传输的比较

数字传输与模拟传输的区别是在进行传输前,首先把模拟的图像信号进行数字化处理,用数字信号的方式进行传输，在接收端再把数字信号还原成模拟的图像信号。数字传输的优点是多次中继不会影响图像传输质量，非常适合于长距离的传输。但目前的数字化实时图像传输设备的价格还很昂贵，在模拟传输尚能满足传输要求的情况下采用模拟传输可以减少不必要的投资。

在闭路电视 CCTV 监控系统的图像传输中较多采用模拟的传输方式。只要把整个传输通道的信噪比控制在 51dB(加权)以上，就可满足监控的传输需要。在进行多次中继时应适当提高每级中继设备的信噪比指标。信噪比指标的提高原则是“每增加一倍的中继次数就要把每级中继设备的信噪比提高 3dB”。如中继次数为 2 次时，应把每级的中继设备信噪比控制在 54dB(加权)以上。如进行 8 次中继时应把每级中继设备信噪比控制在 60dB(加权值)以上。目前光传输设备的传输距离最大可达 90km 以上，进行多路传输时传输距离会有所降低，实际应用时要根据传输距离及传输路数合理选择传输设备，另外还应适当考虑在传输距离上要有一定的余量以保证整个系统可靠运行。

2.6.4.2 视频图像传输介质及传输方式的选择

1)传输介质的选择

在传输链路的选择上，主要是以点对点的方式进行传输，具体的传输介质根据传输距离的远近依次选择单模光纤、多模光纤或同轴电缆。在选用光缆后，还需选择与之相匹配的光端机。

光缆传输具备很多优点，如传输距离长、不受电磁干扰等。随着技术的进步，光传输的成本也越来越低。在进行较长距离的传输时一般都采用光缆传输。电缆传输易受电磁干扰，不适合长距离传输，但电缆的视频基带传输，设备简单可靠，成本低。一般用电缆进行视频传输的距离在 1500m 内。

因此，在闭路电视 CCTV 监控系统中 1500m 内的图像传输一般可用视频电缆直接进行传输，超过 1500m 时应采用光缆进行传输。

2)传输方式的选择

前端摄像机与收费站，以及收费站至高速公路监控分中心采用光端机传输图像方式。原因是沿路的光纤资源充足，并且对主线交通状况视频要求图像质量高和实时性好，尤其违章车辆的图像抓拍更是如此。收费亭摄像机与收费站距离比较近，可以使用同轴电缆或者多模光端机传输。有些光端机还可实现对车道和收费亭视频、声音同步监控。对远距离的立交、高速公路主线图像使用单模光端机，并配合中继器使用，目前最大传输距离达 120km。

各收费站图像上传至高速公路监控分中心可以使用点对点的光端机或者数字节点光端机，把收费站的矩阵输出选择几路图像上传至高速公路监控分中心。通过监控分中心矩阵联网控制能监控高速公路各收费站及沿路的所有图像。

监控中心一般设在城市里，并且与各高速公路距离都比较远，图像以及所有的数据传输只能利用有限的光纤。考虑传输视频数量比较多，可以充分利用高速公路本身 SDH 网络的优势，把图像压缩后通过网络来传输。

2.6.4.3 视频图像传输方案设计

视频图像传输方案即根据需上传的视频信号路数、传输距离等工程状况选择一个能够保证图像质量的传输方式。

(1)收费亭摄像机/收费车道摄像机/收费广场摄像机:这类摄像机所拍摄的图像因其所需传输距离较近、视频路数有限,所以采用同轴电缆或光纤进行模拟视频传输是性价比较高的方案。

(2)道路沿线的道路安全监控摄像机:因距离道路中心监控室较远,图像传输则应根据具体情况选择相应的方案;或是先传到就近的收费站/收费点,然后与收费站图像统一上传到路中心监控室;或是直接以模拟/数字视频方式通过光纤传输到路中心监控室。

(3)收费站/隧道站监控室:如果只是对每个站的视频信号有选择地上传几路,则建议以多路视频复用方式进行传输;如果对收费站的图像需要集中监视、管理,即所有收费图像都需要上传到路中心监控室,则每路视频只经一次调制解调的多节点模拟视频传输方案是经济可靠的方案。

2.6.5 视频显示及输出

目前,高速公路视频监控系统已经允许用户从一个或多个远程设备收集数据、调看图像或发送控制命令给外场设备。一般情况下,用户无须照看这些远程设备。远程设备的距离可以从数十米至数千公里,公司管理部门的工作人员能够通过视频浏览计算机及时了解到路段的现场情况,便于对异常的交通事件做出及时、准确的处理。

在监控室中常用的视频输出设备有监视器、地图板、大屏幕投影系统等。

2.6.5.1 监视器

在高速公路主线上的监控点不多,因此在分中心可通过21in的专业监视器一一对应的显示并由视频控制计算机控制,而每个监控点的单路或多路视频信号则共用一台监视器进行轮流显示,这样既可节省设备,又可减少空间的占用。分中心矩阵可任选一路图像在大屏幕投影电视上显示,同时在分中心设置的硬盘录像服务器上多画面显示所有图像。由于监视场所的情况不可能同时都发生意外情况,因此平时只要隔一定时间显示一下监视场所的情况即可。当某个监视场所发生意外事件时,可以通过视频切换器将这一路视频信号切换到某一台监视器上一直显示,并通过控制台对其遥控跟踪记录。

监视器的数量一般依据摄像机对监视器的比例来设置,其尺寸宜采用14~18in的,若采用画面分割器则可选用较大屏幕的监视器。目前,常用4:1的比例来设置监视器的数量,即四台摄像机对应一台监视器进行轮流显示,当摄像机的台数很多时,再采用8:1甚至16:1的设置方案。此外,在有些摄像机台数很多的系统中,应用画面分割器把几台摄像机送来的图像信号同时显示在一台监视器上,也就是在一台较大屏幕的监视器上,把屏幕分成几个面积相等的小画面,每个画面显示一台摄像机送来的视频图像。这样可以大大节省监视器数量,并且操作人员观看起来也比较方便。

2.6.5.2 地图板

地图板是监控室内主要的信息提供装置,监控人员通过它可以直观、醒目、方便地监视高速公路上的交通状况、外场设备的运行状况以及控制命令的执行情况。

地图板可用木板、金属板、马赛克或聚酯薄膜等镶嵌而成,其大小可根据需要而定,高度一般约为1.5~2.5m。地图板控制器为微处理器,包括驱动器及接口,输入口与图形计算机相连接,输出口与显示驱动部件相连。显示板长度与实际长度可选1:10000,以提高可视性,增强直观性。

板面设计有多种方案，一般包括静态图和动态显示图两部分。静态图表示高速公路沿线主要的村镇、公路、铁路、桥梁、河流等地理环境和互通立交、服务区、停车场等沿线设施，以及外场监控设备类型和位置。动态显示主要有：道路不同区段、车辆检测器所收集的交通参数；可变信息标志、可变限速标志的内容；用颜色带显示每车道的利用情况；外场设备工作是否正常，异常时红灯警告。此外，地图板上还可以显示日期、时间、天气信息以及安装电视监视器等附属设施。

2.6.5.3　大屏幕投影系统

大屏幕投影系统由投影机和投影屏幕两部分组成。它们的特点是：

(1)画面尺寸不受硬件设备(投影机)和空间的限制，只要调整投射距离，就可改变画面大小，同一个投影机可播放显示50～200in画面；

(2)图像清晰、色彩鲜艳，可与电影放映机的大屏幕图像媲美；

(3)携带方便，安装简单，适合各种场合使用；

(4)性能价格比高，适合普及推广。

大屏幕投影系统作为主要的显示设备，常常被安装在高速公路分中心及省中心的监控大厅内，提供相应路段内视频信息及其他道路监控信息的直观显示。最初的高速公路，这些信息常用监视器墙、地图板等设备来显示。但由于监视器尺寸受限，当需要对某信息重点显示时，就显得力不从心。同样，地图板用来显示道路走向及沿线车流量、气候等信息尽管非常直观，但缺乏灵活性，在道路情况发生变化或道路设施发生增减时，设备需要做较大的变动，后期扩充及升级十分复杂。而大屏幕投影恰恰能够在实现上述设备功能的前提下，避免了它们的不足或缺憾。它的组成非常灵活，可单模块显示，也可以利用图形拼接设备进行阵列方式组合，如由4,6,8,9乃至更多块投影屏组成一块大的显示屏。它的显示也非常灵活，可在几块屏上拼接显示某一重点信息，或将一块屏分割为多个显示窗口，同时显示多种信息。因此，未来高速信息化时代，大屏幕投影系统将在高速公路监控系统中不断地得到广泛应用。

2.6.6　视频控制

视频监视系统实现省监控中心与下级收费站多级联网控制。联网控制方式有硬件联网和软件联网方式两种，软件联网是通过各监控中心计算机联网，由计算机软件操作管理矩阵主机来达到联网控制要求。这种方式比较容易兼容各厂家的矩阵，不过受软件和计算机的影响，稳定性比较差，控制不灵活，并且成本比硬件联网高。

目前大部分CCTV厂家都推出了级联矩阵主机系统，根据不同的联网方式可分两个系列：一是串口接口级联方式(包括RS232、RS485)；二是以太网接口联网方式。前者的联网方式系统能满足比较小的二级联网系统，但扩容不方便。当联网矩阵系统比较多，使用串口(RS232/RS485)联网就显得力不从心了。首先串口联网布线繁琐，必须把联网的矩阵主机都独立铺设通信线；其次是由于使用串口联网，通信口波特率比较低，当系统需要控制图像多，响应报警信号也多时，串口联网方式就不能满足要求，或者根本就不能上传报警信号。

以太网联网通信方式是当今最流行和最普及的通信方式，通过以太网联网矩阵主机来实现全省高速公路监控联网，能充分利用已有的资源，降低联网成本，系统稳定性也比软件联网有很大提高。

刚开始实施监控系统时,视频监视主要是以各条高速公路为单位相对独立进行,此时的视频监视系统的联网仅局限于监控中心——监控分中心、或是收费(分)中心——收费站之间的连接。不论在哪一级的监控室内,都可将其所获得的视频信号进行实时的显示、对全部或部分输入视频信号的存储,根据需要对某一区段的存储信息进行回放/稽查/取证。

2.7 交通控制子系统

交通控制是高速公路监控系统的重要功能之一,它不仅能改善高峰期间车辆行驶的平均速度,增加高峰期间的交通量,减少交通堵塞和车辆延滞时间,同时也能大大减少交通事故、降低燃料消耗、减少车辆磨损、缩短运输时间、降低环境污染,发挥高速公路快捷、安全、舒适和高效的功能。高速公路交通控制子系统具有较为显著的经济效益、社会效益和环境效益。一般情况下,高速公路交通控制子系统应具备以下功能:

(1)在交通正常情况下,监控分中心计算机系统综合分析各种交通数据和气象参数,选择合理的控制方案,自动形成对大型可变情报板、车道控制标志及可变限速标志的控制命令,在操作员确认后向外场设备终端发出控制命令,对交通流进行引导和控制。

(2)在紧急情况下(事故、火灾等),监控分中心计算机系统综合分析各种交通数据和气象参数,根据处理结果自动形成控制方案,由操作员根据外场图像、紧急电话、巡逻车等对事件确认或修改控制方案后发出控制命令(包括通知消防、救援等部门)。

(3)操作员也可通过手动录入指令向外场设备终端发出控制命令,即控制方式有人工控制和自动控制两种,其中人工控制优先。

高速公路上所有信息采集及设备检测、监视都是为交通控制服务的,通过前端设备将高速公路上的交通信息采集到监控系统之后,如何分析这些数据,采用什么方法来改善交通流的状况就成为监控系统的关键任务。高速公路管理中有多种控制方法都可以改善交通流的状态,常用的控制方式有主线控制、通道控制等。这些控制方式在实际中根据使用条件的不同,效果各异,既可以单独使用,也可以混合使用。因此在选择控制方法时,应考虑到具体道路的特点。

2.7.1 交通控制策略设计思路

调节供求,争取平衡,使交通流畅通是交通控制的基本思路,即抑制、转移交通需求,提高道路通行能力,实现供求动态平衡,达到交通流畅通的目标。调整供求有多种控制方法可供选择,根据实际情况选择控制方法称为控制策略。监控系统的控制模型,即监控策略的确定按以下原则:一旦确定交通事故的发生,应迅速及时地调动有关人员和车辆救助伤员,迅速发布交通信息提醒驾乘人员,避免二次事故的发生;清除事故影响,快速恢复交通的正常通行。

在路段开通运行初期,交通流较少且不稳定,对设置在路段监测点上的各种检测、监控设备的参数还需要积累,方案确定所涉及的各类交通参数值也必须根据实际的交通状况进行修正,这时监控系统对事件的检测采取人工和自动相结合的方式,车辆检测器及其他检测设备参数应采用较高的安全系数,生成的控制方案应经管理人员确认方可执行,以避免因设备原因或人为因素造成对交通流的不当干预或有害干预。对监控方案中的一些涉及全局性的命令要十分慎重，须经过权威部门批准认可才能执行。

控制方案按照形成条件分为偶发事件的控制方案、恶劣气象条件下的控制方案、事件及不良气候下的控制方案。监控系统交通控制方案生成的基础是决策系统结构，整个系统结构采用树形结构生成法，主要信息和参数包括：

(1)路段监控点上的车辆检测器收集的现场截面交通参数(自动检测)；

(2)外场摄像机的交通流状态监视和确认事件；

(3)路侧紧急电话、业务电话传来车辆事故信息；

(4)气象检测器收集的气象信息；

(5)由巡逻车、养护车和路上工作人员传达的其他综合信息；

(6)收费系统各收费站上传的相关数据和图像等。

通过以上信息共同构成交通事件检测处理和确认。事件一经确认，由管理人员输入相关参数并由监控系统的计算机系统自动生成相应控制方案，最后由管理人员确认后执行。方案内容包括出动救护、排障等各种车辆，通过可变情报板、可变限速标志向道路使用人员显示警告、限速、建议性等信息，正确引导交通流，并通过业务电话等向医务、消防、公安、交警等报警并要求协同处理。

2.7.2　主线控制

2.7.2.1　主线的道路交通特性

高速公路主线控制是高速公路交通控制的基本策略之一，相对于高速公路匝道及周边集散道路而言的概念，其对象是路段上的交通流，通过对高速公路主线的交通进行调节、诱导和警告，来达到优化交通流状态，保证主线交通畅通的目的。高速公路主线既包含立交与立交之间的普通路段，也包含大桥、隧道等特殊路段，而主线监控系统作为整个高速公路监控系统基础，由主线的道路交通特性决定了其具有较深的技术内涵，主要表现在以下几个方面：

1)主线的特点是里程长

有时有一条高速公路长达数百公里，跨越若干不同行政区域，因此，高速公路主线控制系统往往采用分布式的多级控制。

2)主线上各路段道路交通特性差别很大

山区、平原路段，上坡、下坡路段，弯道、直线路段，大桥、隧道路段等，对不同的道路特性，监控系统应有不同的对策，相应的采用不同的控制方法。

3)高速公路所经地区气象情况不同

恶劣的天气变化对高速公路交通安全造成严重威胁，对于延伸较长的高速公路而言，沿线的气象情况更难掌握，这就更增加了交通控制的难度。

4)交通量时空分布不均匀

交通流量本身就有一定的随机性，对于延伸较长的高速公路而言，各路段交通量更会呈现明显差异，每天内的交通模式也不像城市道路交通那样具有高低峰的明显规律。高速公路控制系统不但要适应当前的交通状况，而且还要适应未来的交通状况，因此监控系统在设计开始时就应使其功能有所储备。

2.7.2.2　主线控制的主要目的

主线控制的主要目标是改善高速公路运行的安全和效率，缓解主线上的交通拥挤和交通瓶颈对交通的影响，并达到以下主要目的：

(1)当交通需求接近道路通行能力时，使得主线上的交通流保持均匀性和稳定性，以增加驾驶人的舒适程度，提高高速公路的利用率并预防拥挤发生；

(2)改善交通流运行状态，使其在主线上的瓶颈路段能达到最大通行能力；

(3)如果发生交通拥挤，或因车速、车流密度发生变化而在车流中产生冲击波时，需要改进交通运行使其从拥挤状态中恢复到正常状态，并防止追尾事故；

(4)在雨、雪、雾等特殊气候条件下，保证高速公路的行车安全；

(5)当出现交通事故或因维修而使主线通行能力下降时，要提高道路的使用效率；

(6)当高速公路交通需求在方向上有很大差别时，需改变高速公路不同方向上的通行能力；

(7)减少驾驶人的不满，将驾驶人诱导到交通状况较好的道路上。

2.7.2.3　主线控制实现目标的基本方法及控制技术

1)主线控制实现目标的基本方法

主线控制方式可以是定时控制，也可以采用交通感应式控制。若所用的控制配时和等级是根据一天时间内的交通流变化规律预先确定好的，这种控制就称为定时主线控制；若控制变量值是基于实时采集到的现时交通条件下的交通参量，那么这种控制就称为交通感应主线控制。定时主线控制的设备较为简单，但缺乏适应性，交通感应式主线控制设备较为复杂，但控制效率高。主线控制要达到其目标，则要通过以下步骤来实现：

(1)从过去的统计资料中或采用交通感应方法获得当前高速公路上交通流参量值；

(2)在当前高速公路交通流参量的基础上，判定该值在由通行能力、交通构成以及气候条件所决定的高速公路路段的交通流基本特性曲线上处于哪一部分，即依据交通流模型判断交通流运行状态；

(3)确定高速公路主线交通流控制的目标状态值及相应的控制方法，使得交通流趋于目标状态。

2)主线控制技术

常用的主线控制技术包括可变限速标志、车道使用控制、驾驶人信息系统及特殊路段控制。

(1)主线速度控制通过设置可变限速标志来限制行车速度，从而使交通高峰时间里的交通流更加均匀稳定，同时还提高了道路通行能力。国外运行经验，特别是西欧国家所进行的试验证明了这一效果。

(2)车道使用控制不仅仅是一种紧急控制手段，而且也是提高道路通行能力和对公共交通、合用车辆提供优先服务的手段。常用的方法有：车道关闭控制，变向车道控制，公共汽车、合用小客车专用车道。

(3)驾驶人信息系统利用标志板或通信工具向行车者提供有关道路、交通或气象等信息，促使他们采取适当措施，例如继续按原来路线行驶或从高速公路转移等。

(4)特殊路段控制是对高速公路主线上的特殊情况进行控制，一般可分为道路特殊情况控制和气象特殊情况控制。高速公路上的事故多发地段多为几何设计不够完善或气象上的不利因素造成的,在这样的路段应设置单点独立运行的交通控制系统。特殊路段控制通常包括以下几种类型:

①弯道速度告警控制;

②纵坡告警控制;

③雾区路段控制;

④结冰路段控制。

2.7.2.4 主线控制实施策略

匝道控制的基本目标是控制高速公路的交通需求。它以匝道入口流量为系统的输入控制量,通过计算匝道上游交通需求与下游道路容量差额来寻求最佳入口匝道流量控制,从而使高速公路本身的交通需求不超过它的容量,使高速公路主线交通流处于最佳状态,最佳状态也可由最佳密度来表征。

事实上,车辆进入高速公路以后,车辆的速度是根据驾驶人的喜好随意调节的,这样并不一定会使高速公路交通流平稳,并且容易造成交通事故的发生,而主线控制则有助于车流的稳定,有助于高速公路维持在一定的服务水平上。

主线控制就是对高速公路主线的交通进行调节、诱导和警告,是高速公路交通控制的一种基本控制策略,其控制对象是高速公路本身即路段的交通流。这种控制对常发性拥挤和偶发性拥挤都是有效的。但从设备配置上可以看出,高速公路主线监控系统的控制功能是比较薄弱的。所谓的控制设备只不过是可变情报板、可变限速标志和可变车道控制标志等,这些设备都属于交通诱导信息子系统范畴。除了车道控制标志外,其他均提供警告、诱导、建议性信息,而很少提供强制性指令。高速公路本身就是让车辆自由行驶不受控制,因此监控系统控制功能不强也是应该的。但是,当高速公路上发生事故、遇到恶劣天气或遇到其他异常事件时,为了安全和整体的高效,对车辆进行警告、诱导和建议性的"控制"也是必要的。主线交通控制的配置主要基于以下策略进行。

1)主线警告、诱导和限速

主线警告、诱导和限速基于主线交通事件,特别是基于各种因素引起的交通阻塞。在交通量较大的情况下,从事件发生到阻塞消除的时间往往是从事件发生到路障清除时间的2~3倍。因此,事件发生后监控系统尽快发现异常是非常必要的,对交通事件的自动检测是主线监控系统最基本的功能。

事件检测的算法很多,最典型的两种方法是加利福尼亚算法和双指数平滑算法。不同的检测算法有不同的判断效果。算法的判断效果用三个指标来衡量:感知时间,越短越好;准确率,即每百次异常事件的检出率,越高越好;误判率,即每百次警告中非异常而判为异常的比例,越低越好。

交通异常事件的判断一般需要密布车辆检测器来实现,检测器的间距与算法有关,也与交通量有关,通常每300~800m设置一组,交通量越小,间距也应越小。试验表明,单方向小时交通量在500辆以下时,检测器间距以300m为宜。

但是,对于一条高速公路而言,全线密布检测器显然是不经济的,也是不现实的。一般应通过通行能力分析,对重点路段进行事件的自动检测。事件的检测判断是在监控分中心进行的,判断的结果发现异常,则通过设置在重点路段前方的可变情报板和可变限速标志等进行警告、路径诱导和车速限制,以便缓解交通阻塞,防止二次事故的发生。

2)主线车速诱导

根据行车速度与交通量关系曲线可知,随交通量的增长,行车速度下降。当交通量接近通行能力时,交通流不稳定区域内的只要有一点意外,车速就会迅速下降而造成交通阻滞,甚至引起二次事故。因此,在大交通量情况下如何保持交通流稳定是主线控制的重要任务之一。

在大交通量情况下,速度与安全车头间距有直接关系。可以通过可变限速标志发布最佳速度,以保证安全车头间距、稳定主线交通流。

在一般情况下,由检测系统检测出主线上的交通量、车速、车流密度,再由车流密度计算出车头间距。此时的车头间距应是在这种交通量下的安全车头间距。为达到安全车头间距,则需要有相应的行车速度与实测的车速进行比较,从而对车速进行实时诱导。

3)车道使用控制

(1)车道关闭控制

车道关闭是用禁止车辆进入高速公路的一个或多个主线车道的方法对主线交通流进行控制。

车道关闭的措施是采用车道控制标志,将标志置于每一车道上方。正常交通时,标志显示一个垂直向下的绿箭头"↓"。若需要关闭某一车道,该车道上面的绿箭头标志就改变为红叉"×"标志。这种车道关闭标志的使用效果随交通需求大小而变化。通常它仅适用于非高峰期低交通需求情况下的主线控制。

车道关闭视需要也可采用人工栅栏或自动栅栏等措施来实现。

国外经验表明,若将车道控制标志结合速度诱导控制使用,在减少高速公路事故的发生率和严重性方面是有效果的。

作为主线控制的手段,车道关闭一般限于以下几种应用:

①预告下游车道堵塞。由于某车道上发生事故或有维护施工等原因使高速公路通行能力下降时,可在其上游暂时关闭该车道来改善高速公路运行的效率和安全。由于瓶颈处通行能力并不因车道关闭而得到增加,所以若交通需求大于剩余车道的通行能力,车道关闭方法对改善主线交通运行状态的效果不大。

②在高速公路与高速公路互通式立交处,用车道关闭来减少大交通流条件下汇合运行产生的拥挤,即改善入口匝道汇合运行。这种应用中的基本做法是,将车道控制标志设在汇合区上游的主线车道上,并在入口匝道上安装环形线圈检测器。当匝道上检测到车队时,就关闭汇合区上游相应的主线车道,以保证车队顺利进入主线而不会产生汇合困难。如果匝道上没检测到车队,则开放汇合车道上游的主线车道。国外经验表明,运用关闭主线上汇合车道的方法,能减少车流汇合运行困难,但高速公路主线的交通延误有所增加。图2-15所示为互通式立交中某一高速公路主线与匝道连接处的主线车道关闭控制示意图。

③转移交通。当交通需求超过下游主线通行能力时,运用车道关闭控制让车流从主线转移到可替换道路上去。

④隧道控制。车道关闭常用于主线上对隧道的控制如果通过检测速度和占有率发现隧道内有事故或者有非常慢速的车辆,就关闭车道禁止车辆进入隧道。隧道关闭之后,仅当在一预

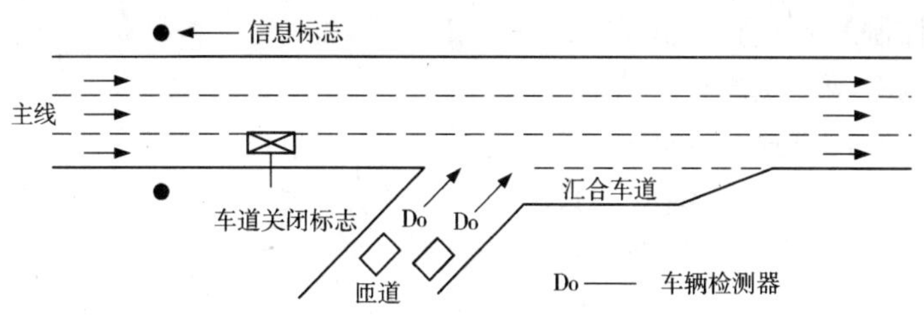

图 2-15 主线与匝道汇合点处的车道关闭控制

定时段内隧道内检测不到车辆时，才能重新开放隧道。

(2)变向车道控制

变向车道控制又称可逆车道控制，就是用控制手段使某一条道路在某一时间正向开通，在另一时间反向开通，以便改变高速公路主线不同方向上的通行能力来适应高峰时某一方向的交通需求。

变向车道控制常用在城市出入口高速公路干线连接路段，此种路段通常是瓶颈路段。在交通高峰期，由于出行的方向不同，导致某一方向的交通量大大超过另一方向交通量，而在另一高峰期大交通流转向相反的方向。若在高速公路主线上恰当地使用变向车道控制，能够更加经济有效地使用道路空间和通行权。

可变车道控制还应用在隧道、大桥等特殊路段。当隧道内或大桥上有意外事件发生时，需要关闭一个隧道时，在另一个隧道的交通就需要进行变向车道控制运行。

①变向车道控制路段的特征

a. 此路段是连接 A、B 两端点的主要交通最近通道；

b. 两端点 A、B 分别连接有其他快速通道，其通行能力大于咽喉路段单向通行能力加上变向车道通行能力；

c. 两端点 A、B 具有容纳、疏导交通的设施，例如定向立交或信号灯控制设施；

d. 变向路段交通流特点为在高峰期间单方向交通量占全部交通量的 70%，在另一高峰期反向交通量占全部交通量的 70%。

②变向车道控制系统构成

变向车道控制系统是由可移动的交通设施和可变信息标志来改变车道通行方向。这些装置可以由现场人工操作，也可由中央控制室远程控制操作。

在高速公路设计时就可以考虑采用变向车道控制，通常把变向车道与一般车道分开，形成三幅式车行道，并通过可变信息标志告诉驾驶人变向车道的通行方向。

a. 车道控制：需要在变向车道上方设置双面、双向红色“×”、绿色箭头“↓”车道控制标志，在预定时间开启相应信号标志。

b. 可变车道导向标志：在 A、B 两端点应设置可变车道导向标志，使得在变向车道上行驶的车辆逐步向不变车道上行驶。

c. 疏导信号：在 A、B 两端还应设置疏导信号设施，使得交通高峰期的大量车辆可以迅速驶离瓶颈路段。

d. 闭路电视：考虑到变向车道控制路段的重要性及一定的危险性，变向车道应设置闭路电视，用来监视此路段交通，尤其应重点监视 A、B 两端点的交通汇流、分流状况。

③变向车道控制基本运行方式

变向车道控制有两种基本运行方式：

a. 可逆性单向通行方式，又称潮汐式单向通行，它是将一条道路上所有车道在一段时间内只准朝一个方向通行，在另一段时间内只准朝相反的方向通行。

b. 可变向车道运行，在不同时间内将道路的部分车道供不同方向的车流通行。

4）特殊路段控制

(1）弯道速度告警控制

弯道速度告警控制一般由固定标志来完成。但考虑到驾驶人的实际驾驶情况，往往在此处容易超速行驶。在这种情况下可设置速度检测器，当检测出超速车辆时，由设置在路边的限速标志发出限速、警告信息。这种路段的速度控制系统也可增加设置气象检测器，检测雨、雪及路面结冰状况，检测结果送至路侧控制机统一处理形成车速限值。

(2）纵坡告警控制

高速公路纵坡处视野不好，容易造成追尾事故，故在纵坡处应设置检测器及限速警告标志。当车辆进入纵坡区域时，检测器检测到后开始启动，限速警告标志则警示后方车辆缓行、注意制动。当车辆驶出纵坡区段驶，限速警告标志自动消除显示。

(3）雾区路段控制

高速公路上出现的大雾最容易造成多车连续相撞事故。对于雾区路段控制首先要根据历史资料确认何处为大雾常发区，且大雾经常造成何种事故。高速公路上的大雾经常与高速公路周围的地形地物环境相关，当大雾常发路段确定后，在此处设置大雾检测器。

可变限速警告标志的设置应考虑能覆盖足够的区段，在车辆进入雾区之前就能得到提示，逐步减速。大雾区应密设可变限速警告标志，使得驾驶人在雾区内有指示参照物。

(4）结冰路段控制

高速公路路面结冰易造成追尾、侧滑等严重事故。对于一般情况，可以在高速公路路段安装一至几台结冰预告系统，检测路面并发布道路结冰状况信息。

对于特殊状况，应安装结冰控制系统。所谓特殊情况，是指在高速公路一般路段路面不会结冰，但在个别路段的路面却可能先结冰的情况。这种情况大部分在海拔较高且湿度较大的山区。在系统检测出路面结冰后，通过可变限速标志发布警告信息及最佳行车速度。

作为一种综合的控制系统，还可以增加对道路结冰的处理系统，即在经常结冰的小段内设置自动洒盐水系统。在结冰预告系统发出警告后，自动洒盐水系统启动，喷洒盐水防止路面进一步结冰。现在还有一种路面加热系统，在路面下铺设电热丝，当快要结冰时启动电热丝加热路面，防止结冰。

5）主线调节控制

主线调节控制是根据输入的交通需求和下游的通行能力，对经由主线入口（例如收费站、隧道或桥梁入口）进入高速公路控制路段的交通流实行一些限制的方法，使得该路段下游高速公路主线能保持期望的服务水平。采用主线交通调节控制还能实现在沿高速公路主线上不同地方的交通需求之间合理地分配高速公路的通行能力，以及对载客率较高的公共汽车、合用客车和高占有率车辆给予优先通行权的目的。除专门设置主线调节控制设施外，利用设置在主线上的收费站也是实现主线调节控制的主要手段之一，它可以以任何给定的时间内通过调节开放收费车道数来调节沿主线进入下游主线的交通流量。

交通调节控制在主线控制中一般不是常用方法，它适用于下列情况：

(1)改善高速公路隧道交通流的运行状况，避免在隧道内发生拥挤。

(2)在交通需求超过通道通行能力的地方，用入口匝道控制方法不能防止高速公路主线上发生拥挤。

(3)当高速公路主线上出现交通高峰并经常发生交通拥挤，使得某一入口匝道调节率很小时，需要提高该入口匝道的调节率。

对“(2)”、“(3)”两种情况可在主线上接近入口匝道处设置主线调节。这样尽管不能消除主线上游的拥挤现象，但下游拥挤现象将得到缓解，也可允许该入口匝道提高调节率，让更多的车辆从该处进入下游高速公路主线上，从而保证高速公路全线更合理、高效运行。

2.7.3　通道控制

2.7.3.1　通道控制的概念

(1)通道控制

以高速公路为主体，将临近的平行道路、联系道路和城市环城道路等组成公路网，实施统一管理和控制，可以最大限度的发挥公路网络的通行能力，这种控制称为通道控制。高速公路通道控制的对象是由高速公路、侧道和其他平行干道等所组成的通道系统上的交通流。

(2)通道控制原理

高速公路通道控制的基本原理是监测通道系统中所有的道路和交叉口，将过饱和道路上的交通量转移到通行能力尚有剩余的道路上去。通道控制是一个综合控制系统，集中了高速公路监控系统、驾驶人信息系统、匝道控制、侧道控制、主线控制、交叉口控制、干道控制和区域交通控制的原理、策略和方法。

2.7.3.2　通道控制特点及构成

(1)通道控制特点

高速公路通道的通行能力是由高速公路的通行能力和能为高速公路交通需求提供可替换服务的平行道路及交叉口的通行能力组成的。通道控制是通过在通道系统内有效地分配和管理交通流以达到在交通需求与通道通行能力之间获得最佳平衡和充分利用通道通行能力的目的，使整个通道系统处于最佳运行状态。

由于通道系统控制是以系统最优为目标，其控制对象又分布在较大的地区范围上，所以要求通道系统的控制采用交通感应控制方式，这样通道控制系统能否有效监测系统内各条线路的交通状态是控制效果好坏的关键因素。影响通道控制效果的另一基本因素是通道控制方法。

(2)通道控制系统构成

通道控制系统有多个相互联系的子系统，空间分布范围大，需采用多个指标评价系统控制效果，是一个典型的大系统控制问题。

按照控制对象分，通道控制系统包括如下子系统：

①高速公路(包括主线和匝道)控制系统；

②侧道、干道控制系统；

③城市道路控制系统；

④交通监视系统；

⑤中央控制系统。

按照控制功能分，通道控制系统包括如下子系统：

①用于提供通道系统内各道路运行情况实时信息的一整套监测系统；

②对上述信息进行处理，做出控制决策的中心控制设备；

③执行控制策略的外场控制设备；

④联结监测设备、中心设备、外场控制设备及车载设备的通信系统。

2.7.3.3　通道控制方法

通道控制可分为限制和分流两种方法。限制是控制各道路上的交通需求使其低于通行能力。分流则是把车辆从超负荷的道路上引到尚有剩余通行能力的道路上去。当发生常发性或偶发性交通拥挤以及在道路维修情况下可用分流控制方法来缓解、消除交通拥挤。

通道控制常用措施包括：采用临时性分流标志、优化各类道路交通信号配时方案、统筹制定各匝道的调节率以及运用驾驶人信息系统和实行公共汽车、合用车优先控制等。比如在通道控制中，利用驾驶人信息系统促使交通流进行必要的转向择路，以实现通道容量的最佳利用。具体做法是通知驾驶人某条道路拥挤，这样驾驶人可以避开拥挤道路，进入通向目的地的其他非拥挤道路行驶。

2.7.3.4　通道控制战略

所谓通道控制战略是指从通道系统整体利益出发，为实现提高通道系统的效率和安全的目的，而对通道控制系统的控制目标、评价目标、系统组成、控制功能、控制结构、控制技术和方法以及控制逻辑的一个优选组合方案。具体来讲就是为了最大限度地发挥通道通行能力的利用效率，把通道上各种控制系统的运转和驾驶人信息系统结合起来所采取的运转方式。

制定通道控制战略是一项交通控制系统工程，包括以下内容：

(1)明确通道控制系统的要求。通过对交通需求特性、通道系统结构特征以及通道系统环境的调查分析，提出设计通道控制系统的具体要求。

(2)通道系统的设计和综合。理解并组合系统各部分的功能。内容包括：城市道路控制、高速公路控制、监视、计算机控制、检测、信息传输、系统组成、系统结构，现有的系统技术，候选的通道控制方案。

(3)评价和选择系统。对系统方案分析评价包括：效用/成本分析、成本估算、可靠性分析，选出最优方案。至此形成通道控制战略。

(4)设计、实施和管理。依据通道控制战略设计通道控制系统，实施后交付使用，并对系统进行维护管理。

2.8　交通诱导信息子系统

2.8.1　交通诱导信息子系统的功能及组成

2.8.1.1　交通诱导信息子系统的主要功能为：

(1)向驾驶人提供前方交通拥挤信息，以减少尾撞事故；并为驾驶人提供改道信息来分

流,减轻拥挤程度,以利疏导交通;

(2)平滑交通流,使统一路段上车速分布均匀,减小相邻两路段的平均速度差,从而减小事故发生的可能性(因为事故发生的外部因素主要使车速不均匀,导致超车、制动增多,从而增加了事故发生的可能性);

(3)提供主线、匝道的开通关闭情况,供驾驶人选择合适路线;

(4)向驾驶人提供事故、灾害、气象、施工等消息,以减轻其急躁和失望情绪,以利行车。

2.8.1.2 交通诱导信息子系统的组成

交通诱导信息子系统(即信息发布系统)是高速公路上设置的用来向道路使用者提供某个区段内的交通、气象、事故和道路情报、速度限制情报,作为道路使用者的行车指南,辅助调节高速公路主线上的交通流,参与交通管理和调度的设备,以及向管理、救助部门和社会提供求助指令或道路交通信息的设施。通过该系统,高速公路监控中心可以与道路上的驾驶人建立信息的沟通,其主要手段是可视标志和诱导通信。高速公路交通诱导信息子系统的组成如图 2-16 所示。

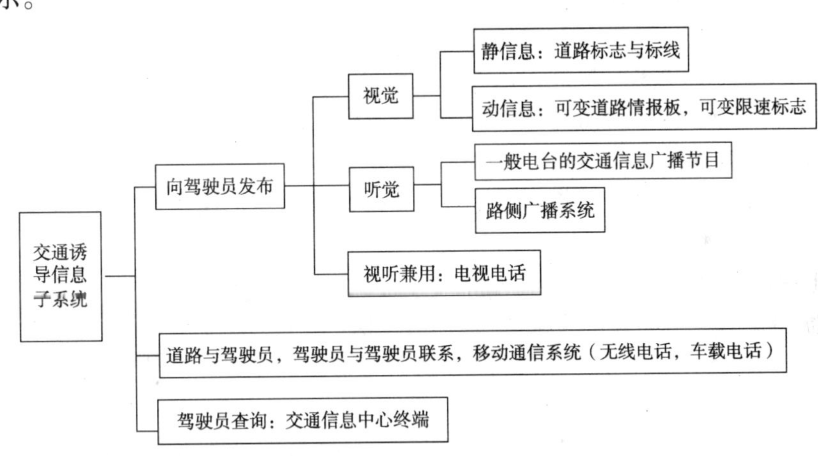

图 2-16 高速公路交通诱导信息系统构成图

该系统主要包括可变情报板、可变信息标志、路侧广播系统等组成。

(1)可变情报板。在可变情报板上显示文字、图形向驾驶人发出道路信息及行车指示,可向道路使用者提供信息,如前方道路的交通堵塞情况、事故告警、气象情况、道路施工情况等。

(2)可变信息标志。向道路的使用者提供显示当前指定的或建议的最高车速,以调节路段的车流密度和平均速度。

(3)路侧广播系统。路侧广播系统即公路诱导无线电,是给拥有调幅收音机的驾驶人提供道路与驾驶有关信息的一种方法,在交通量很大时,或当能见度很差时,瞬间通过路旁或悬空的标志传给驾驶人的信息受到了极大限制,可以通过路侧广播给驾驶人提供信息。

2.8.2 可变信息标志 VMS

可变信息标志 VMS 系统是指交通可变信息标志 VMS 及其配套支持系统,简称 VMS 系统。该系统是将交通状况信息(诸如拥挤程度,排队长度,交通事件)或停车指示实时地显示在安装于道路关键部位的可变信息板上。当驾驶人员看到信息后,根据自己对路网的了解程度决定下一步的路径选择。信息板上的内容应该实用醒目、易读易懂有趣。

2.8.2.1 可变信息标志 VMS 系统的设计原则

智能化的可变信息标志系统设计应遵循下列原则:

(1)实用性和可靠性要求

①系统设备的成熟性。系统所选用的设备是采用工业化生产的成熟技术,在保证技术成熟可靠的前提下,尽可能采用先进的高性能价格比的产品。所采用的标准统一,支持目前国际业界通用的网络和视频协议,拥有广泛的技术支持厂商。

②系统网络的先进性。系统所选用的网络和视频设备必须高度可靠和具有高可用性。特别是对于网络的核心设备的选择,中心服务器所有模块支持热插拔,电源模块冗余。网络设备具备足够的带宽,并留有扩展余地。支持网管功能和虚拟网络划分。

③系统的扩展性。用户数量的扩展对网络结构没有任何影响,选用的各类设备在系统升级的条件下,仍然保持使用价值。

④设备的可管理性。网络上的所有设备均可以用相应的网络管理软件进行监控,而且可以通过网管系统进行管理和设置;提供全面、灵活的网络管理解决方案,以全局的角度考虑网管,从而避免用户在网络安装后的管理成为负担;方便的监控、友好的界面、完备的系统记录,都使维护人员轻松自如地进行日常的管理维护工作。

⑤经济实用性。设备选型要考虑采用国际流行的通用的工业化生产产品,降低首次投资成本和运行期间的软、硬件维护成本。

(2)技术先进性要求

系统的建设必须达到一定的技术水平,具体包括:

①信息发布及时、准确,系统,可自动化地对发布的信息进行获取、编辑、检查,保证准确性。

②扩展性良好,采用规范化数据格式、标准化通信协议和接口,能够适应系统功能的扩充和扩展要求。

③兼容能力强,系统对各类显示设备兼容并可适应其他类型设备的替换,为系统功能的扩充,或系统设备的换代与升级提供保证。

④尽量采用国际流行的先进技术设备,使系统在可用性、可操作性、可维护性方面达到目前国际先进水平。

(3)安全性要求

高级别的网络安全防护是网络设计、日常维护的一个重要环节。系统要考虑安全保护,采取有效的安全措施,防止系统外部的非法入侵和内部用户的越级操作,保护系统安全。

①系统建设要加强系统的可靠性、安全性措施,确保系统安全、可靠的运行。防止因系统故障带来混乱。

②系统的单体设备必须满足可靠性的性能指标,在系统上采用冗余配置及分布式结构,具有自诊断功能,保证系统具有高度的可靠性。系统拥有完备的安全策略,完善的风险分析功能,健全的安全规则,强大的技术防御体系,实时的安全监控,并具有灾难性防御、保护和恢复功能。

③采取特殊技术方法和手段，设置系统管理功能，使系统管理员能够远程管理和控制整个系统中的任意一台设备。杜绝主观无意的失误、设计的漏洞和后门，防范客观有意的错误操作和攻击系统的漏洞与缺陷，降低软件故障所导致的系统瘫痪概率。万一发生故障时，能够及时发现，及时修复。

2.8.2.2　交通可变信息标志 VMS 的设计

(1)VMS 的版面设计

①显示技术选用

可变信息标志按显示的方式则分为反光型、发光型、混合型三种。各种类型的特点对比如表 2-3 所示。反光型 VMS 通过反射车灯、太阳或路灯等外部光源来显示信息，如折叠式(活板)、转鼓型、卷轴型、磁翻板矩阵等。发光型 VMS 则通过主动发光来显示信息，如氖灯、灯泡矩阵、光纤固定格栅或光闸矩阵、发光二极管(LED)固定格栅或矩阵等。混合型 VMS 则是将两种 VMS 技术结合起来，兼具两者的特点，如磁翻板与光纤的结合使用，静态标志与 VMS 的结合使用等。

从 VMS 的显示技术来看，从国外二十世纪六七十年代广泛使用的折叠式(活板)、卷轴型、转鼓型、磁翻板和灯泡矩阵等 VMS 技术，到近十几年来的 LED 型标志和光纤型标志成为最常用的主动发光标志，VMS 技术经历了巨大的变化。而今几十年来，LED 和光纤在欧美国家成了主流显示技术。从国内外技术现状和发展趋势来看，在可变信息标志的显示技术上，LED 型和光纤型是目前国内外的主流技术，由于显示的信息量大的优点，在光纤标志和 LED 标志中，又以 LED 标志应用最为广泛，因此本文讨论的可变信息标志以 LED 显示技术为基础，并对其他显示技术有一定的通用性。LED 可变信息标志主要由显示屏、控制器、机架、外壳、控制连接件组成。

②LED 可变信息板设计的硬件功能、特性与参数

发光二极管(LED)是 20 世纪 60 年代末发展起来的一种半导体显示器件，70 年代，随着半导体材料合成技术、单晶制造技术和 P-N 结形成技术的研究进展，LED 在发光颜色、亮度等性能方面大大提高并迅速实现了批量化和实用化。进入 80 年代后，LED 在发光波长范围和性能方面进一步提高，并开始形成平板显示产品，即 LED 显示屏。近年高亮度、大功率 LED 器件发展迅速，半导体照明时代正在向我们走近。在 LED 显示屏的众多应用中，交通信息显示是最重要的应用领域，LED 的硬件技术进行研究有利于保持技术的先进性，提高其使用性能，并有效控制经济成本，从而达到功能的最大化和成本的最小化。

LED 电子显示屏作为一种现代电子媒体，以其灵活的显示面积(可分割、任意拼装)、高亮度、长寿命、大容量、数字化、实时性的特点，是其他任何一种媒体所不可替代的。

LED 电子显示屏充分运用现代信息技术，将声、光、电、机等学科整合并完美组合，集视频、动画、字幕、图片于一体，是高科技信息发布的终端产品。LED 显示屏还可延伸到网络、通讯、综合布线、监控、广播等弱电系统。

③LED 显示屏分类

LED 显示屏从大的方面来分，可分为室内屏和室外屏两种，两者最大的区别在于室外屏要考虑室外各种情况可能给屏造成的影响。基于室外屏工作环境相对复杂，为保证其长时间稳定运行，常见的防护措施有：防水、防静电、防雷击、防风、防潮、防冻。

各类 VMS 优缺点汇总表　　表 2-3

类型	名　称	优　点	缺　点
反光型	折叠式(活板)	操作简单,能够满足《道路交通标志与标线》等规范的要求	①能提供的消息量很少(1 至 2 条信息);②环境破坏和机械故障会引起面板堵塞等毛病
	旋转带型	操作简单,能够满足《道路交通标志与标线》等规范的要求	①能提供的消息量很少(一般不超过 8 ~ 12 条信息);②更换信息时间长
	转鼓型	操作简单,能够满足《道路交通标志与标线》等规范的要求	①字符大小有限;②信息量有限(比折叠式、旋转带型好一些)
	磁翻板矩阵型	①消息显示较灵活;②具有比光纤或 LED 类 VMS 更大的可视角度;③功耗比发光型的小	①可视性比发光型矩阵型差;②易受黏土、灰尘、湿气等影响引起运作不良;③夜间需外部照明,会引起眩光和视线模糊
发光型	氖灯	操作简单	①信息量有限;②即使是中等数量的信息也需要大量的版面;③夜间光线模糊,对视觉不利等
	灯泡矩阵	①操作简单;②信息显示灵活,容易满足显示要求	①需要持续供电;②操作和维护(耗电、换灯泡)高
	光纤固定格栅	①能耗小;②可以显示文字和图形,可显示多种颜色	①可视角较窄;②信息量有限
	光闸矩阵	①操作简单,故障少;②信息显示灵活,可显示多种颜色	①可视角较窄;②维护费用较高
	LED 固定格栅	①能耗小;②装置固定、致密(优于灯泡);③可靠性好,发光二极管的使用寿命可达 10 万小时以上;④造价比光纤低	①可视角较窄;②信息量有限;③亮度受温度影响,且随时间衰减很快;④需要超亮 LED 才能保证白天的可视性
	LED 矩阵	①能耗小;②装置固定、致密(优于灯泡);③可靠性好,发光二极管的使用寿命可达 10 万小时以上;④造价比光纤低	①可视角较窄;②亮度受温度影响,且随时间衰减很快;③需要超亮 LED 才能保证白天的可视性
混合型	带有光纤/LED 的磁翻板	①节省能源(白天无需内部光源);②省去了外部照明	①受 LED 技术的限制,长期性能有待改进;②操作难度大,维护费用增加
	静态标志与 VMS 的组合	①静态部分能满足已有规范的要求;②节省了工程造价	①固定信息部分会限制可变部分的灵活性;②内部光源可能会冲失那些静态信息

LED 显示屏从控制方式分为同步屏和异步屏,所谓同步屏是指计算机屏幕显示的内容同时逐点的显示在大屏上,是一种即时状态,而异步屏的时效性不及同步屏,用户可先编辑好图

片、文字等内容，再发送到显示屏上显示出来，一般同步屏适用于播放视频信息，如球赛实况转播等。而异步屏则显示文字及图片、三维动画等。目前，高速公路上的大型和小型可变情报板多为异步屏，而城市交通诱导标志为同步屏。

(2)LED 显示屏的设计方案设计

LED 显示屏的方案设计包括发光管口径的选择、颜色的配比、屏体尺寸的计算、结构边框的设计等。

①发光管口径方案

发光管口径的选择主要取决于以下三项：第一，屏体面积；第二，视认距离；第三，资金情况。鉴于发光管口径越大，单位面积内所包含的像素点越少，成本越低；相反，口径越小，单位面积内所包含的像素点越多，成本越高，显示屏的显示效果越好。因此，在满足用户实际需要的情况下，选择合适的发光管口径，既满足用户的实际需要，又能够节省项目投资。

②屏体尺寸方案

在口径和颜色配比方案确定后，构成显示屏的尺寸也就相应地确定了。标志尺寸的确定流程如下图 2-17 所示：

③结构边框及土建方案

屏体的结构方案由结构工艺工程师，根据施工现场的具体情况来确定。

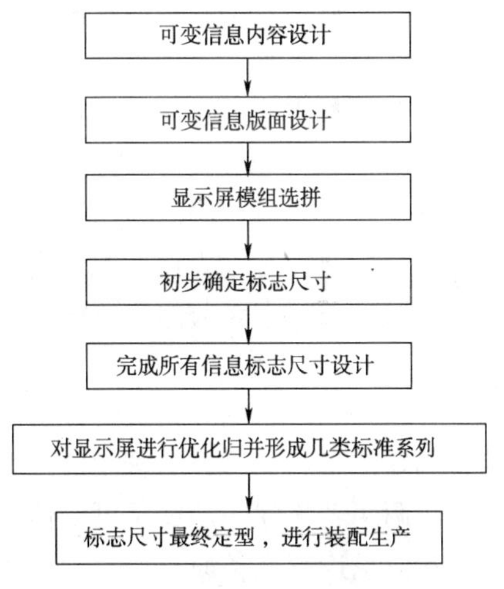

图 2-17　屏体尺寸方案确定流程图

2.8.2.3　可变信息标志 VMS 布设位置的确定

目前，很多高速公路的可变情报板、可变限速标志等信息发布系统主要设备的布局在公路设计时就已基本确定。由于设计人员受投资金额所限或缺乏高速公路交通管理的实际经验，又没有高速公路的某些实际数据(如交通量、道路使用率等)作为参考，在对可变信息标志进行选址与布设设计时，难免有一些不尽合理的地方。信息发布设备数量偏少、功能相对单一、布局无规律，无法满足交通管理者的实际使用需要，给高速公路的交通管理带来了很大的不便。另外一方面，在资金限制的条件下，项目可用的 VMS 标志数目有限，应如何合理布置，才能使之发挥最大的效益也成为国内外交通运输研究者们研究的问题。

(1)可变信息标志 VMS 布设的原则

与静态普通交通标志一样，可变信息标志的布设对其功能的发挥起着关键的作用。选址布设的合理与否直接影响到其功能及效用的发挥。可变信息标志设置的位置、设置的密度对于信息的可视性及提供的实时性有很大的影响，所以在信息标志设置时要综合考虑信息标志的设置间距、路段、路口的行车条件等因素。可变信息标志 VMS 布设位置应遵循以下原则：

①基于对功能分析的原则

可变信息标志的布设应坚持功能分析的原则，减少盲目性。对所有实现的功能应按重要程度进行排序。坚决摒弃无用的功能，以减少浪费。根据确定的功能进行标志优化布设。对以诱导交通为主的可变信息标志的布设应在对路网进行分析的基础上，布设在优化可选路径的分流口前端适当位置，以求取得最大效果。以发布特殊气象信息为主的可变信息标志，应结合项目特点和当地的气象特点，做好总体路段信息发布和重点气象路段信息发布的调研分析，尽可能有针对性、及时可靠地提供各种气象信息，以保证行车安全。以限速为主的可变信息标志，应以提供最大化服务对象为主，可变信息标志应设在从匝道进入高速公路主线入口处的适当位置，使所有进入高速的车辆及时接收到限速信息。

②基于项目特点分析的原则

对于城市道路、绕城高速道路、一般高速道路来说，可变信息标志的布设虽然有共同的地方，但又有其侧重点。城市道路路网密集、车流量较大，可变信息标志布设主要以诱导交通、发布突发事件和信息为主，一般布设密度较大，以图形式可变标志最为适用。一般高速公路路线较长，路网不发达，交通流量较小，可变信息标志布设数量相对较少，发布的信息以交通管理和天气信息为主、限速信息为主，可变信息多为文字式。环城高速一般位于大城市郊区，与多条辐射状高速公路和城市道路组成路网，其可变信息标志的布设的数量介于城市道路和普通高速公路之间，发布的信息也更为全面，有交通诱导和交通控制信息等。

③前瞻性布设原则

可变信息标志的布设应在满足功能的基础上，有一定的前瞻性。前瞻性应建立在对路网规划的充分了解和对本项目交通流量科学分析、预测分析的基础之上。根据对路网规划的调研和项目服务水平的预测，可以指导可变信息标志的布设密度，一般来说路网形成越快，项目服务水平越低，可变信息标志发挥的功能就越大，对此类项目应在布设时应做好远期和近期布设两种方案，做好近期实施和远期接口的预留工作。

④与普通静态标志协调配合进行布设的原则

普通静态标志是公路主要的信息来源。可变信息标志的布设要考虑到其与静态标志的配合和协调，保证可变信息标志功能的发挥。实际上可变信息标志与静态标志在功能上有很好的互补性。在发布诱导信息时，两种标志并不发生冲突，普通静态标志的功能并未失效。但在发布偶发信息、气象信息、管制信息时必然与普通静态标志的信息发生冲突，导致其部分失效，如何协调两者之间的冲突是可变信息标志布设时应考虑的问题。

⑤信息连续完备原则

VMS 的布设要保证发布的 VMS 信息的相对完备与时空的对应和连续性。

(2) VMS 选址和布设的步骤

可变信息标志的布设应遵循从总体到局部，从确定性的布设到非确定性的布设，从远期到近期的布设步骤。

从总体到局部是指标志布设时应遵循从路网—路线—节点的布设流程，先做好基于路网的总体布局，然后再做好本项目路段的布局，最后在落实道路节点处的具体布设。由大到小可从总体上把握项目的可变信息标志的布设。

从确定性的布设到非确定性的布设思路，是指根据众多的经验总结做好本项目固定环境条件下的可变信息标志布设，然后做好其他标志的布设。固定条件是指立交进出口处的可变信息标志布设，特殊气象条件多发路段的可变信息标志布设，特殊线形条件下的多发事故路段的可变信息标志布设，服务区、停车区前预报服务状况的可变信息标志的布设，大桥、隧道前预报其运行情况的可变信息标志等。其他可变信息标志在布设时相对而言是可以根据具体环境条件决定是否布设的,如在交通拥挤情况下,对车距、车速进行实时控制的可变信息标志,为了更好地控制突发事件对交通的影响,在路段中间布设的交通诱导信息标志等。

从远期到近期的布设思路,更具项目远期交通流和路网规划,确定出远期的可变信息标志布设方案,然后再在远期的方案基础上确定近期的布设方案,进行实施,对远期进行接口预留,在条件成熟时,再扩充新的可变信息标志。同时也要注意考虑内场设备的可扩充性。

(3)可变信息标志 VMS 布设的建议

理想的布设是在高速公路的每个互通立交、服务区的出入口处均设置可变情报板。考虑到造价及管理上的一系列问题,至少也应在高速路的主要分流点、互通立交的出口以及连接不同高速公路的互通立交入口前方恰当距离处设立可变情报板,高速公路为 1.0 ~ 1.5km。"高接高"的互通立交入口前的可变情报板可向需进入相邻高速公路的驾驶人提供信息,以便于驾驶人提前采取措施。一旦出现恶劣天气或发生特殊交通事故需要实施交通管制措施时,管理者可通过可变情报板发布相应的交通管制指令,配合现场人员及时实施相应的交通管制措施。

作为传统可变情报板的重要补充,路侧小型可变情报板可设置于非主要分流点的互通立交出口、服务区的入口以及特大桥附近。设置于互通立交附近的小型可变情报板可提示驾驶人按照各自的行车标准限速行驶;当由于某些原因必须实施分流措施时,则可显示"驶离高速"信息,促使一些自觉性较高的驾驶人自行驶离高速公路。许多交通流量较大的高速公路服务区泊车位时常饱和,后来的车辆若不知情况贸然驶入,常常出现进退两难的局面。此时,驾驶人多会违章倒车或是停在路边排队等候,后方驶来的车辆稍有不慎,极易发生追尾事故。此处的小型可变情报板亦可起到泊车位显示牌的作用,实时显示剩余车位,及时告知驾驶人相关情况,提前采取措施。

2.9 高速公路监控系统施工要求

2.9.1 设备安装基本要求

承包人应按照业主及监理批准的施工进度计划部署设备安装施工工作。设备安装的基本要求如下:

(1)施工前检验设备、预埋件安装位置,按施工图要求进行测量,保证工程误差在许可范围之内。检查光、电缆敷设管道,以保证管道内畅通、清洁无砂石、管口无毛刺等。设备安装均具有良好的接地措施。

(2)所有电缆的引线端子及接线端子应采用冷压工艺,用螺钉紧固。外场设备的接线全部在接线箱内连接。柜、箱、台布线整齐并牢固地装在支持用绝缘线槽中,不能影响其他设备的安装。

(3)设备与控制箱严格按图施工;可更换部件的机械精度在允许误差范围内;所有相同设备从整体到部件具有互换性;所提供的设备外表完整无损、外涂层在工作环境下可防止物理性破坏和化学性分解。

(4)显示器、监视器等设备安装在机箱、机柜上应平直,背部有支架定位,以防正面操作时将设备推入。电源线和信号线必须固定，接地线必须按规定连接。

2.9.2 设备箱、柜、台等施工要求

所有机箱须采用国际标准 NEMA-12 认可的牢固、耐用机壳，使机壳具有防尘、防污、防水滴溅功能，能承一定机械外力的作用。施工要求包括配电盘、电力开关箱、通信配线箱、地图屏、接线柜（架）、电视墙、标准（19 寸）机柜、控制台的安装和进出盘、箱柜、桌线缆的接续。

（1）施工前应对所安装的盘、箱、柜、桌的型号规格、数量、标志、标签进行复核，复核无误后方可安装。机架的排列位置和设备朝向都应按照设计安装，并符合实际测定后的机房平面布置图的要求。

（2）机房内盘、箱、柜、桌的安装必须稳固、牢靠、垂直、安全。垂直偏差不大于 1%，水平偏差不大于 3mm，机柜之间的缝隙不大于 1mm；为便于施工和维护，机架和设备前应预留 1.5m 的过道，其背面距墙面应大于 0.8m。相邻机架和设备应互相靠近，机面排列平齐。

（3）小型配线、分线箱、配电箱宜采用暗敷方式，其箱体埋装墙内，布线系统施工时安装接续部件和面板，这样有利于分别施工。如无条件暗敷时，也可采用明敷方式，以减少凿墙打洞和影响房屋建筑强度。小型配线、分线箱、配电箱安装高度应便于接线施工，一般其箱顶部离地面距离不超过 2.0m 为宜。

（4）除控制台外，所有盘、箱、柜都必须直接安装在水泥地板或墙壁上，严禁借用静地板作为固定点。要求机架和设备安装牢固可靠，如有抗震要求时，必须按抗震标准要求加固。各种螺钉必须拧紧，无松动、缺少和损坏，机架没有晃动现象。

（5）同一机柜内的跳线环等设备部件装置牢固，其位置横竖、上下、前后均应平直一致。接线端子应按标准规定和缆线用途划分连接区域，以便连接，且应设置标志以示区别和醒目。

（6）机柜内如采用接续模块等接续或插接部件时，其型号、规格和数量都必须与机架和设备配套使用，并根据用户需要配置，做到连接部件安装正确、牢固稳定、美观整齐、对号入座、完整无缺；缆线连接区域划界分明，标志完整、清晰，以利于维护和日常管理。

（7）缆线与接续模块等接插部件连接时，应按工艺要求标准长度剥除缆线护套，并按线对顺序正确连接。如采用屏蔽结构的缆线时，必须注意将屏蔽层连接妥当，不应中断，并按设计要求做好接地。

（8）所有金属箱体必须可靠接地。所有与地线连接处应使用接地垫圈，垫圈尖角应对向铁件，刺破其涂层，必须一次装好，不得将已装过的垫圈取下重复使用，以保证接地回路通常无阻。

（9）各盘、向、柜、桌内均应有接地母排，该接地母排直接通过接地线连接到机房的接地母排上，接地线有效导电截面不得小于 $25mm^2$。进、出机柜的接线完工后必须进行对线的连接检查，确保连接无误，做好检查记录，并作为机械完工文件的一部分。

2.9.3 线缆槽、桥架的施工要求

（1）原则上，线槽、桥架应采用专业厂家生产的标准产品。桥架的规格尺寸、组装方式和安装位置均应按照设计规定和施工图的要求。

（2）封闭型桥架顶面距天花板下缘不应小于 0.8m，距地面高度保持 2.2m，若桥架下不是

通行地段,其净高度可不小于1.8m。安装位置的上下左右保持端正平直,偏差度尽量降低,左右偏差不应超过50mm;与地面必须垂直,其垂直度的偏差不得超过3mm。垂直安装的桥架穿越楼板的洞孔及水平安装的线槽穿越墙壁的洞孔,要求其位置配合相互适应,尺寸大小合适。

(3)在设备间若有多条平行安装的线槽时,应保证强电的线槽与弱电的线槽分开敷设,没有交叉,强电线槽与弱电线槽的间距不得小于20cm。

(4)线槽的水平度偏差每米不超过2mm,应用膨胀螺栓固定在地板上。除在设备机架内,可以采用塑料线槽外,其余必须采用金属线槽。为了保证金属线槽的电器连接性能良好,除要求连接必须牢固外,节与节之间也应接触良好,必要时应增设电气连接线(采用编织铜线),并应有可靠的接地装置。

(5)所有线槽敷设完工后均应记录在册,并作为机械完工文件的一部分。

2.9.4　环形线圈检测器的施工要求

车辆检测器安装如图2-18所示,包括控制箱安装和检测线圈敷设两部分。

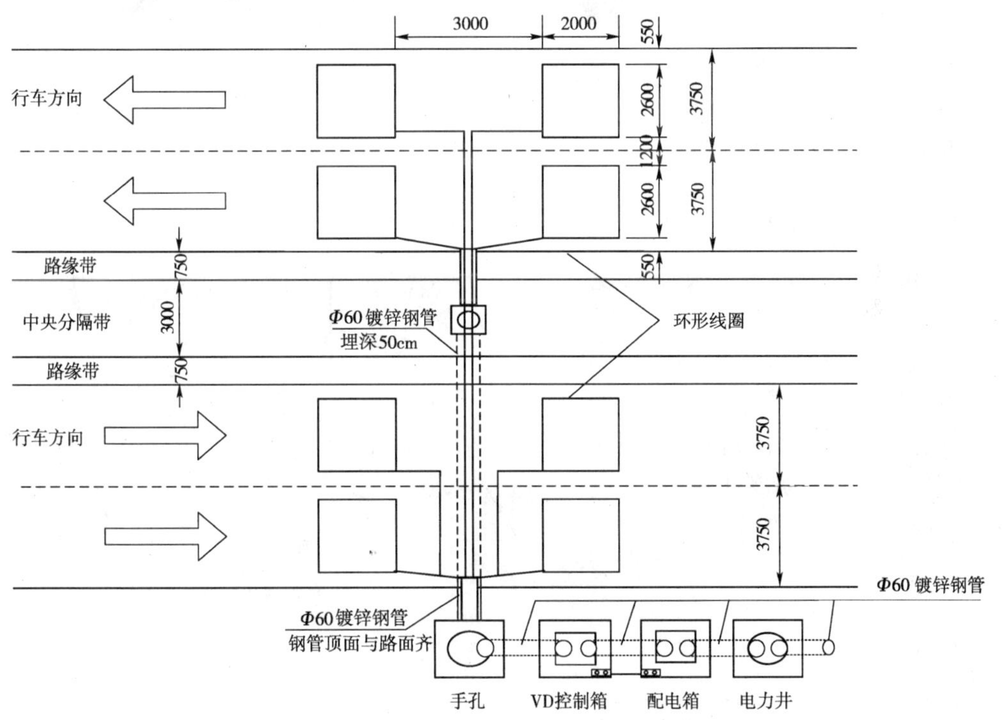

图2-18　环形线圈安装示意图(尺寸单位:mm)

(1)车辆检测器控制箱:

①车辆检测器基础表面整理平整。

②将控制箱固定在基础座上,并校准水平和垂直角度,连接好接地线。

③在控制箱和基础间,四边加装5cm宽橡胶棉垫及矽胶密封,并以油灰泥填充电缆及垫片间,以免湿气进入机箱。

④车辆检测器的防护机箱应接地。接地电阻小于4Ω。

(2)检测线圈敷设(如图2-19、图2-20、图2-21所示):

①线圈电缆要求:

a. 线圈电缆为超低压电路用电缆,工作温度为 -30 ~ +105℃。

b. 导线由截面积为 $1.5mm^2$ 的多芯软铜导线构成。

图2-19 线圈埋设

图2-20 浇灌环氧树脂

c. 电缆绝缘材料应用电缆用聚丙烯。绝缘层平均厚度不应小于1mm,任意一点的厚度不小于0.8mm,最后完成的电缆外径不超过4mm,介电常数不超过2.3。

d. 环形线圈埋设好后的绝缘电阻应大于500MΩ(DC 500V)。

②馈线电缆要求:

a. 馈线应成对拧在一起,电缆应屏蔽。

b. 馈线电缆可与线圈电缆使用同一种电缆。如果馈线电缆与导线电缆所用电缆不一致,或二者之间有接头,则应对接头进行绝缘,防水,防腐处理。

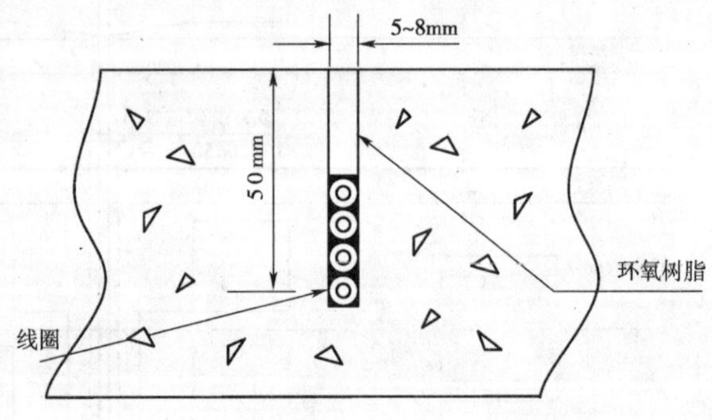

图2-21 环形线圈横截面放大图

(3)环形线圈施工要求:

①相邻线圈绕向应一致,引入线缠绕均匀。

②线槽必须清洁、干燥。

③线圈导线能够自由放入,不可损坏绝缘。

④线圈对地绝缘。

⑤线圈与导线之间的连接点应防水处理。

⑥线圈放入线槽后,应填充适当的填充剂。填充剂应能与路面材料很好结合,填充剂不能损坏路面。

2.9.5 可变信息情报板的施工要求

可变情报板是高速公路监控系统的重要信息发布设备,它能根据指挥调度部门的指令及时显示各种信息,从而有效地对交通流进行诱导,提高路网的交通运输能力,为驾驶人安全快速行车提供优质服务。

可变情报板组成包括:可变情报板显示屏、微处理器、驱动模块、通信控制单元、安装支架、控制箱、光缆、电源及软件等。

2.9.5.1　可变情报板显示屏

(1)显示屏

①显示屏由四元素高亮度发光二极管点阵组成,显示单元由多个 LED 元件组成,每个像素的 LED 管配比为红、蓝、绿,白平衡亮度≥8000cd/m^2。表面封装满足 IP65 标准,为超高亮度、防水、防腐、防尘、野外型组件,显示屏平均亮度≥8000cd/m^2,LED 半功率角≥30°,满屏显示时功率≤5kW,寿命大于 100000h。

②跨度 15m(可根据现场情况调节)的可变情报板显示面积为 1m×10m,包括 10 个模块,采用全彩色显示,用于显示汉字、英文、交通标志、图形、符号等。每个像素由 5 红、3 绿、2 蓝三种 LED 组成,其配比达到白平衡,显示屏平均亮度≥8000cd/m^2。

③可以显示 32cm×32cm,24cm×24cm,16cm×16cm 几种大小的文字,其字体、粗细、汉字间隔、位置均可调。文字、图形均有闪烁功能,亮、灭时间应分别在 1~30s 之间可调。

④能够根据环境的亮度自动调整情报板发光强度,采用自动调光形式,最少应分成 8 级,程序控制调光模式下应满足 0%~100% 范围内的自由设置。一般情况下,车辆以 120km/h 速度行驶时,显示信息无论在日光下或黄昏下均应在 210m 外清晰可见。在雨、雪等天气状况下,驾驶人在 150m 外仍可清晰读出。

(2)显示屏箱体结构

①箱体采用铝合金或不锈钢材质,为双层结构。

②箱体为防风雨、防腐蚀、野外型,并达到 IEC IP65 防雨标准。箱体应有通风、散热的装置,保证情报板的正常工作。箱体应上锁,内部电路板的布置应易于操作和维护。

2.9.5.2　可变情报板龙门架

可变情报板采用门架式钢梁结构,其基础一端位于中央分隔带,另一端位于路侧边坡上。龙门架采用喷沙除锈,船用二度防腐底漆处理,具有工作通道、工作便梯。龙门架的设置保证净空不小于 5.5m。地基处理应能防止下沉。可变情报板龙门架和立柱的设计能使可变情报板在风速 36m/s 时不产生抖动或明显的偏离。

可变情报板具有防雷电和过电压保护措施。控制机箱有安全保护接地端子,接地端子须与机壳连接可靠,其之间的接触电阻 <0.1Ω。所有金属构件必须设置良好的接地装置,可变情报板防雷接地与工作接地采用联合接地方式,阻值≤4Ω。

2.9.5.3　可变情报板电子设备

(1)可变情报板微处理器

可变情报板微处理器放在控制箱内,并安装在可变情报板龙门架的横梁上,微处理器应为嵌入式工控机结构。微处理器可执行下列功能:

①接收指令。通过通信系统接收监控分中心计算机发来的情报板显示数据,校验有效性和正确性,并向计算机发送确认与否信号;

②存储常用显示信息;

③驱动显示模块。对监控分中心传送来的情报板数据解码,并驱动对应的显示模块,显示

内容更换时间≤1s；

④状态检测。通过检测显示屏驱动器的状态，监视正在显示的信息编码，并送到监控分中心计算机；进行可变情报板的日常自检，以监视可变情报板的故障，并将故障信息传送到监控分中心计算机；

⑤通过光敏器件控制显示器件的光强，并可人工在监控分中心调节；

⑥可变情报板微处理器应配备后备电源，以便电源故障时，有足够的电力储备向监控分中心计算机发出电源故障信息；

⑦至少提供两个 RS232 接口，用于与监控计算机及便携计算机的通信使用；

⑧系统平均无故障工作时间不小于 100000h。

(2)驱动模块

驱动模块采用恒定电流驱动方式。每一显示单元由微处理器控制的驱动模块控制显示或清除状态。驱动器模块具有高可靠性并便于更换和维修。驱动器模块的电源保证显示板可靠地运行，电源出现故障时，所有单元显示为黑色。

驱动电源和控制系统电源都采用 $n+1$ 的开关电源系统，任何一台电源的故障不会影响显示屏的工作。

2.9.5.4 可变情报板系统要求

(1)显示的信息

①显示信息由汉字、英文、交通标志、图形、符号组成，显示方向可左至右或右至左读。

②监控分中心计算机为可变情报板提供所要显示的文字、单词及符号。

固定显示模块，用户给出某些经常使用的固定显示信息，系统将这些信息的显示方式和码型存储在计算机中，可储存至少 50 条预先编制好的显示信息。

可编程显示模块，采用标准人机对话方式将信息存储在计算机中。

人工构成显示模块，为可在控制台上组成的点阵，用人机对话方式将信息存储在计算机中。此类显示模块可构成任何点阵的简单图形。

(2)监控分中心计算机控制功能

监控分中心计算机接收输入的命令，并将操作人员输入的显示信息发送给可变情报板微处理器；可变情报板微处理器执行接收的命令，显示相应的信息；监控分中心计算机接收可变情报板运行状态的数据，并在控制台终端上显示。

(3)可变情报板的检测

①除非执行另外的命令，监控分中心计算机定时监测每一块情报板，时间间隔不超过 10min。如果监测命令与发送到可变情报板的其他命令发生冲突，那么取消这一周期监测命令。

②在收到监控分中心计算机监测命令以后，可变情报板微处理器根据命令要求发送下列监测信号中的一种或全部。

已显示的信息确认：监控分中心计算机将收到的信息与控制台上发送的信息比较，并最终确认；

自检故障数据：可变情报板自检程序检出的故障将传送到监控分中心计算机。

当可变情报板的失控点大于设定值时，应自动关闭显示屏为全黑状态。

2.9.5.5　工作条件

(1)工作环境温度范围：-20～+65℃；

(2)工作环境湿度范围：10%～95%。

此外，在施工中，还需注意以下方面：

①钢制品应遵照中华人民共和国标准执行。所有材料和部件按标准规定进行试验。在材料和部件未经检验合格前，不能用在工程中。

②钢制品的边缘应为正方形、平滑。钢制品的边角应为圆角，半径为2mm。如无特别说明，可以使用气焊切割锯和剪切。

③龙门架具体要求及施工要求参见国标GB 5768—1999及“交通安全标志施工技术规范”。

④可变情报板箱体的门可以锁住，内部线路板的布设应易于维护。

⑤可变情报板必须设置避雷装置，以保证设备免遭雷电损坏。联合接地网电阻≤4Ω。

⑥可变情报板电源必须设置电流和电压保护装置，以保证某些突发状态下不损坏电子器件。

2.9.6　外场摄像机的施工要求

外场摄像机是贵重设备，在施工中要注意按设计图纸检查基础预埋与立杆安装有关的各固定孔尺寸，检查外场立杆及摄像机的接地系统，在立杆顶设置避雷针。将摄像机控制线缆和视频线穿好并绑扎稳固。吊装立杆时，应保证高杆与基础垂直，拧紧高强度螺母。安装摄像机控制箱，安装完成后，检查箱内的电源线、信号线的紧固程度。

除以上要求外，由于摄像机图像传输受多方面的干扰而影响其质量，见表2-4，图像干扰原因与现象。

图像干扰原因与现象　　表2-4

序号	干扰	现　　象
1	单项干扰	图像中纵、斜、人字形或波浪状条纹，即“网纹”
2	电源干扰	图像中上下移动的黑白间置的水平横条，即“黑白滚道”
3	脉冲干扰	图像中不规则的闪烁、黑白麻点或“跳动”
4	随机信噪比	图像上有雪花

为了保证高质量的摄像机图像传输，还需注意以下方面：

(1)室外安装时严禁摄像机瞄准太阳或光源较强的发光物体，否则会造成图像模糊或产生光晕。

(2)摄像机不宜安装于容易受雨淋或潮湿的地方。

(3)连接方式(除AC 220V)

①直流12V的电源极性确定后再进行连接。

②摄像机与电源线之间最大电缆长度要根据电缆的传输性能与规范而定。

③不要把同轴电缆扭变成半径小于电缆直径10倍的曲线。

④不要使用卡钉钉电缆，即使圆钉也不要使用，否则会引起误差。

⑤不要挤压或夹紧电缆，否则会使电缆的阻抗改变而降低图像传输质量。

2.9.7 设备的防雷接地

2.9.7.1 基本要求

在监控设施易受过电压破坏的设备如计算机、外场监控设备等电子设备加装过压保护装置,在设备受到过电压侵袭时,保护装置能快速动作泄放能量,从而保护设备免受损坏。

电源保护:在监控设备电源配电箱电源进线等处设置电源防雷器加以保护。

信号保护:在监控设备信号处理器两端设置信号防雷器加以保护。

保护接地、防雷接地及工作接地可以统一考虑,采用联合接地方式,在监控所控制室预留接地端子。

所有重要设备的接口板和功能板、接口均采用高速光电隔离技术,以减弱浪涌电压对电路的破坏。采用抗干扰稳压、稳频的 UPS 作为机电设备的后备电源。

2.9.7.2 终端(室内)设备的防雷

在监控系统中,监控室的防雷最为重要,应从直击雷防护、雷电波侵入、等电位连接和电涌保护等多方面进行。

监控室所在建筑物应有防直击雷的避雷针、避雷带或避雷网。其防直击雷措施应符合 GB 50057—94中有关直击雷保护的规定。

进入监控室的各种金属管线应接到防感应雷的接地装置上。架空电缆线直接引入时,在入户处应加装避雷器,并将线缆金属外护层及自承钢索接到接地装置上。

监控室内应设置一等电位连接母线(或金属板),该等电位连接母线应与建筑物防雷接地、PE 线、设备保护地、防静电地等连接到一起防止危险的电位差。各种电涌保护器(避雷器)的接地线应以最直和最短的距离与等电位连接母排进行电气连接。

良好的接地是防雷中至关重要的一环。接地电阻值越小过电压值越低。监控中心采用专用接地装置时,其接地电阻不得大于4Ω。采用综合接地网时,其接地电阻不得大于1Ω。

2.9.7.3 监控外场设备防雷、接地

监控设备有室外和室内安装两种情况,安装在室内的设备一般不会遭受直击雷击,但需考虑防止雷电过电压对设备的侵害;室外设备不仅要考虑雷电过电压,还必须考虑防止直接雷击。外场设备应有良好的接地,接地电阻小于4Ω,高土壤电阻率地区可放宽至 $<10\Omega$。

外场设备如摄像头应置于接闪器(避雷针或其他接闪导体)有效保护范围之内。当摄像机独立架设时,避雷针最好距摄像机 3 ~ 4m 的距离。如有困难,避雷针也可以架设在摄像机的支撑杆上,引下线可直接利用金属杆本身或选用 $\phi12$ 的镀锌圆钢。为防止电磁感应,沿杆引上摄像机的电源线和信号线应穿金属管屏蔽。

为防止雷电波沿线路侵入外场设备,应在设备前的每条线路上加装合适的避雷器,如电源线(220V 或 DC12V)、视频线、信号线和云台控制线。

摄像机的电源一般使用 AC220V 或 DC 12V。摄像机由直流变压器供电,单相电源避雷器应串联或并联在直流变压器前端,如直流电源传输距离大于15m,则摄像机端还应串接低压直流避雷器。

2.9.7.4 传输线路的防雷、接地

监控系统传输线路主要包括传输信号线和电源线两部分。室外摄像机的电源可从终端设备处引入，也可从监视点附近的电源引入。信号线传输距离长，耐压水平低，极易感应雷电流而损坏设备，为了将雷电流从信号传输线导入地，信号过电压保护器需快速响应，在设计信号传输线的保护时必须考虑信号的传输速率、信号电平、启动电压以及电通量等参数。

高速公路外场监控设备供电一般采用直埋敷设方式，当条件不允许时，可采用通信管道或架空方式，此时传输线缆与其他线路电缆沟的最小间距和与其他线路共杆架设的最小垂直间距，可参照《民用闭路监视电视系统工程技术规范》(GB 50198—94)进行敷设。如：传输线缆与220V交流电线线路共沟(隧道)的最小间距为0.5m，与通讯电缆的最小间距为0.1m；传输线缆与10kV电力线共杆架设的最小垂直间距为2.5m，1kV以下电力线最小垂直间距为1.5m，与广播线最小垂直间距为1.0m，与通信线最小垂直间距为0.6m。传输部分的线路在建筑物内部敷设时，与其他线缆的最小间距则应参照《建筑物电子信息系统防雷技术规范》(GB 50343—2004)来执行。

从防雷角度看，直埋敷设方式防雷效果最佳，架空线最容易遭受雷击，并且破坏性大，波及范围广，为避免首尾端设备损坏，架空线传输时应在每一电杆上做接地处理，架空线缆的吊线和架空线缆线路中的金属管道均应接地。输入端的信号源和电源均应分别接入合适的避雷器。

传输线埋地敷设并不能阻止雷击设备的发生，大量的事实显示，雷击造成埋地线缆故障，大约占总故障的30%左右，即使雷击比较远的地方，也仍然会有部分雷电流流入电缆。所以采用带屏蔽层的线缆或线缆穿钢管埋地敷设，保持钢管的电气连通。对防护电磁干扰和电磁感应非常有效，这主要是由于金属管的屏蔽作用和雷电流的集肤效应。如电缆全程穿金属管有困难时，可在电缆进入终端和前端设备前穿金属管埋地引入，但埋地长度不得小于15m，在入户端将电缆金属外皮、钢管同防雷接地装置相连。

2.9.7.5　SPD(电涌保护器)的选择

(1)电源系统。由于有70%雷击高电位是从电源线侵入的，为保证设备安全，一般电源上应设置三级避雷保护。

(2)信号系统。在视频传输线、信号控制线，入侵报警信号线进入前端设备之前或进入中心控制台前应加装相应的避雷保护器。监控摄像头到控制中心的视频传输电缆两端应安装视频信号SPD各1只，以保护摄像头。对室外云台，每条控制线路两端应安装云台控制线路避雷器。每支摄像枪电源线路均安装摄像枪专用电源避雷器。

第三章　高速公路通信系统设计理论与方法

为了充分发挥高速公路的效益,必须完善与高速公路配套的机电工程,即监控系统、收费系统和通信系统。在三大机电项目中,通信系统主要为运营管理及监控、收费系统提供传输平台。但在现有已经投入运营的高速公路中,人们往往只重视收费和监控系统而忽视了通信系统的建设,殊不知高速公路通信系统是高速公路现代化管理的支撑系统,是实现监控系统和收费系统的数据、话音和图像等信息准确而及时传输的载体,保持高速公路管理部门之间业务联络通信的畅通,并为高速公路内部各部门与外界建立必要的联系。因此通信系统是实现高速公路现代化管理必不可少的基础设施。

3.1　通信及通信系统

3.1.1　基本概念

古代,人们通过驿站、飞鸽传书、烽火报警等方式进行信息传递。但随着科学水平的飞速发展,相继出现了无线电、固定电话、手机、互联网和可视电话等通信方式。所谓通信是指信息的传输,具有三大基本要素:信源、信宿和载体。

而通信系统是指用以完成信息传输过程的技术系统的总称。现代通信系统主要借助电磁波在自由空间的传播或在导引媒体中的传输机理来实现,前者称为无线通信系统,后者称为有线通信系统。当电磁波的波长达到光波范围时,这样的通信系统称为光通信系统,其他电磁波范围内的通信系统则称为电磁通信系统,简称为电信系统。由于光的导引媒体采用特制的玻璃纤维,因此有线光通信系统又称光纤通信系统。

由于人们对通信的容量要求越来越高,对通信的业务要求越来越多样化,所以通信系统正朝着宽带化方向发展,而光纤通信系统将在通信网中发挥越来越重要的作用。

在通信系统中,调制和解调的应用最为广泛。调制和解调的基本原理就是利用信号与系统的频域分析和傅里叶变换的基本性质,将信号的频谱进行搬移,使之满足一定需要,从而完成信号的传输或处理。

3.1.1.1　通信系统的组成

通信系统是由信息源、变换器、信道、反变换器、信宿、噪声源组成的。

(1)信息源

信息源是发出信息的源,其作用是把各种可能消息转换成原始电信号。信息源可分为模拟信息源和数字信息源。模拟信息源(如电话机、电视摄像机)输出连续幅度的模拟信号;数字信息源(如电传机、计算机等各种数字终端设备)输出离散的数字信号。

(2)变换器

因语音、图像等原始消息不能以电磁波的形式来传送，需要通过变换器将原始的非电消息变换成电信号，再对这种电信号进一步转换，使其变换成适合某种具体信道传输的电信号。这种电信号同样载有原有的信息。例如电话机的送话器，就是将语音变换成幅度连续变化的电话信号，再进一步转换后送到信道上去。

(3)信道

信道是指传输信号的通道，可以是有线的，也可以是无线的，有线和无线均有多种传输媒质。信道既给信号以通路，也对信号产生各种干扰和噪声。传输媒质的固有特性和干扰直接关系到通信的质量。

(4)反变换器

反变换器的基本功能是完成变换器的反变换，即进行解调、译码、解码等。它的任务是从带有干扰的接收信号中正确恢复出相应的原始信号来。对于多路复用信号，接收设备还具有解除多路复用和实现正确分路的功能。

(5)信宿

信宿是传输信息的归宿，其作用是将复原的原始信号转换成相应的消息。

(6)噪声源

噪声源是信道中的噪声以及分散在通信系统其他各处的噪声的集中表示。如图3-1为通信系统的一般模型。

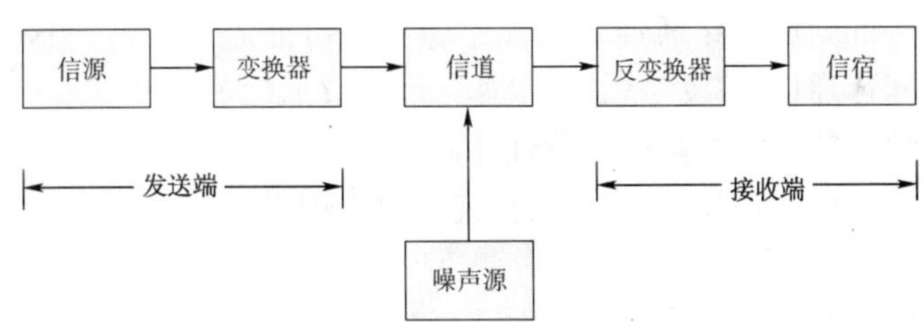

图3-1　通信系统的一般模型

3.1.1.2　通信方式的分类

对于点与点之间的通信，按消息传送的方向与时间的关系，通信方式可分为单工通信、半双工通信和全双工通信。

在数字通信中，按照数字信号码元排列方法不同，通信方式可分为串行传输和并行传输 。

3.1.1.3　通信系统的性能评估指标

通信系统的性能评估指标主要是指质量指标，质量指标又分为有效性指标和可靠性指标。

有效性指标是指频谱效率(模拟:有效传输频带。数字:信息传输速率)；可靠性指标是指准确程度(模拟:接受端的输出信噪比。数字:误码率或误符号率)。

其中模拟调制系统的性能评估指标为信噪比增益 G，其计算公式如式3-1：

$$G = \frac{SNR_0}{SNR_i} = \frac{S_0/N_0}{S_i/N_i} \tag{3-1}$$

3.1.2 高速公路通信系统

3.1.2.1 高速公路通信系统的特点及地位

(1)高速公路通信系统的特点

根据高速公路现代化建设的实际情况和交通管理的特殊要求,高速公路通信系统有如下特点:

①专用性强。通信对象主要是指高速公路管理部门内部各个单位和沿线行驶的车辆。

②技术先进。本系统选用的程控数字交换机、SDH 光传输设备、接入网、智能通信电源,采用了现代通信及计算机的最新技术和成果,技术上领先其他的专用通信网。

③开放性。此通信网采用国内、国际标准的通信协议及接口,是一个开放性的网络,能与各种具备标准接口的通信设备相连。

④需要传输的信号种类繁多,有数据、图像、语音和 GPS 定位信号等;对各类信号的传输有不同的要求,例如收费数据的传输必须保持连续性,指控信号必须保证其准确性,语音信号也必须保证实时性等。

⑤可靠性。由于系统选用的通信设备及重点部件为主备方式,传输设备具有较强的自愈能力,故障自动隔离,保护倒换迅速,故能全天 24 小时不间断运行,不影响正在运行的业务,能适合各种恶劣环境下的应用。

⑥多样性。当今的高速公路通信系统几乎包括所有的通信方式,例如光缆通信、程控电话、计算机网络、多媒体通信、移动电话、卫星通信和微波通信等。

⑦高速公路通信系统采用的是分级管理体制,在各管理分中心均设有通信分中心,为了保证信号长距离传输不产生严重失真,根据需要还可设立中继站。

(2)高速公路通信系统的地位

①高速公路通信系统是公路运输行业的重要基础设施

高速公路通信系统是服务于高速公路运输行业的专用通信系统,主要用于确保道路的安全通行和管理服务,提供运营的技术支持手段。在高速公路运营管理中,它将监控、收费、救援、交通诱导等传输到中央控制室汇总,实时提供道路堵塞信息和通行信息,确保道路畅通;通过与车辆之间的信息交换,进行交通诱导,减少发生危险的可能;通过消除交通堵塞来提高运营效率,节约能源并减轻对环境的污染,从而达到可持续发展的要求。

②高速公路通信系统是国家公网不可替代的专用通信系统

国家公网是面向全社会需求的,由于网络结构等原因,公网难于提供位于城市间的沿高速公路的各分散站、点的各种直达通信线路。高速公路通信网是为了解决高速公路的特殊需求而组建的,网络结构和通信设备应根据高速公路建设的实际要求配置。首先,高速公路的通信设施是沿高速公路设置的,工作覆盖范围需包括高速公路的全部路段以及分散于道路沿线的路段管理单位、收费站和交通监控点,相互之间有许多业务都要求具有直达通信路由。其次,高速公路的通信网络需要同时提供语音、数据和图像业务的多业务平台,必须具有宽的传输宽带。第三,根据高速公路的特点,高速公路的有线电话系统需要具有调度功能、脱网直通功能,并且应具有较快的接续时间,具有数据、静止图像、车辆定位、控制等多媒体传输业务能力和保密要求。第四,高速公路安全保障使用的紧急电话系统、监控系统中的通信设施是高速公路专用的通信设施，具有与一般公网通信所不同的技术要求和标准。

③高速公路通信系统是高速公路管理的必要手段

高速公路的管理与普通公路的传统管理模式不同，它是一种技术密集的新型动态管理。高速公路的管理离不开通信及信息系统；高速公路的安全、通行能力和服务水平的提高必须依靠先进的手段来实现。通信设施是各种信息有效、实时传输的保证，是交通管理的基础和必要手段。

④高速公路通信系统是发展智能运输系统的基础资源

智能交通系统ITS的发展归根到底是交通信息化的发展。高速公路网要实现最大的社会效益，最终手段就是靠交通信息化。只有信息化才能使之智能化，达到人、车、路、环境融为一体，无论何时何地均能获取任何信息，与任何一方通信，车变成了一个流动办公室，路变为综合信息平台，信息无处不在。

随着新技术的发展和应用，交通信息化是发展的必然趋势。高速公路通信信息系统的建设更是重中之重。ITS重要的实施手段是通过通信系统向用户直接发布各种交通信息，核心技术是电子、信息、通信和系统工程，而通信系统是先决条件和基础资源。

在ITS的运行中，需要综合各种数据、图像信息并融合在统一的数字通信系统中传输，需要所有道路的相关设施连成完整的网络，需要提供足够宽的系统容量，并形成区域性乃至全国范围的通信网络平台。通信系统为道路使用者提供紧急通信手段，为交通监控系统、收费系统提供传输手段，为车和路通信提供联络方式。

⑤高速公路通信系统为交通信息化的发展提供条件

在交通部《公路水路交通信息化“十五”发展纲要》中，对于交通信息化建设提出了发展的目标和战略任务。要实现交通信息化，必然涉及通信——信息化的载体。目前，我国高速公路均建有设备完善的通信设施，只要解决好网络端头的接续，就可以基本形成以国道主干线为骨架的干线通信系统，为交通信息化建设提供网络通信综合业务平台。由于交通信息网和交通通信网都是为交通运输服务的，在网络结构等方面具有一致性，因此目前的高速公路通信设施应视为交通信息化发展的基础条件。

3.1.2.2　高速公路通信系统的基本组成及其功能

高速公路通信系统应确保数据、图像及话音等各类信息准确及时的传输，为各种先进的管理手段提供信息传输的基础。高速公路通信系统如图3-2所示，主要由以下几部分构成：光纤数字传输系统、程控数字交换系统（含指令电话系统）、紧急电话系统、数据图像传输系统、移动通信系统以及通信电源系统。

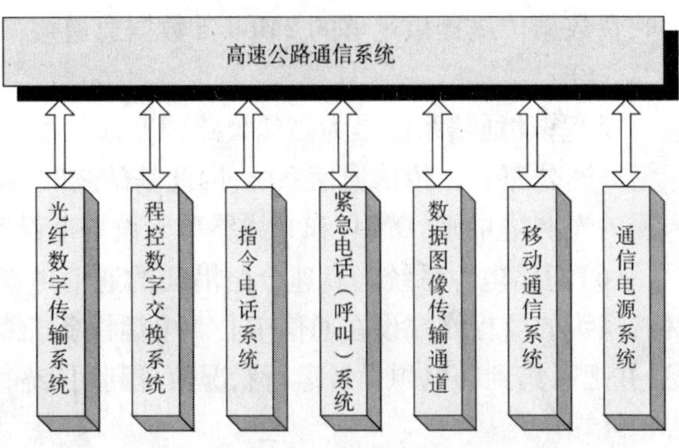

图3-2　高速公路通信系统组成

(1)光纤数字传输系统是为高速公路沿线设施（如程控交换机、业务电话）之间提供话务通信，为监控，收费系统的数据、传真、图像等非话业务提供传输通道。光传输系统大多基于SDH（同步数字系列Synchronous Digital Hierarchy），也有早期的PDH（准同步数字系列Plesiochronous Digital Hierarchy)在运行。在单条高速公路内部，通信系统选择 SDH 是毫无疑义的，这是由业务接入特点和技术发展现状决定的。但各条高速公路通信系统的解决方案有所不同，目前一般采用 SDH 与综合业务接入网相结合的光纤数字传输系统(也有的采用 SDH + DLC 接入系统模式)。综合业务接入网有三种类型接口，即光线路终端接口(OLT)，光网络单元接口(ONU)和维护管理接口。控制中心的 OLT 通过 V5 接口完成多业务的接入，将话音业务、指令业务、数据业务和图像业务等合并到一个传输网络中，同时可实现与 DDN(数字数据网 Digital Data Network)、PSPDN(分组交换公用数据网 Packet Switched Public Data Network)等数据网的连接。收费站与控制中心可通过接入网的数字数据接口，如 E1、2B + D、V.35、V.24、G.703 实现收费数据的上传及管理数据的下达。路面监控数据可通过各站 ONU 的二/四线音频、V.35、V.24、V.28、G.703 等接口传送到控制中心。通信中心设一套光传输本地网管终端，对 SDH 设备进行维护管理。通信中心还配备了一套综合业务接入网的网管终端对接入网设备进行维护。SDH 本地网管和接入网网管可集中设置，也可分开设置。光传输系统采用 1 + 1 保护方式。在所有的传送网中，SDH 仍是迄今为止最完整、最多样化和性能最优越的保护及恢复技术。

(2)程控数字交换系统为高速公路沿线提供业务电话和指令电话，由通信中心的一套汇接局程控数字交换机及若干用户(沿线各管理设施内)组成。具备中国 1 号、7 号、V5 信令等设施实现业务的互通，它采用独立的运行维护方法，即为交换机配备一套维护管理终端设备，来负责本站交换机的运行维护。

(3)高速公路紧急电话系统为高速公路上驾驶人提供一个直接呼救求援的专用通信系统，该系统在监控中心设紧急电话控制中心，控制本管理区域内的所有紧急电话，是一个独立的系统。

(4)数据、图像传输系统。外场设备与监控中心之间的数据传输是通过电缆、ONU 音频通道完成的。监控数据传输采用模拟传输方式，通信系统为监控系统在各站的综合业务接入网的 ONU 设备业务通道中提供足够的 2/4W VF 接口。监控系统在沿线设置了一定数量的摄像机，各摄像机的图像和控制信号均要传到监控中心。图像传输采用点对点模拟方式。通信系统负责为各摄像机图像和控制信号传输提供光缆，各摄像机的视频和控制信号复用后采用光纤传输方式，通信系统为每个摄像机提供一芯光纤。

收费数据一般分三级管理：收费中心计算机、沿线收费站计算机及收费车道控制机。收费站与收费中心之间的数据传输采用数据通道直接传输，通信系统在沿线各通信站的设备上需为收费数据传输提供足够的 2Mbit/s 数据通道接口。通信系统为收费系统的每个摄像机提供一芯光纤。

(5)移动通信系统是为高速公路调度通信服务的，一般采用 800MHz 集群，下设基站。由于沿高速公路有光传输通信系统，因此基站之间的联网都使用此光缆链路，只需在综合业务接入网的光网络单元(ONU)和光线路单元设备上设音频接口板即可。

(6)通信电源系统。高速公路沿线的通信电源系统配置一套独立的电源网管系统，电源网管系统的监控终端设在通信中心。电源设备配备监控模块，负责采集本站电源设备运行信息，并把采集到的电源设备运行状况信息利用传输系统提供的话路传到通信中心的电源网管维护终端。

3.1.2.3　高速公路通信系统的设计目标

根据高速公路通信系统的通信层次，结合各省高速公路综合通信专用网（简称省专用网）的实际情况，高速公路通信系统的设计可以分为两个层次来考虑，即省专用网和各路段通信系统。在省专用网规划的指导下进行各路段通信系统的设计，以利于全省联网和管理。同时省专用网则随着各路段通信系统的建成逐步完善。

（1）省专用网的设计目标

①实现省高等级公路管理局与省内高速公路各路段管理处的通信联网，建立交通管理部门内部综合通信专用网。

②根据交通行业管理的要求，专用网应确保话音、数据及图像等各类信息准确、及时地传输，在专用网内部建立电话交换网、数据传输系统、图像传输系统和无线移动通信系统。

③干线通信以数字光纤通信为主，数字微波通信为辅，采用 SDH 系列设备，构筑数字同步传输网。

④以程控数字交换机为核心，建立数字交换网。不仅能满足电话业务的要求，而且能实现数据交换、调度指挥、电话会议等各种功能，并且适应 ISDH（综合服务数字网）的标准。

⑤方案设计起点要高，积极采用高新技术，采用统一的技术标准以便分期实施和联网，留有充分余量，便于扩容和升级。

（2）路段通信系统的设计目标

①为本路段公路管理及收费、监控系统提供不间断的通信服务，保证实时的话音、数据、文字和图像传输，并有足够的能力适应综合通信系统的扩展。

②程控数字交换系统具有话音、数据综合通信能力，并能在今后适应综合服务数字网 ISDH 的要求。

③能满足远期扩容及省专用网、电信公用网的联网要求。

④全线配置独立的应急电话系统，构成本路段专用安全电话网。

3.1.2.4　高速公路通信机构的设置

高速公路通信机构的设置应与高速公路管理机构的规划原则相匹配。一般情况下，管理机构应由通信中心、通信分中心和通信站组成。通信中心和通信分中心均设有人工通信站，内置传输、交换、接入网终端（OLT）及通信电源等设备，沿线各收费站、服务区和养护工区设有无人通信站，内置接入通信站环状（双纤自愈环）连接，相邻通信中心通过数字系统相连。

通信中心负责高速公路通信系统的联网，协调各通信分中心完成信息交换工作，保证高速公路通信畅通。通信分中心负责所在辖区段通信系统的联网，协调本路段各通信站完成信息交换的工作，保证路网的通畅。

一般意义上的通信网是指由一定数量的节点（包括终端设备和交换设备）和连接节点的传输链路相互有机地组合在一起，以实现两个或多个规定点之间信息传输的通信体系。也就是说，通信网是由相互依存、相互制约的许多要素组成的有机整体，用以完成规定的功能。高速公路通信网的功能就是要适应高速公路运营管理的需要，传输网内任意两个或多个用户之间的信息交换。高速公路通信网由传送网、业务网、支撑网组成。

传送网应按省的各条高速公路网络分割模式设计，分割网络可分为干线网与接入网。通信中心、通信分中心之间的通信网络应为干线网，可由树型、环型和格型相结合的网络组成。

目前,干线网宜采用基于SDH的多业务传输平台,但随着技术发展的成熟程度,局部网也可采用基于IP的分组交换网络平台。其中省内干线网的带宽根据网络结构及需求设置,宜采用STM-4等级或STM-16等级。路段内通信系统宜采用接入网,以路段通信分中心为核心,沿线收费站、服务区为用户构成环型或链状拓扑网结构。目前,接入网宜采用SDH综合业务接入网STM-1、STM-4等级系统。有条件的路段可采用千兆以太网接入技术。

业务网由电话交换网、数据通信网、图像传输网、会议电视网、紧急报警系统、路侧广播系统、移动通信系统等组成。

支撑网由数字同步网、公共信令网和网络管理网组成。

高速公路通信网基本上采用三级结构:各路段通信分中心汇集其管辖路段内各收费站的信息,做成路段内各收费站等的信息交叉,其传输均采用SDH系统;在组网上,各通信站(ONU)、通信分中心(OLT)在同一个双纤自愈的SDH环上,通过路由器的配置来体现其作用;交换系统的购置较为简单,一般在通信分中心处设置程控数字交换机,可对环内各节点的话单、数据等业务信息进行交换。各路段通信系统互为独立,但均与高速公路通信专用网通过互联的接口相连,实现整个高速公路的联网通信,并为今后省域通信网络联网打下基础。

3.2 高速公路程控数字交换系统

高速公路光纤通信系统采用多芯光缆,数据、图像、语音都有专用的光纤。为了获取高可靠性、高可用性的通信工具,高速公路还设置有专用程控数字交换系统,程控数字交换系统为高速公路沿线提供业务电话和指令电话等多种服务功能,同时利用已经建设好的管道安装程控电话大大减低了投资的费用。

3.2.1 程控数字交换系统概述

交换机的分类如图3-3所示。程控交换机可分为时分和空分两种方式,前者属纵横中继电器的电子开关方式,后者则属于信息交换方式。话路部分中传送与交换的是数字话音信号,因而又称为程控数字交换机。

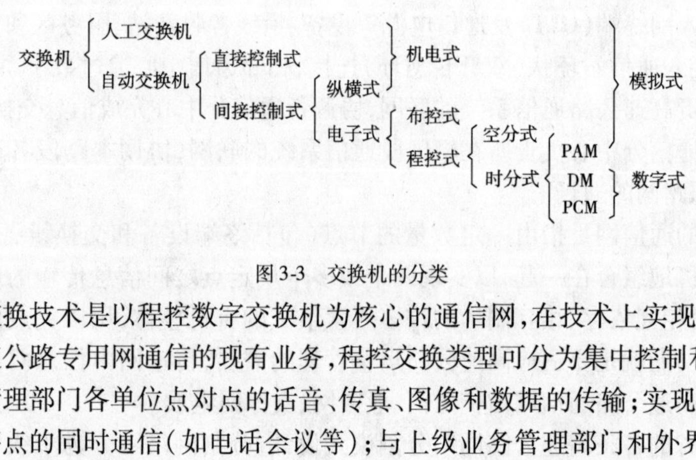

- 交换机
  - 人工交换机
  - 自动交换机
    - 直接控制式
    - 间接控制式
      - 纵横式
      - 电子式
        - 布控式
        - 程控式
          - 空分式
          - 时分式
            - PAM
            - DM
            - PCM

（人工交换机、直接控制式、纵横式——机电式；人工交换机至PAM——模拟式；DM、PCM——数字式）

图3-3 交换机的分类

程控数字交换技术是以程控数字交换机为核心的通信网,在技术上实现传输和交换的数字化。根据高速公路专用网通信的现有业务,程控交换类型可分为集中控制和分级控制两种。该系统可完成管理部门各单位点对点的话音、传真、图像和数据的传输;实现管理中心和下属各单位一点对多点的同时通信(如电话会议等);与上级业务管理部门和外界社会进行通信;且能对系统状态进行自动测试。

根据高速公路通信系统业务的内容和特点，通信系统采用三级程控交换，第一级交换中心设在高速公路总公司通信总中心，其主要职能是完成本局终端的话务接转，汇接所有来话、去话的转接任务，并与二级公路网中心连接，完成本局话务接续与本局以外的话务转接；第三级交通中心分别设在各高速公路公司下属的管理所，其主要职能是完成本局的话务接续与出入本局的话务接续。为了提高系统的可靠性、灵活性及话务流向的需要，各级交通交换中心之间均可进行互联，以便组成一个多迂回、多路由的程控数字交换网。

3.2.1.1　程控数字交换机的基本组成与优点

程控数字交换机如图 3-4 所示，是采用计算机进行“存储程序控制”的交换机，它将各种控制方法变成程序，存入存储器，利用计算机对话机与线路状态巡回检测所获得的数据，作为选择和执行某种程序的依据，控制、维护和管理整个交换系统的工作。

图 3-4　程控数字交换机

其中控制部分包括中央处理器（CPU）、存储器和输入/输出设备。话路部分由交换网络、出/入中继器、用户电路等组成。交换网络可以是各种接线器（如纵横接线器、编码接线器、笛簧接线器等），也可以是电子形状矩阵（电子接线器）。交换网络可以是模拟空分的，也可以是数字时分的，并由 CPU 发送控制命令驱动。出中继器和入中继器是和中继线相连的接口电路（中继线用于互联交换机），传输交换机之间的各种通信信号，也可以监视通话话路的状态。用户电路是每个用户独用的设备，包括用户状态的监视和与用户有关的功能。程控交换机的基本结构框图如图 3-5 所示。

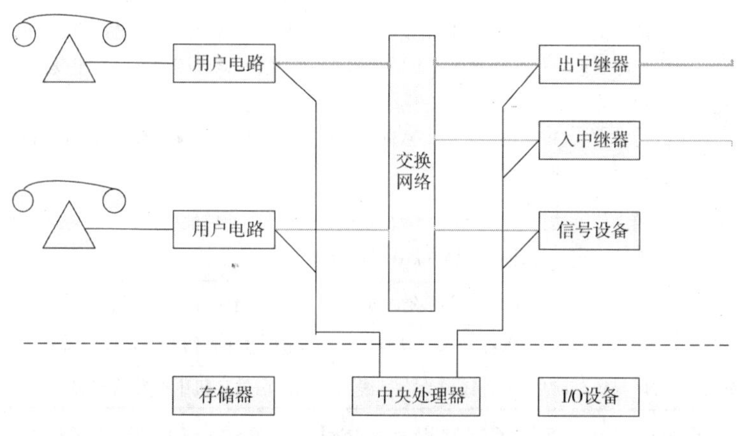

图 3-5　程控交换机的基本结构框图

采用程控交换的优点是：

（1）灵活性。程控就是由软件程序来控制交换机的操作，完成通话、接续和多种功能，如果要改变交换机的逻辑控制功能，只需修改软件。

（2）易维护。日常装、拆、移机、更改电话号码、增减中继线、更改中继路由，只需通过人机通信命令改某些数据就行了;而故障诊断软件可以准确地显示故障所在电路板。

(3)新业务。程控可以开放出很多新业务,如国际、国内直拨、会议电话、免干扰、热线等,这些新业务是其他制式交换机难于实现或者根本不能实现的,这对于改善通信服务质量,为通信者提供更大的方便都起了很大作用。

3.2.1.2 程控交换机的交换过程

程控交换机的交换过程可以通过表3-1进行了解。

程控交换机的交换过程　表3-1

序号	步骤	功能内容
1	呼叫请求	主叫用户通过用户线向交换机发出呼叫请求信号,该信号由用户线接口电路检测到后,经交换网络送到中央控制部分
2	呼叫证实	处理机收到呼叫信号后,向主叫发出呼叫证实信号,同时要确定该用户的类型和信令方式,并在内存中安排一个呼叫块,用于存放呼叫建立和拆线阶段所需要的随机信息,以作业务统计用
3	着手选择	在安排好呼叫块后,向主叫用户发送着手选择信号,通知主叫可以发送选择信息
4	接收选择信息	按规定格式,主叫用户送出选择信息,选择信息中包括有被叫地址。处理机去掉一些无用信息之后,把选择信息存放在呼叫块中
5	查寻路由	由交换程序中的路由子程序使用路由表分析呼叫块中的选择信息,确定输出电路。若被叫在其他交换机上,则要在本交换机和另一交换机之间重复上面5个步骤,然后转入下面步骤
6	呼入	处理机在确定被叫是本交换机用户后,如果被叫空闲,则向被叫发出呼入信号,同时向主叫方向发出接通指示信号
7	呼入接受	如果被叫终端正常且接受呼叫,则发出呼入接受信号
8	呼入联通	被叫接受呼入后,由交换机发出主、被叫线路识别信号给主、被用户,表明线路已被接通,处理机把呼叫块中信息转移到大存储量的外存上缓冲,该呼叫块又可用于其他呼叫或拆线
9	数据传送	通常在主、被叫用户之间有双向通路进行数据传送。有些交换机和网络对用户传送的速率和码型要有所约束
10	拆线请求	用户传输结束后,向交换机发出拆线请求信号,处理机要设置一个呼叫块存储拆线时的信息,并由呼叫记录统计程序做各类业务统计等
11	拆线证实	通常拆线证实作为拆线请求的回答,由交换机向主拆用户发出
12	保护延时	在交换中,完成拆线动作需要对时间长度进行判断,留有一定保护延时
13	恢复原始	经保护延时后,各外线成为空闲线路状态。由处理机中线路状态表指明

通常情况下,高速公路管理所通信站设程控交换机,经节点机接口本通信网络中心互联,提供语音数据及其他链路构架传输通道,以组成一个功能维护全透明的交换网络,其维护管理终端设在管理所通信节点站。

根据管理所的管理职能程控交换机为辖区提供至少两个封闭用户群,一类是业务电话群,另一类是紧急电话群,分别设置相应的值班控制台、业务电话控制台和自动转接台,可为监控系统预留接口提供检测控制信号通道。紧急电话值班控制台为人工控制台,具有排队等候、桩号显示、录音等功能,可直接与上级管理部门沟通插转。

程控交换机运行初期话务量较少,一般情况下,一期开通200门左右,但考虑到未来话务量的增加,一期必须预留各类通道接口,系统调试应能设置相应的模拟组建调试。

3.2.1.3　中继器

中继器(RP-repeater)是连接网络线路的一种装置,常用于两个网络节点之间物理信号的双向转发工作。中继器是最简单的网络互联设备,主要完成物理层的功能,负责在两个节点的物理层上按位传递信息,完成信号的复制、调整和放大功能,以此来延长网络的长度。下图3-6为某高速公路通信系统中程控交换机中继方式。

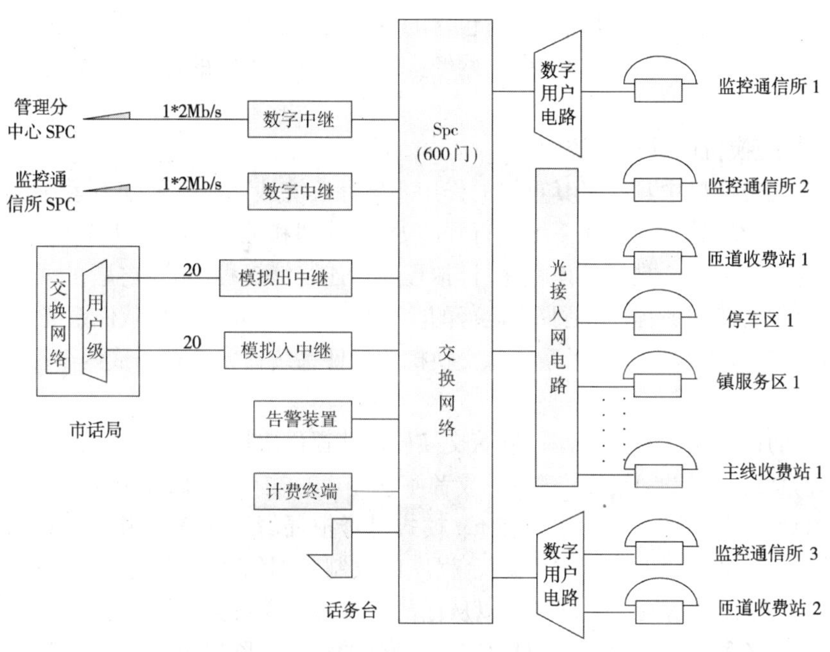

图3-6　程控交换机中继方式图

由于存在损耗,在线路上传输的信号功率会逐渐衰减,衰减到一定程度时将造成信号失真,因此会导致接收错误。中继器就是为解决这一问题而设计的。它完成物理线路的连接,对衰减的信号进行放大,保持与原数据相同。

一般情况下,中继器两端连接的是相同的媒体,但有的中继器也可以完成不同媒体的转接工作。从理论上讲中继器的使用是无限的,网络也因此可以无限延长。但因为网络标准中对信号的延迟范围作了具体的规定,所以中继器只能在此规定范围内进行有效的工作,否则会引起网络故障。

3.2.2　交换机

3.2.2.1　交换机的工作原理

(1)交换机根据收到数据帧中的源MAC地址建立该地址同交换机端口的映射,并将其写入MAC地址表中;

(2)交换机将数据帧中的目的MAC地址同已建立的MAC地址表进行比较,以决定由哪个端口进行转发；

(3)如数据帧中的目的MAC地址不在MAC地址表中,则向所有端口转发。这一过程称为泛洪(flood)；

(4)广播帧和组播帧向所有的端口转发。

3.2.2.2　交换机的分类

根据处理帧时不同的操作模式,交换机主要可分为存储转发和直通式两类。

存储转发:交换机在转发之前必须接收整个帧,并进行错误校检,如无错误再将这一帧发往目的地址。帧通过交换机的转发时延随帧长度的不同而变化。

直通式:交换机只要检查到帧头中所包含的目的地址就立即转发该帧,而无需等待帧全部的被接收,也不进行错误校验。由于以太网帧头的长度总是固定的,因此帧通过交换机的转发时延也保持不变。

3.2.2.3　交换机的软件系统

软件系统在交换机中具有极其重要的作用。软件系统从总体上可分为运行软件和支持软件两大部分。运行软件是指交换系统进行呼叫处理、管理和维护等工作所需要的程序和数据,是在线运行的。支持软件是指编译程序、模拟程序和连续编辑程序等,它是在编写和调试程序时为了提高效率而使用的程序,是脱机运行的。根据功能的不同,运行软件系统又分为操作系统、数据库系统和应用软件三个子系统。交换机的软件系统通常又被分成两个层:用户层和核心层。

核心层内的设备驱动操作程序控制着交换软件并提供应用软件的接触面。在设备驱动程序中,初始清除模板能初始化接入交换机或者使它停止。在交换机中,无论何时发生错误,自我保护模板能把它存储进工作状态。在tag模式里虚拟局域网模板是基于端口执行的,而且IGMP模板能使IGMP数据包受IGMP后台程序的限制。网络接口模块能使数据包在软件和TCP/IP协议下交换,然后网络管理者可以从任何端口远程登录交换机并控制交换机。中断模块能适当地处理各种中断。硬件接口模块实现硬件的控制。除错模块能为用户空间界面提供调试工具。

在用户层里的应用软件包括除错模块,系统配置,保护控制,虚拟局域网管理,IGMP协议,最大生成树协议,网络应用。

为了实现处于核心层设备驱动程序的功能,使得它的组织清晰,我们把接入交换机工作的七种状态用图3-7来描绘:

当接入交换机处于空闲状态时,它只是在等待。它要转入忙碌状态取决于"初始模块"命令,"清除模块"命令又能使它回到空闲状态。

在字符状态,当交换机接受到配置信息时,它会转变到初始状态从而使交换机初始化。如果初始化失败,重启失败或者交换机停止,它将会返回到字符状态,等待后台程序的命令。

在初始状态,设备驱动程序完成交换机的初始化。如果操作成功,它将转换到工作状态。如果发生意外的话,它将回到字符状态。

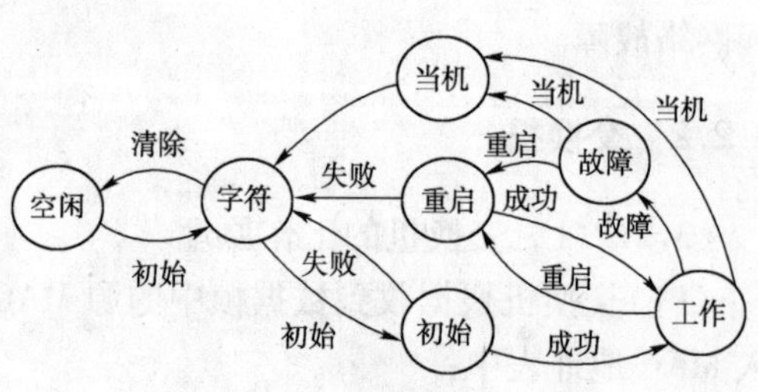

图3-7　交换机的工作状态

在工作状态下，除初始清除模块和自我保护模块外，其他所有模块都能运行。当故障发生时，它将转换到故障状态。如果在工作状态时，操作员想要重启或停止交换机，它将分别进入重启状态或待机状态。

当交换机在故障状态时，自我保护模块会做出如何修复交换机的决定。它将进入重启状态或待机状态。在工作状态或故障状态，交换机能执行重启命令，从而进入重启状态。如果能成功地进入工作状态，也能进入字符状态。

当处于工作状态或故障状态，"down"的命令也是允许的，这样交换机也就进入了待机状态。当操作完成后，交换机进入字符状态。

3.2.2.4　路由技术

路由器的工作原理是在路由器的内部有一个表，这个表所标示的是要去某一个地方，下一步应该向哪里走，如果能从路由表中找到数据包下一步往哪里走，把链路层信息加上转发出去；如果不能知道下一步走向哪里，则将此包丢弃，然后返回一个信息交给源地址。

路由技术实质上来说不过两种功能：决定最优路由和转发数据包。路由表中写入各种信息，由路由算法计算出到达目的地址的最佳路径，然后由相对简单直接的转发机制发送数据包。接收数据的下一台路由器依照相同的工作方式继续转发，以此类推，直到数据包到达目的路由器。

其中路由表的维护，有两种不同的方式：一种是路由信息的更新，将部分或全部的路由信息公布出去，路由器通过互相学习路由信息，就掌握了全网的拓扑结构，这一类的路由协议称为距离矢量路由协议；另一种是路由器将自己的链路状态信息进行广播，通过互相学习掌握全网的路由信息，进而计算出最佳的转发路径，这类路由协议称为链路状态路由协议。

由于路由器需要做大量的路径计算工作，一般处理器的工作能力直接决定其性能的优劣。

3.2.3　程控数字交换网络及其工作原理

程控交换网络可以由单级 T 接线器来完成信号的时隙交换，也可以由 T 接线器 S 接线器的组合网络来完成信号的时隙交换，但单级 S 网络不能完成 PCM 复用线上的时隙交换。程控数字交换网络最基本的构成有 STS 交换网络和 TST 交换网络。

3.2.3.1　T 接线器与 S 接线器的构成及时隙交换的工作工程

T 接线器是由话音存储器(SM)和控制存储器(CM)两部分构成的，它主要完成一条 PCM 复用线上各时隙间信息的相互交换，它采用的工作方式有"顺序写入、控制读出"和"控制写入、顺序读出"两种。S 接线器是由交叉点矩阵和控制存储器两部分构成，它主要完成不同复用线之间的信码交换任务，工作方式有"输入控制方式"和"输出控制方式"两种。目前，时分接线器和空分接线器的存储器都采用高速随机存储器来制作的，S 接线器中的交叉点矩阵可采用高速电子门电路或矩阵门开关电路组成，其开关的速率可以达到每秒几千或上万次。

3.2.3.2　STS 交换网络的构成及工作原理

STS 交换网络是由三级交换网络构成的，其中输入级和输出级都采用 S 接线器，中间选用 T 接线器，其结构图如下图 3-8 所示。

图中，输入 S 级采用输出控制方式，输出 S 级采用输入控制方式，中间 T 级采用顺序写出控制方式。下面我们以 PCM_0 上时隙 TS2 的信码“a”要与 PCM_1 上时隙为 TS_{17} 的信码“b”进行交换为例来说明 STS 交换网络的工作原理。先看 A→B 方向，当 PCM_0 上时隙 TS_2 的信码“a”在时隙 2 到来时，受 CM_1 的控制闭合交叉点 2，从而使 TS_2 的信码“a”传向中间 T 级，中间 T 级的话音存储器 SM 把 TS_2 的信码“a”顺序写入地址 2。当 TS_{17} 时刻到来时，由于 CM_2 上 TS_{17} 存的是 SM 上的地址 2，所以，当 TS_{17} 时刻到来时，读出的 TS_{17} 应为信码“a”的内容。这就同时完成了信码和时隙的交换。该时隙经输出 S 级就可以完成复用线的交换，即输出 S 级当 TS_{17} 时刻到来时，由 CM_3 控制闭合交叉点 4，这样与 PCM_0 时隙为 TS_2 信码“a” 就被送到 PCM_1 上时隙为 TS_{17}，即 B 点输出的 TS_{17} 是 A 点输入 TS_2 上的信码“a”，从而完成了 A→B 方向上的通信，同理，B→A 方向可把 PCM_1 上时隙为 TS_{17} 的信码“b” 交换到 PCM_0 时隙为 TS_2，完成 B→A 方向的通信。

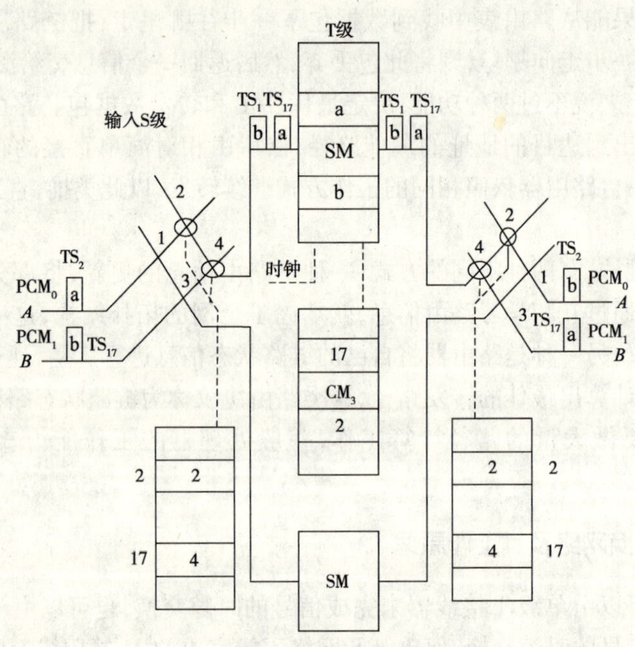

图 3-8 STS 交换网络图

从图中我们可以看到，输入和输出 S 级的控制存储器 CM_1 和 CM_3 中写入的内容完成一样，所以这两个控制存储器可合并为一个。还有，要完成 PCM_0 上 TS_2 和 PCM_1 上 TS_{17} 的信码交换，还可以通过中间 T 级的其他话音存储器来完成，其交换过程同上面类似。如果中间 T 级采用控制写入、顺序读出，上述交换该如何进行读者可自行推导。

3.2.3.3 TST 交换网络

TST 交换网络是由三级交换网络构成的，其中两侧为 T 接线器，中间为 S 接线器。TST 交换网络内部时隙选择采用反相法有如下好处。

(1)当 A→B 方向的内容空闲时隙选定后，B→A 方向上的内容时隙 m 也就确定，从而减少了交叉网络内部时隙的选择时间；

(2)该方法输入 T 级和输出 T 级选用的控制存储器 CM 可以合用。

由于 TST 交换网络在很多方面的性能优于 STS 网络。所以，现在数字交换机大都采用的是 TST 交换网络。此外,若在 TST 交换网络中增加 S 级使其变为 TSST、TSSST、TSSSST 交换网络,就可以大大减少网络总的交叉点数目、优化网络的结构、降低网络成本,在网络结构中还可采用串并交换扩大网络时隙复用度的方法。

3.2.4 程控数字交换系统主要技术指标

3.2.4.1 接口要求

(1)程控数字交换机的用户接口应符合下列规定。

①模拟用户线接口 Z1 应符合 ITU-TQ.517 的建议;

②数字用户线 ISDN BRI 2B + DU 接口应符合原邮电部 YDNO65-1997 电话交换设备总技术规范有关规定;

③交换机与光纤用户接入设备之间的数字接口采用 V5.2 接口,要求符合 ITU-TG.964、965 建议和 YDN-020-1996《本地数字交换机和接入网的 V5.2 接口技术规范》要求。

(2)程控数字交换机的局间中继接口应符合下列规定。

局间数字中继线应采用 A 接口,应符合原邮电部标准 YDN065-1997 的相关规定。

(3)具备 V5.1 和 V5.2 接口功能。

①V5 接口符合 ITU-TG.964 和 ITU-TG.965 建议,满足原邮电部《本地数字交换机与接入网之间的 V5.1 接口技术规范》和《本地数字交换机和接入网的 V5.2 接口技术规范》设计规定。

②满足《接入网现场试验 V5 接口测试方法》中的各项指标,并具备原邮电部颁发的测试合格证书。

3.2.4.2 传输性能

(1)程控数字交换机的传输性能应满足 ITU-TQ.502、Q.507、Q.512 和中国原邮电部 YDN065-1997 第 11 章的要求。

(2)插入损耗要求:

①采用 2Mbps 数字传输链路,整个数字传输链路的损耗为 0dB。

②采用模拟传输方式插入损耗应满足表 3-2 的要求:

模拟传输方式插入损耗要求 表 3-2

项目	损耗值
4 线-4 线	0dB
2 线-2 线	≤4dB

3.2.4.3 硬件技术特点

(1)硬件系统基本特点

①硬件由小型模块化组成,便于扩充;

②提供的设备可确保长期使用的高稳定性和高可靠性;

③系统构成具有冗余和容错等安全措施。

(2)基本性能

①除在总配线架处具有一次保护措施外,在用户电路处有二次保护措施,在遇高压或大电流等意外情况(如雷击、电力线故障)时,用户电路不受影响,交换机公用设备不受影响;

②用户线接口电路具有 BORSC 功能;

③交换网络结构具有半永久性连接性能,连接及时,方可通过人机命令执行;

④要求优选分布式控制方式,控制设备有冗余度。CPU、主存储器、交换网络等核心设备为双备份;

⑤具有完善的告警功能。

3.2.4.4　软件技术特点

(1)软件系统基本特点

①软件采用分层的模块化结构,模块之间的通信按规定接口进行。任何一层任何一个模块的维护和更新以及新模块的追加都不影响其他模块;

②软件具有较强的容错能力,一般小的软件故障不会引起各类严重的系统再启动;

③软件设计具有防护功能,某一软件模块内的软件错误将限制在本模块内,不会造成其他软件模块的错误;

④整机断电后,信息不会丢失,来电后能自动再启动;

⑤增加或减少用户或交换设备时,只需要变更用户数据或局域数据,并仅需要使用一般的人机命令即可;

软件修改或升级不影响正常接续。

(2)软件功能

①具有完善的实时操作系统;

②具有完善的各类常规呼叫的接续处理功能;

③具有完善的计费处理功能及费率变更控制功能;

④具有各种硬件设备测试的功能;

⑤具有对软件、硬件运行故障的监视功能,有完善的故障告警及故障后处理功能;

⑥具有完善的、方便的人机通信控制功能;

⑦具有故障诊断和定位功能。

3.3　高速公路数据通信系统

数据通信是现代信息技术中一个重要的组成部分,是计算机科学与通信相结合的产物,是把通信技术中的信息传输、交换同计算机技术中的数据处理、加工及存储有机结合在一起形成的通信方式。

3.3.1　高速公路数据通信系统概述

3.3.1.1　高速公路数据通信系统组成

在光缆中开辟专门传输数据信号的光纤,将高速公路沿线的各个站点和各级管理中心、分中心连成数据通信网。数据通信系统是人和计算机、计算机和计算机的通信,具有高可靠性、高传输速率等的特点。

数据通信系统基本组成如下图 3-9 所示,主要有三部分:数据终端设备 DTE、信道和数据电路终端设备 DCE。在双向通信中,终端兼具数据信源和信宿功能,形式也多种多样,例如打印机、计算机、传真机、存储设备等。

在上图系统中,远端数据终端设备通过一条数据电路与一计算机系统相连。收费系统的发信终端是车道控制器，收信终端是数据采集计算机；监控系统的发信终端是外场监控站的微处理器，收信终端是监控中心的主计算机。

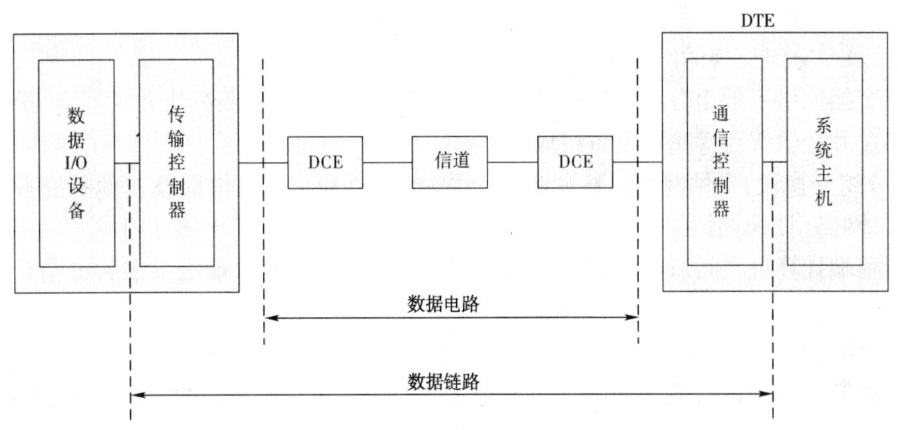

图 3-9　数据通信系统基本组成

信道是以传输介质为基础建立的，通常可分为模拟信道和数字信道。可以利用模拟信号传输数据，但必须在发信端对原始数字信号作相应的转换，称为调制；在接收端则需要作逆变换，称为解调。

3.3.1.2　数据传输方式

(1)并行传输和串行传输

并行传输指一个字符的各个码元位都有自己的专用传输线路，如 8 条信道可同时传送一个字符。并行传输速率高，常用在短距离传输中，计算机内部操作大部分为并行。串行传输是一个字符(8 位)接一个字符(8 位)，一位接一位顺序传送，从发送端到接收端只有一条传输线。这种方式节省线路费用，适合于远距离传输。串行传输时，接收端能否不差错地接收传输来的字符，关键在于是否能够同步。所谓同步是指接收端应按照发送端所发送的每个码元的重复频率及起始时间来接收数据。

(2)异步传输和同步传输

异步传输和同步传输是解决串行传输中的字符同步问题的两种方式。

异步传输是以字符为单位，字符代码前增加一个起始位；字符代码后，接一个奇偶校验位，再接一个停止位。这样，一个字符总有 10 位码元。用异步方式传送字符作串行传输时，一个个字符可连续发送，也可单独发送；不发送字符时，保持状态“1”。这种方式不要求收发双方时钟严格同步，实现起来比较简单，但是每个字符都需要加入“起”、“止”码元，传输效率低。这种方式适用于低速数据传输中。

3.3.2　分组交换系统

分组交换技术是在计算机技术发展到一定程度，人们除了打电话直接沟通，通过计算机和终端实现计算机与计算机之间的通信，在传输线路质量不高、网络技术手段还较单一的情况下，应运而生的一种交换技术。

分组交换是将用户传送的数据划分成一定的长度，每个部分叫做一个分组。在每个分组的前面加上一个分组头,用以指明该分组发往何地址,然后由交换机根据每个分组的地址标志,将他们转发至目的地,这一过程称为分组交换。进行分组交换的通信系统为分组交换系统。下面重点介绍一下分组交换的网络结构和特点。

3.3.2.1　分组交换的网络结构

分组交换网络一般由分组交换机、网络管理中心、远程集中器、分组装拆设备、分组终端/非分组终端和传输线路等基本设备组成。

(1)分组交换机:提供网络的基本业务,交换虚电路和永久虚电路及其他补充业务,如闭和用户群,网路用户识别等。

在端到端计算机之间通信时,进行路由选择,以及流量控制。能提供多种通信规程,数据转发,维护运行,故障诊断,计费与一些网络的统计等。

(2)网络管理中心(NMC):提供网络配置管理与用户管理,日常运行数据的收集与统计;路由选择管理,网路监测,故障告警与网路状态显示;根据交换机提供的计费信息完成计费管理。

(3)远程集中器(RCU):允许分组终端和非分组终端接入,有规程变换功能,可以把每个终端集中起来接入至分组交换机的中、高速线路上交织复用。

(4)分组装拆设备(PAD):将来自异步终端(非分组终端)的字符信息去掉起止比特后组装成分组,送入分组交换网。在接收端再还原分组信息为字符,发送给用户终端。

(5)分组终端/非分组终端(PT/NPT):分组终端是具有 X.25 协议接口,能直接接入分组交换数据网的数据通信终端设备。它可通过一条物理线路与网络连接,并可建立多条虚电路,同时与网上的多个用户进行对话。对于那些执行非 X.25 协议的终端和无规程的终端称为非分组终端,非分组终端需经过分组装拆设备,才能连到交换机端口。通过分组交换网络,分组终端之间、非分组终端之间、分组终端与非分组终端之间都能互相通信。

(6)传输线路:是构成分组数据交换网的主要组成部分之一。目前,中继传输线路有 PCM 数字信道、数字数据传输、也有利用 ATM 连接及其卫星通道。用户线路一般有数字数据电路或市话模拟线路。

3.3.2.2　分组交换的特点

(1)线路利用率高:分组交换以虚电路的形式进行信道的多路复用,实现资源共享,可在一条物理线路上提供多条逻辑信道,极大地提高线路的利用率。使传输费用明显下降。

(2)不同种类的终端可以相互通信:分组网以 X.25 协议向用户提供标准接口,数据以分组为单位在网络内存储转发,使不同速率终端,不同协议的设备经网络提供的协议变换功能后实现互相通信。

(3)可靠性高:在网络中每个分组进行传输时,在节点交换机之间采用差错校验与重发功能,因而在网中传送的误码率大大降低。在网内发生故障时,网络中的路由机制会使分组自动地选择一条新的路由避开故障点,不会造成通信中断。

(4)分组多路通信:由于每个分组都包含有控制信息,所以分组型终端可以同时与多个用户终端进行通信,可把同一信息发送到不同用户。

(5)计费与传输距离无关:网络计费按时长、信息量计费,与传输距离无关,特别适合那些非实时性而通信量不大的用户。

3.3.3 ATM 交换

随着传真、用户电报、电子信箱、可视图文和计算机通信等业务的迅速发展，提出了把多种话音业务和非话音业务都以数字方式统一综合到数字网中传输、交换和处理，这样就建立起了宽带综合业务数字网 B-ISDN 。ATM 交换技术是实现 B-ISDN 的关键和核心，它是一种快速分组交换，采用面向分组和连接的转移模式，其使用异步时分(ATD)复用技术将信息流分割成固定长度的信元。

信元由信头和信段组成，使用统一的信息单位(5 字节信头，48 字节信息段)能容易实现多种信息流混合在一起的多媒体通信，仍然是以时隙为交换单位，但他的时隙交换不同于时分固定时隙交换，而是随机时隙交换，即只要时隙空闲即可插入进行交换。并能根据业务类型、速率的需要动态的分配有效资源；尽可能地克服电路交换的低效性和分组交换的低速性，产生了高速、高效的传输和交换效果。

3.3.4 IP 交换

IP 交换技术(IP Switching)最初由 Ipsilon 提出的，以后逐步流行，是一种利用第三层协议中的信息来加强第二层交换功能的机制。

IP 交换的目的是在快速交换硬件上获得最有效的 IP 实现，将非连接的 IP 和面向连接的 ATM 的优点互补。IP 交换是标准的 ATM 交换加上连接于 ATM 交换机端口上的智能软件控制器，即 IP 交换控制器。IP 交换机将数据流的初始分组交给标准的路由模块(IP 交换机的一部分)处理，当 IP 交换机看到一个流中足够的分组，认为它是长期的，就同相邻的 IP 交换机或边缘设备建立流标记，后续的分组就可以高速地标记交换，将缓慢的路由模块旁路。特别的 IP 交换网关或边缘设备负责从非标记分组向标记分组和分组到 ATM 数据的转换。

3.3.5 IP 综合业务数字网(ISDN)

综合业务数字网 ISDN(Integrated Service Digital NeTwork)是以电话综合数字网(IDN,IDN 是采用数字传输与数字交换综合而成的通信网)为基础发展而成的通信网，它能提供端到端的数字连接，用来承载包括话音和非话音在内的多种电信业务，客户能够通过有限的一组标准的多用途用户/网络接口接入网络，通俗称为“一线通”。目前电话网交换和中继已经基本上实现了数字化，即电话局和电话局之间从传输到交换全部实现了数字化，但是从电话局到用户则仍然是模拟的，向用户提供的仍只是电话这一单纯业务。综合业务数字网的实现，使电话局和用户之间仍然采用一对铜线，但却能够做到数字化，并向用户提供多种业务，除了拨打电话外，还可以提供诸如可视电话、数据通信、会议电视等等多种业务，从而将电话、传真、数据、图像等多种业务综合在一个统一的数字网络中进行传输和处理。ISDN 用户网络接口中有两个重要因素，即通路类型和接口结构。

综合业务数字网有窄带和宽带两种。窄带综合业务数字网向用户提供的有基本速率(2B + D,144kbps)和一次群速率(30B + D,2Mbps)两种接口。基本速率接口包括两个能独立工作的 B 信道(64kbps)和一个 D 信道(16kbps)，其中 B 信道一般用来传输话音、数据和图像，D 信道用来传输信令或分组信息。宽带可以向用户提供 155Mbps 以上的通信能力。

3.4 高速公路光纤通信系统

长途通信干线传输系统设计的正确与否,决定着整个通信系统的质量,它不仅关系到能否实现现代通信网设计的目的,还关系到工程投资的经济性、合理性和可靠性。目前,高速公路通信系统长途通信干线传输网采用光纤通信,这是因为:

(1)高速公路通信网要求同时传输语音、数据和图像信号,信息量较大,选用频带、通信容量大的光纤通信系统是合理的。

(2)光纤通信具有通信容量大、抗电磁干扰能力强、通信质量高、传输距离长等特点,是其他通信传输方式无可比拟的。

(3)光缆通信中继距离长,适应高速公路沿线各通信站点间距离不一致的实际情况。

(4)采用长波长单模光缆传输方式,在中等容量以上长距离传输系统中,在经济上占有优势。

3.4.1 光纤和光缆

最基本的光纤通信系统由数据源、光发送端、光学信道和光接收机组成。其中数据源包括所有的信号源,它们是话音、图像、数据等业务经过信源编码所得到的信号;光发送机和调制器则负责将信号转变成适合于在光纤上传输的光信号,先后用过的光波窗口有085、1. 31 和1.55。光学信道包括最基本的光纤,还有中继放大器EDFA等;而光学接收机则接收光信号,并从中提取信息,然后转变成电信号,最后得到对应的话音、图像、数据等信息。

3.4.1.1　光纤数字通信系统的基本组成

光纤是一种纤芯折射率比包层折射率高的同轴圆柱形电介质波导。纤芯材料主要成分为掺杂的 SiO_2,含量达99.999%,其余成分为极少量的掺杂剂如GeO等,以提高纤芯的折射率。为了增强光纤的柔韧性、机械强度和耐老化特性,还在包层外增加一层涂覆层,其主要成分是环氧树脂和硅橡胶等高分子材料。光能量主要集中在纤芯传输。包层为光的传输提供反射面和光隔离,并起一定的机械保护作用。

严格讲,目前的光纤通信是光电通信。它将信源信息先转化成电信号,再将电信号变换为光脉冲输入光纤,以极高的速度传送到接收端进行光/电逆变换,最后将电信号转换为信宿可以理解的信息。系统的基本组成见图3-10所示。

其中:

DTE——数据终端设备,如计算机、电话、摄像机、监视器和传真机等;

电发射端机——将DTE发出的各种信号转换成二进制电脉冲;

输入接口——变换输入码型,以保证转输平衡码流;

光发射端机——将电信号转换为光信号,即E/O变换;

光接收端机——将光信号转换为电信号,即O/E变换;

输出接口 ——码型变换。R,S为光通道接口参考点;

电接收端机——将数字信号还原为DTE可以理解的信息;

光中继器 ——当光信号幅度衰减和波形失真时,恢复信号原有脉冲形状。

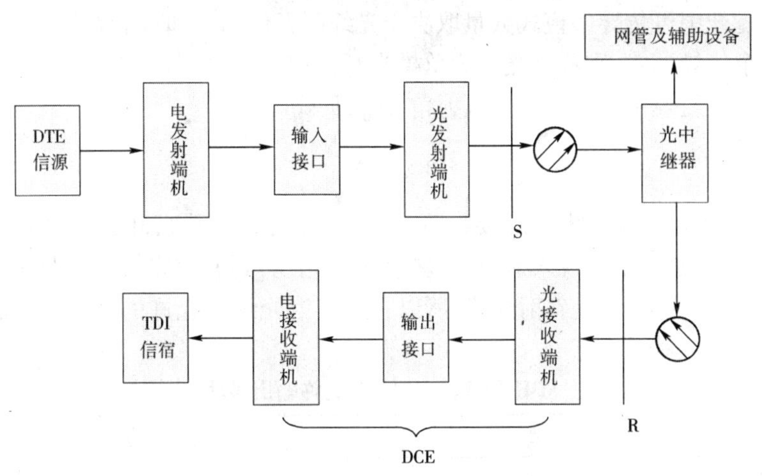

图 3-10 光纤数字通信系统组成

光纤传输系统是数字通信的理想通道。与模拟通信相比较,数字通信有很多的优点,如灵敏度高、传输质量好。因此,大容量长距离的光纤通信系统大多采用数字传输方式。

随着光纤通信技术和大规模集成电路的高速发展,1986 年美国提出了一种以光纤通信为基础的同步光纤网(SONET)概念,作为现代化通信网的基本结构。1988 年 ITU-T 对 SONET 概念进行了修改,重新命名为同步数字系列,简称 SDH,使之成为不仅适用于光纤通信,也适合于微波和卫星传输的体制。现在 SDH 已经成为国际上公认的新一代理想的传输网体制。

1)SDH 设备

SDH 设备分为干线 SDH 设备和接入网 SDH 设备,其设备应能提供符合中国标准或国际标准的要求,并通过信息产业部入网检验。所有 SDH 设备能够分插 STM-1/STM-16 信号内各种线路和支路信号,具有高阶 VC 和低阶 VC 交叉连接功能,交叉连接方向应不少于,群路到支路、支路到群路、群路到群路和支路到支路,并符合下列要求。

(1)支路接口:符合 YD/T5095-2000《同步数字系列(SDH)长途光缆传输工程设计规范》的电接口技术要求规定。

(2)外同步接口:符合 YD/T5089-2000 SDH 网传送同步网定时的方法规定。

(3)TMN 接口:Q 接口,符合 ITU-TM. 3010 建议。

(4)工作站接口:F 接口。

(5)使用者接口:64kbit/s;保护切换:<50ms。

(6)10/100M 接口:符合 IEEE802.3 标准。

(7)2 Mbit/s 接口、10/100M 接口数量符合项目工程要求。

2)SDH 网络接口的最大容许的最大输出抖动应满足下表 3-3 要求。

3.4.1.2 光纤传输的原理

光波从折射率较大的介质入射进入折射率较小的介质时,在边界将发生反射和折射,当入射角超过临界角时,将发生全反射,如图 3-11a)所示。光纤传输电磁波的条件除满足光线在纤芯和包层界面上的全反射条件外,还需满足传输过程中的相关加强条件。因此,对于特定的光纤结构,只有满足一定条件的电磁波可以在光纤中进行有效的传输。这些特定的电磁波称为光纤模式。光纤中可传导的模式数量取决于光纤的具体结构和折射率的径向分布。如果光纤中只支持一个传导模式,则称该光纤为单模光纤。相反,支持多个传导模式的光纤称为多模光纤。定义数值孔径表示的光线最大入射角 α_{max},见式(3-2):

$$\sin\alpha_{max} = \frac{NA}{n_0} \tag{3-2}$$

角度为 $2\alpha_{max}$ 称为入射光线的总接收角,他与光纤的数值孔径和光发射介质的折射率有关。式(3-2)只应用于子午光线入射,对于斜射入射光线,具有较宽的可接收入射角。多模光纤的大多数导模的入射光线是斜射光线,所以它对入射光线所允许的最大可接收角要比子午光线入射的大。

SDH 网络输出口最大允许输出抖动 表 3-3

速率(kbit/s)	网络接口限值		测量滤波器参数		
	B1UIp-p	B2UIp-p	f_1	f_3	f_4
	$f_1 \sim f_4$	$f_3 \sim f_4$	(Hz)	(kHz)	(MHz)
STM-1(电)	1.5(0.75)	0.075(0.075)	500	65	1.3
STM-1(光)	1.5(0.75)	0.75(0.15)	500	65	1.3
STM-4(光)	1.5(0.75)	0.15(0.15)	1000	250	5
STM-16(光)	1.5(0.75)	0.15(0.15)	5000	1000	20

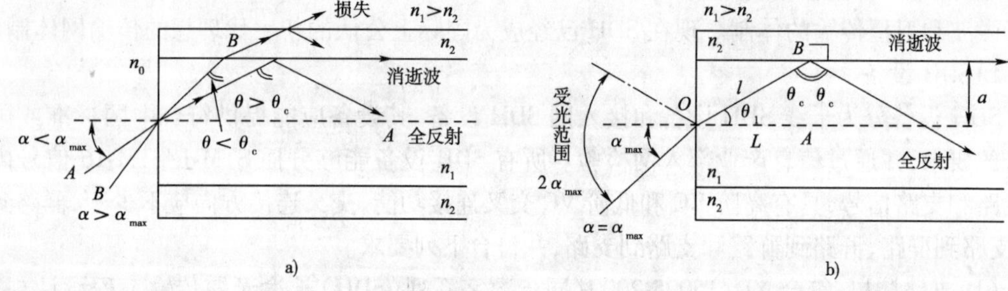

图 3-11 光纤传输条件

a)θ 不同入射角的光线;b)$\theta=\theta_c$ 的光线

当 $\theta=\theta_c$ 时,光线在波导内已入射到纤芯与包层交界面,并沿交界面向前传播(折射角为),如图 3-11b)所示。当时,光线将折射进入包层并逐渐消失。因此,只有与此相对应的在半锥角为 2 的圆锥内入射的光线才能在光纤中传播。NA 表示光纤接收和传输光的能力。NA 越大,光纤接收光的能力越强,从光源到光纤的耦合效率越高。对无损耗光纤,在内的入射光都能在光纤中传输。NA 越大,纤芯对光能量的束缚越强,光纤抗弯曲性能越好。但 NA 越大,经光纤传输后产生的输出信号展宽越大,因而限制了信息传输容量。所以要根据使用场合,选择适当的 NA。

3.4.1.3 光缆的种类

光缆的种类可按照下列不同的方式进行分类:

(1)按敷设方式分类。

按敷设方式光缆可分为:自承重架空光缆、管道光缆、铠装地埋光缆和海底光缆。

(2)按结构分类。

按结构的不同光缆可分为:束管式光缆、层绞式光缆、紧抱式光缆、带式光缆、非金属光缆和可分支光缆。

(3)按用途分类。

按用途的不同光缆可分为:长途通讯用光缆、短途室外光缆、混合光缆和建筑物内用光缆。

3.4.1.4　光缆的选择

(1)环境条件

由敷设方式(直埋、管道还是架空)来选择合适的光缆,由使用环境来确定缆芯结构、外护套材料、强度元件的抗拉强度及加强芯材料等。通常在选择光缆结构时,应考虑下列因素:

①在运输、施工和维护、运用过程中都应保护光纤原有的机械强度,不因其延伸力、弯曲应力和侧压力的变化而直接影响光纤的传输特性;

②有防潮能力;

③要满足防强电影响、防雷、防啮齿动物等要求;

④尽可能经济。

(2)气候条件

根据使用地区的气温,选择相应温度等级范围内的光缆,要求相对于室温20℃时的附加衰减≤0.1dB/km(表3-4)。

光缆使用温度范围分类　　表3-4

级别	温度范围(℃)	光缆内光纤衰耗变化 Δa(dB/km)
A	-40 ~ +40	0.10 ~ 0.12
B	-30 ~ +50	0.10
C	-20 ~ +60	0.05 ~ 0.10
D	-5 ~ +60	0.05 ~ 0.10

(3)为了减少维护的工程量,一般均不采用充气维护方式,为此应选用填充石油膏式的光缆。

(4)根据对防雷,防外界电磁影响的要求来确定是否选用无金属光缆。无金属光缆可不考虑防雷和外界电磁影响。

3.4.2　光纤光缆指标参数的测试

光纤光缆是光信号传输的媒质,它是光通信的基础。在这个领域国际电联(ITU)制定了一系列标准,它们有G.650、G.651、G.652、G.653、G.655等。其中G.650是规定测试方法的,其他标准都是按种类分类的产品标准。在这些标准中规范了该种光纤及由其组成光缆的具体性能指标。光纤的特性参数分几何特性参数(纤芯直径、包层直径、纤芯不圆度、包层不圆度、同心度误差等)、光学特性参数(折射率分布、最大数值孔径、模场直径、截止波长等)、传输特性(衰减、带宽、群速度色散、偏振模色散等)。除此之外,对于高速、多信道、长距离光通信系统,规范中未给出的光纤非线性也是光通信需要考虑的重要指标。此外,光缆分为机械性能测试、环境性能测试、工程测试等。光纤和光缆的测试仪表大多建立在光学和电子学原理之上,因此系统复杂、设备昂贵。

由于网络设备的多样性和复杂性,其标准也是多种多样的。光通信设备测试分为如下三类:①光接口参数测试(工作波长、平均发送功率、通道间隔、光谱特性、消光比、接收灵敏度、光发送信号眼图等);②电接口参数测试(比特率及容差、接口标准码型、信号功率电平、接口过压保护、抖动和漂移特性等);③设备实现功能的测试:它是按照标准和生产厂家陈述的功能进行测试,包括单元功能和复合功能。

早期的光测试仪器大部分在电测试仪器前添加光转换器件构成,例如 Tektronix 公司的数字取样示波器 TD68000,本身具有 50GHz 的电学等效带宽,添加光电附件后光学带宽变为 30GHz,可用于光元件和光集成电路的研发;添加时域反射附件后又可构成光时域反射计,可用于光纤链路的光信号完整性测试;配备一些专用软件、光源和分光器等构成光通信测试系统(型号改为 CSA8000),可用于 DWDM 的测试。利用类似的办法,电学的频谱分析仪亦可构成光谱分析仪。DWDM 工作波段是 1530 ~ 1565nm。在 35nm 通道内可传送 8、16 个或更多的波长,构成全球性的光纤网络,相应的光放大器(如掺饵光纤放大器)、光转换器(如微机电的镜阵列)、光复用器(如衍射光栅)、光电集成电路(如光收发器)等纯光学部件的研发,使得光纤网络测试仪器从发射、传输、接收的全面考虑进行设计,制成以光学部件为主的测试仪器,例如采用衍射光栅构成的光谱分析仪,使波长分辨率达到 10 ~ 20pm,并能在 850nm、1300nm、1500nm 的波段内测量单个载波功率、通道波长、通道间隔、总功率等特性。

3.4.3 高速公路光纤通信传输系统应用 DWDM 技术的意义

近几年我国建设的高速公路光纤通信传输系统基本上都是采用 SDH(同步数字体系)复用技术,各高速公路管理部门(业主)以及通信系统设计单位考虑到为了适应今后网络发展对更大带宽的需求,在光缆根数(或光缆芯数)以及通信管道数量(或管道直径)上都不同程度地留有余量,这一部分的投资十分巨大,对一些通过贷款建设的高速公路来讲,这些一时不能产生效益而且还得为之偿还利息的投资无疑对业主有很大的压力。在一些经济发达并且由于大力发展网络建设而迫切需要解决通信通道的地区,曾有过出租通信管道收回投资并产生效益的例子,但从目前国内大多数高速公路通信系统光缆(芯数)及通信管道的实际出租业务情况来看,由于光缆或通信管道租用方与出租方之间存在系统管理及系统维护工作交叉等现实问题,租用光纤芯数的情况较少,又由于长距离通信管道的租用总费用较高,加之高速公路通过的许多地区经济还不是很发达,网络发展的需求不如经济发达地区强烈,投资网络建设收回成本并产生效益的周期较慢且存在一定程度的风险,这些客观存在的因素都影响着计划租用高速公路通信管道或光缆租用方的投资积极性,造成最终少租用或不租用高速公路通信系统通信管道或光缆的事实。因此,高速公路通信系统的投资建设、管理部门(业主)及通信系统设计单位应对此有清醒的认识,在满足高速公路通信专网近期及远期发展对带宽需求的同时,在考虑到尽快收回投资并产生效益的同时,在大容量光纤通信传输系统的设计中应尽量采用成熟技术(如波分复用技术 DWDM)以提高所建设通信系统的性价比,同时减少一些不必要的投资,缓解建设资金紧张的压力,使建设的高速公路通信系统既能满足高速公路通信专网在近期及今后若干年内对通信带宽的需求,又能在一定程度上服务于社会,回收投资并产生效益。

以电时分复用(TDM)为基础的 SDH 设备,目前商用化速率已达 10Gbps,速率超过 10Gbps 的 SDH 网络节点设备实现难度已变得很大而且网络运行成本很高,这些因素都极大地限制了

SDH 传输系统在高速、大容量传输网络中的应用，客观上促进了 DWDM 复用等新技术的发展和应用，采用 DWDM 技术的通信网络具有通信容量大、网络接口标准、网络可重构并易于升级换代、网络运行成本可不断降低等特点，而且 DWDM 传输系统传输体制与信号速率无关，因此可方便地引入宽带、数据等新业务，兼容不同体制、不同厂家的设备，由于 DWDM 传输系统具有许多 SDH 传输系统所不具有的优点，自 1995 年以来 DWDM 复用技术已在国内通信干线上得到越来越多的应用。

波分复用（DWDM）技术是利用单模光纤低损耗区的带宽，将不同频率波长的光信号通过合波器合成一束光后发射进同一根光纤进行传输，在接收端通过分波器区分开不同频率波长的信号并进行相应数字处理还原出原信号的复用技术。

DWDM 传输系统由于采用多波长传输技术，因此可以充分利用光纤的巨大带宽资源，使一根光纤的传输容量比单波长传输增加几十倍甚至上百倍，从而节约大量光纤和投资。目前高速公路在已建的 SDH 光纤通信系统上可以不做较大的改动就可以比较方便地采用 DWDM 技术进行系统扩容，对于新建光纤通信系统来讲，采用 DWDM 技术更能发挥其优越的性能。

今后，随着采用波分复用方案的光纤通信传输技术及波分复用关键器件的日益成熟，光波分复用通信技术工程化应用更加广泛，实际的应用效果将会令人鼓舞。因此，把采用波分复用方案的光纤通信传输技术应用到目前高速公路光纤通信系统的设计和建设中有着十分重要的意义。

3.5　高速公路移动通信系统

3.5.1　移动通信与移动通信系统

移动通信，就是指通信双方至少有一方在移动中进行信息交换。移动通信不仅指双方的通话，还应包括数据、传真、图像等业务。移动通信系统可以自己建网，也可以租用邮电部建立的公用蜂窝移动通信网。邮电部公用蜂窝移动通信网可实现全省漫游，管理也比较方便，可以省去自己建网的费用，但公用蜂窝移动通信网费用很高，同时不能完成高速公路网要求群呼、组呼等调度功能。自行建立高速公路移动通信专用网，可以解决上述不足，但建网投资很大。建议高速公路移动通信系统自己建立专业移动通信网，采用 800MHz 集群移动通信系统。

3.5.1.1　移动通信的发展

在过去的几十年里，移动通信技术得到了迅猛的发展和广泛的应用。移动通信技术从兴起之日发展至今，已经经历了三代。第一代移动通信系统（1G），以模拟传输方式实现语音业务，主要采用以蜂窝结构网为核心的模拟技术和频分多址（FDMA）动态寻址技术。由于受到传输带宽的限制，其致命缺点是不能进行移动通信的长途漫游。第二代移动通信系统（2G），以数字传输方式实现语音和数据等业务。第二代移动通信采用的是数字时分多址（TDMA）和码分多址（CDMA）实现动态寻址功能；以蜂窝结构网为核心，利用频率规划（在 GSM 制式中）和导频相位规划（在 IS—95 制式中）实现用户大范围覆盖与用户大数量增长，以 GSM、CD-MA 系统为代表。第二代移动通信系统替代第一代移动通信系统完成了模拟技术向数字技术的转变。第三代移动通信系统（3G），目前已在部分国家进行局部实验性运营，它是覆盖全球的多媒体移动通信系统,其主要特点是实现全球漫游、高速率、高频谱利用率和高保密性等。它可以提供前两代产品不能提供的各种宽带信息业务,比如高速数据、慢速图像、电视图像等。为移动中的人们提供广泛的基于IP的多媒体业务。第三代移动通信全面考虑并完善对用户、信道两个动态特性的匹配,适当考虑业务的动态性能。3G以IMT—2000和UMTS为代表。第三代移动通信系统将在近几年投入市场。然而3G缺乏全球统一标准:它所采用的语音交换架构承袭了2G系统的电路交换,并非纯IP方式,基于视频的应用也不尽如人意,同时安全方面也存在一定的缺陷。因此,第四代移动通信技术(4G)的研究应运而生。

第四代移动通信技术正在研究过程中,未来移动通信将具有以下基本特征:高速率,高质量的数据传输,完全集中的服务,无所不在的移动接入,高智能的多样化的用户设备。随着新问题、新要求的不断出现,第四代移动通信技术将会相应地调整、完善和进一步发展。纵观移动通信技术的发展规律和第四代通信技术的优点,人们在未来的几年内将不受时间、地点限制,自由自在地利用移动网络获取和传递信息。

3.5.1.2 移动通信的工作方式

移动通信的工作方式可分为三种:单工制、半双工制和双工制,目前公网通信系统的多采用的是双工制的工作方式,而专网车载通信系统可以采用三种方式的任何一种或其他组合的方式。

(1)单工制:又分为单频单工制和双频单工制

单频单工制:单频是指通信双方使用相同的工作频率;单工是指通信双方的操作采用"按—讲"方式。在该方式中,同一部电台的收发信机是交替工作的。

双频单工制:双频单工是指通信双方使用两个频率,而操作仍采用"按—讲"方式。同一部电台的收发信机是交替工作的,只是收发各用一个频率。

(2)半双工制

半双工制是指通信的双方,有一方使用双工方式,即收发信机同时工作,且使用两个不同的频率;而另一方则采用双频单工方式,即收发信机交替工作。

(3)双工制

双工制是指通信双方收发信机均同时工作,即任一方在发话的同时也能收听到对方的话音。

3.5.1.3 移动通信系统的结构

移动通信系统主要由市话网络和移动通信网络两大部分组成,而移动通信系统的交换与处理等功能主要由移动通信网络来完成;移动通信网络是由移动业务交换中心、基站设备和移动台三大部分所构成的。

其中移动业务交换中心(MSC)是整个网络的核心,完成或参与网络子系统(NSS)的全部功能,首先MSC提供与BSC的接口,A接口提供GSM90011800的TDMA方式,At接口提供CDMA的接入,其次支持一系列业务——电信业务、承载业务和补充业务;最后支持位置登记、越区切换和自动漫游等其他网络功能。

移动台有车载式、手持式等类型。移动台是由控制单元、双工滤波器、收发信单元、操作部分和电源等部分组成的。其中操作部分由键盘、拨号显示及微处理器构成。移动台功能性强,按键判别、液晶显示、信道选择和开机均由微处理器控制。

3.5.2　集群移动通信系统

集群移动通信系统是多个用户共用一组无线信道,并动态使用这些信道进行业务指挥调度的移动通信系统,是公路移动通信系统的一个重要组成部分。尤其是在高速公路上,大量的指挥控制管理都采用的是集群移动通信的方式。

集群移动通信系统中的通信用户具有私人保密性和不同的优先等级,这些是由调度指挥性质决定的。与普通移动通信系统相比较,集群移动通信系统有阻塞概率小、持续时间短、信道利用率高、可扩展性和服务品质好等优点。另外,由于有效的信道利用,集群对讲机系统在紧急情况下为用户提供了可靠快速进入信道的能力。并利用其先进性能确保这些呼叫顺畅。动态重组特点使系统重新组合,使用户在特殊活动中进行部门间的通话。通过中央控制台可以远程控制使丢失或被盗的对讲机失效。

集群移动通信系统一般是由系统控制中心、系统管理终端、基站、调度台和移动台组成的。系统控制中心通常设置在公路通信中心,有集群控制管理模块、转发器、接口电路、交换单元和电话互联器组成,用来管理和控制整个系统的运行。系统管理终端是由计算机和系统管理软件构成的,并与控制器连接,管理人员通过终端对系统进行管理和控制。

集群通信网以大区制为主,可进一步分为单区多基站单中心网和多区多中心网等类型。下面就几种国外的集群移动通信系统进行详细的介绍。

3.5.2.1　SMARTNET 集群移动通信系统

SMARTNET 是美国 MOTOROLA 公司生产的模拟集群移动通信系统,包括 SMARTNET 智慧网 II 型和 STARSITE(智慧站)两种集群移动通信系统。这两种集群移动通信系统所采用的先进的微处理技术和电信技术是相同的,但两种集群移动通信系统的主要区别在于系统容量和系统功能不同。主要组成部分有:中央控制器、电话互联终端、集群信道机、收发天线共用器、天线、系统管理终端、动态重组终端、系统监视终端以及调度台、移动台和手持机等设备。

SMARTNET 系统可提供单呼、群呼、自动重发、繁忙排队、回叫、多层优先等级、动态重组、自我诊断、故障弱化等功能,还可在指定信道上实现数据传输。该系统采用全双工或半双工方式,基站以全双工方式操作,移动台可以全双工也可半双工。为了扩展覆盖范围,可增设常规中继站,用有线或无线链路将几个基本系统联网而构成大网,增设一个系统主控制管理大网、一个大网通常可达 15 个基本系统。

3.5.2.2　FAST 集群移动通信系统

FAST(Fast Access System)是美国 UNIDEN 公司生产的集群移动通信系统,该系统因不用专用控制信道和系统控制器,具有入网时间短和信道利用充分等特点,移动台每次与系统进行联系直到充分得到所分配的通信信道为止,整个过程小于 300ms。FAST 系统具有选呼、组呼、群呼功能,还提供记账功能和电话连接功能,同时还可进行数传。多个 FAST 系统可连接成一个多基站的 FASTNET 系统,只需要在多个 FAST 系统增设 M7032 设备,通过有线或无线链路将几个 FAST 连接即成。所有 FASTNET 系统中的移动用户均可在各区网中漫游。

(1)MULTI-NET 集群移动通信系统

美国 E. F. JOHNSON 公司生产的 MULTI-NET(多功能网)集群移动通信系统,是在原(逻辑集群通信网)基础上改进而成的,采用传输集群式专用信道的分布式控制技术,信令方式为半公开的 LTR 信令,不占用信道,不用专用系统控制器,具有充分利用信道和入网时间短等特点。MULTI-NET 集群移动通信系统提供选呼、群呼、全呼、紧急呼叫功能,系统还提供管理和电话连接功能。该系统的主要组成部件有:MULTI-NET 转发器、无线网络终端(RNT)、调度操作台、系统管理端、话音链路、移动台、手持机。

(2)ACTIONET 集群移动通信系统

芬兰 NOKIA 公司的 ACTIONET 集群移动通信系统,是西欧集群移通信系统的典型代表,采用信息集群方式、专用控制信道技术、采用公开的 MPT-1327 信,实现了该规约中关于呼叫类型及处理的基本思想。该系统的主要组成有:移动交换机(MX)、基站(BS)、调度电话(CP)、管理终端(O&M)、移动台(MS)手机等设备。基站 BS 的组成为:收发信机、线路接口控制单元(LIC)、收发信共用器和测量单元。

3.6 高速公路紧急电话系统及视频图像传输系统

紧急电话系统是高速公路监控系统的设备之一,它为解决公路上意外事故的报警,争取救援时间,减轻事故中人员生命伤害和减少财产损失,保证道路畅通有着重要意义。目前国际上发达国家的高速公路以及我国大部分高速公路一般路段上已不再设置紧急电话,但是在长、特长隧道中仍然有必要设置。随着现代通讯技术的发展,紧急电话系统的功能也在不断提高。其主要方向是大容量、远距离、多功能和高度智能化。为此,开发全数字式高速公路紧急电话系统是紧急电话的一个发展趋势。

3.6.1 紧急电话系统

高速公路的紧急电话系统是 20 世纪 50 年代首先在欧洲国家的高速公路上出现的,主要由安装在公路两侧的紧急电话亭和在高速公路管理中心配置的紧急电话中心控制台两部分组成。紧急电话系统的设立,是为了在高速公路出现事故或其他意外事件时给驾车人员或高速公路管理、维护人员向高速公路管理中心报警求援的专用通信系统,它是高速公路安全、畅通、优质服务的保障。

但随着移动通信技术的发展与普及,我国不少地区高速公路两侧的紧急电话,利用率在逐渐降低。为降低工程投资及运营维护费用,充分利用移动通信等资源,交通部于 2005 年 10 月 27 日对《公路工程技术标准》设置紧急报警设施的规定进行了修订,将“公路两侧应设置紧急报警设施”修订为“公路两侧应合理设置紧急报警设施”。修订后的标准不是取消紧急报警设施,降低交通信息服务水平,而是要求各地要结合实际,合理设置公路两侧紧急报警设施。对于新建公路项目原则上不再设置紧急报警电话,应根据相邻地区已通车项目的紧急报警设施的使用率和使用效果,合理设置紧急报警设施,原则上不再设置紧急报警电话,确有需要的可以设置;而对于长和特长隧道等特殊地段,应加强设置紧急报警设施,以保证相关信息能够及时传出。同时,要求取消紧急报警电话设置的新建高速公路项目,应加强对专用服务电话号码的宣传和管理,增加救援电话的标志牌和宣传材料,或采用在通行卡上印刷紧急电话信息等形式向用路者公告救援电话号码。

虽然高速公路将不在两侧设置紧急电话,但本节仍对紧急电话系统设置做简单介绍,以供参考。对于隧道紧急报警电话的设置将在第七章做介绍。

3.6.1.1　紧急电话系统的发展过程

紧急电话系统（即ET系统）随着技术的发展，经历了电缆型、光缆型、无线型的发展过程。

（1）电缆型ET系统是以市话电缆作为传输介质，是国内最早使用的产品。其优点是工程造价较低、实施容易、技术成熟。同时它也存在着系统调试难、维护成本高、可靠性较低、抗干扰能力弱、传输距离较近的缺点。

（2）光纤型EI系统是以光纤作为传输介质，它随着光通信技术发展而产生，是目前使用较多的产品。其优点是可利用高速公路通信干线中的富余光纤、通话质量好、传输距离远、抗干扰能力强、可利用双纤跳接组成环状自愈网，系统可靠性高。缺点在于系统造价、施工费用高、光纤利用率低、传输距离受限。

（3）无线型ET系统是以无线电波作为传输媒质，利用GSM/CDMA数字移动通信网络，设置路侧无线ET终端，这是目前较为先进的产品。优点是可方便地接入现有各种移动通信网络、信号有效覆盖范围广、安装调试方便、施工简单、便于维护和系统扩容、管理维护费用低、可靠性高。缺点是需安装在通信网能够覆盖的区域内，在高山、隧道等地区，通话质量易受环境影响。

3.6.1.2　紧急电话系统构成

如图3-12所示，有线紧急电话系统由紧急电话控制台、传输线路和紧急电话分级三部分组成。

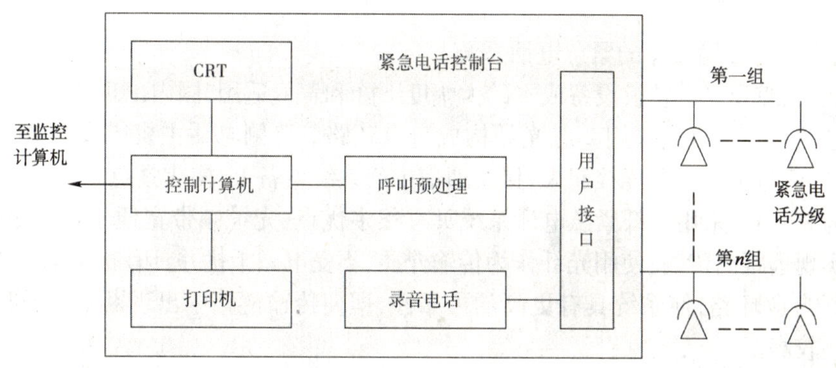

图3-12　有线紧急电话系统构成图

（1）紧急电话控制台

紧急电话控制台由控制主机和外围设备（包括控制计算机、显示器、打印机、语音电话、连接器及供电设备等）组成。控制主机的主要职能是汇接传输线路，提供各种通信接口（包括对地图板的串行智能通信接口、外设端口和电话机端口等），管理控制所属的紧急电话分机的呼叫业务和系统诊断等。

（2）传输线路

根据功能要求，线路网络以控制台为中心，最多可连接上百部电话，以半工方式工作，普遍采用4芯铜缆，以减轻串音。4芯由两对具有相同绞距的对绞线组成，一对用于控制台至话亭，一对用于话亭至控制台。

(3)紧急电话分机

设置在道路沿线两侧(护栏外侧)的紧急电话分机按1km或2km的间距设置一对,其主要功能为:

①接收客户的呼叫,与控制台话务员进行通话;

②接收和管理控制台的呼叫,响应控制台启动的测试;

③测试和远控功能的呼叫管理;

④向控制台呼叫时,对信号碰撞现象的安全保证;

⑤亭前40cm处测得的额定声能级为90dB;

⑥安装事故告警闪光灯或粘贴反光膜,以利于夜间辨识。

3.6.1.3 紧急电话系统的类型

目前高速公路主要使用的紧急电话系统有无线和有线两大类型。根据载体的不同有线电话包括电缆型紧急电话系统、光缆型紧急电话系统;无线紧急电话系统常用的是GSM紧急电话系统。下面就针对这三种紧急电话系统进行技术比较。

(1)以电缆为载体的紧急电话系统

这是一种出现早、技术成熟、生产厂家也比较多的有线紧急电话系统,目前在国内外应用较普遍,其音质和各项性能均能满足使用者的需求,并且不受气候条件的影响。供电可采用电缆远供或蓄电池实现,较为灵活。用这种方式紧急电话系统可有自检、报警、巡检等许多功能,方便管理。但电缆存在防雷、噪声积累和衰耗等问题,传输超过20多公里,还需增加放大器设备。

(2)以光缆为传输载体的紧急电话系统

近年来,光缆及光电转换设备成本的大幅度下降和普遍适用,国内出现了以光缆为传输载体的紧急电话系统。全线采用2芯光纤构成自愈环路。路侧电话主机需安装一套光端连接器,将路侧电话与主干光缆连接起来,接至通信中心系统设备上,构成紧急电话系统,其最大传输距离约为80km。采用光纤紧急电话系统具有很多优点:光缆频带宽便于传输足够的信息;损耗低可实现远距离传输;使用光纤作为传输介质,不受电磁干扰并具有很强的防雷性能。由于采用光纤自愈环路,使系统具有更高的可靠性,即使传输链路中出现断电,仍可正常通话。缺点是价格较高。

(3)以GSM网为传输载体的紧急电话系统

以GSM网为传输载体的紧急电话系统是最新出现的系统,它的出现是基于近年来迅速发展起来的最大的、技术最先进的无线网络平台——GSM公众蜂窝数字移动网。

GSM紧急电话系统的控制台及路侧紧急电话采用专门设计的手机电路作为主控板,控制台与路侧紧急电话之间的通话就如同两部手机之间的通话,信号可通过放大器放大,通话质量是有保障的。通过技术处理,每个路侧电路通过唯一的按钮只能自动接通控制台,而控制台在接听任一部路侧紧急电话的呼叫后即可知道其路上的具体位置。以PC机为主体的控制台配有功能强大的运行程序可完成呼叫显示、排队显示、多路应答、通话录音、自动记录、自动检测以及操作提示等功能。其中GSM紧急电话系统的主要特点有:

①不需铺设任何缆线节省投资;

②不需申请专用频段,购进"神州行"卡即可入网投入使用,每张SIM卡均设置PIN密码

防止被盗和挪用；

③组网灵活，可任意增减路侧紧急电话的数量，也可随意设置分中心以适应不同管理体制的需要；

④系统无任何公共设备，单个路侧紧急电话故障不会影响其他设备。保证系统的安全运行；

⑤系统网管功能完善，完全的远端控制，控制台可实时监测路侧紧急电话的状态，接收告警信息并可随时对其进行控制和系统设置；

⑥耗电量低，由于采用太阳能电池和免维护后备蓄电池供电，在太阳能电池无光源照射或损坏时，后备电池仍可工作30小时以上；

⑦系统具有局部放大的电子地图，可详细显示呼叫的站点和地理环境。这些信息可通过计算机接口在高速公路监控系统的地图板上给以显示；

⑧强大的记录功能，每次接警的时间、呼叫站点位置、故障类型、处理过程和结果都可自动记录。通话的录音可达2000小时。所有的记录信息都可以光盘刻录或打印输出等。

（4）三种紧急电话系统价格比较见表3-5

三种紧急电话系统价格比较（单位：元） 表3-5

分类 项目	电缆紧急电话	光纤紧急电话	GSM紧急电话
光缆费用（百公里）	—	200000	—
电缆费用（百公里）（HYAT5×2×0.9）	1150000	—	—
中心费用	180000	250000	308000
路侧电话费用（100对）	2000000	5000000	3680000
管道占用	665000	625000	—
合计	3995000	6075000	3988000

根据上面的比较看，在GSM网覆盖范围好的地区（例如平原和微丘地带），采用GSM型的无线紧急电话系统是比较经济合理的办法，这样一来原来紧急电话占用的管道就可以节省下来。在GSM网覆盖不好的地区（例如山盲区地带），采用有线紧急电话系统，则紧急电话系统需单独占用1孔管道。

特别是在高速公路上有很多外场设备，有些需要频繁更换传递内容的设备，如可变情报板和可变限速等标志等均可以改为用GSM网络来传递数字信息，假如一天变化24次信息（每小时1次）就如同打24次电话，其使用费用是非常低廉的，同时还可免去昂贵的电缆投资；再如现在普通使用的无线对讲系统，造价高、投资大，通话质量不好，如果采用GSM网络，只要限定各手机的拨号（指定分机），那么它的使用费和建造费用综合起来要比一套无线系统的费用要低。

GSM紧急电话系统的应用是一次飞跃，不但提高了通信的质量，而且降低了造价和运行费用。今后无论是新建或是更新改造的紧急电话系统，采用GSM紧急电话系统将是最佳选择，有条件的也可以对GSM的其他特殊应用做出尝试性试验以验明效果并加以推广。

3.6.2 紧急电话亭与系统控制台

紧急电话亭布设在上行、下行车道两侧的路肩上，通常情况下距离1000m的路段上宜配置一对。主亭和副亭分别装在路两侧错开布设，主副亭最大间距可达300m，为了方便管理维修，每个电话亭都应编号。

3.6.2.1 紧急电话的通话原理

紧急电话，如图3-13所示，通话原理是当路侧紧急电话按下呼叫按钮后，立即发送一组数字信令FSK，当主控台按下应答键后，通过信令建立起话音通道实现通话。尽管路侧紧急电话和控制台之间的数字化信息完成信道的建立，但传输的通话语音仍然是模拟信号，而不是通过采样量化的数字信号，这一致命的弱点极易造成语音信号失真、声音小、静噪和背景噪声大，直接影响通话质量。

图3-13 紧急电话

3.6.2.2 紧急电话亭

(1)紧急电话亭的功能主要有：

①接收用户的呼叫，与控制台话务员进行通话；

②接收和管理控制台的呼叫，响应控制台启动的测试；

③向控制台呼叫时，保证对信号碰撞现象的安全；

④测试和远控功能的呼叫管理；

⑤安装事故报警闪光灯或贴反光膜，以保证夜间的使用。

(2)紧急电话亭的主要结构如图3-14所示。

副亭与主亭的区别是没有集成电路板，其话筒、扬声器和按键功能由主亭电路板并接线路控制。蓄电池一般为7.5V，按每支线并联80个话亭，每亭每天有3次4分钟的呼叫，那么蓄电池可工作两年。如果选用报警闪光灯，需改用12V蓄电池，闪光灯由控制台远端控制，使用闪光灯时蓄电池只能工作100小时。集成电路模板包括音频放大器、电报线路、调制解调器、读写接口和微处理器等组成。

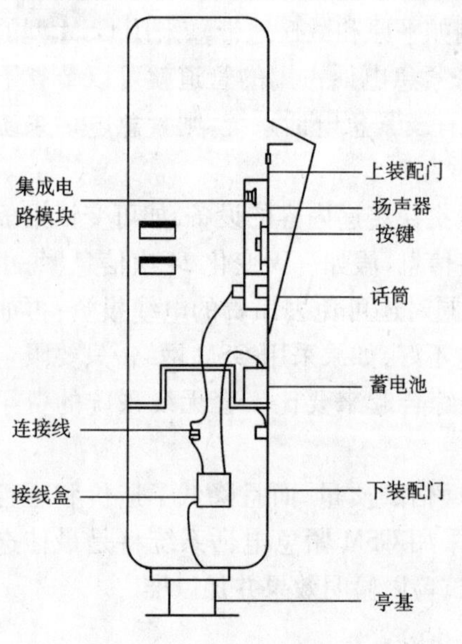

图3-14 紧急电话亭结构

(3)话亭电源

话亭供电有多种形式，包括：专线直流电压远距离供电；蓄电池独立供电，定期进行充电；由系统控制台用专线对蓄电池进行直流浮充和太阳能蓄电池独立供电。

3.6.2.3 系统控制台

紧急电话系统控制台设置在公路检测控制中心或是分中心的监控室内与其他监控设备配合并与计算机连接进而对整个系统进行控制。

(1)控制台的设备组成

控制台包括一台工控PC机及相应的外设。各支线连接器与主机连接，主机通过RS232C与计算机连接并管理其他连接器。机旁有两部电话，一部与路侧电话亭通话，并接录音机，以保存客户与管理员之间的通话；另一部通电话网。计算机显示器用于显示；菜单列出管理员可以使用的命令、网络状态、呼叫、呼叫状态和保持呼叫、占用的话亭和保持话亭号以及测试结果；键盘和鼠标用于处理呼叫和键入运行命令；高速并行打印机，用于打印测试结果和运行报告；计算机的串行输出给大型动态显示屏提供数据；控制台要定期对整个系统进行测试，以保持系统任何时候都能顺畅运行。

(2)控制台的基本功能

①识别、定位和显示话亭呼叫，建立控制台和电话亭的连接，并进行通话；

②对系统进行人工和自动测试，储存和显示同时发生的呼叫；

③呼叫保持，即中断与该电话亭的连接，并将保持中的话亭号存储并在屏幕上显示出来；

④呼叫恢复，即与保持中的话亭再次建立连接。

3.6.3 交通监视视频图像传输

本节相关内容已在前文有了叙述，具体参见第二章第2.6节的介绍。

3.7 通信电源系统和防雷保护接地系统

3.7.1 通信电源系统

随着科学技术的不断进步，移动通信技术的飞速发展，通信电源系统也相应的不断更新换代，在当今的移动通信行业中，人们常常把通信电源系统比喻为通信系统的“心脏”，这就充分地说明了通信电源系统在整个通信系统中的重要性。一般情况下，一个完整的移动通信基站的电源系统大致由5个部分组成，分别是交流配电单元、整流模块、直流配电电源、蓄电池组和监控单元。图3-15所示为通信电源系统图。

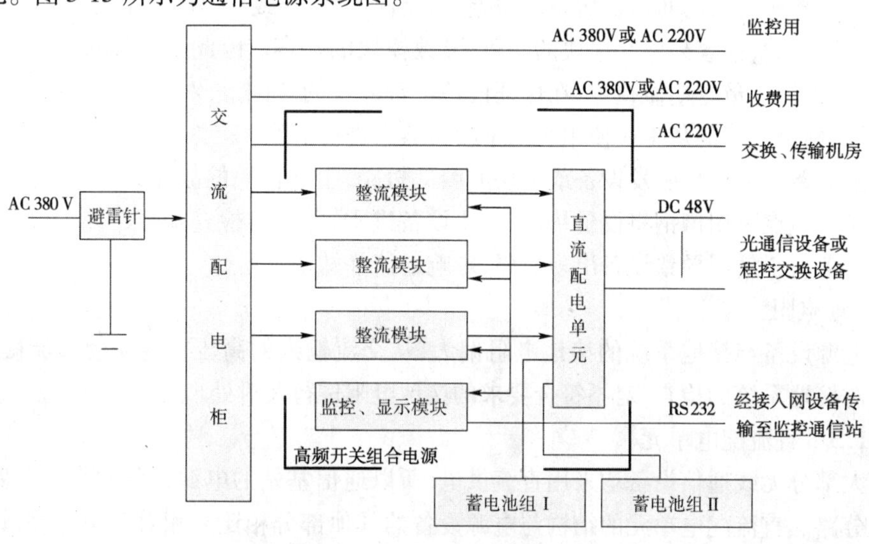

图3-15 通信电源系统图

在选择和设计通信电源系统时应满足以下几项基本要求：

(1)通信系统用电负荷必须为一级负荷；

(2)通信设备电源设计应保证对通信设备不间断、无瞬变供电；

(3)通信分中心应对全线通信设备电源进行集中监控。

3.7.1.1　交流配电单元

(1)交流输入

如果一个基站的通信电源系统的交流输入出现故障，那么无线及传输设备将无法正常运转，从而导致整个基站瘫痪。因此，通常在一些重要的中心站或VIP站点要保证有两路交流输入，或者一路交流输入和一路油机输入。

(2)告警和保护设置

在一些偏远或高山站点，交流电压波动大，当供电质量出现问题，波动范围超过电源设备设定的保护值时，会出现频繁的交流切换，影响通信设备的正常运行。这时应根据电源设备规定的调节范围和技术指标进行谨慎的调整，以保证通信设备的正常运行，同时还可考虑增加稳压装置来保证正常的交流输入。

3.7.1.2　整流模块

由于整流模块内部结构较为复杂，集成度较高，是通信电源设备中较容易出现问题的部件。通过对电源设备的故障进行分析，造成电源整流模块故障的原因主要有以下几点：

(1)模块的输出能力

不同电源厂家生产的整流模块实际的输出能力不尽相同。在高峰时段，有的整流模块在接近满负荷工作时，由于质量不过关、内部过热或散热不好等原因，使模块出现故障。所以，在配置基站开关电源整流模块时在数量上应有备份，并尽量避免整流模块满负荷运行，延长模块的使用寿命，减少模块内部积存的热量，例如降低室内温度，加大通信电源的通风量等。

(2)整流模块的防尘和防潮

由于一些高速公路的通信机房条件很差，封闭性不好，导致室内的灰尘很大。当整流模块的内部落满灰尘后，很容易引起模块的故障，导致模块的损坏。因此，建议加强机房门窗的密闭性，并建议维护人员定期做检修，在保证设备正常运行的基础上，对设备及模块进行定期除尘，尤其是对模块内部的灰尘应使用小功率吸尘器来进行清除。

在潮湿的条件下极易引发设备或模块的内部短路，引起模块的故障或损坏。建议在地势较低或低洼的站点采用槽钢将设备垫高，防止设备进水，并定时检查基站内部的湿度情况，最大限度地避免由于潮湿导致设备出现故障，影响通信基站正常运行。

(3)接地电阻

如果电源设备与接地系统的接地电阻偏大，从交流输入的高压很容易使整流模块损坏。建议加强对接地系统的检查，对不符合要求的接地电阻进行及时处理。

3.7.1.3　直流配电单元

由于大部分无线通信设备均采用直流供电，所以通信基站的电源设备的直流分路要远远多于交流分路。直流配电单元的结构与电源设备的其他部分相比要相对简单一些，设备本身出现故障的几率较小，但要减少人为操作失误导致故障的发生。

3.7.1.4 蓄电池组

蓄电池组是通信基站供电中最重要的一级保证，不允许瞬间中断。它是保证直流不间断供电的最后一道防线，当其他供电设备出现故障时，它的好坏直接影响了通信系统的正常运行。

(1)蓄电池的选择

电池不同于开关电源，质量参差不齐，不同的电池厂家和品牌，质量差别较大。选择质量优良的蓄电池，要从电池的内部材料、结构、控制阀质量等方面综合考虑。

(2)蓄电池的安装

在蓄电池搬运和安装的过程中，由于外力碰撞等原因，使蓄电池在极柱周围发生漏液，从而降低使用寿命。建议在搬运蓄电池时要小心轻放，在紧固蓄电池极柱时应使用厂家提供的带有过力脱的扳手，使汇流条与蓄电池的极柱间接触良好。此外，在选择蓄电池的放置位置时，应考虑通风、干燥、远离热源和避免阳光直射的地方。

(3)蓄电池的浮充电压

如果通信电源的输出精度较低，其输出电压随输入电压的变化而变化的范围较大，很难保证蓄电池的输出范围。因此要严格按照蓄电池厂家实验的浮充、均冲电压要求进行供电，决不能按照开关电源厂家提供的出厂设定值进行充电。此外，为防止电池内部发生硫化、极板老化、脱落等，应避免长期使用低电压或高电压。

(4)通信电源的带负载能力

因为通信电源本身内阻的影响，其输出电压随负载大小的变化而变化，所以当负载发生变化时，应注意查看整流模块的输出电压是否在蓄电池浮充电压允许的范围内，如不符合要求，应及时调整。在调整时，应注意将各整流模块的输出电流值尽量保持一致，以避免出现模块间出力不均的现象。

3.7.1.5 集中监控装置

目前，对通信电源设备实施集中监控管理是通信技术发展的必然趋势。当一个地区所用的电源设备是由多个电源厂家制造和提供时，那与其相对应的电源监控装置或监控模块也不尽相同，导致电源监控的维护终端过多，不利于统一管理，大大增加了维护的工作量。因此，建议运营商通过解决端口设置和错开对通信基站巡检时间等办法，将多个电源厂家的电源监控软件安装在同一台维护终端上同时运行，从而解决维护中心电源监控维护终端过多的问题。

3.7.2 防雷保护接地系统

为了保护各系统设备与人身安全，电源室及通信机房都必须有良好的接地装置。接地系统的方式通常可分为合设接地系统和分设接地系统。

把机房的工作接地、保护接地和防雷接地合并在一个接地系统上，形成一个合设接地系统。由于合设接地系统利用楼房钢筋躯体作为合设接线的接地段，所以它的接地电阻很小，一般均小于1Ω。在高速公路通信系统中，在省局及管理处等有条件的地方可以采用合设接地系统。

分设接地系统是按照传统的做法把工作接地、保护接地和防雷接地分开，要求保护接地和防雷接地电阻不大于10Ω，工作接地电阻不大于4Ω。在必要时可以允许把工作接地和保护接地合设，此时合设的接地电阻应不大于4Ω。工作接地、保护接地的地线安装应根据国标的要求进行。注意防雷系统的接地体和工作接地、保护接地的接地体之间的距离应大于20m。在高速公路通信系统的一般通信站中，建议采用分设接地方式。

3.7.2.1　防雷保护接地要求

对通信系统进行防雷保护，选取适当保护装置非常重要，应充分考虑防雷产品与通信系统程度的匹配。通信接口避雷器考虑的主要因素如下：线路上可能感应的浪涌形式（例如波形、时间参数和最大峰值）、接口电路模拟雷电冲击击穿电压临界指标、保护对象在正常工作状态下的数据信号电平、保护装置在模拟雷电冲击下的残压参数指标、保护装置的耐冲击能力、系统的工作频率、保护对象的接口方式、工作电压等。

（1）站内的通信设备、供电设备、不带电的金属部分、进局电缆的保安装置接地端以及电缆的金属护套均应做防雷保护接地。

（2）通信站的接地方式，采用联合接地，即通信设备的工作地，保护地以及建筑物的防雷接地共用一个地网，接地电阻值小于1Ω。

（3）建筑物的防雷接地应直接连接到地网，设备的保护地、工作地在地线总汇流排单点连接后汇集到地网，而大楼内这三个地线子系统各自独立。

（4）交换机房应远离大楼防直击雷主要引下线，机房离主要引下线不小于5m。

（5）电源线、信号线、控制线应加装可靠的避雷装置。

3.7.2.2　传输线路的防雷保护

信号线路防雷的提出是由于雷电波在线路上能感应出较高的瞬时冲击能量，网络通信设备（包括消防报警设备、视频监控设备、计算机网络设备等）承受较高能量的瞬时冲击，大部分通信设备由于电子元器件的高度集成化而致耐过压、耐过流水平下降，其后果可能造成整个通信系统的运行中断，消防系统失灵等，因此必须在网络通信口处加装必要的防雷保护装置以确保网络通信系统的安全运行。

（1）进局电缆

①室外的通信线路受到雷击或雷电感应时，其冲击电压和电流易沿着通信线路传到通信站的终端，对通信设备造成危害。因此，在每个通信站应将线路的终端、通信设备端口处加装过压过流保护装置和保护器件。

②进局电缆应由地下入局，并选用具有金属外护套的电缆。

③在大楼进线室，应设一地线分汇流排，用不小于5mm^2 的多股铜导线就近连接至地线总汇流排。进局电缆的金属外护套应在大楼进线室内连接到地线分汇流排上。

（2）进局光缆

①无绳的销装层、挡潮层、金属加强芯在进线室或传输室连接到地线汇流排。

②光配线架 ODF 的接地端子应用不小于50mm^2 的多股铜导线就近连接至地线汇流排。

（3）局内布线

①局内布线电缆屏蔽层采用两端接地，以防止电、磁场干扰。

②局内射频同轴布线电缆外导体和屏蔽电缆的屏蔽层两端应与所连接设备的金属机壳外表面有良好的电气接触。

（4）室外光缆

在高速公路设计中，一般我们建议不采用含有金属回线和带有金属加强芯的光绳结构，可采用束管结构的光缆，这样，每盘光缆间的金属护套做悬浮对地处理即可。

(5)室外金属缆

室外金属缆线路所有接头处、分支处和终端处均应作跨接线。两条以上电缆同沟敷设，两接头相距50m以内应作横连线，电缆线路应作防雷保护系统接地，间距2km，接地电阻小于5Ω。

3.7.2.3　紧急电话的防雷保护

(1)紧急电话无论主副机，其暴露器件(喇叭、话筒)均应在其接入系统点加装泄放电流保护器件(如瞬态二极管)，或将暴露器件与机箱(壳)绝缘隔离；

(2)将紧急电话平台保护地、系统防雷保护地与紧急电话分机工作地分开，采用独立的大地作为泄放雷电流的保护地。考虑到实际操作中三地分开有一定的难度，实际采用联合地的接地模式，建议按照联合接地规范，其接地电阻应小于1Ω；

(3)电话副机应先经过保护器件(如气体放电管)隔离之后，再由横穿电缆接入系统，阻断雷电通过副机和横穿电缆危害系统设备(这一点应引起紧急电话系统设计单位的重视，因为他们往往仅考虑主干电缆的防护)。

3.7.2.4　通信机房环境要求

高速公路通信系统机房设计时也必须有相应的设计要求：

(1)防雷保护接地装置应与电位垂直布置，接地装置与电缆的间距宜为10～15m。

(2)机房环境应符合原邮电部《通信机房环境要求》要求。

(3)机房应通风较好且具备防尘条件。

(4)通信设备应有良好的散热条件，空气流通。

(5)机房环境要求在15～30℃之间。

(6)相对湿度在30%～75%之间。

(7)机房地面应足够坚固，能够承受设备的加固安装。

(8)机房内不同的电源插座应有明显的标志。

3.7.2.5　通信机房的接地保护

通信机房中的接地非常重要，良好的接地是设备免遭电磁干扰、雷电干扰和其他干扰的保证。

程控设备作为通信系统中的一种弱电设备，大量采用超大规模集成电路，受各类干扰的危害很大，轻者造成用户通信传输质量下降，重者造成程控交换机等设备的瘫痪、崩溃。合理采用地线，保证程控设备安全可靠运行，成为程控设备实际施工中的一个重要的环节。按照邮电部程控电话交换设备安装设计技术规定，程控设备机房必须作地线设置，一般情况下工作接地、保护接地宜分别设置，条件不允许的可以采用联合接地设置，接地电阻应符合表3-6中的要求。

接地电阻标准　　表3-6

交换机容量	市话2000线以下	市话10000线以下(含10000线) 长话2000路以下(含2000路)	市话10000线以上 长话2000路以上
接地电阻	5Ω	3Ω	1Ω

虽然各地区的土壤电阻率相差各异，但是通过相应的方法都可以做到接地电阻在3Ω以

下，大部分地区接地电阻可以保证在1Ω左右。在工作地、保护地、防雷地联合接地时，接地电阻一般需小于0.5Ω。

接地的基本要求是接地电阻要小，为达到交换系统接地要求，接地体一般采用镀锌材料，并且要有足够的长度、宽度和厚度。

在设备的设计施工中，严禁将交流电源输入中性地与地壳保护地、直流工作地相连接，如果三者混接，危害会使整个通信站的话路中串有严重的50Hz工频“嗡嗡”的交流声，影响通话质量。另外为保证通信设备的安全，交流输入的防雷地亦应与直流工作地分开埋设。

3.8 通信管道

近年来，高速公路建设在全国各省各地区的发展非常迅速，通车里程逐年增高。而高速公路通信管道建设是高速公路建设的一部分，主要用于敷设高速公路机电系统光缆和紧急电话电缆。

通信管道可对光(电)缆进行有效的机械和化学保护；可保护光(电)缆免受生物的破坏；避免重复施工，有利于通信网的扩容和升级。要搞好高速公路通信管道的建设，保证管道质量，满足管理需求，应从设计、管材的选择、施工和监理等方面进行研究。

3.8.1 通信管道基本设计要求

(1)通信管道宜布设在中间地带，通信管道必须与高速公路土建工程同步实施；

(2)通信干线管道的管孔数量应预留相当于2孔内径Φ90mm以上的管道容量；

(3)中间带内敷设的通信管道与护栏立柱等设施的各方向间距应符合规定的安全距离。当不能满足规定的安全距离时，应采取通信管道深埋或混凝土(钢筋混凝土)包封、加固通信管道等技术措施。

3.8.2 通信管材的选择

目前通信管道管材主要选用钢管、混凝土管、塑料管及硅芯管。三种管材性能比较如下：

(1)钢管

钢管具有强度高、密封性好的优点，但价格高，一般不作为电信的主管道。因此，通信管道只在过桥涵、通道等主线构造物和向路侧分歧时采用钢管敷设。

(2)混凝土管

混凝土管价格便宜，有较高的强度，是通信管道行业的传统产品，它的主要缺点是抗弯性能差，重量大，接头数量较多，施工难度大且周期长，对施工质量要求较高。目前在国内高速公路交通工程设计中基本上已不再使用混凝土管。

(3)塑料管(PVC管和HDPE管)

与混凝土管相比，塑料管具有其独特的优越性，目前国内高速公路交通工程设计中已大量采用塑料波纹管作为通信管道的主管材，其主要优缺点为：

①铺放操作简单，施工时劳动强度和对操作技术水平的要求也较低；

②从运输和施工角度考虑，因管材重量轻，单根管长可达4m以上，可减少连接数量；

③密封防水性能良好，不腐蚀电缆，且有一定的绝缘性；

④内壁光滑，有利于抽放电缆，加大管道段长，减少人孔数量，人孔间距最大可达150～180m；

⑤有较好的柔性和可塑性，易于弯曲，易于加工和连接；

⑥塑料管的缺点是耐冲击性能差，特别是在低温和受力状态下，耐冲击性能更差，易于老化；

⑦传统的PVC平壁管由于价格较高，因而限制了在通信电缆管道方面的广泛使用；

⑧新型的HDPE（高密度聚乙烯）双壁波纹管，由于双壁为环形中空结构，所以它与同一规格的普通PE管相比，原材料可节省50%，因而价格大大降低，而强度和其他性能则保持不变，且抗老化性能也有所提高，一般可达50年以上。

（4）硅芯管

目前利用先进技术生产的硅芯管，是在HDPE平壁管内壁带有以硅胶质作为固体润滑剂的管道，具有以下优点：

①有较好的柔性和可塑性，弯曲半径较小，抗张、抗压、抗应力开裂等强度方面优于普通塑料管；

②管道本身密封性能强，且有气密封或水密封配套接件，保证了管道内的清洁干爽，对光缆具有很好的保护作用；

③单根管道长度达1.5～2km，且可盘装，大大方便了运输；

④由于单根管道较长，不需接头处理，且对地基要求不高，因此降低了管道施工难度，提高了施工速度，而且具有抵抗地震等灾害影响的能力；

⑤由于管道内壁采用硅胶作为永久固体润滑剂，使管道内壁的摩擦系数大大降低，有利于抽放电缆。如采用先进的气吹法穿缆，对光缆无任何损伤，可任意对光缆反复抽取，明显提高施工效率；

⑥从价格方面考虑，使用硅芯管先期管道施工费用较低，但由于管道和光、电缆是一一对应的关系，增加了管道孔数相应加大了管材的费用。从后期穿缆及运行维护考虑，必须配有专门的机具和专业技术人员。

3.8.3　通信管道的位置和埋深

通信管道一般沿高速公路中央分隔带埋设，在条件允许时可沿公路边坡或排水沟外侧埋设。通信管道的建设应和路面工程同步实施，管道最小埋深（管顶到地面）一般在80cm左右。考虑到今后扩容以及其他部门的需要，管群容量一般选4孔至8孔。

3.8.4　管道敷缆的施工方法

（1）牵引法

牵引法是目前常用的施工方法，即先将牵引绳索穿过管道，然后把牵引绳的一段与线缆固定，采用人工或牵引机牵引绳的另一端使线缆穿过管道。采用这种方法，由于管道内壁摩擦系数较大，从而使穿缆距离短、速度慢，而且容易造成线缆的机械拉伸破坏。

（2）气吹法

由气吹机产生的高速压缩气流使线缆悬浮在管道内前进,前进的推力从管道内沿着整个光缆的长度均匀分布。因此,光缆不会受到机械损伤,也不会因管道的弯曲而造成穿缆的困难,并且没有地形的限制,这样就大大提高了穿缆的长度和速度。一次性吹送至少可达 2km, 5 ~ 7 人平均日穿缆可达 10km 以上。同时允许仅在光(电)缆接头处设置人孔,即人孔间隔可达 2km 以上。

有以上比较可知,使用 HDEP 硅管并采用气吹法进行施工,不仅可提高施工进度而且可降低工程造价,因此这种方法值得推广。

3.8.5 管道过主线构造物

(1)管道过涵洞、通道(整体式路基或分离式路基)以及中央分隔带开口等构造物时,利用硅芯管的柔性直接通过,当硅芯管的埋深小于 0.5m 时,采用 3 根 Φ114 ×4.0mm 钢管加以保护。

(2)在整体式路基路段,管道过桥梁时,在桥台背墙上预留开口,利用硅芯管的柔性直接通过。其中桥台两端背墙以外各采用 5m 的混凝土包封保护,在桥梁段,采用电缆桥架,电缆桥架固定在预埋于桥梁中央的管道托架上,托架由槽钢加工而成。

(3)在分离式路基路段,管道过桥梁时,在桥梁两侧设置直通人孔,在两个直通人孔之间,利用硅芯管的柔性直接通过。具体方式为,在桥梁路侧的混凝土护栏外侧预埋角钢托架,在托架上固定电缆桥架,硅芯管放置于电缆桥架内。其中电缆桥架与桥端直通人孔之间,硅芯管采用 3 根 Φ114 ×4.0mm 钢管加以保护。

(4)在分离式路基路段,管道过隧道时,在隧道两侧设置直通人孔,主干光缆放置在隧道右侧的电缆沟内。其中人孔至隧道电缆沟段,硅芯管采用 3 根 Φ114 ×4.0mm 钢管加以保护。隧道电缆沟内不再设置硅芯管,而是将光缆直接挂在电缆沟内,应在电缆沟内设置相应的预埋挂钩。

(5)通信站分歧管道采用 6 根 Φ114 ×4.0mm 钢管横穿过路向路一侧分歧,停车区的分歧管道采用 3 根 Φ114 ×4.0mm 钢管横穿过路向路两侧分歧。

(6)监控外场设备(如遥控摄像机、车辆检测器、可变情报板等设备)的分歧管道采用 1 根 Φ89 ×3.0mm 钢管向道路的一侧或两侧分歧。

(7)路侧紧急电话采用 1 根 Φ89 ×3.0mm 钢管向道路两侧分歧。

(8)用于监控外场设备供电用的横穿过路钢管采用 Φ114 ×4.0mm 钢管铺设。

3.8.6 人孔与手孔

为了满足线缆施工及维护的需要,在通信管道路由上需要建筑人孔或手孔。人孔或手孔的规格、形式、大小和使用的材料以及建筑结构决定于它在地下通信管道网中的地位、现场的地势、土壤的性质、地下水位高低、冰冻层厚度、客观环境条件、容纳管孔最大容量及其组合排列方式等因素。

(1)间距

在直线管道路由上,混凝土管道段长(人、手孔间距)一般为 120 ~ 150m,采用 PVC 管道或 HDPE 管道时管道段长也不超过 200m。当采用 HDPE 硅管时可以大量减少人孔(或手孔)数,间距可达 2km 以上。此外在线缆过桥、拐弯等处一般也需要建设人孔。

(2)大小

根据管群容量来确定。在管群容量为 1 ~3 孔的管道路由或直埋电缆路由上可采用手孔。在管群容量为 4 ~12 孔的管道路由上可采用小型人孔。

(3)人孔的建筑方式

应根据地下水位的高低、冰冻层的深度和土壤的稳定程度来确定。在高速公路上一般可采用砖砌人孔,人孔一般均应做混凝土基础,并具有良好的防水性能。

在紧急电话及监控外场设备处的路肩上,设置路肩手孔。

3.9　高速公路通信系统的实施要求

3.9.1　通信系统的施工顺序

通信系统是高速公路管理设施系统的基本组成部分,是实现高速公路管理设施建设要求的基础,是高速公路管理设施系统实施中必不可少的环节。一般包括以下六个单项工程:通信管道工程;光纤传输系统工程;程控交换系统工程;紧急电话系统工程;光、电缆工程;通信电源系统工程。

3.9.1.1　高速公路通信系统实施流程

高速公路通信系统施工过程大致可以分为以下几个部分:方案设计、施工准备、安装调试、机械完工及测试、开通试运行、缺陷责任期和竣工验收。总的施工顺序见下图 3-16 所示。

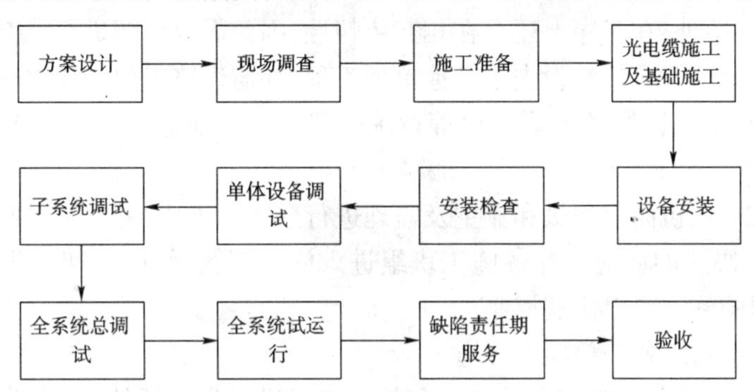

图 3-16　高速公路通信系统总施工顺序

在具体的施工过程中,还需要进一步分析各单项工程的施工特点,从中找出单项工程施工的共性,作为施工的一般指导思想。经过施工人员长期施工的经验,进行总结,在每个单项通信工程施工中,均可按照以下的施工顺序进行施工安排。

(1)做好施工前期的准备工作。

施工准备工作有:技术准备、施工现场准备、物资、机具、劳力准备以及季节施工准备,包括在进行施工图设计的同时完成施工管槽等材料的采购、施工人员上岗培训、施工机具准备、工地临时设施搭建、协调施工用水、用电等工作。熟悉和审查图纸包括学习图纸,了解图纸设计意图,掌握设计内容及技术条件,会审图纸,核对其他专业部分与安装图纸之间有无矛盾和错

误，明确各专业间的配合关系。

为了做好施工准备工作，除了要掌握有关施工项目的书面资料外，还应该进行施工项目的实地勘测和调查，获得有关数据的第一手资料，这对于拟定一个先进合理、切合实际的施工方案是非常必要的，因此应该做好以下几个方面的调查分析。

①自然条件的调查分析。建设地区自然条件调查分析的主要内容有：地区水准点和绝对高程等情况；地质构造、土的性质和类别、地基的承载力、地震级别和烈度等情况；河流流量和水质、最高洪水和枯水期的水位等情况；地下水位的高低变化情况，含水层的厚度、流向、流量等水质情况；气温、雨、雪、风、和雷电等情况；土的冻结深度和冬、雨季期限情况。

②技术经济条件的调查分析。建设地区技术经济条件调查分析的主要内容有：地方建筑施工企业的状况；施工现场的动迁状况；当地可利用的地方材料状况；材料供应状况；地方能源和交通运输状况；地方劳动力和技术水平状况；当地生活供应、教育和医疗卫生状况；当地消防、治安状况和参加施工单位的力量状况等。

(2)完成各种预制工作，同时完成光、电缆及各类线缆的敷设工作。

(3)完成光、电缆接头、成端、测试及电缆分歧成端。

(4)进行设备安装、配线等工作。

(5)完成系统所有设备的开机调试和系统调试工作，使系统具备开通条件。

(6)系统运行阶段，做好竣工文件，准备验收、开通。

3.9.1.2　通信系统时间安排

通信系统的实施是整个高速公路管理设施系统建设的前提和基础。因此要实现通信工程在规定的时间内顺利完成，需要在时间上合理安排。在通信工程施工安排时，因为各个单项工程除具有相对独立性外，在时序上还存在相互依赖性，因此需要协调进行，优化安排。

一般情况下，通信管道的敷设先于其他单项工程，并与道路工程同步进行，包括立线管道、横向分支管道、人(手)孔、紧急电话平台等设施的建设。其他通信系统单项工程可滞后道路立体修建完工1年后完成。

在施工过程中，承包商应积极和业主及监理进行全面的工作协商，及时听取他们对工程进展的意见，并做出快速的反应。在各施工班组进入施工现场后，应按期提供工程进展情况汇报，使得整个工程的施工得以协调控制。

3.9.1.3　通信系统各个单项工程施工

高速公路通信系统的最终实现是以各个单项工程施工为依托的，各个单项工程在施工过程中除了具有以上介绍的共性的施工工艺外，还有各自的施工特点，在施工过程中需要明确注意和严格遵守，以保证施工的顺利进行。

(1)通信管道施工

通信管道是通信系统的基础设施，是最基础的硬件条件。高速公路建设时应埋设通信管道已成为大家的共识。从总体上来讲通信管道的容量根据交通专网规划和社会对通信管道的需求，按公路设计年限远景的要求埋设通信管道。在高速公路上一般设有分隔带，通常将通信管道设置在中央分隔带的下面，也有的将通信管道设置在路基边坡之上和边沟边缘的。管道放置在中央分隔带以下有利于保护通信管道，减少占地，但是这种做法在施工过程中与路面工程的干扰较大。

在敷设通信管道时,首先要预制管件加工。由于高速公路线路较长,所需要的管块数量大,管块本身质量对管道试通有很大影响。为此应设置专门生产管块的构件厂,统一制作生产通信管块。

管道敷设过程中,需要采用一系列措施为管道试通作准备,当管道试通后,还需要做全包封。同时在施工中应注意成品保护,尽量避免施工车辆横穿。施工车辆必须通过时,应在包封层达到设计强度后,在包封层上覆盖一定厚度的土,再放行通过。

(2)光缆传输系统的施工

光纤的接续人员必须经过严格培训,取得合格证明才准上岗操作。在施工前对光缆的端部予以判定并确定 A、B 端,A 端应是网络枢纽方向,B 端是其他建筑物一侧,敷设光缆的端部应方向一致,不得使端部排列混乱。

根据运到施工现场的光缆情况,结合工程实际,合理配盘与光缆敷设顺序相结合,应充分利用光缆的盘长,施工中宜整盘敷设,以减少中间接头,不得任意切断光缆。室外管道光缆的接头位置应避开繁忙路口或有碍正常工作处,直埋光缆的接头位置宜安排在地势平坦和地基稳固地带。

光缆在敷设时,应单独占用管道管孔,如利用原有管道和铜芯导线电缆合同时,应在管孔中穿放塑料管子,塑料管子的内径应为光缆外径的 1.5 倍以上,光缆在塑料管子中敷设,不应与铜芯导线电缆合用同一管孔。在建筑物内光缆与其他弱电系统平行敷设时,应有间距分开敷设,并固定绑扎。当小芯数光缆在建筑物内采用暗管敷设时,管道的截面利用率应为 25% ~30% 。

在敷设光缆的全过程中,应保证光缆外护套不受损伤,密封性能良好。

(3)程控交换系统的施工流程见图 3-17 所示。

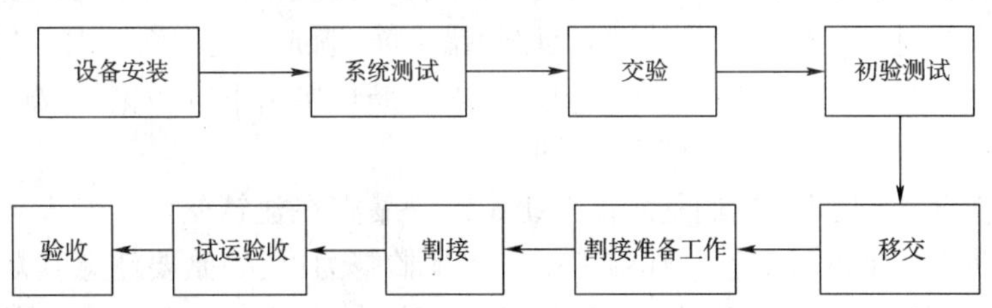

图 3-17　程控交换系统的施工流程图

(4)紧急电话系统的施工

紧急电话系统是通信系统工程重要的组成部分,并具有相对的独立性,该系统的施工总流程图如图 3-18 所示。

(5)通信电源系统的施工

通信电源系统的设备安装、调试、验收和开通的工作流程如图 3-19 所示。

具体的施工过程可概括为工程准备、机架设备安装和通信电源系统调试三大步骤。

(6)防雷、接地系统的施工

在防雷、接地系统的施工中,经常需要注意的问题有。

①地基接地焊接是接地施工中的第一环节。对于基础圈梁焊接或桩基钢筋与基础钢筋的焊接、基础钢筋与柱筋的焊接,都要严格按基础图和接地点逐一进行检查,尤其要对伸缩缝处

基础钢筋是否跨接连通进行确认。当整个接地网焊接完成后,马上用电阻仪进行接地电阻值测试,确认电阻是否符合设计要求。如果电阻值不满足设计要求,再次检验焊接质量或按设计要求补做人工接地装置。

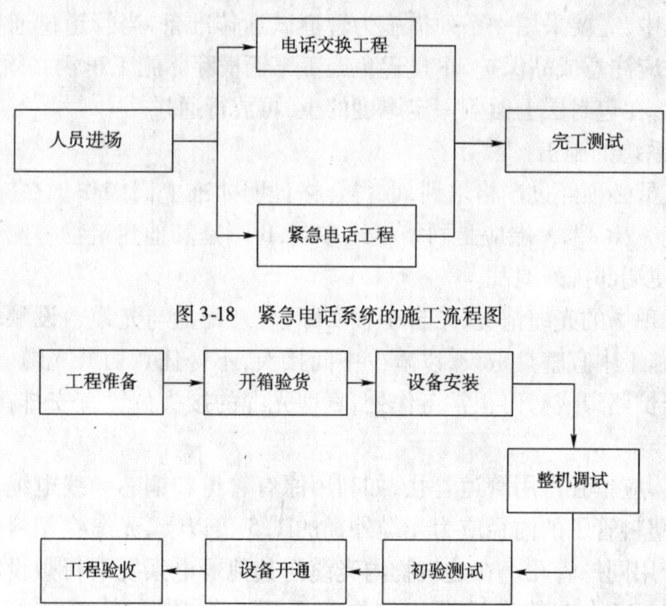

图 3-18　紧急电话系统的施工流程图

图 3-19　通信电源系统的施工流程图

②对以柱筋为引上线的接地网,要求施工人员采用每层按轴线标清每根柱子的位置及钢筋焊接根数进行施工,防止漏焊或错焊位置。监理要对引上点和跨钢筋焊接质量仔细检查,并要求对焊接引上线进行定位标识,以防向上层焊错主筋,造成接地中断错误。特别是对于结构的转换层,由于柱筋的调整,防雷引下线利用柱内主筋焊接引下容易错焊、漏焊,要进行反复核实。

③对于避雷针和避雷网,它们是防雷系统中唯一暴露在建筑屋面上的设备。它们的施工质量直接影响防雷接地的可靠性。在施工中要增加监督力度:一是要注意其规格必须符合设计要求,安装要牢固可靠;二是对引用进口的各种避雷针,必须有合格证、使用说明及各种技术资料;三是屋顶上装设的防雷网和建筑物顶部的避雷针及金属物体应焊接成一个整体;四是从接地体引到屋顶上的引线和避雷网焊接处要做明显的标志;五是采用规定直径的镀锌圆钢与结构柱内主筋作防雷引下线,保证所用材料规格、焊接间距、焊接质量等均符合规范要求。

(7)其他施工要求

①所有预埋钢管内均须预置 Φ1.6mm 穿线铁丝。钢管穿缆前后应对所有管口采取密封保护措施,以防止雨水及杂物进入。

②站前人孔至进线室管道采用 Φ100 镀锌钢管(外径 114mm,壁厚 4mm)。

③钢管连接采用套管螺纹接法。外套管长 10cm,内壁套螺丝扣。钢管端部外套螺丝扣,两端钢管均拧入 1/3 以上。在连接之前,检查端口并将内口锉平成圆形,以免损伤电缆。连接完后,应在套管两端周围抹以油灰。

3.9.2　通信系统关键施工工艺

对通信系统关键的施工工艺的介绍，可通过分别介绍通信系统各单项工程的关键工艺来进行表述。

3.9.2.1　通信管道的关键施工工艺

要保证高速公路通信管道的质量，除了要满足上述的设计要求外，还要保证施工的质量。施工质量与施工方法密不可分的，所以在整个施工阶段应严格按照通信管道的施工方法进行施工，各个环节通过监理进行层层把关，切实保证整个工程的质量。

(1)在施工过程中，应避免被钉、镐、铲等伤及通信管；

(2)注意使用喷灯或其他方法加热通信管使之变软弯曲；

(3)注意在通信管改变埋深或为了避开障碍物而改变方向时，应尽量减少管道角度的锐度；

(4)管道敷设坡度应与主线坡度一致；

(5)管道应按设计要求及施工规范进行合理预留；

(6)敷设通信管时，当遇到容易被挖掘的地方，施工时应在通信管上方10cm处设“严禁挖掘，下有光缆”的标示；

(7)在管材的储藏、运输时，要特别注意：在储存时，应放在温度不超过40℃的库房或简易棚内，以免日晒雨淋。在运输的过程中，不应受到剧烈撞击、抛洒；

(8)通信管的切割、连接等应使用专用工具操作。在狭窄处无法使用专用工具时，可用锯条或小刀沿管壁小心切割。

3.9.2.2　电缆线路工程的施工工艺

(1)电缆线路工程的施工工艺总体要求

①在开挖前，应确认电缆沟所经过的路径，查明电缆沟下的土质情况，制定直埋电缆在经过桥梁、隧道、水沟等不能直接进行开挖的地段如何使电缆通过的方法。

②查明电缆通过的路径是不是还有其他光缆、电缆线路及各种管线通过，如果有就要做出记录，并保证电缆与其他埋设物之间的距离应符合国家有关技术的规定。

③当电缆经过乔木、灌木时，保证两者距离不小于1m。

④电缆沟转弯处，其转弯半径应不小于直埋电缆直径的15倍。

⑤电缆沟的挖取深度不应小于0.8m。

⑥电缆沟完成后，应将电缆沟底铲平夯实。

⑦直埋电缆在通过桥梁、隧道、水沟采用明管敷设时，应在明管的两侧制作两个电缆人井。

(2)电缆线路工程主要施工方法

①电缆敷设

a.水平敷设

ⓐ敷设方法可用人力或机械牵引；

ⓑ电缆沿桥架或线槽敷设时，应单层敷设，排列整齐，不得交叉。拐弯处应以最大截面电缆允许弯曲半径为准。电缆严禁绞拧、护层断裂和表面严重划伤；

ⓒ不同等级电压的电缆应分层敷设，截面积大的电缆放在下层，电缆跨越建筑物变形缝

处，应留有伸缩余量；

ⓓ电缆转弯和分支应有序叠放，排列整齐。

b. 垂直敷设

ⓐ垂直敷设时，有条件时最好自上而下敷设。土建拆吊车前，将电缆吊至楼层顶部。敷设时，同截面电缆应先敷设底层，后敷设高层，应特别注意，在电缆轴附近和部分楼层应采取防滑措施。

ⓑ自上而下敷设时，底层小截面电缆可用滑轮大绳人力牵引敷设。高层、大截面电缆宜用机械牵引敷设。

ⓒ沿桥架或线槽敷设时，每层至少加装两道卡固支架。敷设时，应放一根立即卡固一根。

ⓓ电缆穿过楼板时，应装套管，敷设完后应将套管与楼板之间缝隙用防火材料堵死。

②挂标志牌

a. 标志牌规格应一致，并有防腐功能，挂装应牢固；

b. 标志牌上应注明回路编号、电缆编号、规格、型号及电压等级和敷设日期；

c. 沿桥架敷设电缆在其两端、拐弯处、交叉处应挂标志牌，直线段应适当增设标志牌，每2m 挂一标志牌，施工完毕做好成品保护。

3.9.2.3　通信设备接地施工工艺

机房室内通信设备接地系统施工工序流程图如图 3-20 所示。

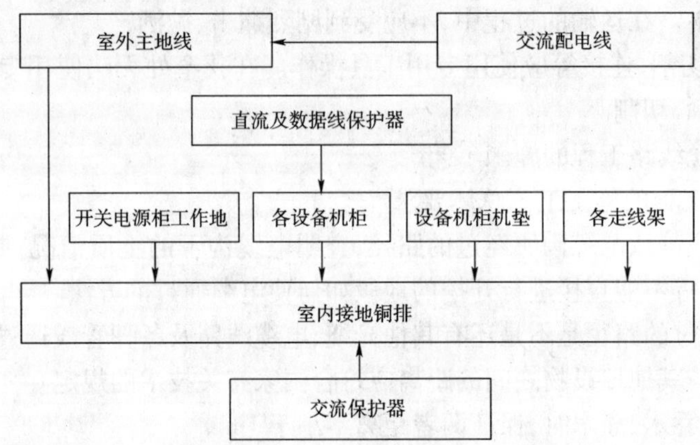

图 3-20　通信设备接地系统施工工序流程图

(1)室外主地线采用埋设接地模块，用镀锌扁钢连接，阻值在 4Ω 以下。

(2)室内接地铜排安装在机房内合适的位置，顾全所有设备方便、最捷径的接地，同时铜排应与地面绝缘。

(3)室外主地线与室内接地铜排的连接采用 $75mm^2$ 聚氯乙烯绝缘 BV 铜芯线，用铜鼻子充分压接后与铜排连接，所采用的线料必须是完整的，中间不能有接头。

(4)室内交流配电箱的机壳不能接在室内地线铜排上，必须单独接地，采用 $16mm^2$BV 铜芯线接在室外主地线上，而且接入点不能和引至室内地线铜排的接入点(即 $75mm^2$BV 在室外主地线上的接入点)在一起，需要间隔一定距离。

(5)开关电源柜的工作地，即 + 48V，直接从电源柜的正排接至地线铜排，应采用 $50mm^2$

的 BV 铜芯线。

(6)各个设备(无论有源设备和无源设备)的机壳须单独接入地线铜排,包括蓄电池架,采用 10 ~ 16mm^2 的 BV 铜芯线。

(7)各个设备的直流保护器安装于开关电源柜中,并将地线接入电源柜保护地上。对于 2Mb/s 同轴数据线保护器则安装于使用设备上,并将地线接入该设备的机壳上。

(8)由于机房内安装有防静电地板,所以在安装机柜设备前都预先安装了用角钢制作的机垫。对于这些机垫也必须接地,可以把各个机垫用 35mm^2 或者 2 根 16mm^2 的 BV 铜芯线复连后接入地线铜排,在机垫上的连接处应将油漆刮掉,保证铜鼻子和机垫的接触良好。

(9)室内走线架分上走线架和下走线架,各个走线架可能不是一个整体,这就需要将走线架进行等电位连接至接地铜排,即将各段走线架用 2 根 16mm^2 的 BV 铜芯线复连后接入地线铜排,连接处的油漆应刮掉。

3.9.3 通信系统质量控制与管理

通信系统为高速公路的全线提供通信网络并为监控系统和收费系统提供数据传输,其质量的好坏很大程度上影响其他系统。具体可以从施工人员、施工设备、工程设备、施工材料和施工工艺方法及配套的施工环境等方面进行管理和控制。

3.9.3.1 通信系统质量管理

为加强公路施工质量管理,确保工程质量,必须加强施工质量控制和检验把关工作,建立一套科学和适合国情的实际情况和行之有效的质量保证体系,是十分必要的。

建立一个严密的强有力的质量管理体系,要加强“三个层次”的控制和各层次的职能,即政府监督、项目(施工)监理和企业自检,要在建立公路监理制度上,逐步建立起三个层次的管理体制,要理顺“三者”的关系,概括为:

(1)建设单位与承包单位的关系,是依据工程建设发包和承包合同或协议,构成承发包的关系;

(2)建设单位与监理单位的关系,是委托与被委托的关系,通过监理服务协议或合同确认职责、权限和经济关系;

(3)监理单位与承包单位之间没有合同关系,也没有任何经济关系,而仅仅是监理与被监理的关系。

3.9.3.2 通信系统质量控制

(1)设计质量的控制

对于一些结构设计的图表、资料文件因未经施工实践证明,有些地方不够合理,有些地方甚至有遗漏,错误部分往往不易暴露,除开工前通过的设计文件会审控制外,在施工过程中发现的问题通常都是通过以下途径解决:重大变更要严格按设计变更报批手续,按规定程序进行处理;非重大变更由设计、施工、监理三方现场会审处理,也可以由设计单位授权监理工程师处理;对设计中没有提到的、漏误的及容易引起误解的问题,监理工程师可以以书面明确解释或补充规定进行处理。

(2)材料质量的控制

原材料是工程实体的组成部分,对工程质量有着直接影响,因此要求施工单位必须做好以下三项控制:一是对材料的采购进行控制;二是对各种原材料的测试鉴定进行控制;三是严禁使用不合格材料和半成品。

(3)施工质量的控制

抓好各施工阶段的质量,防患于未然。对施工单位的各施工阶段要通过定期检查,对存在的问题、施工要点、注意事项等,质监部门以书面形式发至施工单位,提高工程质量;对影响质量的重点问题或是普遍存在的问题,要坚持质量第一,对不合格工程坚决予以返工处理,并进行处罚,以保证施工的质量;对虽未发生但根据质量情报信息预测可能发生的问题,要及时采取预防控制措施,避免事故发生。

(4)对检验判断准确性的控制

质量检验属于质量管理中的把关环节,往往因为检验人员的素质不高或缺乏专业技能以及工作中的失误和检测仪器的精度不高做出错误的判断,影响和危害了工程质量。为此,要选用素质高的检验人员,并对他们进行必要的技术指导和培训,对检测仪器要经常校正,对于不合格的仪器要及时更换,以保证检验工作的质量。

(5)其他因素的控制

劳动强度高,劳保条件差,报酬不合理,管理不到位,施工人员素质不高,均有可能导致施工的质量降低。因此,管理部门要深入施工现场,做好管理和协调工作,及时解决实际问题和突发事件。监理人员和检验人员也要经常深入施工现场抓好质监工作。

施工结束时,必须进行最终检验和试验。项目技术负责人组织有关技术人员按最终检验和试验的有关规定,需要根据合同要求进行全面的验证。对查出的施工质量缺陷,按不合格控制程序进行处理。项目经理部组织有关技术人员按合同要求编制工程的移交准备。

第四章　高速公路收费系统设计理论与方法

收费系统作为高速公路管理设施系统的重要组成部分,其建设直接影响到道路运行质量和管理的经济效益。征收道路通行费是高速公路运营管理的重要任务之一,为防止收费中的舞弊现象和票款流失,提高高速公路运营效率、服务水平及还贷能力,必须选择优质、合理、有效的高速公路收费系统方案,提高收费系统的设计水平。

4.1　概述

4.1.1　收费系统的定义及组成

高速公路收费系统通常是指从进入高速公路的车辆缴纳通行费,直到费额安全进入存储点以及能提供各种相关信息的设备和人员的集合体。收费系统是一种系统框架体系,由人员、活动、数据、网络和技术五部分集成为一个整体。在这个集合体中几部分协同工作完成资金流、数据流、信息流的控制与管理。其中:

人员:人员是收费系统中必不可少的一环,是收费系统的主要参与者。主要包括收费人员、管理人员、维护人员、司乘人员和协调服务机构人员。这里所说的司乘人员是指收费系统的用户,而服务人员则是指配套收费系统所参与的其他部门人员,如银行系统人员和交通警察等。

活动:即实现收费功能。由业务活动和数据信息活动构成。

数据:我们认为收费系统所产生的数据,一是收费过程中产生的数据,一是收费中心下发的数据。

网络:网络是收费系统重要的载体,是实现数据资源共享、传输的重要手段。特别是在联网收费系统中网络安全与稳定关系到整个系统的性能。

技术:是收费系统的基础,是支持收费系统的硬件和软件运作的保障。

4.1.2　收费系统相关技术

高速公路收费系统作为一门应用性工程系统,具备诸多学科的特性,是多种学科的集成,涉及经济学、运筹学、心理学、管理学、交通工程学、计算机科学、电子通讯及软件工程学、信息管理、地理信息系统等。这些学科的发展进步,推动了收费系统向自动化,无纸化、快捷化、非接触化等方向发展,使得收费系统的规模和功能越来越强大。运筹学的很多理论可以很容易地用到收费系统中,排队模型的计算机处理很容易得出排队车辆数,即收费时间等参数。电子通讯及软件系统对收费系统的支持,给收费系统向便捷、实时、准确、安全稳定的方向发展提供了很大的帮助。科学的管理理论能够有效而低廉的建设、运营、维护收费系统。由于管理理论的进步,人在收费系统的作用也越来越大,人员的劳动也相对轻松。收费系统本身是不会产生效益的,相反还会增加交通参与者的负担,利用科学管理理论将收费系统的负面影响降到最低,有利于公路建设的发展。

4.1.3 收费系统有关法律法规

①1987 年 10 月 13 日,国务院发布的《中华人民共和国公路管理条例》;

②1988 年 1 月 5 日,交通部、财政部、国家物价局联合发布的《贷款修建高等级公路和大型桥梁、隧道收取车辆通行费规定》;

③1994 年 7 月 18 日,交通部、财政部、国家计委联合颁布的《关于在公路上设置收费站(点)的规定》;

④1996 年 10 月交通部发布的《公路经营权有偿转让管理办法》;

⑤1997 年 7 月 3 日发布、1999 年 10 月 31 日修改的《中华人民共和国公路法》;

⑥1999 年 1 月 7 日交通部印发的《关于清理整顿公路收费站(点)的实施方案(试行)》;

⑦2000 年 10 月国务院批转的《交通与车辆税费改革实施方案》;

⑧2002 年 4 月 15 日国务院办公厅以国办发[2002]31 号印发的《国务院办公厅关于治理向机动车辆乱收费以及整顿高速公路收费站点的通知》;

⑨2003 年 4 月 23 日交通部发出的《关于发布交通行业标准收费公路车辆通行费车型分类的通知》;

⑩2004 年 8 月 18 日国务院第 61 次常务会议通过《收费公路管理条例》,自 2004 年 11 月 1 日起施行;

⑪2006 年 12 月 7 日交通部印发《关于进一步规范收费公路管理工作的通知》。

4.1.4 高速公路的类型与收费对象

4.1.4.1 高速公路的类型

(1)收费还贷高速公路。该类公路指收取通行费来偿还公路建设贷款及利息的公路。从高速公路的公益性角度来讲,当贷款及利息偿还完后应该停止收费。

(2)收费运营高速公路。该类公路由国家特许某法人组织建造经营,以换取利润为目的的收费公路,它反映了国家特许将经营权有偿转让给某法人,以换取建设基金。一般来讲,收费经营公路有一定的经营期限,超出经营期限后,某法人将公路所有权、经营权交还国家。

4.1.4.2 收费对象

一般情况下,所有在高速公路上运行的车辆都需要缴费。但是国家规定的有些车辆是可以享受优惠政策或免费待遇的,如军警车、路政车、紧急车、某些政府用车、救灾车等。

4.2 高速公路收费征收理论及政策

4.2.1 高速公路通行费征收理论

高速公路与其他公路相比级差效益很明显,具有很强的商品性。级差效益主要体现在修建标准高、造价高,因此和一般公路相比有级差效益。由于其在国民经济中的作用,从而又使它与一般商品相异成为特殊商品。高速公路商品属性的理论基础就是其产生的级差效益。对车辆征收的通行费只是其级差效益的一部分。级差效益主要包括:提高公路等级而使运输成本降低所产生的效益;节约运营时间产生的效益;减少交通事故产生的效益。

基础设施分为公益性和经营性两大类。高速公路属于经营性基础设施。一方面高速公路具有极强的社会性、公益性,由使用者无偿使用。虽然也收取使用者养路费和燃油附加税、通行费,但主要用于高速公路的养护和改善。另一方面,高速公路的级差效益,客观上决定了它的经营性,这为高速公路收费提供了依据。

高速公路是一种准公共产品。高速公路具有公共产品的特性,因此长期以来高速公路主要由政府规划、建设、养护管理,即使在推行高速公路私有化最为彻底的英美国家也不例外。即使实行了高速公路特许经营,到期后高速公路的产权仍归国有。由于高速公路技术等级不断提高,使得高速公路较之一般公路的级差效益越来越明显。与此同时国家财政也越来越难承受不断膨胀的巨额费用开支。因此,资金来源多样化使得高速公路在纯公共产品的一般公路中脱颖而出,成为一种准公共成品,甚至是准私人产品。在国家的资助下,发挥市场配置在基础设施运作中的作用。适当征收通行费,大力发展收费高速公路,可以从根本上解决高速公路建设资金短缺问题。

4.2.2 高速公路拥挤收费理论

高速公路拥挤收费是对行驶于拥挤高速公路或高峰时段的车辆征收的一项额外费用,其目的是利用价格机制限制交通拥挤、控制交通流。

由于高速公路建设不可能满足交通增长的需求,交通供给矛盾非常突出。随着社会的发展,人们逐渐意识到注重传统的交通供给而忽视对交通需求的限制是不可能满足社会经济形势的变化和人流物流的大范围流动。因此,面对不断增长的交通需求和有限的高速公路容量的矛盾,各国逐步采取了各种限制和疏导交通需求的措施,实施交通需求管制,而拥挤收费则应运而生。

拥挤收费问题涉及到拥挤收费的定价问题,它属于高速公路定价的一部分,其经济学基础理论是边际成本定价理论。既要高速公路使用者承担边际个人成本,还要承担因其加入所增加的社会成本。

当高速公路使用者的需求不断增加,造成高速公路使用效率降低,车速下降,增加延误和车辆运行费用等。按照经济学的观点,只有使用高速公路的费用低于从中获利时,人们才使用高速公路。对使用高速公路所付出的费用由两部分构成:一部分是显性费用,即车辆的运营费用等,这些可以用货币来衡量;另一部分是隐形费用,即拥挤造成的时间延误等,这些难以用货币来衡量,而事前难以预料。因此,在拥挤收费分析中,时间费用是最重要的一项。

对一个完整的高速公路进行拥挤收费要考虑以下因素:拥挤费用(对交通流中其他用户所产生的费用,包括车辆运行成本增加和延误费用)、路面超额使用的路面损坏费用、环境费用和交通事故费用等。

高速公路之所以出现拥挤高峰,最根本的原因是因为高速公路使用者具有相同或相似的时间偏好。在出行的高峰时期,高速公路往往被过度使用,造成拥挤、低效和时间、能源等的浪费。通过拥挤定价，使各种隐性费用显性化，就会影响不同出行时间的相对价格，从而导致出行者重新安排出行时间，结果，交通流的收费相对于不收费的情况来说效率反而提高了。因此，拥挤收费的目的不是单纯的限制交通需求，或完全消除交通拥挤，而是将交通需求控制在最经济的水平上，来实现资源最优配置。

4.2.3 收费率标准的制定

4.2.3.1 影响收费标准的主要因素

收费高速公路具有非常明显的政策目标，所有的目标均体现在收费标准的确定上。因此，收费标准的高低决定了收费公路的投资收益水平，影响着国内外民间资本的投资热情，左右着高速公路使用者的路线选择行为，透视了公路运营的直接效能。因此，收费标准的确定是一项牵涉多方面的，且科学性很强的工作，在具体确定收费标准时，必须考虑如下一些影响因素：

(1)投资额

无论以何种理论作为确定收费标准的基础，都必须将公路建设投资额作为确定收费标准的第一影响因素。因为收费的第一目的就是回收公路建设初始投资，并在此基础上取得一定的投资回报。在其他条件同等的情况下，公路投资额越大，分配到每个高速公路使用者身上的投资额也就越大，因此收费标准也就越高。

(2)交通流量及地区经济发展水平

在确定收费标准时还应考虑公路沿线地区的交通流量状况和地区发展水平。地区经济发展水平越高，对公路的需求也就越大，同时支付能力也就越强，从公路上获得的公路时间节约、成本节约等效益也就越大，公路收费标准就可以与较高的经济发展水平结合起来。

(3)高速公路使用者级差效益

按照级差效益分享理论的观点，高速公路使用级差效益是确定收费标准的最主要的决定因素。本着与高速公路使用者共同分享高速公路使用级差效益的原则，收费标准不应超过高速公路使用级差效益，以此为最高限。

(4)高速公路使用者的承受力

收费标准的确定必须与高速公路使用者的承受能力联系起来。虽然高速公路使用级差效益比较明显可观，但是在高速公路使用者无力付费的情况下，高速公路使用者是不会选择高速公路的，当然这只有在高速公路平行线路的竞争力较强的情况下才会出现。

4.2.3.2 国内主要高速公路现行收费标准

我国部分省市高速公路收费标准如表4-1所示。

国内主要高速公路现行收费标准一览表 表4-1

公路名称	车型分类	收费系数	收费费率(元/km)
浙江省高速公路	5	1:2:3:4:5	0.4
江苏省高速公路	6	1:1.5:2:2.5:3:4	0.4
沪宁高速公路	6	1:1.5:2:2.5:3:4	0.4
哈大高速公路	4	1:1.8:2.3:2.7	0.45
津蓟高速公路	5	1:1.3:2:2.5:2.7	0.71

续上表

公路名称	车型分类	收费系数	收费费率(元/km)
福厦漳高速公路	5	1:2:3:3.5:4.5	0.55
罗长高速公路	5	1:2:3:3.5:4.5	0.55
福宁高速公路漳湾段	5	1:2:3:3.5:4.5	0.6
漳诏高速公路	5	1:2:3:3.5:4.5	0.5
漳龙高速公路	5	1:2:3:3.5:4.5	0.6
福宁高速公路	5	1:2:3:3.5:4.5	0.6
杭州绕城高速公路	5	1:2:3:4:5	0.5
郑州至漯河高速公路	6	1:1.6:2.9:4:6	0.45
沪杭甬高速公路	5	1:1.8:2.7:3.6:4.4	0.45

4.2.3.3　收费系数的确定方法

高速公路收费系数是针对车型来讲的,需要考虑多种因素,包括车辆高速公路使用的级差效益、各车型动态占用高速公路的面积、各车型对高速公路的破坏系数等,决策者可以根据需要对几种因素赋予不同的权重并最终确定出相应的收费系数,其决策流程如图 4-1 所示。

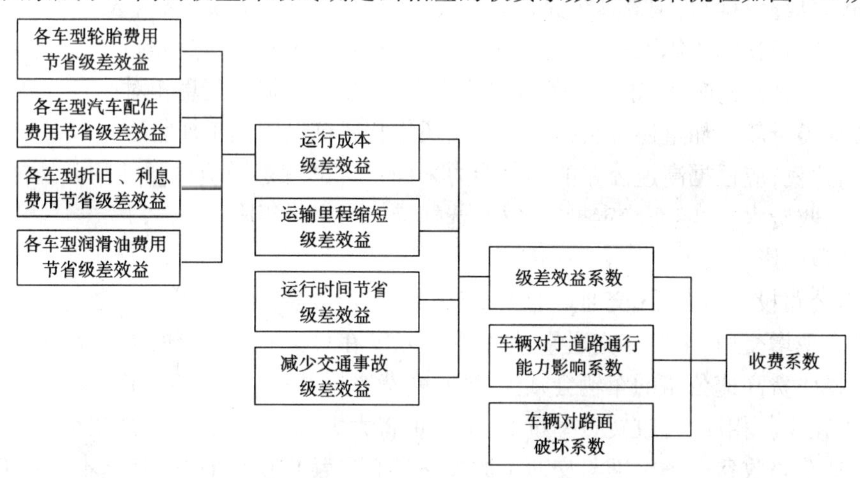

图 4-1　高速公路收费系数决策流程图

4.2.3.4　高速公路收费费率的确定

(1)影响收费费率的因素分析

影响高速公路收费费率的因素可分为两个方面:一是内部因素,这包括高速公路的类型,建设投资的规模和结构,如贷款规模、贷款利息、贷款偿还期限,以及高速公路的里程,使用性能,养护管理成本等。另一方面是外部因素,包括地区经济水平与交通量大小,路网密度,并行高速公路的使用性能以及车辆组成及其经济性能。对于使用者来说,是否选择收费高速公路,主要取决于不同路线及运输方式综合成本节约的状况,成本节约包括四部分:车辆运营成本(油耗、轮胎、维修等等)、距离成本、时间成本及事故成本(交通事故、货损等)。除此之外,使用者的客观经济条件及消费心理对收费也有很大影响,具体表现在该高速公路影响区的经济状况与人民生活水平,也就是说车辆使用者愿意支付怎样水平的通行费来使用高速公路。虽然影响收费标准的因素繁多而且复杂,但起决定作用的因素还是车辆拥有者通行费的真实承受水平。下面我们就从以下几个方面分别进行讨论。

①收费目的

由于投资结构与管理目标不同,收费管理部门的收费目的也有较大差异。就投资结构来讲,收费的目的有三类:一是偿还贷款;二是收费经营;三是控制收费。前两类实际上是在出让暂时使用权而收取经济补偿。偿还贷款性收费在制定收费费率时,应以本息额、还贷期、交通需求、经济发展水平、未来发生的成本等因素来确定费率;经营性收费必须根据交通量需求、期望回报率、经济发展水平等因素来研究。控制性收费的目的是减少拥挤,保证通行能力。这一目的是通过控制交通需求,从而提高整体社会经济效益,减少延误。因而费率的确定应从降低运营成本、提高经济效益和缓解交通拥挤出发,对不拥挤的高速公路和时段则不收费。

从以上分析看,为不同的收费目的制定收费标准时,应考虑不同的控制目标。对偿还贷款和控制交通需求以减少高速公路拥挤为目的的收费,均应以社会效益最大为目标函数;对收费经营为目的的收费则以财务目标——获得合理的盈利为目标函数进行费率的制定。

②投资规模和结构

政府部门对作为国家大型基础设施的高速公路建设进行财政补贴,而大部分资金需要通过借贷方式完成。目前我国高速公路建设主要是争取世界银行与亚洲开发银行的优惠贷款,其贷款利率低,贷款偿还年限长,这对我国的高速公路建设是非常有利的。但这种贷款是有限的,为加快建设,使用向其他银行贷款或民间集资的方式,其贷款利息相对而言较高,还贷期限短,过多的这类贷款会加重还贷负担。目前偿还贷款还仅仅依赖于征收通行费,如何正确确定贷款额度与比例,应根据高速公路的还贷能力来确定。也就是说应根据使用者所能承受的收费标准,预估收费水平,继而确定投资结构,选择贷款利率与年限。

③交通量的影响

当高速公路投入运营后,交通量的大小直接体现着收费效益状况。交通量一般由三部分组成,分别为诱增交通量、转移交通量、趋势交通量。在总交通量一定的情况下,随着收费费率的提高,选择收费高速公路的车辆会减少;当收费费率超过一定程度时,交通量会大大降低,收费总额随之减少。相反,若收费费率过低,交通量将大大提高,而收费总额也会随之下降。因此,确定高速公路收费费率标准与交通量的关系具有非常重要的意义,其基本用途有两个:一是在保证一定有效交通量水平下,确定相应的收费标准;二是可确定最佳收费标准,使收费效益最大。这是高速公路社会效益与经营管理效益两个方面相互矛盾的体现。要充分发挥高速公路的社会效益,要求尽可能多的车辆使用高速公路,这就要求经营者降低收费率,一方面收费率降低到一定程度时,即使交通量较大但其总收益会降低,另一方面过大的交通量,管理者的养护维修投入也随之增大。正确了解收费标准与交通量的关系是充分发挥高速公路社会效益的前提。在交通量组成中,收费标准影响的主要部分是转移交通量。转移交通量分为运输方式转移与路线转移两部分。运输方式与路线的转移主要受使用成本及行驶时间、舒适性、安全性等交通条件的影响,除公路运输外,运输方式还包括铁路、水运、航空及管道等方式。而运输路线这里指的是与高速公路并行的其他公路。对收费高速公路来讲,在行驶时间、舒适性、安全性等条件不变的情况下,各方式及各线路向收费高速公路转移的交通量决定于使用成本,也就是收费标准。

④高速公路养护管理成本

高速公路收费不仅要偿还初期建设的借贷资金还要支付高速公路本身的养护管理费用。对于商品化高速公路还应考虑企业经营利润的提留。目前我国高速公路收费以政府经营为主,因而必须研究养护管理成本在收费期内的变化及对收费标准的影响,这对正确预估公路还贷能力以及工程项目经济评价是有利的。养护管理费用指的是从事收费及养护工作的人员工资、设备及办公费,以及公路养护工程的投入,这包括路面、路肩、路基、结构物、排水和绿化等养护工作。

在收费还贷期限内,如果交通荷载过大或养护投入不足,会使路面过早进入大、中修阶段。一次大、中修的费用,单位公里少则数十万元,多则上百万元,其一次性投入是相当大的。倘若建设投资中的结构不当,还贷负担较重的话,将使公路收费管理工作处于恶性循环之中。因此在还贷期限内如何合理控制交通量,保证养护工作进行地及时、合理,对收费经营管理工作的良性循环有积极意义,也只有各方面相互协调,才能保证最佳的收费效益。

(2)高速公路收费费率计算模型

①还贷收费率的确定

对于还贷收费高速公路,收费的基本目的是为了偿还建设贷款、养护管理费和贷款利息,实现高速公路建设的收支平衡,所确定的费率应该满足平衡财政约束条件下实现社会福利的最大化,而不是利润的最大化。在此我们选用平均成本定价模型,平均成本定价模型以消费者剩余价值最大为目标,以财政收支平衡为约束,追求社会福利最大。为了实际定价,我们一般采用一般定价模型代替平均成本定价模型。这样收费定价的问题就转化为对前期投资支出和收费期年支出 C_t、交通量 Q_t、投资收益率 i 及收费年限 n 和建设年限 n_0 的确定问题。根据平均成本定价原理及计算期内收支平衡目的可得式(4-1):

$$\sum_{t=0}^{n_0+n} C_t(1+i)^{-t} = \sum_{t=n+1}^{n_0+n} B_t(1+i)^{-t} = \sum_{n_t=n_0+1}^{n_0+n} P \times Q_t(1-T)(1+i)^{-t} \tag{4-1}$$

式中:n_0——收费高速公路建设期;

n——收费高速公路的收费期;

C_t——收费高速公路第 t 年现金支出;

B_t——收费高速公路收费期第 t 年现金流入;

P——每标准车次的收费额;

Q_t——收费期第 t 年的交通量;

t——营业税率。

由式(4-1)确定收费费率为:

$$P = \frac{\sum_{t=0}^{n_0+n} C_t(1+i)^{-t}}{\sum_{n_t=n_0+1}^{n_0+n} Q_t(1-T)(1+i)^{-t}} \tag{4-2}$$

式中各参数意义同式(4-1)。

②拥挤收费率的确定

拥挤收费是指对行驶于拥挤高速公路的车辆或者高峰时段的车辆征收的费用。它的目的是利用价格机制的作用来控制和限制交通量,以减少或者消除拥挤。高速公路拥挤收费的理

论基础是经济学中的最优定价理论，从经济学的角度来考虑，定价是经济学中资源配置的有效手段，最优定价也称边际成本定价。就高速公路而言，其边际成本是指在某一特定的地点和时间上，增加一辆车而引起的经营者和现有路段上所有出行者的社会总成本的增加。边际成本定价的经济学解释是：在拥挤条件下，公路使用者只考虑其出行的个人成本，而没有看到由于他们的出行加入车流而使车流中所有其他的使用者减慢速度，从而加剧了公路的拥挤而增大出行社会成本的事实。因此，从经济学上讲，公路使用者不仅应支付其出行的平均成本，还应承担其加在别的出行者身上的额外成本。对公路使用者按其边际成本收费将保证该公路的使用是高效率的。

在此我们选用社会效益与总成本之差的最大化进行研究，见式(4-3)：

$$\max W = B - C = \int_0^V P(u)\,du - V \times C(V/V_K) - C_K \times V_K \tag{4-3}$$

式中：W——社会福利；

B——社会总效益；

C——总成本；

$P(u)$——公路使用者的需求反函数；

V——收费交通量；

V_K——高速公路通行能力；

$C(V/V_K)$——公路使用者的平均成本。

在式中求 W 对 V 的导数，令其等于零，即为理论最优定价，见式(4-4)

$$P(V) = MC = \partial V_C(V/V_K) = C(V/V_K) + V\frac{\partial C}{\partial V} \tag{4-4}$$

式中各参数意义同式(4-3)。

从式中可以看出，最优价格等于公路使用者的边际成本，它包括两部分：平均使用成本 $C(V/V_K)$ 加上交通量 V 与交通量引起平均成本的变化 dC/dV 乘积。后一部分为公路使用者加在别的出行者身上的额外成本，称为拥挤外部效应。解决拥挤外部效应的有效方法是，对每一个公路使用者征收拥挤费用。我们可以利用图4-2进行分析。

在图中 V_1 为最优交通量，它由需求曲线与边际成本曲线的交点决定；V_0 为由需求曲线与平均成本曲线相交而成的均衡交通量，V_0 超过 V_1 的部分是由于公路使用者不考虑他们车辆加入给其他使用者所造成的延误，从而增加了整个社会的出行成本，因此是低效率的。为了使均衡交通量减少到最优交通量，可以采用经济手段，对公路使用者征收最优拥挤收费，即为图中点 A 与 B 之间的垂直距离，当然这也属于一种比较保守的定价方法。

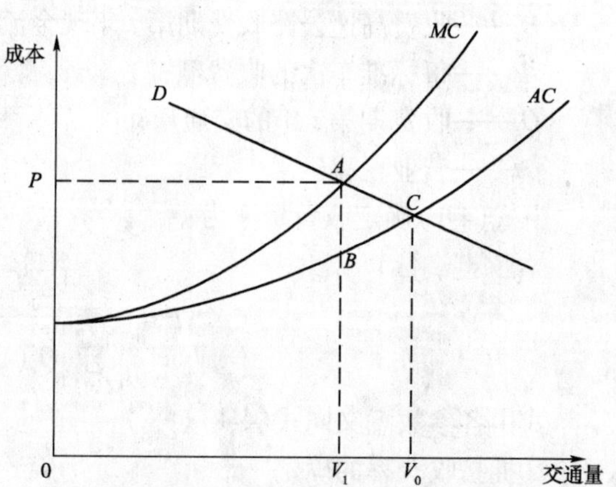

图4-2　交通量成本曲线图

D-出行需求曲线；*MC*-边际成本曲线；*AC*-平均成本曲线

③经营性收费率的确定

当高速公路收费的目的是收回投资并取

得一定的利润时，这种收费是经营性收费。经营性收费在特许经营期内收回投资的同时，必须取得投资利润，甚至是高额利润。

经营性收费的投资商在主观上要求在特许经营期内实现最大限度的商业利润，但因收费需求的价格弹性作用，收费标准必须影响交通量的发生，故此收费标准既受投资成本和投资回报率的影响，还受到价格弹性的影响。该种收费模型的目的是实现利润的最大化，在实际工作中可以应用预期收益率 K 或者称为投资报酬率的方式确定收费标准，则按现值及投资率可得资金平衡方程式为：

$$\sum_{t=0}^{n_0} C_{1t}(1+K)^{-t} = \sum_{t=n_0+1}^{n_0+n} [P \times Q_t(1-T) - C_{2t}](1+K)^{-t} \tag{4-5}$$

式中：Q_t——第 t 年的交通量；

P——费率；

T——税率；

K——投资收益率；

n_0——建设期；

C_{1t}——建设期年投资；

C_{2t}——收费期年经营建设支出。

从而可得式(4-6)，即为经营性收费费率。

$$P = \frac{\sum_{t=0}^{n_0} C_{1t}(1+K)^{-t} + \sum_{t=n_0+1}^{n_0+n} C_{2t}(1+K)^{-t}}{\sum_{t=n_0+1}^{n_0+n} Q_t(1-T)(1+K)^{-t}} \tag{4-6}$$

式中各参数意义同式(4-5)。

4.2.4　高速公路资金政策

高速公路作为国家大型基础设施具有较强的社会公益性，属于公共产品，因此政府投资是建设资金主要筹措渠道。这方面基本上国内外情况相同。但高速公路有着高于一般公路的级差收益，使得高速公路在某种程度上又接近私人产品，可以采取市场运作的方式，多种渠道筹措社会资金，然后通过收费的方式进行补偿。在市场制度下，高速公路也可以说是一种准私人产品。通过对直接使用者的收费，弥补高速公路的建设成本，并获取相应利润，从而调动投资者的积极性，加速高速公路建设。

4.2.4.1　高速公路建设主要资金来源

(1)国家财政投资。目前大多数国家公路建设都是国家投资，在高速公路发展的初级阶段财政投资是高速公路建设的主要来源。在我国，高速公路使用者的税费征收也成为公路建设资金的来源和部分财政收入。燃油税基本能够反映车辆对高速公路的使用情况，并且收费简单，征收成本低，效率高，可以作为高速公路建设资金的来源，我国也在积极论证征收燃油税的可行性，然而由于在燃油税的利益分配上存在一些问题，目前暂时还无法实施，但是燃油税的收取是大势所趋，只是时间的问题。所以在不久的将来，国家财政对高速公路建设的投资也将多样化。

(2)借贷集资。一般社会经济效益总是大于借贷利息，利用借贷集资可以在资金短缺和准备时间较短时,完成巨大的基础设施建设投资。

(3)发行股票。募集社会闲散资金来转化为高速公路建设资金。

(4)征收土地增值税。高速公路可以带动周边地区经济发展,因此依据高速公路周边土地增值情况,向周边收益企业征收土地增值税。

(5)运营权转让。通过将高速公路运营权转移给私人或其他企业,从而募集资金建设高速公路。

4.2.4.2　高速公路资金政策

目前,国防、边防公路投资以国家投资为主;干线公路投资以养路费和车辆购置附加税为主;地方公路投资以国家投资为辅,民办公助为主。随着我国高速公路建设的发展,高速公路建设投资越来越多元化,国家不断拓宽融资渠道,扩大高速公路投、融资规模。目前我国高速公路的融资情况如下:

(1)银行贷款

我国高速公路建设的重要资金来源就是银行贷款,银行贷款有时会占到建设总资金的60%以上。如2005年,我国全年公路建设资金来源总计1266亿元,其中银行贷款为821亿元,分别是国内贷款636亿元,国外银行贷款62亿元,地方政府贷款123亿元,银行借贷融资占总投资的64%。

(2)政府投资

高速公路属于国家基础设施,具有公益性。这也就决定了政府必须投入建设高速公路所需的资金。在一般情况下,国家拨款占到修建高速公路所需资金的1/3。

(3)股票和债券融资

股票、债券融资是证券化融资的一种,是将已建成的收费高速公路的收费主体进行改制,组建成股份有限公司,然后向社会发行股票募集所需的资金,并将募集所得到的资金投向新的项目的行为。股票、债券融资,具有效率较高、成本较低、风险共同承担等特点,有利于减轻企业的债务负担、降低企业的投资风险。

(4)BOT融资

BOT是英文build- operate- transfer的缩写,即建设—经营—转让的缩写,主要用于大型基础设施建设。它是政府同项目公司签订特许合同,再由项目公司筹资、设计、建设的项目。项目公司在协议期内拥有营运、维护该设施,并拥有通过收取使用费或服务费收回投资取得合理利润的权利,但在特许期满后必须将该项目转让给政府。目前,国内不少高速公路项目就是采用BOT方式进行融资的。

4.3　高速公路收费总体设计

4.3.1　高速公路收费系统的设计原则

高速公路收费系统从规划设计、建设实施到营运管理是一个十分漫长的过程。为了发挥高速公路快速、安全、舒适、经济等特性,最大限度地吸引交通量,在高速公路建设之前,需要对高速公路收费系统的设计、实施和营运有一个充分、合理的规划和设计。这种规划和设计的合理性是决定高速公路收费系统设计合理与否的关键，将对今后收费系统的营运效率和建设成本的回收产生很大的影响。

高速公路收费系统设计一般应遵循以下原则：

(1)对通过的车辆(除军车、警车、路政车辆等外)进行正确合理收费，利用其先进可靠的监测设备，合理规范的运行操作，最大限度地避免逃、漏通行费的现象发生；

(2)所有的收费记录必须全部入账，所有记录完整、准确，最大限度地避免收费过程及后期管理的财务漏洞；

(3)车道控制系统应精确、可靠，保证各级收费业务的正常执行；

(4)收费系统应具备较高的服务水平，从而体现出收费处理的实用、易操作等特点，尽量减少由于收费系统的介入所产生的交通延误；

(5)高速公路收费系统应能够向监控系统提供必要的交通数据，为高速公路交通管理提供帮助；

(6)应充分考虑到收费系统未来的扩充需要，留有余地，以便系统升级、兼容及功能的扩充；

(7)系统应具有高可靠性及防止人为和自然事故损害收费系统的能力，系统在运行时有完备的自愈功能，对非法操作进行监测及记录，系统具有故障处理诊断和后备功能；

(8)收费操作过程应简明、实用，有助于减轻收费员的工作强度，应加强对军车、紧急车、公务车等特殊车辆的管理；

(9)所有收费记录实现计算机化，统计报表准确、及时，有助于实现办公自动化；

(10)与相关路段的拆账要准确无误，严防作弊。

4.3.2　高速公路收费系统构成及管理体制

4.3.2.1　收费系统构成

收费系统主要由以下几部分构成，如图4-3所示。收费车道系统、收费计算机网络系统、闭路电视监视系统、内部对讲系统、安全报警系统、自动存款存包机及车辆超限超载检测系统等。

4.3.2.2　高速公路收费管理体制

由于高速公路建设投资的多元化和高速公路具有公益性和商品性的双重属性特点，因此高速公路的管理体制应具有政策性、法律性、强制性、稳定性、有偿性、专用性和时效性等特点。因而，要做到“集中、统一、高效、特管”，并且在管理过程中，既要注重路产、路权、路政、运政、安全、稽查等行政执法管理，又要政企分开、实行企业化管理，按市场经济的原则和商品价值规律办事。

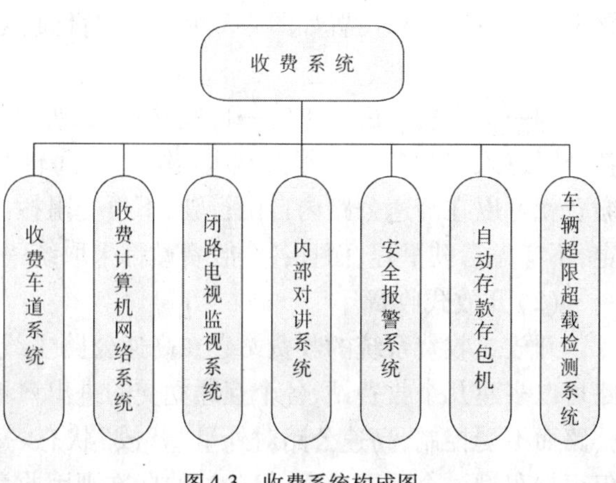

图4-3　收费系统构成图

高速公路除上述特点外，还具有政治性和军事性等方面的特点。因此，研究和制定高速公路收费管理体制时，必须综合考虑高速公路的上述特点及具体道路的特点,以保证收费还贷,提高高速公路的经济效益和社会效益。通常一条高速公路的收费信息管理模式按照收费中心——收费所(分中心)——收费站三级管理模式,如图4-4所示。其中收费中心负责全省高速公路收费业务的管理,收费所(分中心)负责所辖高速公路收费业务的管理,而收费站是最基层的收费管理单位,负责对使用高速公路的车辆进行收费管理。当收费站与收费所(分中心)距离很近时,可以考虑同址合建,此时不必设站级管理,收费业务、数据信息等直接由收费所(分中心)进行管理。

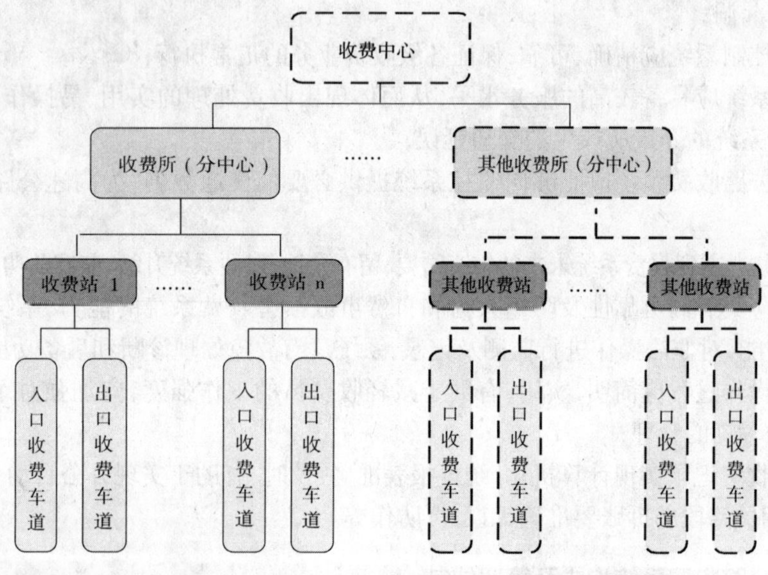

图4-4 收费管理体制图

4.3.3 收费制式的选择

4.3.3.1 收费制式的类型

收费制式决定了高速公路收费系统的建设规模、收费站的建设位置和收费业务流程。目前,收费系统通常采用四种收费制式,即全线均等收费制(简称均一式)、按路段收费制(简称开放式)、实际行驶里程收费制(简称封闭式)以及混合式。四种收费制式的收费站在高速公路上的布设形式和位置如图4-5所示,为简化起见,互通立交简化成喇叭形或菱形。

(1)均一式收费

均一式收费是最简单的一种收费制式,如图4-5a)所示。收费站一般设置在高速公路的各个匝道入(出)口和主线两端入(出)口。每辆车在进出高速公路时,只要在一个收费站停车缴费就可以在高速公路内自由行驶,不再受阻拦。均一制的收费标准仅根据车型一个因素确定,不考虑行驶里程,而且各个收费站都采取统一的收费标准。

(2)开放式收费

开放式收费系统的收费站建在高速公路主线上,一般每隔40~60km,里程较长的高速公路可以多建几个收费站,各个互通立交的进出口不再设收费站,这样车辆可以自由地进出高速公路而不受控制,高速公路对外呈“开放”状态。如图4-5b)所示。每个收费站的收费标准仍仅根据车型一个因素确定,但各站的标准则因收费站的管辖距离不等而有所差别。车辆经过的收费站越多,表明需要缴纳的通行费越多,体现了依据行驶里程决定收取通行费的原则。

(3)封闭式收费

封闭式收费系统的收费站建在高速公路的所有进出口处,其中起终点的进出口收费站一般建在主线上,称为主线起点(或终点)收费站,其收费广场形式与开放式相似,如图4-5c)所示。互通立交进出口收费站建在进出口匝道上,称为互通立交匝道收费站。车辆进出高速公路都要经过收费站并受到控制,仅在高速公路内部可以自由行驶,高速公路对外呈"封闭"状态。车辆驶入高速公路时,首先通过收费站的人口车道,领取一张通行券(卡),上面记录着该收费站的站名或编号及车辆的驶入周期、时间、车型等有关信息,当车辆驶至目的地离开高速公路时,通过当地收费站的出口车道,将通行券(卡)交收费员查验,收费员将根据车型和行驶里程收费。

目前,有些封闭式收费系统也有采取"入口收费,出口验券(卡)"的方法。该方法在一定程度上可防止因某种原因驾驶人使用完收费公路而不缴费的现象。但当车辆实际驶出地点与原目的地不一致时,就需要补交或退还部分费用,这就给高速公路收费管理带来了麻烦。

(4)混合式收费

混合使用开放和封闭式收费制式,根据道路交通OD流的具体分布,设置收费站和确定各站的费额。具体布置如图4-5d),在主线某些点和与主线站靠近且交通量较大的部分匝道入口设置收费站,各站收费额只计车型,不计里程;但各站费额根据站的位置会有差别。

混合收费设备简单,用户缴费也相对方便,有一定的现实作用。但是要保证收费的基本合理,又不过多的增加用户停车缴费的次数,站的设置数目和地点,各站的收费额度都需要根据OD流来进行优化。

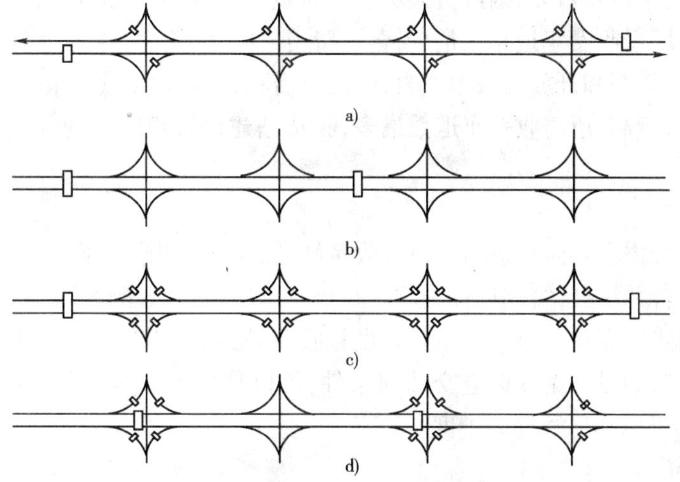

图4-5 四种收费制式收费站布设图

a)均一式;b)开放式;c)封闭式;d)混合式

4.3.3.2 各种收费制式比较

四种形式的收费制式各有自身的特点,下面从收费站建造成本、收费效率、营运费用、收费管理难易、高速公路使用者付费的原则、依行驶里程计费、短程交通管理、对主线交通影响和防止贪污等几个方面对不同收费制式作定性比较,比较结果见表4-2。

四种收费制式的比较　表4-2

收费制式	特点描述	收费合理性	建设投资	运营费用	停车次数	交通情报采集	适用高速公路
均一制	匝道入口收费，同一收费标准，不考虑行驶里程	很不合理	低	低	一次	仅入口情报	路程短
开放式	主线收费，多次交费，不严格按里程收费	较不合理，可能漏收	低	低	一次或多次	仅主线情报	路程短，立交少
封闭式	匝道收费，入口发卡、出口按行驶里程收费	最合理，无漏收	高	高	两次	出入口和路段情报	路程长，立交多
混合式	主线、匝道混合收费	基本合理，可能漏收	较高	较高	一次或多次	部分入口，部分路段	路程长，立交间距大

(1)建造成本

均一式收费系统需在各匝道的进出口设置收费站，收费站分散，占地较多，建设及维护成本较高。开放式收费系统收费站数量少，设施集中，占地少，同时，收费站与互通式立交不建在一起，立交形式不受收费站的影响，可以选择最简单的立交形式，故建造成本相对较低。封闭式因各匝道的进出口均需设收费站，对互通立交形式有专门要求，用地最多，建设及管理维护成本最大。

(2)收费效率与营运费用

均一式收费系统收费手续简便，效率高，车辆行驶高速公路只需一次性缴费，车辆缴费延误最小，但所需收费车道总数多，因收费人员和收费设备数量多，营运费用也高。开放式收费手续简便，效率高，所需收费车道总数最少，营运费用最低，但长途车辆需多次缴费。封闭式采用通行券，入口处理效率和开放式效率相当，但出口需验券收费，手续复杂，效率低；另外，封闭式收费设备复杂，造价高，所需收费车道数最多，收费站建设规模最大，所需收费人员最多，营运费用最高。

(3)管理难度

均一式收费系统需在各匝道进出口设置收费站，因受立交几何形状限制，一般无法以有效方式将入口或出口合并一处，管理比较困难。开放式因收费站数量少，各项管理设施集中，管理相对容易。封闭式因需在各匝道进出口处设置收费站，如采用分散式的收费站。需较多的人力，管理上最困难，如果利用互通立交几何条件，可以将各进出口收费站位置合并一处(集中式收费站)，这样可以降低管理的难度。

(4)使用者付资

开放式收费系统有可能发生部分高速公路使用者免费使用高速公路的情况，有违“使用者付费”原则。均一式与封闭式收费系统无漏收情况，完全符合“使用者付费”原则。

(5)收费合理性

均一式收费系统对高速公路使用者行驶距离无论长短仅缴一次固定费用，无法反映实际行驶里程长度，最不具“以量计价”的公平性。开放式收费系统中，不论行驶里程长短，只要通过收费站，均交相同的通行费。当两个收费站之间有两个或两个以上立交时，部分短程交通车辆则可免费通行，因此，开放式对行驶距离越长者越公平，对短途车辆则可能低收、免收。亦可能多收（超过以里程计费应缴费用），不完全符合“以量计价”的公平性。封闭式根据行驶里程长度缴纳通行费，最符合“以量讨价”原则。

（6）对主线交通影响

开放式收费系统需要车辆在主线上多次停车缴费，对主线交通影响最大。均一式与封闭式可配合匝道控制，维持主线交通流平顺，但当均一式的收费站设置在匝道出口或封闭式的出口匝道收费站，因缴费等候排队可能延伸到主线上时，以至于影响主线交通。

（7）兼顾交通管理

均一式收费系统的收费站若建在进出口匝道上，可以很好地兼顾高速公路进出口的交通管理。开放式不能兼顾高速公路入口的交通管理，阻止行人、非机动车辆及不合格车辆的进入。封闭式因在所有进出口设置收费站，可以完全兼顾进出口的交通管理。

（8）安全性

由于在高速公路上行驶的车辆速度相当高，车辆需减速至零，以通过收费站，故主线上的收费站的数量越少，行车越安全，交通越流畅。一般来说，车辆从普通高速公路进入高速公路入口匝道时，速度低，从驶出高速公路到出口匝道收费站时，车速较高，且车辆速度相对难于掌握，所以建在入口匝道上的收费站比建在出口匝道上的收费站安全一些。因此开放式收费系统安全性差，均一式好（特别是收费站建在入口匝道上的），封闭式次之。

（9）作弊贪污可能性

开放式和均一式收费系统均要求车辆经过收费站时按车型缴费，收费员容易利用车型贪污；封闭式要求在入口和出口处两次判别车型，因而收费员利用车型进行贪污相对困难，出于封闭式是根据里程和车型缴费，其他作弊方式较多，例如中途换票、倒卡等。

4.3.3.3　不同收费制式的适用范围

均一式比较适合于都市高速公路、环城高速公路和短途城市间高速公路，其交通特点是总里程较短，互通式立交多且密，车辆行驶里程短。此外，收费站和互通立交的规模和形式又受到用地的限制，因而需要很高的处理效率，这些特点和要求均一式能比较好地适应。

开放式收费系统在欧美国家应用较多，主要应用于里程较短或互通立交较少的高速公路，或者独立收费的桥梁、隧道和非封闭的收费高速公路等，对于中长里程的高速公路，由于漏收、长途车辆需多次停车缴费以及不能兼顾交通管理等问题比较突出，所以开放式较少采用。

封闭式收费系统一般适用于高速公路里程较长，互通立交较多，以及车辆的行驶里程差距较大的高速公路。它具有收费合理、长途车缴费延误小等突出优点，但同时也存在建设投资和营运成本高、管理复杂等突出问题。我国所建的高速公路大都选择封闭式收费系统。

4.3.4　收费方式的选择

收费方式指收取车辆通行费中的一系列操作过程，涉及车型分类、通行券（卡）选择、通行费计算、付款方式和停车/不停车收费等因素。每种要素有多种不同的形式，选择收费方式，就是选择不同形式的组合。随着科技的进步，收费技术和收费设施的不断发展，收费方式形式多样，种类繁多。

4.3.4.1 收费方式分类

一般来说,根据收费员参与收费过程的多少,收费方式可分为人工收费、半自动收费、全自动收费方式;从用户(驾驶人)的角度来分,可分为停车和不停车收费方式。

(1)人工收费

人工收费系统不使用或基本不使用电子和机械设备,收费过程由人工完成,即人工判车型,人工套用收费标准,人工收钱、找零、给发票。这种方式需要较多的收费人员与单调繁琐的程序,采用人监督人的方式。

一般来讲,人工收费方式的过程是:车辆进入收费站收费车道时,收费员目测判断车辆类型后,按规定的费率确定应收的金额,驾驶人将应缴的费用交给收费员,在收费员完成找零后,发给驾驶人一张印好的收据,上面记载着时间、地点、收费金额等信息,然后放行。显然,在均一式和开放式系统收费中,缴费是一次完成的。

在封闭式收费系统中,入口处收费员判断车型,发放具有入口信息的事先印刷好的通行券。在出口处,驾驶人将通行券交给收费员,收费员判断车型,根据所行驶的里程和费率收取通行费,并具发票,然后放行。在封闭式中,因为采取了人发券,出口验券收费,采用进出口票据核对的方式,在一定程度可防止收费中的一些作弊现象。

人工收费方式的特点是除基本的土建费以外,它不需要其他的收费设施和管理设备,投资较少,造价低,可迅速建成实施收费,在处理异常情况时有很大的灵活性,但同时也容易产生误差和作弊行为。由于收费全过程为人工处理,不仅大大增加了收费人员的编制和工作量,而且增加了车辆在收费车道上的延误,影响交通流通畅。另外,在车辆行驶里程计算和车型分类上难免会出现差错,造成争吵和漏收,也很难防止作弊现象的发生。这不但给收费管理工作带来很大麻烦,而且也会造成收费收入的巨大损失。如何防止漏收、冲卡和贪污现象的发生,已成为人工收费管理工作一大突出难题。

(2)半自动收费方式

半自动收费方式指收费过程由电子、机械设备和人共同完成的收费方式。它通过计算机、电子收费设备、交通控制和显示设施代替人工收费方式操作的一部分工作。目前我国的收费站,绝大部分使用此种收费方式,同时增加闭路电视监视系统,形成独具特色的"人工收费、计算机管理、闭路电视监视"的半自动收费模式。

这种方式的特点是使用了一些设备代替人工操作,降低了收费员的劳动强度,将人工审计核算、人工财务统计报表转变为计算机数据管理,极大地减轻收费管理人员的劳动强度,使收费高速公路的收费管理体制系统化和科学化,通行费流失大大减少,漏洞得到一定程度的控制,但投资比较大,造价比较高。

(3)自动收费方式

自动收费方式指电子收费系统(Electronic Toll Collection,简称 ETC)或不停车收费系统,指利用电子计算机与通信技术,完成收费、统计和监控工作,使驾驶人无需停车便可缴费。

不停车、无人工操作和无现金交易是电子收费系统的三个主要特点,它适合开放式和封闭式两种收费制式,避免了现有半自动收费过程中的弊端;由于不需要停车等候,当交通量较大时,不会产生收费站前的车辆排队等候现象,减少了车辆延误;由于无需人工参与和无现金交易,可完全避免收费过程中的舞弊和贪污现象,同时也能解决由于交通堵塞而引起的能源消耗和环境污染等问题。对于需要实施拥挤收费来控制交通需求的地方,不停车收费方式可很好地适应在不同时段、不同地段对不同车型实现不同的收费标难。

20 世纪 90 年代以来,ETC 在国外被广泛使用于开放式收费站,而在国内一些省市的高速公路也已有实施。随着交通量的上升,主线收费站车辆堵塞越来越严重,已成为高速公路的瓶颈。增修收费车道可减轻拥挤,但加修车道对于交通拥挤的改善影响有限。同时,不是所有收费站都有空地可供修建新车道。在电子收费系统中,通行车辆前装有作为通行券使用的电子标签,它与装在车道上空的收发通信器进行微波通信以验证通行权,判别车辆类型自动核算记录通行费额,车辆不需停车,凭借收费数据记录,实现事后无人自动收费。ETC 代表着当今最先进的收费技术,也是未来发展的方向,有着广阔的发展前景。

4.3.4.2　三种收费方式的比较

各种收费方式都有各自的特点和适用范围,下面将从缴费等候延误、征费率、投资成本、作业成本和实施难度五个方面进行比较。

(1)缴费等候延误

缴费等候延误是车辆进站减速、排队等候、缴费和驶离收费车道达到允许最高车速所需时间之和。其中办理缴费的时间主要由设备处理时间、人工操作设备时间和缴付通行费时间三个部分组成,因而在同样的付款方式下,人工收费方式造成的驾驶人等候延误比半自动收费方式要大。如果采用非接触 IC 卡为通行券或采用刷卡付费,减少收费找零,则可在极短的时间内完成交易,大大减少了办理收费的时间,因而此种收费方式的缴费延误比人工方式减少许多。不停车收费方式可允许车辆以某一速度通过收费站,不会产生等候延误。

(2)征费率

收费系统的主要目标是将应该征收的费额全部收回。事实上由于存在差错和费额的人为流失,征收率很难达到 100% 。差错表现为设备执行错误和人为的操作差错。人工收费过程会使某些环节存在作弊的可能性。一般而言,可靠度高、精度高的设备的出错率比人工操作要低。

(3)投资成本

投资成本是指收费站必要设施与管理设施的设置成本。人工收费除基本的土木建筑外,不需任何机器设备,因此投资最低;半自动收费方式除需人工收费方式的土木建筑费外,还需投资机器设备,因此投资成本高;而不停车收费力式,尽管收费设备单价很高,但因收费效率很高,所需设备数量和收费站占地面积比半自动收费方式所需要少,因而投资成本相对合理。

(4)作业成本

作业成本是指收费系统每年必须支付给收费人员与管理人员的各种开支以及收费业务与收费设施维护所需费用等。人工收费方式作业成本主要为人事费用,而此种成本可能会因采用一些机器设备代替部分人工收费,因收费人员数量降低,成本可望减少。但半自动收费方式需增加设备维护费和材料消耗开支等,特别是像使用磁票为通行券的现金付款方式,其作业成本可能比人工收费方式高出许多。不停车收费方式可做到几乎无人直接参与,而所采用的设备都是无接触读写设备和测量设备,可靠性和精度都很高,其作业成本主要为设备维修费用,应该可维持低作业成本水平。

(5)实施难度

人工收费方式的缴费程序对收费员或驾驶人均简单明了,若发生异常情况,例如缴费额不足,违章车辆(冲卡)或钱币真伪辨别等,收费员可迅速反应。因此,实施难度最低。半自动收费方式在缴费过程中需要驾驶人了解整个程序并完全配合,收费员必须按规定程序进行工作,如果发生设备故障、通行券损坏时,较难及时处理。自动收费方式在实施初期会发生部分车辆未装车载电子标签而驶入 ETC 车道问题,给收费管理带来较多困难,因此,初期实施难度较大。随着技术的发展和人们缴费意识和自觉性的提高,自动收费方式将逐步发挥更大的作用。

4.3.5 车型分类

几乎所有高速公路都对通行车辆加以分类,按车辆类型收取不同的通行费,以保证通行费征收的相对合理性。不同的国家、不同的地区、不同的高速公路,根据当地的车辆构成、交通量水平、收费目的、分类方法等实际情况在类别划分上也不尽相同。由于不同的车型分类方法对收费系统所需的硬件、软件要求也不同,因此对车型分类进行研究是非常必要的。

4.3.5.1 车型分类的原则

当今国内外收费高速公路对车型分类尚无统一标准,但分类的原则和方法基本是一致的,即公平合理性和简单明确性。

(1)公平合理性

车型分类的公平合理性可以最大限度地吸引交通量。一般从两个方面考虑,首先从车对路的影响方面考虑,不同车辆因其轴重和总重量的差别而对高速公路、桥梁等设施的使用寿命带来不同影响;不同车辆因其体积和机动性能的差别对高速公路的通行能力和服务水平带来不同影响。从高速公路对车辆产生的效益方面考虑,收费高速公路与原有公路相比都会因通行距离缩短,或因高速公路标准提高,而使车辆通行时间缩短,营运成本降低,从而使高速公路使用者获得一定效益。不同车辆行驶同样收费高速公路所获效益会有差别,也应据此区分车型,公平分担通行费。

(2)简单明确性

车型分类的简单明确性可以保证判断准确性和处理快速性。在尽可能按公平的原则进行车辆分类的同时,还要考虑到车型判别的简明性,即能适用于人工判别也可用于机器自动判别,以保证处理速度和判断准确性,从而保证收费系统的高效和杜绝错收、漏收。

4.3.5.2 车型分类标准

(1)车型分类参数

车型分类是依据不同类型车辆对路面的破坏程度、车辆对高速公路通行能力的影响和车辆运营效率等来划分的,因而可按反映这些因素的直接或间接的特征来分类,可从以下几个方面考虑:

①按车辆外形几何尺才与形状分类,如以车长、车高、车宽等几何形状参数来区分小、中、大型车辆;

②按车辆机械物理参数分类,如以轴数、轴距、轮数、轮胎大小等参数来区分不同车型;

③按车辆重力分类,如车轴及其车轴载重力来区分实际重力不同的车型;

④按车辆运营效益特征分类,如以货车的额定载质量、客车的座位数来区分车型;

⑤按车辆标志数据分类,如以车辆牌照颜色,号码区分警、军等免费车与普通收费车辆,特

定牌照的预缴费车辆的车型。

上述参数有些易于机器判别，有些易于人工判别，有些参数易于高速行驶中的车辆判别，因而分类特征的参数选择应根据分类方法（人工判型或自动分类等）来确定。出于车辆重力对于高速公路的破坏远远大于流量的破坏，对每一辆车的每一次通行费，按照车辆重力收费比按照车型收费更具有合理性，而且，以目前超载现象严重的现状来看，按车型收费，实际上也是票款严重流失的原因之一；按重力收费则可堵塞这一漏洞，同时也能控制货车超载量，保护国家政府投资最大的单项工程——公路、桥梁、隧道。但是，目前车辆重力判别却存在较大的困难，静态轴重力测量系统精度高，但处理时间较长，影响收费车道通行能力，而动态轴重力测量系统精度还达不到实际应用水平，检测结果不易被用户接受，且检测系统可靠性低，寿命短，故很少直接用于收费系统车辆类型自动判别上（车型预判），但可用于监督人工判别车型（车型后校）。

（2）车型分类标准

虽然《收费公路车辆通行费车型分类》（JT/T 489—2003）对车型进行了分类，如表 4-3 所示。但目前各省市高速公路发展水平有差距，车辆类型比例也有区别，因此，各省市参照《收费公路车辆通行费车型分类》（JT/T 489—2003）的规定，各自制定了适合本地区相应的车型分类标准。

收费公路车辆通行费车型分类 表 4-3

类别	车型及规格	
	客车	货车
第 1 类	≤7 座	≤2t
第 2 类	8～19 座	2t～5t（含 5t）
第 3 类	20～39 座	5t～10t（含 10t）
第 4 类	≥40 座	10t～15t（含 15t） 20ft 集装箱车
第 5 类		＞15t 40ft 集装箱车

目前我国大多数高速公路收费系统是以货车额定载质量 m（t）/客车座位数 N 和轮轴数来进行分类的。其中，以货车额定载质量 m（t）/客车座位数 N 分类见表 4-4，以轮轴数来进行分类见表 4-5。需要说明的是，表中给出的标准值仅供参考。

以货车额定载质量 m（t）/客车座位数 N 来分类的标准 表 4-4

车型	车辆名称	车辆判别参数	
		额定载质量 m（t）	座位数 N
1	小型货车	m≤2.5	
	小型客车		N≤19
2	中型货车	2.5≤m≤7	
	中型客车		20＜N≤39

续上表

车型	车辆名称	车辆判别参数	
		额定载质量 m(t)	座位数 N
3	大型货车	7 < m≤14	
	大型客车		N≥40
4	大型货车	14 < m≤39	
5	特大型货车	m≥40	

以轮轴数来分类的标准　　表 4-5

车型	分 类 标 准				车 辆 名 称
	轴距(m)	车头高度(m)	轴数	轮数	
1	<3.2	<1.3	2	2~4	小轿车、吉普车、的士头人货车、摩托车
2	≥3.2	≥1.3	2	4	面包车、小型人货车、轻型货车、小型客车
3	≥3.2	≥1.3	2	6	中型客车、大型客车、中型货车
4	≥3.2	≥1.3	3	6~10	大型客车、大型货车、大型拖挂车、20 尺集装箱车
5	≥3.2	≥1.3	>3	>10	重型货车、重型拖挂车、40 尺集装箱车

4.3.6　通行券类型的选择

通行券是封闭式收费制式特有的产物。要合理收取车辆通行费,必须知道车辆类型、入口地址等必要信息,通行券就是携带上述信息的载体。通行券的进步体现了技术的发展,通行券的形式及携带的收费信息随着技术发展还会出现更多新的类型,但通行券携带的基本信息不会改变。通行券必须携带的基本信息主要如下:高速公路名称、入口站名称、车辆类型、入口收费员号、通行车辆车情、通过入口站的日期及时间及其他信息,如入口车道号、班次等,可根据各条路的管理要求增减。

通行券种类较多,一般按数据记录介质分类,可分为印刷通行券、打印通行券、条形码通行券、磁票/磁卡通行券、IC 卡通行券、车载电子标签等,它们都有各自的优缺点和适用范围。通行券的类型如图 4-6 所示。

4.3.6.1　印刷通行券

印刷通行券为一次性使用的纸质通行券,常用于高速公路开通初期及人工收费和半自动收费方式。通行券表面印有高速公路名称、入口收费站名称或收费站代码、车型类别和通行券编号等必须信息。入口发放时,由收费员在印刷通行券上盖上当班收费员代码、当班日期、时间等信息。车辆驶离高速公路时,在出口站驾驶人交回通行券。由于印刷通行券制作简单,成本低,收费处理简便。不需专用读写设备,因此投资少,运行成本低。但这种通行券记录信息有限,许多随机信息如车辆驶入高速公路时间信息、收费员信息、车型信息,均靠收费员人工完成,不仅工作繁琐,而且会大大增加操作时间,降低收费效率。另外,这种通行券上的随机信息记录全部由人工完成,很难对高速公路的使用者和收费者进行监督,漏洞很多,给管理带来极大的困难。

采用印刷通行券方式，从通行券印刷、发放到回收过程的管理，都必须有一整套的管理制度和一支强有力的稽查管理队伍，必要时需要配备一些仪器设备进行监督，如车辆计数器、闭路电视监视和密闭式票箱等。

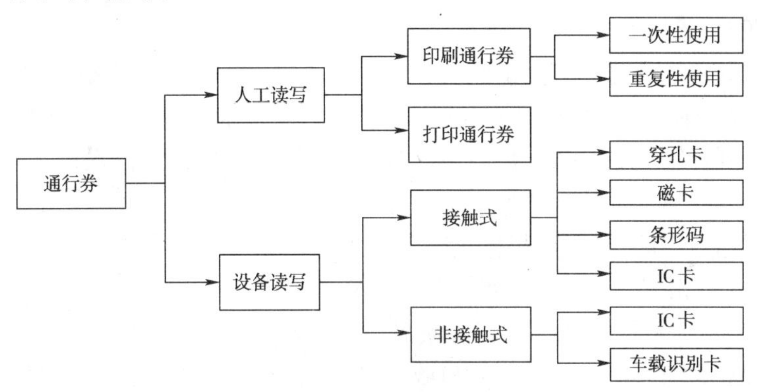

图4-6　通行券类型

4.3.6.2　打印通行券

打印通行券是一次性通行券，一般用于半自动收费方式。它是利用套打技术，在入口将一些随机信息，如日期、时间、收费员代码、车型或车型代码、入口站代码、入口车道代码等打印在事先印刷好固定信息的通行券上，同时这些信息存入收费站计算机里。为防止驾驶人在行驶途中换券进行作弊，也可将车辆牌照最后两位数打印在通行券上。在出口车道，收费员只要把通行券上的主要信息，如入口站代码和车型代码。通过键盘输入计算机终端，终端会自动计价并显示费额，同时也将这些处理信息存入收费站计算机内。

由于实行了进出口的计算机记录，使得收费管理水平有所提高，但是打印信息仍然有限，且易涂改和伪造，进出口信息全靠人工键入，易出错，效率低。为防止收费员输入有误，不得不人工复查，每天要回收大量通行券，不但给管理人员增加工作负担，而且不能充分发挥计算机的作用。

4.3.6.3　条形码通行券

条形码通行券属于打印通行券。条形码是由条形码符号及其相应的字符组成的标记，是一种光电扫描识读设备并实现信息自动输入计算机的图形标识符。简单地说，它是印刷在纸上由一组粗细不同的平行线条按特定格式安排间距的条形码符号和字符组成。当条形码阅读器从条形码上划过时，根据光的反射原理和光电转换原理，条和空的宽度就被译码器译出，从而转换为计算机可读的数据，实现数据的快速自动录入。由于条形码的编码规则和高质量的条形码印刷，条形码数据录入的误码率极低，可达到几百万分之一以下。影响条形码误码率的原因是没有足够的前后空白区，条色与空白（间隔色）没有足够的对比度，条和空的宽度模糊不清，有污点或脱墨点或断线情况。

条形码可以记录数据，并能方便地实现数据的自动输入，减少了数据录入时间和差错率，提高了工作效率。当条形码用于通行券时，应在入口收费车道配备条形码打印机，在计算机控制下打印日期、时间、入口代码、车型代码、车道代码等条形码符号，制成条形码通行券，在出口由条形码阅读器将条形码通行券上的信息读入计算机，自动计算出通行费。这样可提高出口收费效率，减小人工键入的差错率。

国内部分高速公路收费系统已采用条形码通行券,应用时要注意几个方面:一是对使用环境要求较高,在印刷和使用中出现污点将严重降低识读率,甚至读不出来;二是记录密度小,记录的信息较少;三是条形码容易识别也容易伪造或修改;四是对条形码印刷质量要求高。

4.3.6.4 磁票通行券

磁票是一条薄薄的由排列定向的铁磁性微粒组成的材料。它用树脂融合剂严密地融合在一起(磁条),并粘合在名片大小的特制纸质的卡片。通过专用读写器与计算机相连,可将磁票上的数据输入到计算机,也可记录出计算机输出的数据。它为人们提供了一种对数据快速准确地进行存取的介质。

当磁票用于通行券时,磁票可根据实际需要预先印刷的营运公司名称、收费站编号、车型分类标准、收费标准、广告等一些固定信息。在入口时,读写设备与打印机相结合(两者可做在一起)在磁条上写入日期、时间、入口收费站代码、车道代码、收费员代码、车型代码和若干管理信息,并在磁票上打印车型代码,入口收费站代码,年、月、日、时、分等必要可视信息;在出口时,读写器读出记录在磁条上的信息,计算机按车型和行驶里程计算和显示通行费额,并打印收费发票。在磁票上打印入口收费站代码和车型代码等相关信息,目的是为避免在出口读写器出现故障或磁票损坏的情况下,收费员可根据票面打印的可视信息继续操作,在驾驶人与收费员发生争执时,易于解决处理。

由于在磁票上打印了使用信息,不可再次使用,故磁票属于一次性通行券。使用磁票的主要优点是磁票成本低,一次性投资低,不需回收,信息读写容易、准确,操作简单,使用方便,不易伪造,有利于防止人为作弊,人工介入少,大部分操作为设备或计算机处理,管理效率高,特别是磁票还有可打印性,可用作正式通行费发票。

4.3.6.5 磁卡通行券

在塑料等卡基上涂布或粘贴条状磁面存储媒体用以记录数字数据的卡片称为磁卡。通过专用读写设备与计算机相连,可将磁卡上的数据向计算机输入,磁卡也可记录由计算机输出的数据,目前磁卡在金融系统中广泛地被用作信用卡、电话卡等。收费系统中可用磁卡作通行券和各种通行卡,在我国广深高速公路、深汕高速公路东段等被使用。磁卡的标准外形尺寸为(85.47~85.72)mm×(53.92~54.02)mm,厚度为(0.68~0.80)mm。

磁卡和磁票一样,都需要专用的读写设备来读写信息。为了保证能准确地写入/读出卡中的信息,读写设备磁头必须紧贴磁条,两者相对移动速度要均匀。专用读写设备价格很高,且机械传动部件和磁头易损坏,是收费设备主要耗损件,每年大量维护费用和占用许多有效工作时间。同时,由于机械传动的可靠性、读写速度慢,增加了收费处理时间,也增加了车辆延误时间。

一般的磁卡读写器多做成小型手动插入式的附件形式。操作时,只需将卡片按正确的方向插入读写器的插缝入口内即可启动读写验证等操作,其输入输出则经微处理器控制的接口电路与计算机交换信息。

磁卡用做通行券时,由于其质地结实,相对来说不易伪造,记录信息准确,磁条可读可写上千次,故可多次使用,运行成本相对较低,管理效率高,但一次性投资成本高,且需要跟踪磁卡的流动情况,增加了管理工作量。同时,由于磁卡的所有信息都被编写在磁条上,卡上无可视性,当设备故障、磁卡损坏、电源停电时,通行券上的信息无法确认,因此,必须配备一套切实可行的应急措施来处理异常事件的发生。

4.3.6.6　IC 卡通行券

IC 卡就是集成电路卡，是一种随半导体技术的发展和社会对信息安全性等要求的日益提高应运而生的。IC 卡具有微处理器及大容量存储器等的集成电路芯片，胶装于塑料等基片上制成的卡片。它的外形与普通磁卡做成的信用卡近似，略厚一些，具体尺寸为：(85.47 ~ 85.72) mm × (53.92 ~ 54.03) mm，厚 0.76mm ± 0.08mm。

(1)接触式 IC 卡

IC 卡上可以印有彩色相片、图案及说明性文字等信息。对安全性要求较高的 IC 卡，在其表面上印有个人签名、信息图像及类似纸币上的回纹等安全标识信息，在 IC 卡的左上角封装 IC 卡芯片，其上覆盖有 6 个或 8 个触点以便利外部设备进行通信，所以也称为接触式 IC 卡。

一般接触式 IC 卡从实际功能上分为存储器接触式 IC 卡、智能接触式 IC 卡(带 CPU)和超级智能接触式 IC 卡三类。存储器卡只由硬件组成，如包括数据存储器、安全控制逻辑等；而智能 IC 卡则由硬件和软件共同织成，包括硬件 CPU、RAM、ROM、监控程序或操作系统等；超级智能卡是在智能接触式 IC 卡的基础上增加了数据显示器、键盘和电池单元等。

接触式 IC 卡相对于其他种类的卡具有以下四大特点：

①存储容量大，其内部有 ROM、RAM、EEPROM 等存储器，存储容量可以从几个字节到几兆字节；

②体积小、质量小，抗干扰能力强，便于携带，易于使用；

③安全性高。IC 卡从硬件和软件等几个方面实施其安全策略，可以控制卡内不同区域的存取特性；

④对网络要求不高。IC 卡的安全可靠性使其在应用中对计算机网络的实时性、敏感性要求降低，有利于在网络质量不高的环境中应用。

(2)非接触式 IC 卡

非接触式 IC 卡又称射频卡，是近几年发展起来的一项新技术，它成功地将射频(RF)识别技术和 IC 卡技术结合起来，解决了无线传输能量(卡中无电池)与无线读写(卡与读写器免接触)这一难题，是电子器件领域的一大突破。

非接触 IC 卡由几组环形天线和 ASIC 集成在一起，然后封装到尺寸为 85.6mm × 54mm × 0.8mm(长 × 宽 × 厚)的 PVC 塑料基片中，无外露部分。其中的 ASIC 由一个高速的 RF 接口、控制单元和一定容量的 EFPROM 组成。

4.3.6.7　电子标签

电子标签是一种安装在车辆上的无线通信设备、它允许车辆在高速行驶状态下与路旁的读写设备进行单向或双向通信，它的结构、工作原理和功能与非接触式 IC 卡颇为相似，主要差别在于通信距离。它装有微处理器芯片和接收发天线，在高速行驶中(可达 250km/h)与相距 8 ~ 15m 远的读写器进行微波或红外线通信，比非接触 IC 卡的工作频率、通信速率高出很多。它以读写方式验证电子标签的有效性，可写入或读出电子标签中的数据，可同时处理多张电子标签。由于通信距离较远，电子标签一般为有源器件，在功率上只凭借读卡机发射的微波或红外功率转换为电子标签的能源难以满足通信距离和通信速率的要求，一般需配备电池或接装车辆电源。

电子标签具有替代现金付账的功能，其体积小、质量小，多用于开放式或封闭式不停车收费。当用户在设有不停车收费系统的公路上行驶时，可不停车高速通过收费站，收费系统设备自动完成通行费征收，极大地提高了收费站的通行能力，减少了污染，节约了能源，避免了收费贪污等问题。

电子标签所支持的电子收费系统（不停车收费系统）在一些大城市和环城高速公路应用较多，尤其是行政区域比较独立的城市如香港、新加坡等。国内部分高速公路如北京机场高速公路等也正在实施或将要实施电子收费系统。在城市中发展电子标签有其独特的天然合理性，随着成本的降低，相信会有越来越多的公路收费系统选用电子标签作为通行券。

4.3.7 收费标准的制定

收费标准是指对行驶在收费高速公路上的车辆征收额外费用的标准，由于不同的用户在使用收费高速公路时存在着对高速公路的损坏作用、对交通流影响程度、需求特性和所得效益等方面的差别，为体现不同的车型间的收费公平性，不同车型有不同的收费标准。采用封闭式收费制式，收费标准单位为“元/km”，基本计算方式为：通行费 = 车型费率 × 行驶里程。若采用均一式或开放式收费制式，收费标准单位为“元/次”。

收费原则是高速公路收费过程中应遵循的准则。收费高速公路在制定收费费率时应综合遵循效率原则、成本原则、效益原则、公平原则和用路者路径选择行为准则等多个基本原则。

4.3.7.1 效率原则

收费高速公路的建设是为了解决高速公路修建与维护费用不足而提出来的。政府作为管理者，其根本的目的是为了建设大量的高速公路，服务于高速公路使用者。收费高速公路同普通高速公路一样具有很强的社会公益性，应保持高速公路的高效、快速、安全与大容量，推动地区经济带的形成和发展，尽可能实现最大的社会效益，即实现高速公路网系统最优。具体的含义是：当高速公路没有拥挤时，应该尽量少收费，以便让更多的人使用高速公路；当高速公路出现拥挤时就多收费，限制高速公路的使用量。

4.3.7.2 成本原则

成本原则是指收费必须按照高速公路建设的成本（除国家配套资金外）进行，收费必须能够偿还建设投资、债务和养护管理等各项费用，即费率需根据高速公路建设的原始成本、预期交通量需求函数和投资利润率（或者资金成本率）以及未来各年运营期间的运营费用和收费期限来确定。

4.3.7.3 效益原则

效益原则是指收费必须根据高速公路使用者产生的效益大小进行。高速公路使用权作为一个产品，对该产品的使用或消费按销售价格进行收费，但是销售价格是由市场供求关系决定的，不是由商家随心所欲定价的。所以高速公路收费的费额不应该超过使用高速公路所产生的级差效益。

4.3.7.4 公平原则

公平原则是指收费必须公平合理、客观公正。对所有高速公路使用者必须一视同仁，而且对不同车辆类型的收费必须相对地客观公平，收费额要体现高速公路使用者在费用责任意义上的公平和所得效益意义上的公平。

4.3.7.5　用路者路径选择行为准则

在高速公路网中，通常从一个地区到另一个区域可能存在多条路径。用路者通常试图选择出行费用最省的路径来实现用户最优。出行费用主要包括行程时间费用、通行费额、行驶费用和个人偏好费用等。由于只有行驶在高速公路上的车辆才可能成为收费高速公路“消费”者，故在确定收费标准时，必须考虑用路者路径选择行为准则。

上述原则若共同考虑时，可能会有冲突。例如第一个原则考虑到车流越大越好，往往是由较低的费率水准方能达到，如此就较难达到成本原则。因此在确定费率时，应妥善权衡达成各项原则的可行性。一般而言，在满足成本原则和考虑用路者路径选择行为基础上，收费高速公路的效率为主要且合理的服务目标。

4.3.8　通行费付款方式

支付通行费的方式是影响收费车道通过能力的一种重要因素，同时也是决定收费系统结构和功能的一种重要影响因素。目前支付通行费的付款方式有现金支付、预付款、银行卡等多种方式，下面分别讨论各种方式的优缺点。

4.3.8.1　现金支付

现金支付是最常用的一种付款手段。当车辆经过收费站时需要将车停在收费亭前，将现金交给收费员，收费员收费、找零以及发放收据或发票。收费员下班后需进行当班结算，由财务人员核查现金与收费过程记录数据是否一致。收费高速公路营运部门（或银行派押款车）每天需将现款解押至银行结账，整个资金流动均为现金。

现金支付方式的特点是操作简单，收费车道配备的设备少，对临时使用的用户，如长途运输的外省车辆缴费方便。从实际情况来看，将来即便是高度自动化收费系统普遍使用后，现金支付仍会占有一定比例。

现金支付的最大缺点是需各收费亭（开放式）或出口收费亭（封闭式）备足大量零钱，收费找零延长了服务时间，降低了车道通行能力，它是引起收费站车辆排队、交通拥挤的主要因素。现金交易容易造成费额人为流失，给资金管理带来困难。大量的小数额现金使清点、核查工作繁杂，需要大量的人员完成。

提高现金支付的效率可采用设置不找零收费车道、投币式自动收费车道、按不同车型设置收费车道，通行费额一律为5元或10元的倍数等。投币式自动收费车道是在收费车道上安装硬币收费机，车辆通过时，驾驶人把规定数额的硬币投入收费机的硬币盒内，收费机收到硬币后，自动鉴别真伪和数量，在确认所投硬币正确后，则发出指令，打开自动栏杆和显示通行的绿色信号灯，允许车辆通过。由于我国货币流通领域硬币较少以及其他一些原因，投币方式付费未在我国高速公路收费中使用。

4.3.8.2　预付款

预付款方式是收费高速公路中一种常用的付费方式。用户在收费高速公路管理部门预先支付一定数量的金额（无利息），购买使用收费高速公路一段时间内的权力或一定次数的票，例如月票、季票或年票，也可是使用多少次的次数票。该票证一般印有使用收费高速公路的名称、使用的期限、使用车型、车牌号等一些必要信息，这样车辆经过收费站时不必缴现金，只需验证月票、季票或年票的有效性，或收缴次数票。这样就免去了收费过程现金交易所带来的麻烦,减少了收费服务时间,提高了收费车道的通过率。

一般来说,对于长期用户,购买月票或次数票无论是从使用它所带来的方便程度,所节约的时间,还是从资金节约方面来看,这种付款方式是有吸引力的。但是,这种力式也有一定的缺陷,例如有些拥有月票的用户使用收费高速公路少一些,有些可能用得很多,这样就出现了用户之间付费的不公平性;收费公路管理部门无法控制拥有月票用户的使用次数和行驶里程,影响了收费高速公路公司的收入。次数票付款方式虽然合理一些,但次数票回收督理工作量大。同时,月票和次数票容易伪造,收费人员容易利用月票或次数票作弊,需要一套较完善的监督机制。

4.3.8.3 预付卡

这种卡在使用之前,用户需在高速公路营运公司支付一定数量的金额,公司管理部门发给用户一张预付卡(一般卡为非接触 IC 卡或电子标签)。持有者的车辆经过收费站不必缴现金,只需从预付卡中扣除路费,非常类似于 IC 电话卡。该付款方式的优点是营运公司在卡卖出时就能得到通行费资金;其二是大大缩短付款时间,提高了收费车道的通过能力,更为突出的优点是完全可以省去现金交易,可减少人为贪污作弊的可能性,免除假钞的麻烦;大额现金交易放在后台,免除了汇总、结账、押钞以及零散资金的积压,提高了管理效率。

预付卡付费可以脱线进行,不必为核算占用的通信线路付款,唯一需要检验的是是否有效和是否有足够的金额进行交易,而这两个检验过程都可由读卡机本身完成,减少了交易时间。

从用户角度来看,预付款或预付卡方式能方便用户付费,节约付款时间,免除带现金的麻烦,提高了资金使用的安全性,但需预交资金(占用资金),需花时间去办理有关手续,因而他们必然会权衡得失。所以采用预付款或预付卡方式的营运公司,用户必须能快速方便缴纳预付金、办理有关手续以及查账,应能优惠这些用户的通行费,尽量减少或避免他们在收费站的延误。

4.3.8.4 后付款

高速公路营运公司对长期或定期用户可采用一种先记账后付款的优惠方式;如对长途汽车公司、公共汽车公司和其他一些信誉良好的长期用户,这样对吸引交通量,增加收费有一定促进作用。

用户持记账卡,在收费站将记账卡交收费员验证或收费设备直接自动验证,由收费设备或人工将车辆行驶信息记录在记账卡上和收费站计算机内,用户定期到营运公司按记账产生记录的信息,或根据收费管理中心数据库结算总通行费。

后付款方式的优点是:非直接货币交易,减少了收费服务时间,提高了收费车道通过率,也缩短了用户的行车时间。在经营上,后付款也是一种优惠办法,方便了用户资金周转。采用此方式时,在收费系统设计中要考虑收费设备对此方式的操作功能和数据统计功能,在管理上也要采取针对性措施,要尽量防止赖账情况的出现。记账卡主要起身份证明的作用,也应具有数据记忆功能,一般采用 IC 卡或电子标签。

4.3.8.5 银行转账

用户在指定银行建立专用账号,购买专用电子标签,车辆通过收费区域,收费系统自动读取车辆信息,经确认后通行费直接从银行专用账号扣除,统一转账至高速公路营运公司账号下。收费无人工界面,避免了现金多次交易的繁琐过程。高速公路营运公司可将征收购路费纳入公共事业服务网,通过银行实行一个账号多种服务,扩大用户范围。银行还可允许少量善意透支,方便用户资金周转。这种支付方式适用于半自动、全自动收费系统。它要求系统具有较强的(实时)监督功能和人工审计界面,对用户、银行、收费公路营运管理部门三方面都要有较强的透明度。

4.3.8.6　电子钱包、信用卡、现金卡

电子钱包、信用卡、现金卡都是由银行发行的,具有存款、提款、转账和消费功能,但它们的使用方法和使用环境有些不同。电子钱包具有预付卡的功能,但比预付卡更为方便,可以随时追加资金。电子钱包通常用于小额款项的无现金支付,客户不用随身携带较多的零钱就能方便地消费、结算。由于卡中金额较少,即使遗失也不会带来很大的损失,一般情况下银行不可挂失。信用卡是银行或金融机构发给信用良好人士使用的一种凭证,而现金卡除不具有透支功能外,其余功能同信用卡,因此由于银行网络及交易时间长等问题,目前这种付费方式在收费系统中使用较少。

4.3.8.7　免费

免费是一种不缴费的特殊付款方式。在免费车辆处理中有两种形式:无卡免费和有卡免费。

高速公路营运公司国家及地方法律性文件规定的免费车辆,发放免费证件;免费车经过收费站时,驾驶人应交验免费证件并按收费操作处理。无卡的免费车辆,如军车、警车等必须停车验明国家颁发的有关证件。只有对执行紧急任务并配有特殊装置的医疗救护、消防、救援等车辆,以及特别车队可以使用快速车道。无卡免费车辆的放行必须经过收费站监控人员的确认,并记录在案(录像或抓拍),以备核查。由于收费员有可能利用免费车辆进行收费贪污舞弊,因而对免费车辆管理应有一套行之有效的办法。

4.4　高速公路收费车道设计

4.4.1　收费车道系统构成

车道收费系统是高速公路收费系统的基础,是整个系统的主要数据源,收费车道应该具有稳定、可靠、连续运行、控制准确、响应速度快等特点,因此该系统设计是否合理将直接影响整个系统的成功与否。

车道收费系统是整个收费系统的前端,具有安全管理、车型判断、收费管理、车流线圈、金额显示、语音报价、字符叠加、校时、数据传输控制、抓拍数字摄像、数据存储等功能。它能够快速、准确地完成各种收费业务,杜绝收费过程的舞弊行为,同时保证车辆的通行高效率。

收费车道设备主要包括:车道控制机(图4-7)、数据采集器(图4-8)、票据打印机(出口车道)、车辆检测器、通行信号灯(含黄色闪光报警器)(图4-9)、费额显示器(出口车道)(图4-10)、自动栏杆机(图4-11)、车道摄像机(图4-12)、亭内摄像机、雾灯(图4-13)、手动栏杆、天棚信号灯(图4-14)、脚踏板报警开关、内部对讲系统等。出入口车道设备构成如图4-15、图4-16所示。

图 4-7　车道控制机

图 4-8　数据采集器

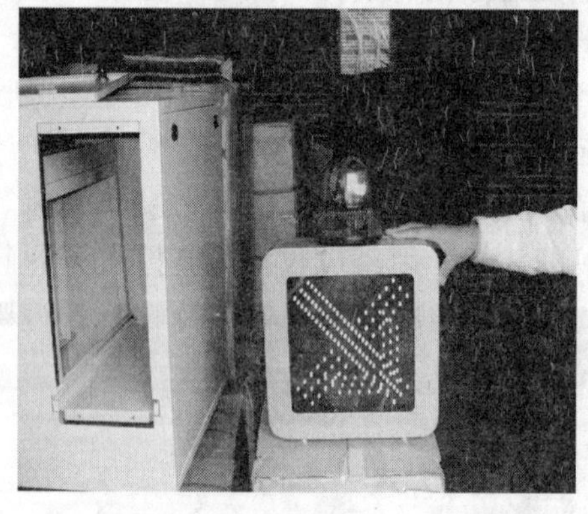
图 4-9　通行信号灯(含黄色闪光报警器)

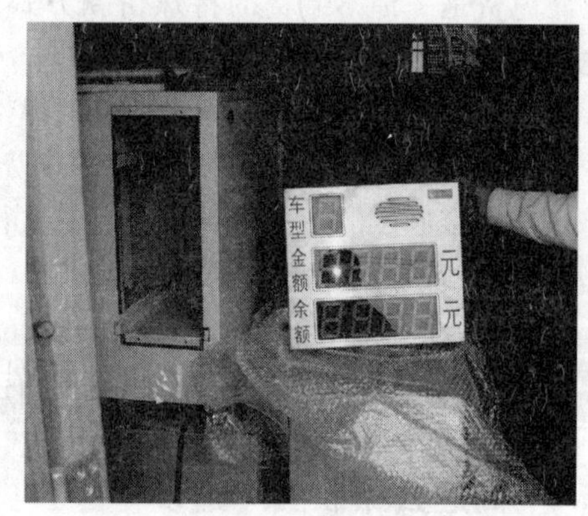

图 4-10　费额显示器

图 4-11　自动栏杆机

图 4-12　车道摄像机

图4-13　雾灯

图4-14　天棚信号灯

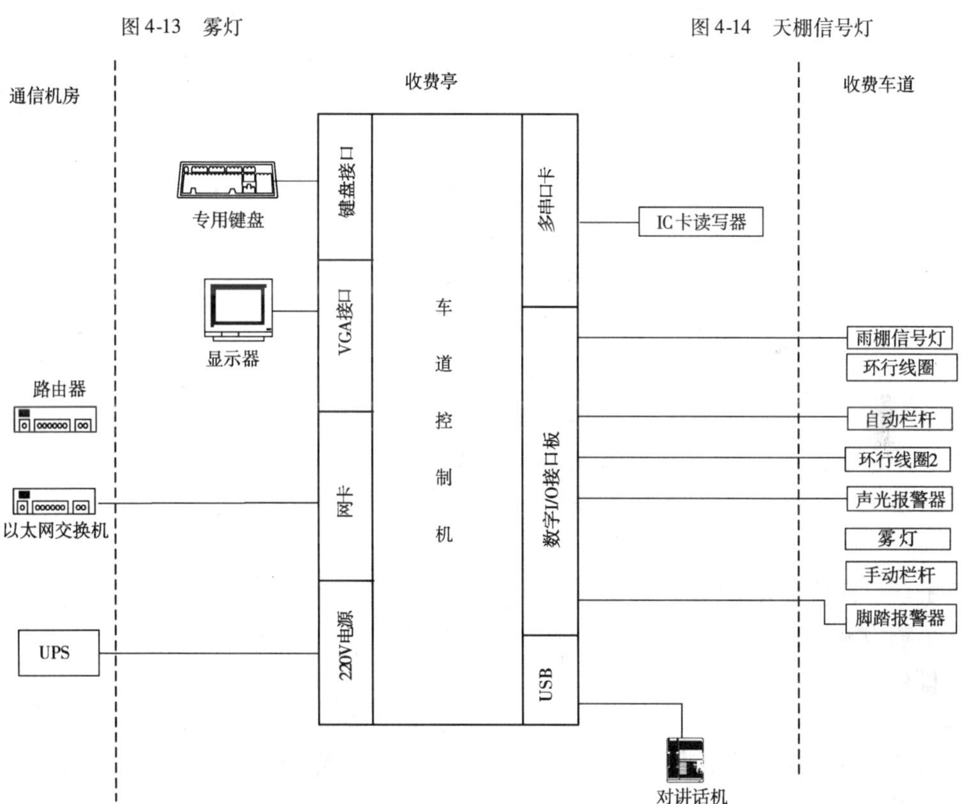

图4-15　入口车道设备构成示意图

4.4.2　收费车道系统工作流程

4.4.2.1　入口车道处理流程

(1)初始状态

假定收费车道设备的功能和操作过程中电源正常供电,电源开关闭合,计算机已将相关数据下传收费车道设备且车道无车辆通行。

在上述条件下,收费员打开终端电源,收费车道处于如下状态:

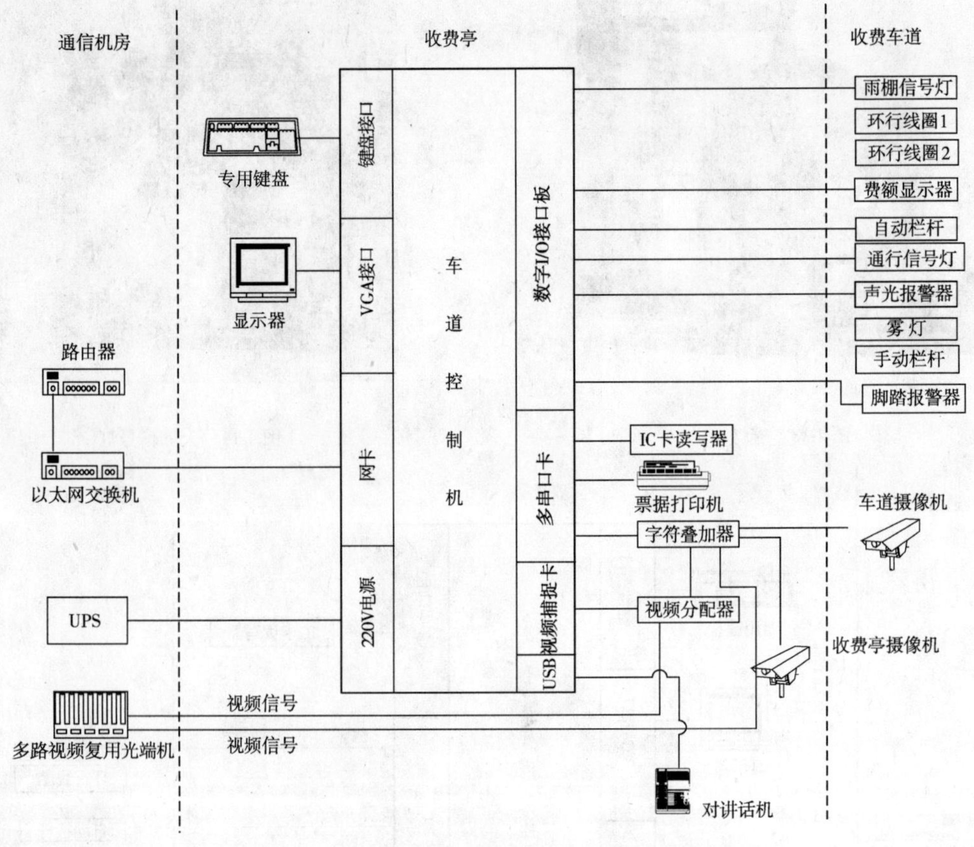

图4-16　出口车道设备构成示意图

①收费车道处于关闭状态，天棚信号显示红色，收费员终端键盘上的“车道关闭”指示灯亮。

②手动栏杆处于关闭状态。

③车辆检测器处于工作状态并可检测所有违章车辆。

④自动栏杆处于关闭状态。

(2)打开状态

入口车道打开处理操作流程如图4-17所示。收费员开始上班，按下“上班”键，该操作产生如下结果：

①显示“输入您的身份码”，收费员通过刷卡或键盘输入自己身份码。假定该身份码被收费站计算机确认为有效，则显示：

a. 收费员身份码；

b. 车道控制机记录下收费员身份码、车道号、日期和时间。

②若该身份码被确认为无效，则产生如下结果：

a. 收费亭顶上的黄色闪光报警器发出报警信号；

b. 在收费站控制室计算机显示“无效身份码”信息；

c. 在收费员终端上显示“无效身份码”信息。

③收费员打开手动栏杆。

④收费员按下“车道打开”键,则收费车道处于如下状态:

a. 天棚信号标志由红色转为绿色;

b. 显示车道“打开”的信息;

c. 车道通行信号灯为红色;

d. 生成上述信息,存入车道控制机并上传收费站计算机;

e. 以大号字体显示“输入车型”以引起收费员的注意和提示操作;

f. 自动栏杆处于关闭状态。

(3)关闭状态

入口车道关闭处理操作流程如图 4-18 所示。

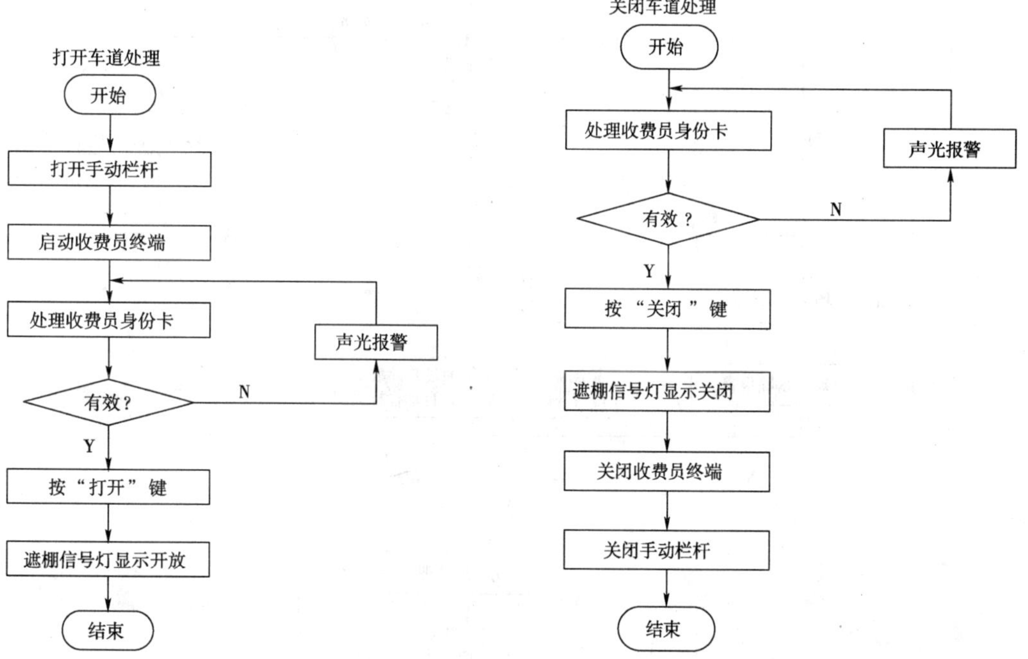

图 4-17　入口车道打开车道处理操作流程图

图 4-18　入口车道关闭车道操作流程图

①收费员按下“下班”键并按下“确认”后,车道设备处于如下状态:

a. 检测器处于正常工作状态;

b. 天棚信号标志和车道通行信号灯为红色;

c. 收费员终端键盘除“上班”键和系统状态测试指示灯处于工作状态外,其他键失效;

d. 车道控制机处于工作状态;

e. 显示器处于关闭状态;

f. 收费亭顶上黄色闪光报警器处于工作状态;

g. 自动栏杆关闭。

②收费员关闭计算机终端设备电源(但不关闭车道控制机电源),整理操作台及地板等,锁上收费亭门锁。到收费站缴纳票据和因特殊情况产生的 IC 通行卡。

1)入口车道的正常处理与记录

入口车道的正常处理与记录流程如图4-19所示。当某一辆车驶入收费车道并停在收费亭前时,收费员判断车型。按下键盘上的某一车型键输入车型,收费员可通过“更改”键取消原输入车型而重新输入车型,不按“更改”键而连续按车型键,则该操作无效。

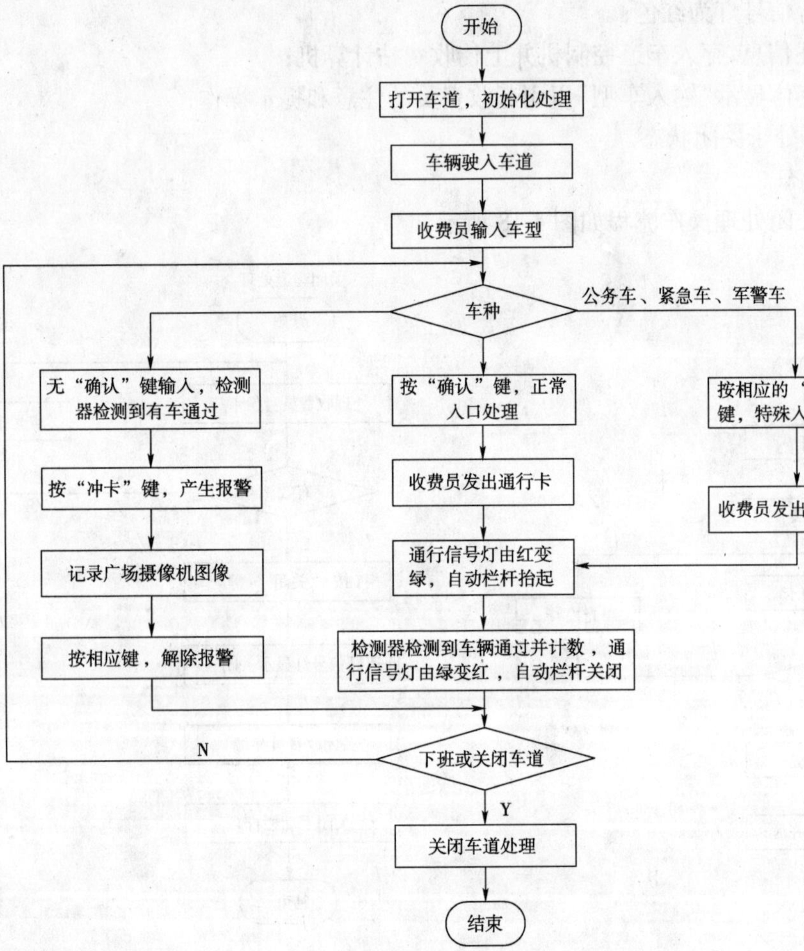

开始
打开车道,初始化处理
车辆驶入车道
收费员输入车型
车种
公务车、紧急车、军警车
无“确认”键输入,检测器检测到有车通过
按“冲卡”键,产生报警
记录广场摄像机图像
按相应键,解除报警
按“确认”键,正常入口处理
收费员发出通行卡
通行信号灯由红变绿,自动栏杆抬起
检测器检测到车辆通过并计数,通行信号灯由绿变红,自动栏杆关闭
按相应的“车种”键,特殊入口处理
收费员发出通行卡
下班或关闭车道
N
Y
关闭车道处理
结束

图4-19 入口车道操作流程图

(1)所选择车型以大号字显示。

(2)收费员确认车型后,将一张写有收费员代码、日期、车型等信息的非接触式IC通行卡交给驾驶人。

(3)收费员按下“已发卡”键,车道通行信号灯由红色变为绿色。

(4)驾驶人起动车辆驶离检测器检测区域。

(5)自动栏杆打开,车辆放行,收费车道设备至此完成一次正常入口收费处理业务,生成“车辆车型”、“通过时间”、“更改次数累计”、“分车型车辆数”等信息存储在车道控制机内,并上传收费站计算机。车道通行信号灯由绿色变为红色,收费员终端显示器上以大号字体显示“输入车型”信息提示收费员进行下一次操作。

(6)当收费员按下“已发卡”键且IC通行卡已发出后,车辆进入车辆检测器检测域之前,若收费员发现车型分类错误,则可重复按下“取消”键,取消原输入“车型”信息,使系统恢复到车道正常收费业务处理的初始状态,然后重新按“车型”键,完成另一次收费处理业务。收费员应该取消此通行卡并在班次操作结束后交收费站值班员以便核查。收费站计算机将记录与此“取消”操作有关的信息。当车辆通过检测器后,收费员则不能用“取消”键取消已输入的信息。

2)入口车道公务车的处理与记录

当不需要此功能时,由用户通过系统提供的配置程序屏蔽此功能。

持有业主核发的免费证的车辆称为公务车,免费证上记录有车号、车型、车辆所有者单位、核发机构和日期、免费证有效期等信息。当某一公务车驶入收费车道并停在收费亭前时,驾驶人向收费员出示免费证,收费员按下“车型”键,然后按下“公务车”键,其操作流程如图4-19所示:

(1)所选择的车型以大号字和“公务车”显示。

(2)收费员按下“公务车”键后,不发通行卡。收费车道将出现:

①车道通行信号标志由红色变为绿色;

②自动栏杆打开;

③驾驶人起动车辆驶离检测器检测域。

(3)收费车道设备至此完成一次“公务车”入口处理业务,生成“车辆车型”、“通过时间”、“更改次数累计”、“分车型车辆数”和“公务车辆数累计”等信息存储于车道控制机内,并上传收费站计算机。收费员终端显示器恢复到车道收费业务处理初始状态,车道信号灯由绿色变为红色,自动栏杆关闭。

3)入口车道军警车与紧急车的处理与记录

当有军警车或执行紧急任务的救护车、消防车、工程抢险车等紧急车辆通过入口收费车道时,收费员按下“车型”键,再按下“军警车”或“紧急车”键,收费员终端报警器响起“蜂鸣”声,收费站值班员操作台上也同时响起“警铃”报警声,其操作流程如图4-19所示。收费站值班员通过内部有线对讲系统确认后,收费车道将出现:

(1)所选择的车型以小号字和“军警车”或“紧急车”显示。

(2)收费员通过读写器写一张内附收费员代码、日期和免费代码的通行卡交给驾驶人,并按下“已发卡”键。收费车道将出现:

①车道通行信号标志由红色变为绿色;

②驾驶人起动车辆驶过检测器检测域;

③所有报警信号停止;

④车道通行信号灯由绿色变为红色;

⑤自动栏杆关闭。

(3)收费车道生成“车辆车型”、“通过时间”、“更改次数累计”、“分车型车辆数累计”、“军警车辆数累计”或“紧急车辆数累计”等信息存储于车道控制机内,并上传收费站计算机。收费员终端显示器恢复到车道收费业务处理初始状态,车道信号灯由绿色变为红色,自动栏杆落下。

4)入口车道违章车辆的处理与记录

(1)当收费员未完成收费业务操作,而车辆已驶入检测器检测域时则确认该车辆违章;

(2)当收费车道没有收费员上班,而车辆通过检测器检测域时,同样确认该车辆违章;

(3)当出现"违章"状态时,声光报警装置将报警,收费站计算机终端显示"违章"信息,经过10s后或收费站值班员确认后,声光报警停止,收费站计算机"违章"显示消失。车道控制机记录"违章时间",并上传收费站计算机。收费车道恢复"违章"前的状态。

4.4.2.2 出口车道处理流程

(1)初始状态

下述收费车道设备的功能和操作过程是假定电源正常供电,收费车道设备电源开关闭合,收费站计算机已将相关的数据(如费率、时钟、黑名单、白名单等)下传收费车道控制机,车道无车辆通行。收费员开始上班时,首先打开收费亭门锁,清洁整理操作台及地板等。

在上述条件下,打开收费员终端电源,收费车道处于如下状态:

①天棚信号标志显示红色,收费员终端键盘上的"车道关闭"指示灯亮;

②手动栏杆处于关闭状态;

③车辆检测器处于工作状态并检测所有违章车辆;

④自动栏杆处于关闭状态,费额显示器显示空白状态;

⑤除了状态灯、测试键和"上班"键可操作外,其他键失效;

⑥收费员终端显示如下内容:

a. 收费广场名称;

b. 车道号;

c. 设备时钟的日期与时间;

d. 指示车道处于关闭状态;

e. 指示电源处于正常状态;

f. 天棚信号灯显示"×"状态;

g. 自动栏杆处于关闭状态;

h. 所有显示内容均为汉字、阿拉伯数字或指示符。

(2)打开状态

①收费员开始上班,按下"上班"键,显示器显示"输入您的身份码"。

②收费员通过刷卡或键盘输入自己的身份码,假定该身份码被收费站计算机确认为有效,则收费员终端显示:

a. 天棚信号标志处于"×"状态;

b. 车道通行信号灯为红色;

c. 自动栏杆、手动栏杆处于关闭状态;

d. 车道控制机记录收费员身份码、车道号、日期和时间。

若收费员输入的身份码被确认为无效身份码,则产生如下状态:

a. 收费亭顶上的黄色闪光报警器发出报警发出报警信号;

b. 收费站计算机显示"无效身份码"信息;

c. 收费员终端上显示"无效身份码"信息。

③收费员打开手动栏杆。收费员按下"车道打开"键,则收费车道处于如下状态:

a. 天棚信号标志由红色转为绿色;

b. 在收费员终端显示"车道打开"的信息;

c. 车道通行信号灯为红色；

d. 自动栏杆处于“关闭”状态；

e. 生成上述信息存入车道控制机并上传收费站计算机；

f. 以大号字体显示“输入车型”以引起收费员注意和提示操作。

(3)关闭状态

①收费员按下“车道关闭”键，此时收费车道处于如下状态：

a. 天棚信号标志显示红色；

b. 显示器显示“车道关闭”信息；

c. 车道通行信号灯显示红色；

d. 生成上述信息存入车道控制机并上传收费站计算机；

e. 收费站监视器以醒目方式显示该车道号。在上述条件下，收费员不可继续处理在车道内排队的车辆。

②收费员关闭手动栏杆。

③收费员刷卡或输入自己身份码，假定该身份码已被收费站计算机确认为有效，则收费车道处于如下状态：

a. 收费员终端显示“车道关闭”和日期、时间等并记录；

b. 车道通行信号灯显示红色。

④收费员按下“下班”键并按下“确认”键后，收费车道处理器存储“下班时间”、“收费员身份码”、“车道号”、“收费广场名称”，并将该班次的所有记录信息上传收费站计算机，供存储和打印报表。

⑤收费员关闭收费员终端设备电源(但不关闭车道控制机电源)，整理操作台及地板等。

1)出口车道的正常处理与记录

出口车道正常处理流程如图4-20所示。

(1)车辆驶入收费车道并停在收费亭前时，收费员判定车型并输入后，所选择车型以大号字在收费员终端上显示。此时收费员可按“更正”键取消原输入车型而重新输入车型；

(2)收费员按“确认”后，屏幕提示读卡。IC卡读写器读出卡内入口信息，若出入口判断车型一致的话，车道控制机根据车型、行驶里程、收费费率自动计算应收金额；

(3)IC卡读写器标记出口信息，使卡在出口不能重复使用；

(4)费额显示器显示车型、应收金额、并语音报价。费额均以人民币显示；

(5)收费员收取现金，按下“已付”键，并开始打印收费票据；

(6)收费员将票据及找零交给驾驶人，车道控制机打开自动栏杆，通行信号灯变绿；

(7)车辆驶出检测器检测域后，费额显示器变为空白，自动栏杆放下，通行信号灯变成红色，车检器累计计数；

(8)车道控制机产生本次作业的信息，上传收费站；

(9)显示器提示可进行下次收费作业。

2)车型不符的操作和记录

如果收费员输入车型与通行卡内记录不一致时，操作流程如下：

(1)两种车型和车道号传到收费站计算机，站内报警。

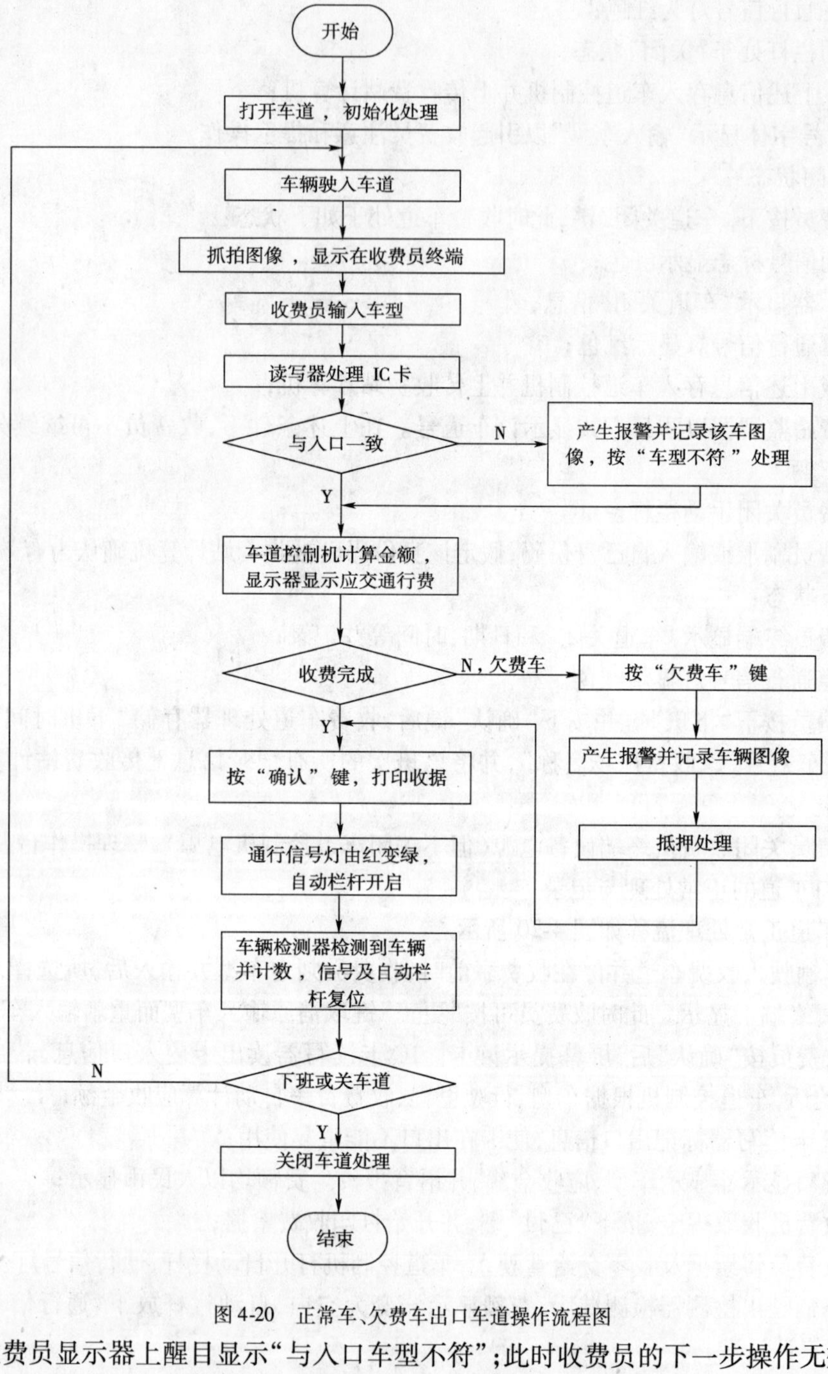

开始

打开车道，初始化处理

车辆驶入车道

抓拍图像，显示在收费员终端

收费员输入车型

读写器处理 IC卡

与入口一致

N

产生报警并记录该车图像，按“车型不符”处理

Y

车道控制机计算金额，显示器显示应交通行费

收费完成

N，欠费车

按“欠费车”键

产生报警并记录车辆图像

抵押处理

Y

按“确认”键，打印收据

通行信号灯由红变绿，自动栏杆开启

车辆检测器检测到车辆并计数，信号及自动栏杆复位

N

下班或关车道

Y

关闭车道处理

结束

图4-20　正常车、欠费车出口车道操作流程图

(2)收费员显示器上醒目显示“与入口车型不符”;此时收费员的下一步操作无效。

(3)车道控制机自动抓拍叠加了收费信息的车辆图像。收费站图像处理机显示该车道图像。视频控制矩阵自动切换该车道摄像机的图像为当前图像。

(4)值班员通过观察车道图像,判别车型后,下传出口车道。车道控制机根据站内所给的车型,卡内读出的入口站等信息、收费费率自动计算应收金额,显示于费额显示器。

(5)其他同正常车。

3)出口车道公务车的处理与记录

当不需要此功能时,由用户通过系统提供的配置程序屏蔽此功能。

持有业主核发的免费证的车辆称为公务车,免费证上记录有车号、车型、车辆所有者单位、核发机构和日期、免费证有效期等信息。当车辆是公务车时,操作流程如图4-21所示。

(1)当车辆是公务车时,收费员按下“车型”键后,再按下“公务车”键,所选择的车型和“公务车”字样显示在显示器上。

(2)车道控制机自动抓拍叠加了收费信息的车辆图像。视频控制矩阵自动切换该车道摄像机的图像为当前图像。

(3)费额显示器空白,其他同正常车。

4)出口车道军警车与紧急车的处理与记录

当车辆是军警车或紧急车时,操作流程如图4-21所示。

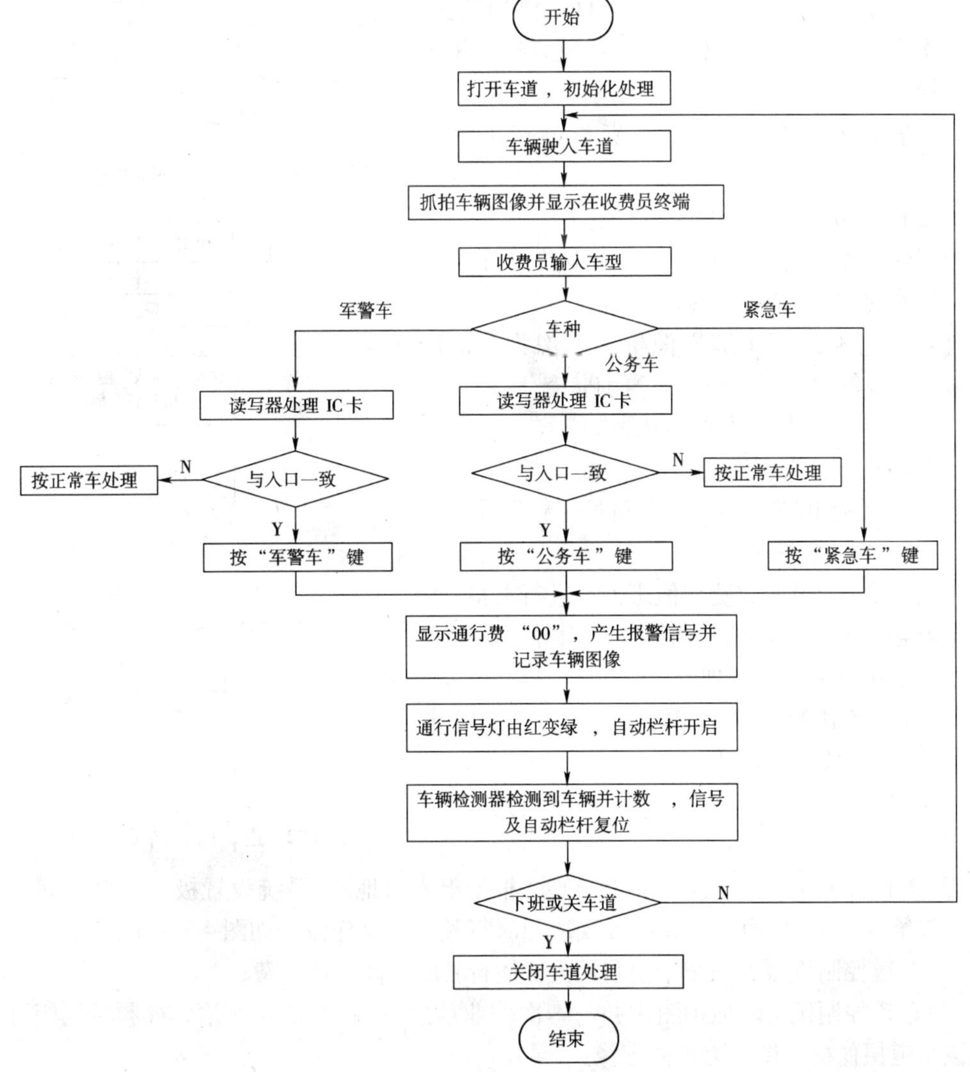

图4-21 公务车、紧急车、军警车出口车道操作流程图

（1）收费员按下“车型”键后，再按下“军警车”或“紧急车”键，所选择的车型和“军警车”（紧急车）字样显示在显示器上。

（2）IC卡读写器读出卡内入口信息，若出入口判型一致的话，车道控制机自动抓拍叠加了收费信息的车辆图像。视频控制矩阵自动切换该车道摄像机的图像为当前图像。

（3）费额显示器空白，其他同正常车。

5）出口车道欠费车处理和记录

当驾驶人无现金支付或无足够现金支付通行费时，作欠费车处理，其处理流程如图4-20所示。

（1）收费员按下“欠费”键，并通过有线对讲系统与收费站联系，请求协助。

（2）收费员录入了欠费车辆的实交金额，车道控制机自动计算了欠费金额，并打印欠费票。欠费票明确标明应交予欠交金额，并在显著位置注明是欠费票。

（3）自动栏杆打开，车道控制机自动抓拍图像，并与本次作业信息一起上传收费站。视频控制矩阵自动切换该车道摄像机的图像为当前图像。

（4）车辆驶离车道，由值班班长进行下一步处理。

6）出口车道违章车辆的处理与记录

当车辆违章时，其处理流程如图4-22所示。车道控制机自动抓拍图像，一起上传收费站。视频控制矩阵自动切换报警车道摄像机的图像为当前图像。报警10s解除报警。恢复报警前状态。

7）出口车道无卡车处理与记录

当车辆在出口没有通行卡时，收费员输入车型，若驾驶人非接触IC通行卡，收费员按“无卡”键，其操作流程如图4-23所示。

（1）同时收费员向收费站值班人员进行汇报；

（2）经值班人员确认，由值班人员引导出收费车道并按规定进行下一步处理；

（3）如果确认为军警车、紧急车，丢失的通行卡则按卡的成本收取卡的费用。

8）出口车道U型行驶或转弯车、超时行驶车处理与记录

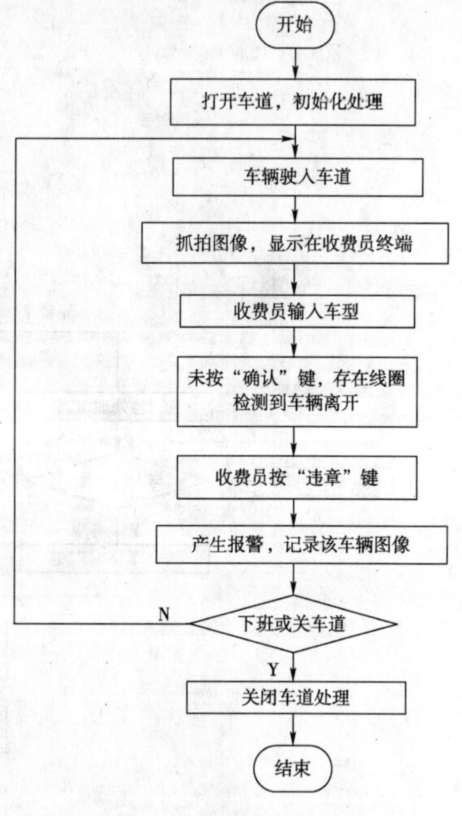

图4-22 违章车出口车道操作流程图

当车辆在同一站出入或行驶时间超时（根据出入口地址、系统设置极限行驶时间），车道控制机报警并显示“U型行驶或转弯”或“超时行驶”，其操作流程如图4-24所示。

（1）车道控制机根据该车车型和最大可能行驶距离计算通行费；

（2）车道控制机自动抓拍图像并与本次作业信息，一起上传收费站。视频控制矩阵自动切换该车道摄像机的图像为当前图像；

（3）收费员按“正常车”进行下一步处理。

在此我们需要说明的是,不同省份对特殊车辆(包括公务车、军警车、紧急车、欠费车、无卡车、违章车、U 型车等)处理流程不尽相同。我们提供的是较为通用的处理流程,在实际操作过程中,可以根据各地实际情况予以适当调整。

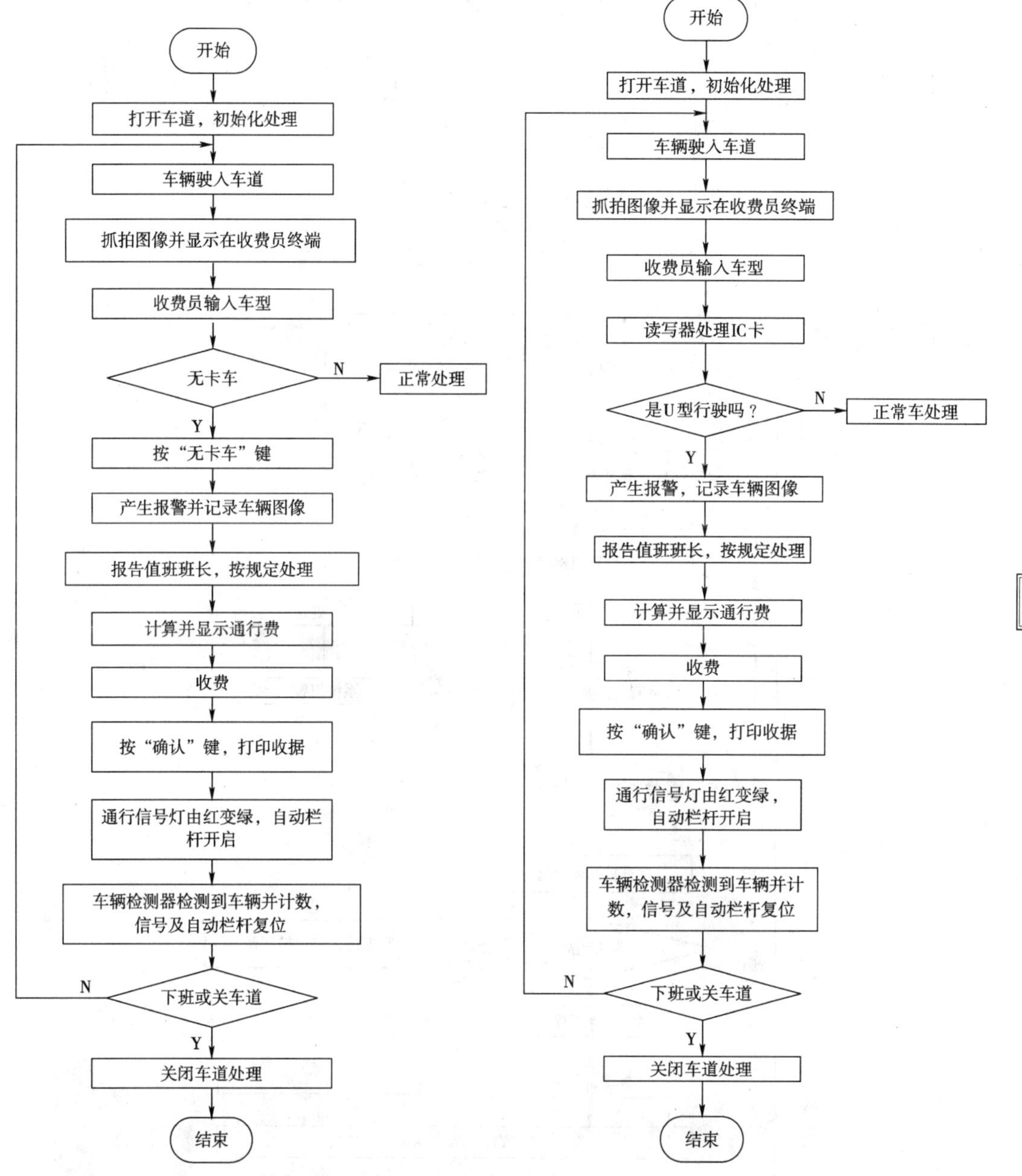

图 4-23　无卡车出口车道处理　　　　图 4-24　U 型车出口车道处理

9)出口计重收费流程

出口计重收费的费率标准是一个十分敏感的问题,也是关系到计重收费是否能平稳实施的关键问题之一。费率标准应遵循对非超限超载车辆的通行费与原收费持平或有所降低,对超载超限车辆加倍增收通行费的原则。目前国内主要有两种费率计算方式对应两种计重收费流程。第一种是按照重量重新测定通行费的费率标准,所有的车辆都按照重量计费,其计重收费流程如图4-25所示。第二种是对没有超限超载的车辆按照现行费率不变,对超载超限的车辆按照新的以重量为标准的费率计费,其计重收费流程如图4-26所示。

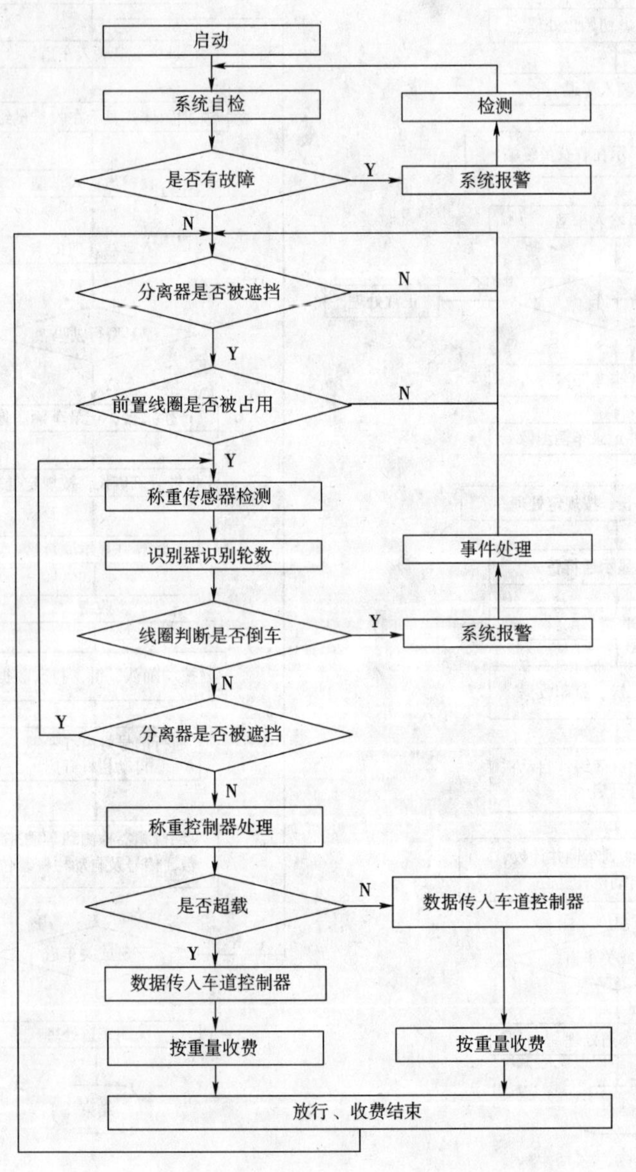

图4-25 计重收费流程图(1)

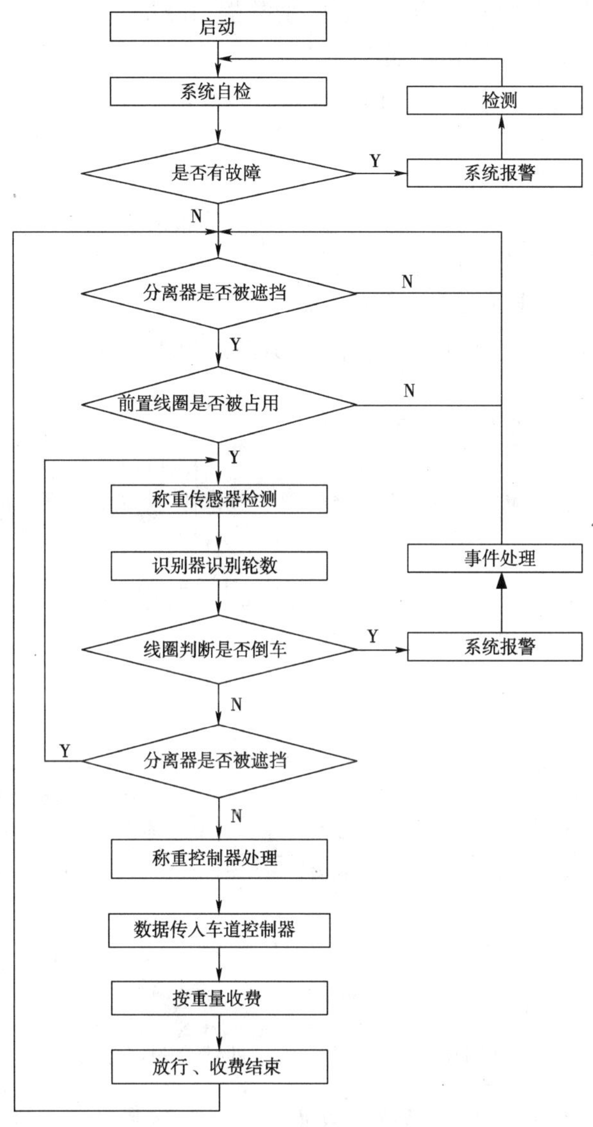

图 4-26 计重收费流程图(2)

4.5 高速公路收费计算机网络系统

4.5.1 收费计算机网络系统功能要求

4.5.1.1 收费中心计算机系统功能要求

省(市、自治区)收费中心(或区域收费分中心)计算机系统主要功能为:

(1)制定和下传联网收费系统运行参数(费率表、黑名单、同步时钟、车型分类标准及系统参数设置等);

(2)接受收费站、收费分中心上传的原始收费数据,并对通行费进行拆分和复核,与指定银行进行账目信息交换和通行费结算、分割;

(3)联网收费系统操作、维修人员权限的设置与管理;

(4)通行券、票证管理;

(5)数据库及系统维护、网络管理;

(6)汇总、统计、查询、打印有关收费、管理、交通量等报表;

(7)数据存储、备份和安全保护。

4.5.1.2　收费分中心计算机系统功能要求

收费分中心计算机系统构成如图4-27 所示,其主要功能包括:

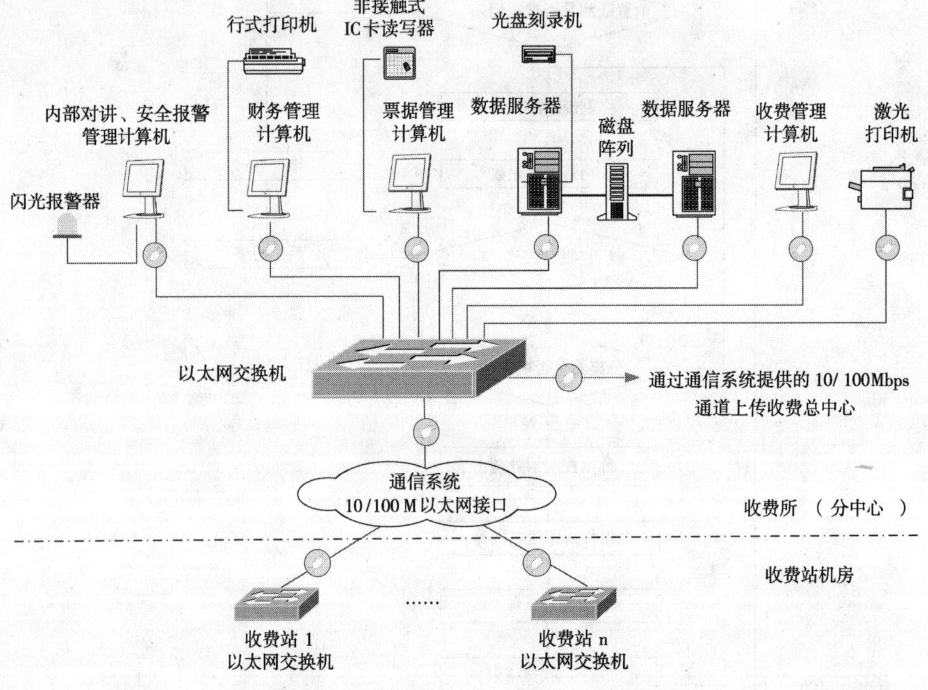

图4-27　收费所(分中心)计算机系统示例

(1)从收费总中心接收和下传联网收费系统运行参数(费率表、黑名单、同步时钟、车型分类标准及系统参数设置等);

(2)准确可靠地采集管辖区内各收费站上传的收费数据和图像等信息;

(3)对各收费站上传的数据进行汇总、归档、存储、查询,并打印有关收费、管理、交通量等各种统计报表,并上传给收费结算中心;

(4)数据资料的存储与备份和安全保护;

(5)通行券、票证的发放、统计和管理;

(6)抓拍图像的管理;

(7)收费系统中操作、维修人员权限的管理;

(8)数据库、系统维护、网络管理等;

(9)收费员、管理人员的量化考核。

4.5.1.3　收费站计算机系统功能要求

收费站计算机系统构成如图4-28所示,其主要功能包括:

(1)管理收费站下属收费车道系统的运作;

(2)对收费车道采集的收费数据、运行状况进行实时检测、监控;

(3)向收费分中心/收费结算中心上传本收费站及所辖收费车道的收费业务原始数据和报表(交通量、工班管理、应收款项、实收款额及通行卡中所有信息等);

(4)接收收费分中心下传的系统运行参数,包括费率、同步时钟和黑名单等,并下传至收费车道系统;

(5)统计、检索和打印报表;

(6)通行券、票证的管理;

(7)收费员、管理人员的工班管理;

(8)故障自动检测和恢复。

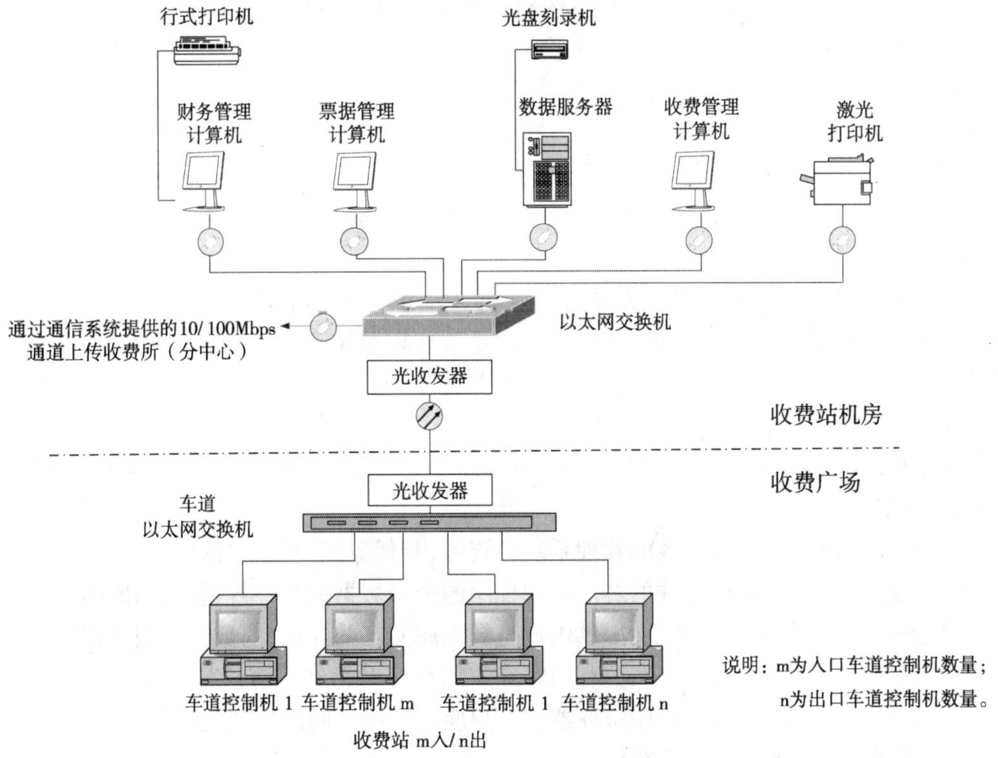

图4-28　收费站计算机系统示例

4.5.1.4　收费车道计算机系统功能要求

收费车道计算机系统主要功能包括:

(1)按车道操作流程正确工作,并将收费处理数据实时上传收费站计算机;

(2)接收收费站下传的系统运行参数(费率表、黑名单、同步时钟、车型分类标准及系统参数设置等);

(3)对车道设备进行管理与控制,具备设备状态自检功能;

(4)当通信中断时,收费车道控制机能够独立工作,收费数据可保存365天以上;

(5)为车辆提供通行控制信息等;

(6)将各种违章报警信号和抓拍图像实时上传收费分中心;

(7)将收费信息叠加到监控图像上进行监控。

4.5.2 高速公路收费计算机系统结构设计

4.5.2.1 逻辑结构

高速公路收费计算机系统的逻辑结构分为四层:硬件层、系统层、应用层以及用户层。

(1)硬件层

硬件层包括系统中的各种设备,如车道设备、网络设备、IC 卡设备等,主要功能是执行来自系统层的指令,并反馈相关信息。

(2)系统层

作为系统的基本支撑层,用于实现系统对于底层硬件和数据最直接的操作,包括操作系统、网络、数据库、协议以及应用系统开发平台。此部分目前已经存在着很多成熟的技术以供选择。

(3)应用层

应用层为系统的中间层,起着承上启下的作用,是系统各项功能的处理和实现层。从职能上来看,可以分为清分管理、IC 卡管理、网络管理和系统业务管理等几个功能部分。

(4)用户层

用户层是收费工作人员或其他人员直接接触的层面,主要功能是收费业务处理,包括系统与用户之间的人机界面和设备界面,提供给用户业务处理操作和管理功能,主要要求就是人机界面的友好性。

4.5.2.2 体系结构

体系结构即 Client/Server(客户机/服务器)系统,包括三个主要部分:数据库服务器、客户应用程序和网络。

其中,数据库服务器负责有效的管理系统的资源,其任务集中于:数据库的安全性要求;数据库访问并发性控制;数据库前端的客户应用程序的全局数据完整性规则;数据库的备份与恢复。客户端应用程序的主要任务是:提供用户与数据库交互的界面;向数据库服务器提交用户请求并接收来自数据库服务器的信息;利用客户应用程序对存在于客户端的数据执行应用要求。网络的主要作用是:完成数据库服务器和客户应用程序之间的数据传输与数据交换。

(1)两层的 Client/Server 体系结构

这种体系结构将应用程序分成两部分:客户端应用程序和数据库服务器。在这种模式中,客户机上要安装专门的应用程序来操作后台数据库服务器中的数据,显示和交互、计算和接收处理数据的工作由客户端应用程序完成。数据的处理和维护工作由数据库服务器完成,而业务工作由客户端应用程序和数据库服务器共同承担。

由于数据库服务器负责数据操作,数据的安全性、完整性和开放性都较好。相对于其他 Client/Server 结构,两层的 Client/Server 体系结构使用时间较长,技术成熟,开发人员的经验丰富,同时可供利用的开发工具和资源也较丰富。其主要缺点是,没有将业务处理独立出来,而是分布在各客户端和数据库服务器上,这就给客户端的软件升级和维护带来不便。

(2)三层的 Client/Server 体系结构

三层的 Client/Server 体系是在两层结构基础上的扩展,它将业务处理工作从数据库服务器和客户端独立出来,由新增加的应用服务器来完成,客户端只完成显示和交互的工作,数据库服务器只完成数据的处理和维护工作。

与两层结构相比,由于业务处理集中在应用服务器上,大大地减轻了维护升级工作的复杂性,同时也简化了客户端的工作,解决了"胖客户机"的问题。但是,由于三层结构在开发工具和资源方面远不如两层结构丰富。所以在选择体系结构时,应根据系统开发周期、规模和开发人员等实际情况进行具体分析。

(3)Browser/Server(浏览器/服务器)体系结构

Browser/Server 体系结构本质上也是客户机/服务器体系结构,是三层 Client/Server 结构在 Web 上应用的特例。

Browser/Server 体系结构下的客户机只需要安装浏览器软件即可,无需开发前端应用程序,它负责实现显示和交互。中间层的 Web 应用服务器是连接前端客户机和后台数据库服务器的桥梁,它的任务是接受用户的请求,执行相应的扩展应用程序与数据库进行连接,通过 SQL(Structured Query Language,结构化查询语言)等方式向数据库服务器提出数据处理申请,而后将数据库服务器的数据处理结果提交给 Web 服务器,再由 Web 服务器传送回客户端。因此对中间层数据库服务器的要求较高。后台数据库服务器负责接受 Web 服务器对数据库操纵的请求,实现对数据库查询、修改、更新等功能。

4.5.3 高速公路收费计算机网络系统软件设计

4.5.3.1 操作系统软件

选用经过认证、标准成熟、功能完善的安全等级应选在 C2 级或以上的平台操作系统,例如:Windows NT 系列、Windows 2000 系列、Unix、Linux 等,收费分中心和收费站服务器推荐采用 Windows 2000 Server 或 Linux 操作系统,车道控制机和管理计算机选用 Windows 2000 操作系统,从而保证收费系统在功能增加和网络扩大时,容易扩充。

4.5.3.2 数据库软件

数据库是收费数据存储的心脏,是信息资源开发和利用的基础,必须支持分布式处理,支持客户/服务器体系结构,具有良好的可移植性和可扩展性,能够满足不断扩展的业务需求,安全性、灾难恢复和事务完整性考虑。数据库管理软件可采用:SQL SERVER、SYBASE、ORACLE 等。用户可根据管理需要按不同权限从数据库提取数据生成新的报表(只读方式)。

4.5.3.3 开发工具

编程语言可采用:Visual C + + 、Power Builder、Delphi 或其他移植性好、功能强、易阅读的编程语言。

4.5.3.4 应用软件

收费系统应用软件采用模块化结构设计,具有较好的稳定性、安全性、移植性、扩展性;所有应用软件界面均需要汉化,人机交换界面均为图形界面方式,要求美观、易管理操作。收费系统应用软件所使用的编码规则和数据传输格式必须符合交通部频发的《高速公路联网收费暂行技术要求》。

收费应用软件模块构成：

(1)数据录入模块

收集本路段各车道的罚款、欠款、通行费上缴、通行卡发放回收情况。

(2)车道监视模块

监视本路段每个车道运行情况、收费情况、交通量情况以及手工车型情况。

(3)数据传输模块

控制收费站与收费车道、收费分中心间的数据传输，定时将内存中的原始数据转存到硬盘，定时向车道控制机下传时钟、费率信息，定时接收上级计算机下传信息，定时上报统计信息，定时打印输出各种报表。

(4)通行卡管理模块

通行卡内容读取、恢复，通行卡的调配，坏卡、失卡登记，卡库的维护等。

(5)统计及报表打印模块

自动统计和制作：收费统计、拆账统计、交通流量统计和交通流量图三大类统计报表。

(6)图像数据处理模块

图像的捕捉、存储、显示、检索、管理。

(7)数据检索模块

收费数据、交通量数据及特殊情况数据的检索。

(8)系统维护模块

网络参数设置、收费数据转存修改、收费费率修改、收费员、维修员代码修改、收费卡回收、发放情况。

4.6 高速公路收费闭路电视监视系统

4.6.1 收费闭路电视监视系统功能要求

(1)在收费分中心可以任意控制切换所有视频图像，对所有收费亭、收费车道和收费广场进行监视；监视员可以遥控广场摄像机的镜头，对整个收费广场进行监控。

(2)收费车道控制机可抓拍所有车辆图像，并配合收费亭摄像机图像，监督收费员的收费操作、车型判别、管理通行车辆。

(3)能与安全报警系统产生联动，一旦报警，广场摄像机自动转至相关车道，可以及时了解收费广场状态，收费站的图像计算机可以记录特殊处理的车辆图像。

(4)视频存储服务器对所有上传视频进行24小时不间断录像，并对特殊车辆视频作上标签。

4.6.2 收费闭路电视监视系统构成

收费闭路电视监视系统主要由外场视频采集设备、视频传输设备及收费分中心、收费站控制室视频监控设备构成。收费分中心、收费站闭路电视系统构成如图4-29、图4-30所示。

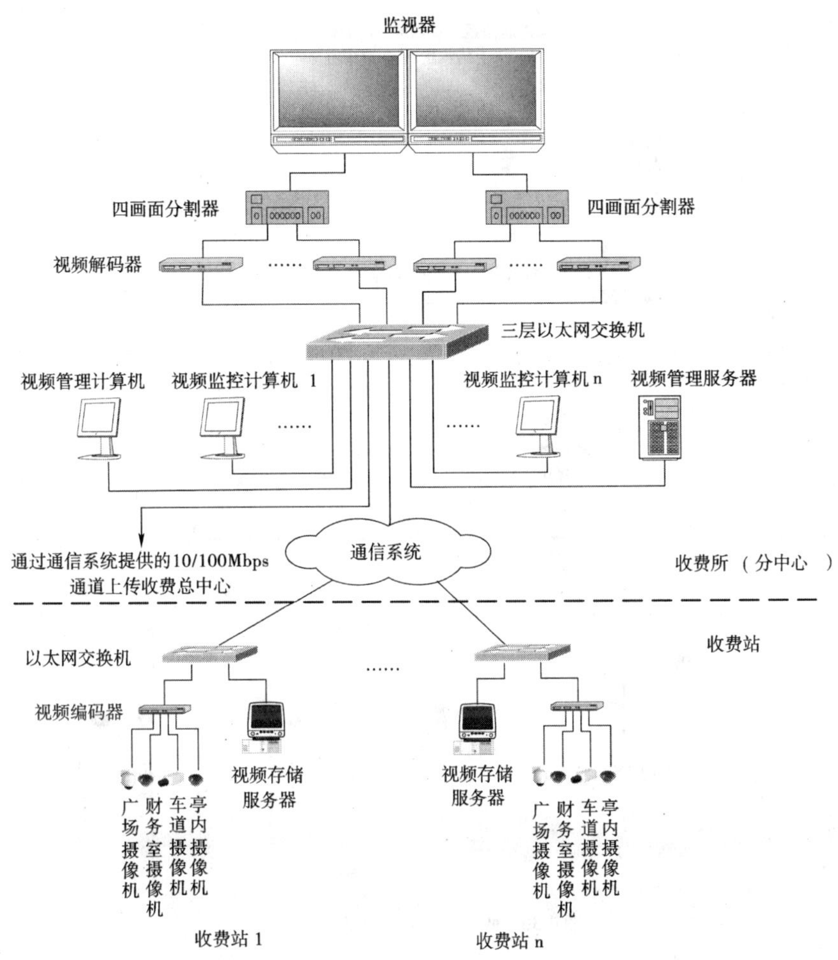

图 4-29 收费分中心闭路电视系统示例

(1)外场视频采集设备

车道摄像机:在每个出、入口收费车道收费岛尾部均设置 1 台车道摄像机,可覆盖车道的主要收费工作区域,用于对通过的车辆和收费员的对应操作过程进行监视。每辆车都进行视频抓拍,将抓拍的特殊车辆图片存储在车道控制机里,并通过以太网上传至收费站图像计算机进行处理、存储、检索。

收费亭摄像机:每个出口收费亭设置 1 台亭内摄像机,可以配合车道摄像机视频监视收费员的操作,还可以监视收费亭内的情况。

收费广场摄像机:每个收费广场在出入口方向各设置 1 台广场摄像机,安装在收费广场车辆离开收费岛一侧渐变段的土路肩上。广场摄像机可选用一体化球型遥控摄像机,可以对整个收费广场的情况进行监视。

财务室摄像机:安装位置应利于观察财务室内情况。

(2)视频传输设备

传输介质有多种,常用的是光纤、同轴电缆,可以根据传输距离的远近依次选择单模光纤、多模光纤或同轴电缆,另外还可以通过视频电缆、光端机等方式传输。详细介绍参见第二章第

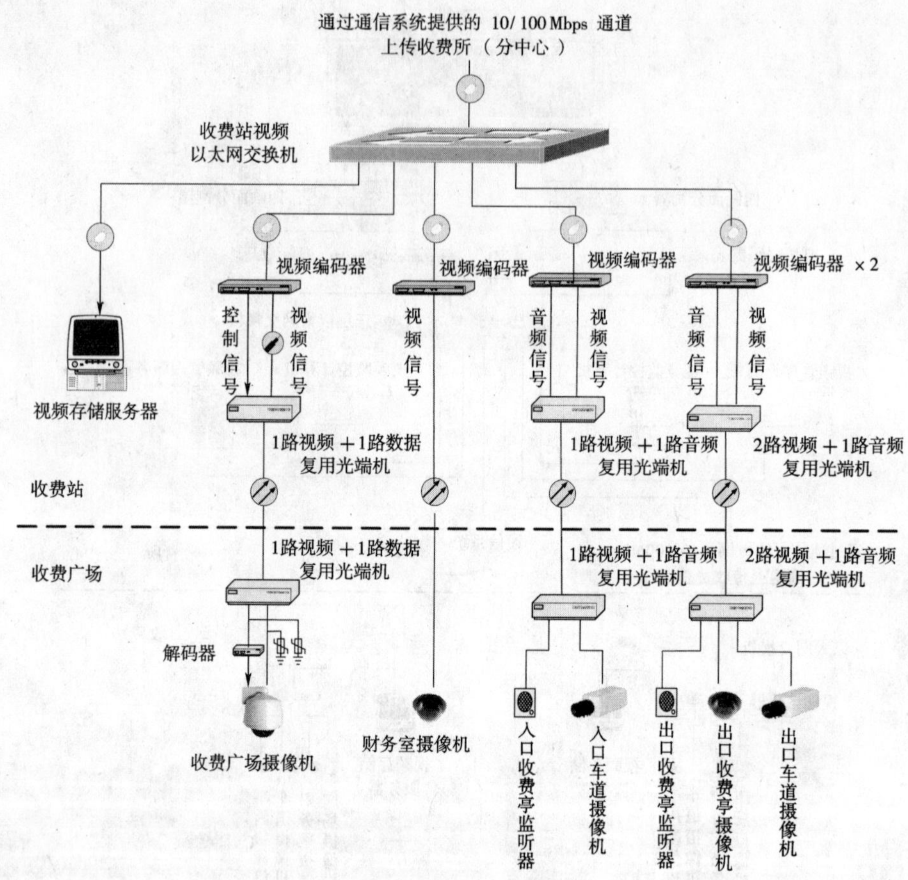

图4-30 收费站闭路电视系统示例

六节内容。

收费站的图像及控制信号通过通信系统以太网板、以太网视频编码器、以太网交换机上传至收费分中心。

(3)收费站、收费分中心控制室视频监控设备

视频监控计算机：收费分中心通过视频监控计算机对收费、监控图像进行监控。

视频编解码器：负责将所有图像进行编码后上传至收费分中心，收费分中心配置的视频解码器对收费、监控图像进行轮巡及报警显示。

显示器：通过等离子显示器及四画面分割器对视频图像进行显示。

视频管理服务器：通过视频管理服务器对网络视频编解码器、视频存储服务器及视频监控计算机进行统一管理。可以对系统中的所有编解码器设备进行控制，指定设备之间的工作关系。实现用户管理，录像管理，报警联动，多画面轮巡等功能。

视频存储服务器：在各收费站设置视频存储服务器，对所有摄像机进行录像，视频存储服务器对本站所有视频编码器的 MPEG-4 数据流进行直接存储，并通过视频管理服务器进行统一管理。

视频存储服务器主要实现的功能：

(1)智能检索功能:系统应具有快速搜索、准确定位、逐帧回放、查看细节的功能。单帧图像可以图片资料的形式进行保存。管理计算机可通过网络调取任意一路图像进行监视或回放,也可直接定位检索。

(2)多种循环录像功能:系统具有盘满循环/定时循环录像功能,不必人工更换硬盘。

(3)网络控制与传输功能:系统可以通过计算机网络实现多路图像同时传送、显示、录像、云台/镜头控制等,实现远程调取、控制图像的功能。

(4)图像备份功能:系统可以通过 VCD 刻录机进行手动/自动图像数据备份。

4.7　高速公路收费场站设计理论与方法

收费站设计包括土建工程与机电工程两部分,土建工程包括收费车道、收费岛、收费广场、收费广场配套设施(收费雨棚、地下通道、收费站房、安全设施、路基路面等),机电工程包括收费车道设备、收费站计算机系统、供电子系统、通信子系统、收费监控系统与机电系统的接地和保护,本章内容主要针对半自动方式收费。

4.7.1　收费站规划设计标准

收费站内各种设施的布置与设置数量,应根据收费设施的规划年限进行设计,在规划年限内,各种设施应能适应交通量的增长。一般情况下,收费站应配备的设施依据表 4-6 所示的规划年限计算量。

收费设施规划年限　　表 4-6

设　施	规划年限	
	一般收费站	联合收费站
收费系统机电设备	使用开始 5 年	使用开始 10 年
收费岛、天棚、地下通道、收费广场	使用开始 15 年	使用开始 20 年(一般情况下预留 2 ~4 条电子不停车收费车道)
收费广场用地、站房区用地、建筑和土方工程	使用开始 20 年	

收费车道设备主要考虑其耐用年数;收费站房与收费站规模、土地条件等有关,其用地面积不一定要和出入收费站交通量联系起来;广场土方工程往往作为预留扩充用地,可设置路缘石并做成绿化地带,而不要设置永久性构造物;在上述规划年限内,当收费广场的收费车道大于或等于 8 条时,宜设置地下人行通道;其他设施规划设计都应用规划年限末的交通量进行计算。一般情况下省界合建主线收费站的收费设施按使用开始年年平均日交通量绝对值确定的收费车道一次性设计实施,省内主线收费站在不妨碍交通的情况下,在通车使用的初期,也可不必将所需的设施全部都设置好,但必须预留。

4.7.2　收费广场设计

收费广场内的设施包括收费车道、收费岛、路基路面及排水、人行通道、电力、通信管线、雨棚、安全设施及照明等。收费广场是为了便于车辆加、减速缓冲过渡,并停车缴费的设施,其设置不应妨碍交通安全畅通,因此收费广场的设计应能最大限度地防止交通事故和产生交通拥挤,适应收费业务和管理的要求并提供一个安全、舒适、高效的收费工作环境。收费广场设计内容包括:收费广场线形设计;收费广场平面布置;路基路面及排水;收费广场附属设施设计(包括雨棚、标志、标线、照明等),收费岛、收费车道设计等。

收费广场线形设计

收费广场的线形设计原则上应保证交费的车辆有足够的视距,便于驾驶人从远处看清,并做好停车准备。收费站的线形布置一般包括:平面线形、纵断面线形、横断面、从收费广场到一般路段的渐变段等。

①平面线形

收费广场的平面线形应综合考虑车道、收费岛、站房及配套服务设施的布置,收费广场的线形应尽量采用直线。收费广场设在主线上时,平面线形应与互通式立体交叉的主线线形标准一致,并尽量设置在直线段,而不设在超高平曲线上。收费广场设在匝道或其连接线上时,要求平顺,其圆曲线半径不得小于200m,收费车道同样以直线为好。若为曲线段,需要加宽收费车道。不能在曲线车道处设超高,否则容易引起收费车道一侧积水,从而影响收费设备,如检测线圈的损坏。

②纵断面线形

收费站往往是一个交通混乱的区域,车辆处于走走停停的状态。在进入收费广场之前先是减速,然后驾驶人根据收费站标志、标线的指示,根据自身的车型选择车道(分流),如军警车选择军警车道,有不停车车载识别装置的选择不停车收费车道,一般车辆选择一般收费车道等。分流车辆先是排队,再完成收费交易手续,如领卡、交钱等,最后,离开收费车道的车辆加速同主线车流汇合。由于驾驶人完成的操作较多,注意力分散。因此要求收费广场及收费车道应尽量平坦,收费广场中心线前后最大纵坡小于2%,特殊地段小于3%,一般要求广场中心线前后坡长大于100m,最小50m。主线收费广场宜避免设置于凹形竖曲线的最低处或长下坡路段的下方。收费广场设在主线上时,收费广场的竖曲线的半径应与主线标准一致;收费广场设在匝道或其连接线上时,竖曲线半径应大于800m。

③横断面线形

为了便于收费广场排水,要求收费广场设置一定的横坡,其标准值为1.5%,最大值为2%。

④收费广场直线段

收费中广场直线段的长度一方面满足收费岛长度要求,另一方面为使车辆容易进入各收费车道,在交通高峰时容许准值为各车道有某种程度的排队长度,一般匝道收费广场直线长度为30~50m,主线收费广场直线段为50~80m为宜。

⑤收费广场前后渐变段

从收费广场向标准宽度路段过渡的渐变段,要求能够使车辆顺畅行驶,便于分合流,随意进入或离开任一车道。

⑥从匝道收费广场中心线到匝道分岔点的距离

在互通式立交的匝道收费站,对于不熟悉路况的驾驶人,如果从收费广场中心到匝道分岔点的距离不够,交完费的驾驶人容易产生操作困难而无法进入相应的匝道。考虑驾驶人自离开收费亭行驶2~4s后,才能开始注意前方高速公路的状况,而状况判断与反应行为等需要3~4s,合计5~8s。以此时间为计算标准,为使驾驶人有充分时间判断方向,要求收费广场中心到匝道分岔点的距离要大于75m,到被交叉公路平交点的距离不小于150m,如图4-31所示。不能满足时,应在被交叉公路上增设停留车道。

此外,收费岛前后的路面应采用水泥混凝土路面铺筑,收费广场场区应作排水设计。

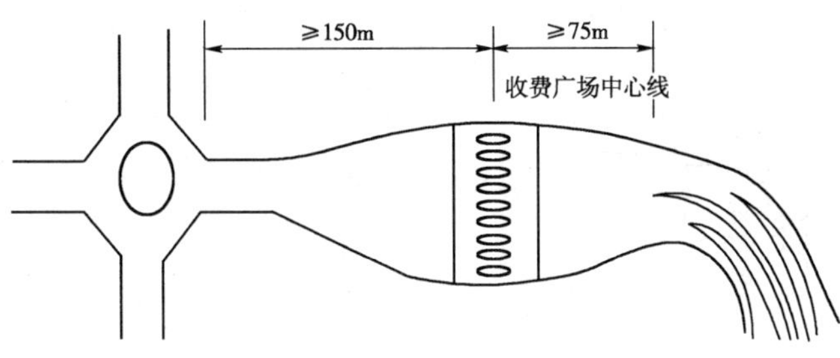

图4-31　收费广场到匝道分叉点最小距离

4.7.3　收费车道设计

收费车道宽度应采用3.2m,行驶方向右侧应设置超宽车道,其宽度为4.0m。开放式收费站由于出口车道和入口车道相等,广场中线和路线中线一般会重合。但封闭式收费由于进出口收费车道数量差异,收费广场内车道的布置有三种方案,具体如图4-32所示。

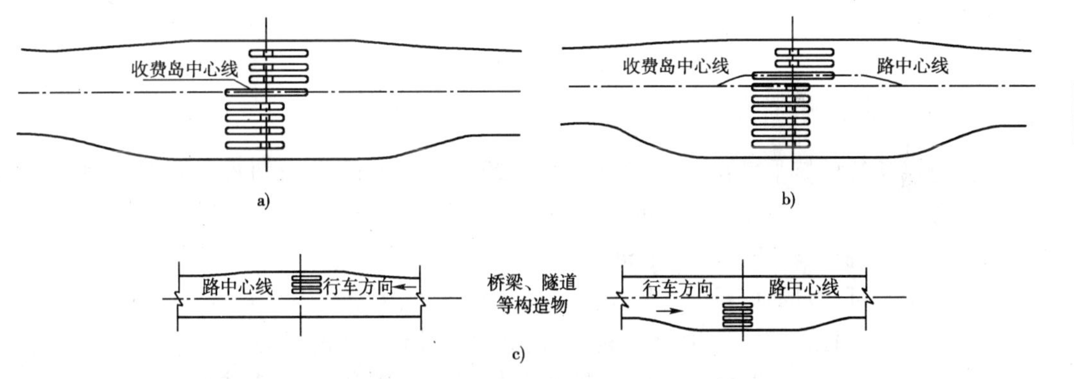

图4-32　收费广场内车道布置方案示例

图4-32a)是进、出口收费车道分别设在路线中心线的两侧,中央收费岛中心线与路线中心线重合形成对称布置。这样的布置方式适用于进、出口收费车道数差别不多的主线收费站和匝道收费站。当车道数较多时特别是出口车道数比入口车道数多得多时,外侧收费车道与路中心线距离远,绕行距离长,会产生靠近路中心的收费车道形成排队而外侧车道却可能出现空闲的现象。

图4-32b)是由于进、出口收费车道数差别较大,当采用喇叭形互通时,为了避免出口一侧鼓得过大,将路线中心线和中央收费岛中心线错开设置。这种布置方式的优点在于从总体上看收费车道绕行距离短,缺点是广场段路线线形必须加以局部调整。

图4-32c)是将进、出口收费车道在纵向上错开设置,这样的布置方式适合于地形地物受限制的地方或对某一独立构造物(比如桥梁、隧道等)进行收费的场合。其优点是收费广场的占地宽度几乎缩小一半,平面上布置可以比较灵活;其缺点是将原来集中在一处的收费设施分

成两个相对分离的收费设施，工程量和管理工作会有所增加。

4.7.4 收费岛设计

收费岛在平面上有两种布置形式，一种是将收费亭对齐，一种是将收费岛对齐，如图 4-33 所示。

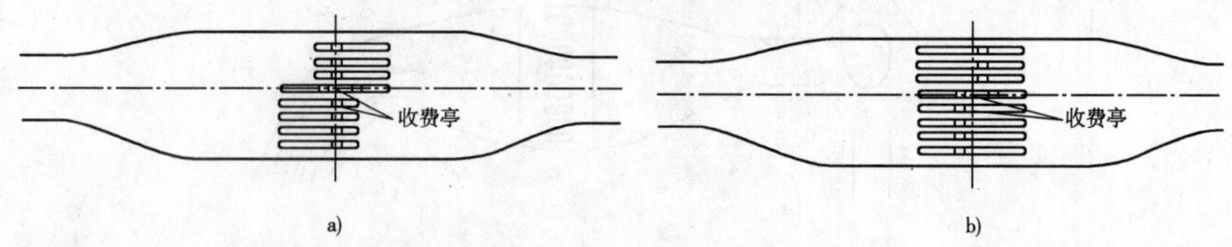

图 4-33 收费岛平面布置

收费岛宽度宜采用 2.2m，收费岛侧面高度宜采用 0.30m；收费岛长度应根据收费广场类型及其安装的收费设备确定。主线收费广场收费岛长度为 28 ~ 36m；匝道收费广场为 18 ~ 36m；不停车收费车道可根据实际需要确定。

4.8 其他设计

4.8.1 内部对讲系统、监听系统

内部对讲系统包括主机和分机，主机设在收费分中心控制室，分机设在收费亭内，该系统将为收费分中心值班员与收费员提供直接的语音通信。主要采用热线电话或对讲主机方式来实现，收费亭内分机和收费分中心主机之间通过计算机网络传输语音信号，如图 4-34 所示。内部对讲系统也可通过通信系统的程控交换机来实现，但要求交换机具备热线功能和缩位拨号功能，如要实现组播、广播、监听等功能，需要交换机具有相应的功能。

内部对讲系统可实现对讲主机与对讲分机的选呼、组呼和群呼，多主机（不少于 3 个）应答。收费员可与机房值班员通话，但收费员之间不能通话。为了提高服务质量，更好地对收费员的监督管理，可在收费亭内及车道安装监听器。

4.8.2 安全报警系统

安全报警系统是由安装在收费分中心控制室内的安全报警管理计算机、警笛和收费亭内的脚踏开关以及通信系统提供的传输通道构成，如图 4-35 所示。收费亭内的脚踏开关与车道控制机连接，报警信号通过报警控制器和通信系统提供的传输通道传输至控制室的报警管理计算机，并引起警笛蜂鸣，通过声光显示通知值班人员。

系统功能：

（1）收费员按报警开关驱动报警；

（2）信号电缆出现断路故障时产生报警；

（3）蜂鸣声响应保证使监控室内的人员清楚地听到；

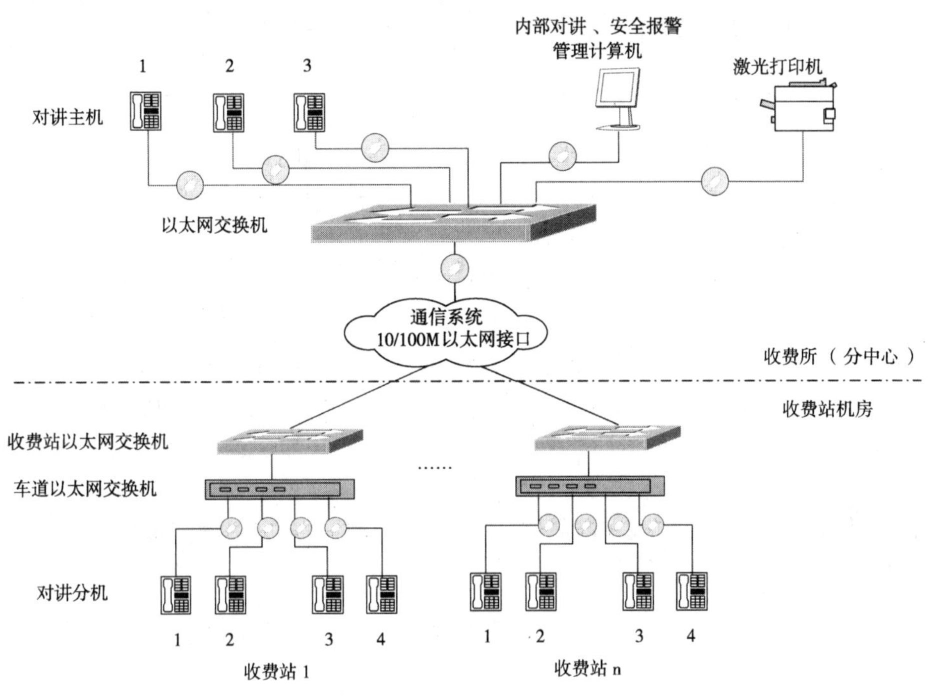

图 4-34　内部对讲系统示例

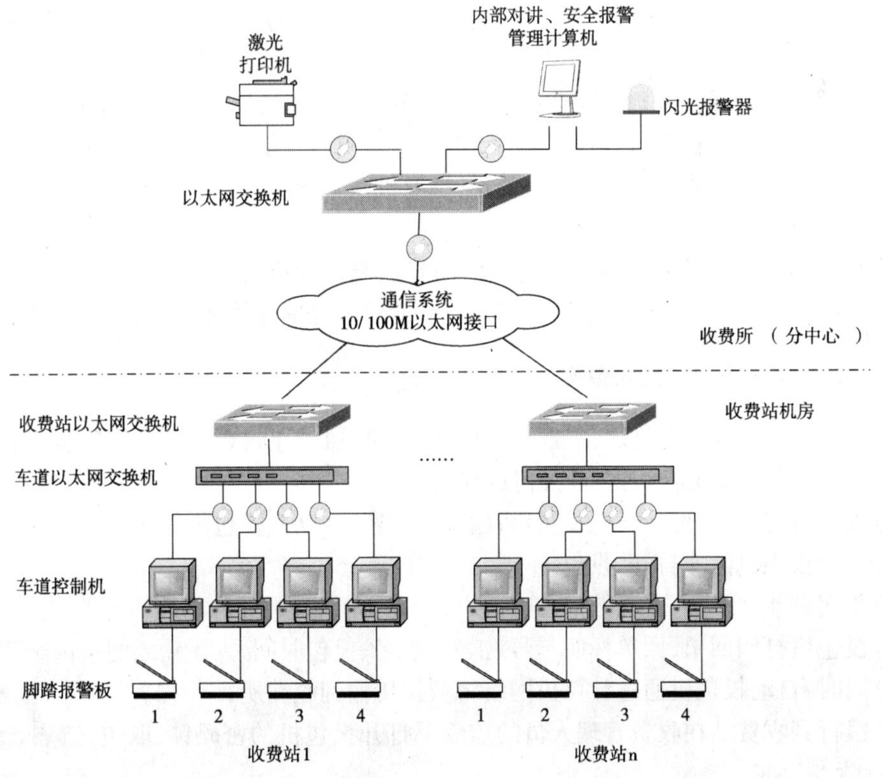

图 4-35　安全报警系统示例

(4)报警器具有自检功能。

4.8.3 防雷及接地系统

收费系统中既有强电设备又有计算机等弱电设备,易遭受雷电的侵袭,轻者部分设备被雷电击坏,重者造成系统瘫痪。为保证系统正常运行,加强防雷系统的建设非常必要。

系统通常受到两类危害:直击雷和暂态过电压。直击雷容易产生反击电压和感应过电压对系统造成危害。暂态过电压包括雷电过电压和内部操作过电压,是配电系统中最常见的干扰形式,对用电设备最具危害性。稳压器和UPS均无法消除暂态过电压的影响。

为避免收费系统的设备遭受各种暂态过电压(包括雷电、开关操作、大功率电机起动等)的损坏和干扰,保障电子设备安全正常地运行,承包商应至少采取以下的保护措施:

(1)在各配电箱(屏)的配电回路上安装电源过压保护器。保护设备免受雷电或其他过电压的危害,收费系统采用三级保护方案:

第一级:位于由配电房引入室内的位置,该点最易遭雷击,要求通流容量大于60kA。该级保护应由供电系统负责。

第二级:位于监控室配电箱内UPS前端,要求通流容量大于20kA。这级保护应由收费系统负责。

第三级:如果细保护设备距服务器、以太网交换机大于15m,则需要安装精保护。车道控制机设备前端需要安装精保护。

(2)在各级计算机网络、控制线的接口处装数据过电压保护器(信号防雷器),工程量计入收费系统。

(3)在视频同轴线出入户时安装视频过电压保护器(视频防雷器),工程量计入收费系统。

(4)广场摄像机立柱上必须接避雷针,立柱转接箱内需要设置数据、电源、视频过电压保护器进行保护,并在基础下设置接地网,广场摄像机联合接地网电阻≤4Ω,工程量计入广场摄像机设备及安装内。

(5)在收费大棚以及收费场区建筑的顶端安装避雷针或避雷带,并设置联合接地网。工程量计入房建工程内,收费监控室设备和收费车道设备有良好的接地,联合接地电阻≤1Ω。

4.8.4 自动存款投包机(夜间金库)

收费员下班后,清点好票证、票款,并填写缴款单,通过在收费站设置的自动存款投包机解交收费款,银行定时取走收费款,其投包过程为:

(1)收费员将IC身份卡插入投包机,输入本人密码,输入投包金额;

(2)自动投包机翻斗打开,投包;

(3)关闭翻斗,包进入保险箱内;

(4)投包机打印回单,回单标明卡号、工号、姓名、投包时间、人工输入的包内金额;

(5)同时,自动投包机通过计算机网络将数据传输到收费所;

(6)银行到收费站在收费管理人员的监督下打开投包机的密码锁,取包、清点。解交的款项以银行清点为准。

4.8.5 车辆超限超载检测系统

为了配合治理超限超载车辆、保护路桥正常使用寿命，可在收费站的出入口车道上设置低速动态称重系统，通过设置在车道上的超限超载车辆自动检测设备（图4-36）对过往车辆进行检测，如果出现超载现象，则在车道上对超载车辆进行告之，同时由执法人员引导至广场外的卸载区接受检查。

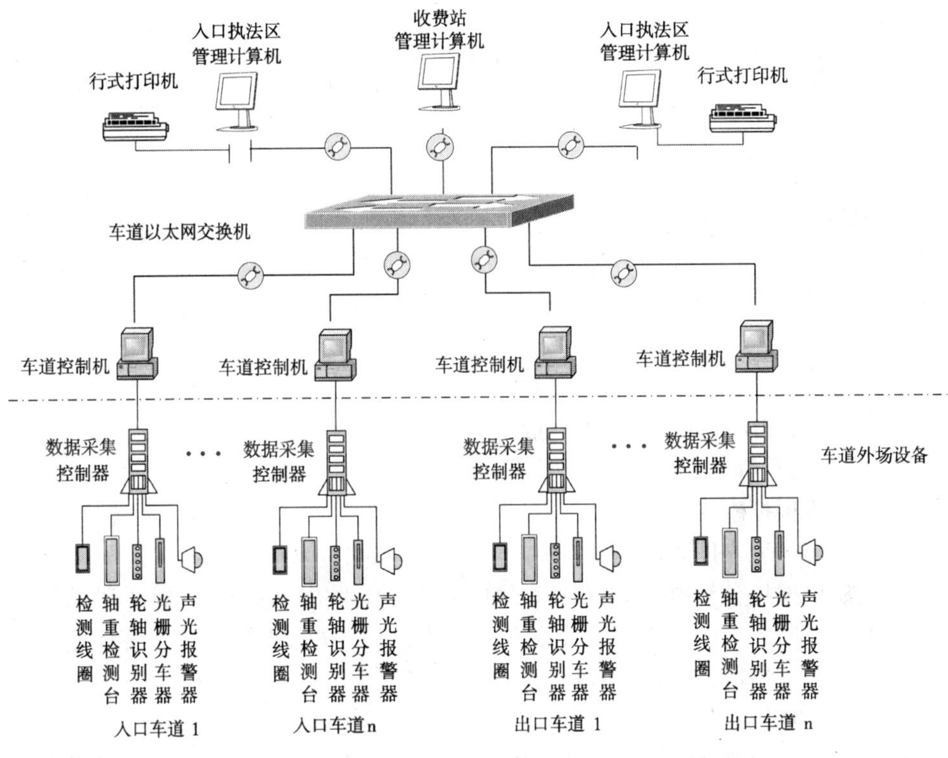

图4-36 超限超载系统构成图

（1）系统构成

低速动态称重系统主要由1块动态弯板式传感器、1个线圈、1个红外线车辆分离器、1个单双轮检测器和1个称重控制器构成。

动态弯板传感器主要完成车轴的称重、速度检测、轴型判断等工作。

红外线传感器用来进行车辆的分离及提供开始、结束等信号。

线圈主要用来完成测速、倒车的检测，并与红外线分离器一起对非车辆以外的物体或人通过时的判断，减少出错。

单双轮传感器主要用来检测通过车辆每轴的轮胎数。

中心控制器用来处理来自于各传感器的信号、计算数据，把相关数据通过通讯方式送给收费计算机。

采用前置式布置方式，即在收费前进行检测，保证在车辆到达收费亭前完成检测，每个车道使用两块弯板，采取交错放置的方式，其前方装有一个线圈，弯板后方装有一个单双轮检测器，弯板前沿处的收费岛上装有红外线车辆分离器，称重处理器机箱装在收费岛上。当系统进入工作状态，开启岛前栏杆机，车辆依次进入。当车头遮挡住红外线车辆分离器时，起动称重和单双轮检测装置，对通过的车轴进行检测，称量重量、判断单双轮、轴型、速度、轴距，当车辆尾部离开红外线车辆分离器后，一次工作结束，经设在收费岛上的中心处理器处理计算，形成收费系统所需的完整的车辆称重信息，包括车辆的轴重、轴组重、整车重、轴型、车型、车速、车辆超限标志、时间等信息数据，经通讯线路上传给收费计算机。如通过的车辆超限，系统启动收费车道超重报警灯。

系统中所设计的线圈，主要是与红外线分离器共同工作，以防止有人通过红外线分离器时产生误动作。同时线圈检测车辆速度，并判断是否有车辆倒出已进入的称重车道称重区域。

(2)系统工作流程

①收费车道超限检测系统进入工作状态。

②载货车辆正常驶过车道超限检测系统，称重台检测车辆轴重，环形线圈和车辆分离器检测车辆通过状态。

③数据采集处理器采集来自称重台检测的车辆重量信号以及来自红外线车辆分离器的状态信号。

④数据采集处理器将采集信息自动形成一个完整的车辆信息，计算出其轮重和轴重，并依次累加出车辆总重，测出车辆瞬间速度、轴距、车型以及车辆是否完全通过。当车辆完全通过后，系统把检测到的车辆数据信息实时传输至监控室内的管理计算机。

⑤管理计算机根据事先输入的轴重/总重限值判断经过车道超限检测系统的车辆是否超限，一旦发现超限车辆，立即驱动相应车道的声光报警器报警。

⑥收费人员根据报警灯提示，在对应车辆的通行卡上做出标识。出站口可根据通行卡的标识与执法处理凭证来判断车辆是否已经接收超限处理。执法人员根据报警灯提示，将相应的超限车辆引导至执法区，进行超限执法。

(3)系统主要功能及特点

①收费车道超限检测系统采用新型单片机控制技术，使用固化软件，称重过程自动完成，无需人为干预。

②称重平台采用防冲击结构，有效抵抗车辆长期对称重台的冲击，可延长称重传感器的使用寿命。传感器采用独特的悬挂式支撑方式，使传感器置于路面上方，传感器防护等级达到IP67，可有效防止雨水、潮湿及霉菌的侵蚀造成的损坏。

③系统支持两种检测称量模式，即动态称量和静态称量，并可自动转换，即使由于拥堵，车轴停在称重台板上，系统也能准确称量并进行车型判别。

④系统具有自动缓存功能，按照先进先出方式存放，前一辆车的数据传到收费计算机，但处理过程没有结束，后一辆车的数据暂存于车道数据处理器缓存消息队列中，并尝试重发，直到发送完成，避免此次检测数据被冲掉，从而保证了称重检测数据的完整性，同时也保证了车辆与检测数据的一一对应关系。

⑤针对收费站最外侧超宽车道，系统可提供宽度为4.2m的称重台板。而其他车道采用宽度为3.5m的称重台板。而且特殊设计的称台结构可满足收费车道不超过3%坡度情况下的称重精度。

⑥路侧安装红外线车辆分离器，前后方向最小分车距离为30cm，低速跟车时小于10cm；上下方向最小垂直检测宽度5cm，能保证完全消除跟车现象和车辆错误分离现象，将半挂车、全挂车、单车可靠分离，保证了称重检测数据与车辆的一一对应关系，不会出现由于误判而产生多车或少车现象。

⑦在收费车道内，车辆起动、制动比较频繁，经常产生溜车现象，同时在车道内不同形式的倒车现象（包括车辆不完全进入并退出，不完全倒车并进入等）有时也会发生，给车辆有效的称重增加了难度，系统采用独特的滤波采集和逻辑分车装置，处理车辆起动、制动、不同形式的倒车等特殊情况，可有效避免重复称量和错误称量等称重失误，同时可以防止人为遮挡红外线分车器时产生的误动作，车辆倒车时，系统自动删除缓存消息队列中的最后一辆车或倒出称重台的车轴的检测数据，保证了预检过程的连续可靠运行。

⑧称重平台、车型判别器、数据采集处理器机箱外表面均采用特殊的表面防腐处理，称重平台表面为防腐漆，车型判别器表面镀锌，数据采集处理器箱体为不锈钢。可有效防止盐雾、雨水、汽车尾气、潮湿等侵蚀对设备的损害。

⑨系统中的红外线车辆分离器的玻璃可配置自动电加热玻璃，可有效解决由于低温所造成的玻璃结雾、上霜而引起的红外线车辆分离器的误动作甚至是失效。

4.8.6　车辆计重收费系统

目前大多数收费系统是以货车额定载质量和客车座位数来进行车辆分类，这种收费方式有其不合理的地方，我国从事公路营运的车型复杂，各类国产车、进口车、改装车五花八门，没有统一标准。收费人员很难从外形上判断车型标准，容易与驾驶人发生争议，许多货运汽车，核载质量与实载能力之间，保留了很大的超载空间，超载系数达到了60%～200%，许多公路和桥梁因大型超载车辆过多，已对路面和桥梁结构造成严重损坏。传统的收费方式对于车辆核载质量比实际载质量小的情况无法正确处理，而对于空车和载重车收取一样的费用，这样在各种车辆之间发生了不公平的转移支付，尤其对于守法驾驶人更为不公平。在这种条件下，根据车辆实际重量收取通行费是一种比较合理而又科学的收费方式，这样既能保证道路管理当局及经营者的收益，又能切实保护守法承运人合法权益，更重要的是可有效地规范超限运输行为。现在世界上许多国家和地区都在进行计重收费方式的实验和研究，其中韩国已在收费站大量的安装了称重系统，在我国许多地区也已经进行了计重收费工作。

(1)计重收费的目的

①根据车辆载重进行收费，尽量做到收费公平合理；

②根据2000年交通部2号令《超限运输车辆行驶公路管理规定》及其补充条款控制超限运输；

③杜绝少收、漏收和营私舞弊行为，保证公路营运者取得最大的经济效益和社会效益；

④减少出入口的收费手续，提高收费的工作效率，最大限度地降低由于收费过程引起的交通延误，确保高速公路的通行能力；

⑤与交通监测系统配合，提供交通流量数据；

⑥对收费金额、票据、车型与重量等信息完整、准确的统计，并能帮助进行财务分析和预测，实现智能化的财务管理；

⑦为智能运输系统的实现留有一定接口。

(2)计重收费对收费车道内称重设备的要求

计重收费是根据通行车辆的载重情况来进行收费,所以称重设备是计重收费的关键设备,这就要求收费车道内的称重设备必须具备以下几个方面的功能:

①合理的称重精度与良好的稳定性;

②低故障率与长寿命;

③安装简单方便,易于维护;

④对轴型(轴组型)、轮型具有准确的判断能力。

(3)计重收费的优点

①体现了公开合理的原则

计重收费以车辆的车货总重为计费参数,较准确的反映了车辆在高速公路行驶过程中对道路损耗的补偿。真正体现了“多用路者多交钱,少用路者少交钱”的要求,确保车辆在缴纳通行费的公平合理,保证了守法的道路运输经营者的合法利益。

②能有效遏制超限现象

实行计重收费,是利用经济手段遏制车辆超限运输的一项长效机制。计重收费实行以来,恶意超限超载现象明显减少。

③不增加社会总体负担,合理增长通行费收入。

实行计重收费后,标准车型、标准装载的车辆总体收费水平与以前按车型分类收费水平基本持平或略有下降。计重收费使超限超载车辆对公路的损耗得到了管理的补偿,从技术上进一步完善了通行费征收管理,填补了收费政策上存在的漏洞,合理的增加了通行费收入。

④收费站收费秩序井然。

实行计重收费后,收费站的秩序比以往有较明显的好转,以前按车型分类收费,由于“大吨小标”车辆多,虽然交通部、发改委发布了《公路汽车征费标准计量手册》(第三册)及《载货类汽车质量参数更正表》,但很少有车辆的行驶证被纠正,导致收费争议大,车主不配合交费,经常发生车辆堵道。改为计重收费后,车主对收费标准很少有异议,虽偶有对称重有异议,在工作人员引导下复称,秩序井然。

(4)计重收费的缺点

计重收费是一种新的收费方式,无疑会带来一些不容忽视的问题,这些问题给收费工作带来许多难度。

①计重争议突出

我们计重收费采用的收费设备是轴重式动态称重系统,采取车辆分轴称重,称重精度会受到车速、称台受力方向、所装货物形态与各种因素的影响,不可避免的存在误差。同一辆车在同一称台上每次的称重数据都会不同,存在着一定的误差。在实际收费过程中,车主在货车运货出来时,自已都会到静态称重仪上过磅,车货总重心中有数,若存在1吨以上的误差或与其他站称重不一致时经常就会与收费人员发生争辩,所以计重引发的争议还是比较普遍的。

②收费标准引起沟通困难

由于货车原来采用按车型分类收费,通行费计算简单方便,而计重收费通行费计算较为复杂,实际上有些车主、驾驶人根本无法计算,虽然前期宣传工作开展得很好,但在通行费的计算上与车主的沟通相当困难。

③现场安全形势不容乐观

计重争议会引起很多车辆要求倒车复称，这样就造成道口存在安全隐患。容易引发堵车、追尾事件的发生。

④偷逃费方式的更新

许多车主受经济利益的驱使千方百计的采取各种方式逃费，如采取搭桥，高速冲磅，安装虚轴，达到偷逃通行费的目的，给计重收费增加了困难。

(5)计重收费的收费流程

高速公路计重收费方案主要有入口计重和出口计重两种。为便于管理、减少称重纠纷、避免对现有成熟的联网收费软件进行大规模升级而带来风险，目前国内较多采用出口计重收费方式。关于出口计重收费流程详见4.4.2.2中第9)款。

4.9　高速公路联网收费系统

4.9.1　高速公路联网收费概述

随着国家对基础设施建设的重视，尤其对高速公路建设投资力度的加大，经过若干年的建设后，一些省份逐步形成了高速公路路网的雏形。随着路网的形成，如何最大程度地发挥整个路网的整体效益和作用，以及如何避免在路网形成之后出现新的问题成为人们关注的问题。

由于高速公路建设大都是分段建设完成的，而且没有统一的要求，各路段的交通工程管理设施系统也大多仅从本路段的角度出发进行设计和实施，由此造成的后果表现在：

第一，路段与路段之间存在过多的收费站，驾驶人在不同路段间行驶需多次停车交费，不仅降低了高速公路的服务水平，而且增加了初期投资和后期运营的费用；

第二，各路段的高速公路监控系统也相互独立，相邻的路段发生交通事故等情况时不能及时互通，不能及时采取有效手段进行控制和疏导；

第三，由于通信网络、通信管道不能统一规划，各路标准不统一，无法互联或是无法达到合理配置而影响了整个系统的使用效率。

由于市场经济和科学技术的大力发展，以及高速公路建设主体的多元化，为了更好地进行高速公路机电系统的建设，保证高速公路网的畅通，提高服务质量和管理水平，提高社会效益和经济效益，对高速公路进行联网收费管理工作，必将对规范、指导、促进高速公路机电系统的建设起到极其重要的作用。

交通部于2000年10月1日公布实行的《高速公路联网收费暂行技术要求》，规定“高速公路应首先实现省内联网收费，逐步实现省际的联网收费，为全国联网收费电子货币化做好基础工作”。随后，江苏、山东、浙江、湖北、湖南、四川等省纷纷进行高速公路联网收费的规划和建设。目前，高速公路联网收费已成为高速公路收费建设的主要模式。实现高速公路联网收费的意义在于：

(1)提高了高速公路的使用效率，提高了车辆通行能力，缩短了行车时间，充分发挥了高速公路高效快捷的特点；

(2)提高了高速公路收费管理水平,减少了许多中间主线站收费,降低了运营成本,堵住了收费管理的漏洞,防止了资金的流失;

(3)对全路网进行监控,大大提高了指挥处理突发大型交通事件的能力;

(4)提高了高速公路服务质量,方便了车辆通行,使车辆运行更加快捷、安全;

(5)节约了收费站和各种设备的投资;

(6)减少了车辆停车的次数,从而减少汽车尾气排放,减少环境污染;

(7)解决了目前其他收费模式的诸多问题,处理好高速公路服务与收费的关系,扭转人们心目中高速公路到处设卡收费的不良形象,产生了巨大的经济效益和社会效益;

(8)为电子付费奠定基础,联网收费统一了收费车型和付费方式,为储值卡电子货币的应用奠定了基础。

4.9.2 高速公路联网收费系统的概念及设计原则

4.9.2.1 联网收费系统的概念

高速公路联网收费是指在高速公路网中的各条道路不独立进行收费,而是在高速公路网出口一次性收取的收费方式。联网收费系统运用现代交通控制、信息管理理论,综合先进的计算机网络、信息传输、图像处理、电子测控等技术,建立高度智能化的综合管理系统,对高速公路的监控、通信、收费等信息进行采集、处理,并且能够在一定范围进行控制和发布指令,同时具备与系统外部相关部门互通信息的功能,提高高速公路的现代化管理水平。

联网收费系统的建设,在高速公路收费方面可以实现高速公路网内的联网收费,通过拆账功能实现路段之间的拆账,使车辆行驶可以实现"一卡通",从而减少驾驶人停车交费的次数,减少高速公路的运营成本。在高速公路监控方面,可以实现路网的交通控制,提高高速公路网的通行能力和服务水平。高速公路通信网的建设,为高速公路的信息传输提供高效、可靠的通信平台,为实现现代化的管理奠定基础。

4.9.2.2 联网收费系统的设计原则

高速公路联网收费作为目前收费建设的主要模式,其规划设计应遵循以下原则:

(1)系统层次性与复杂性

系统合理划分层次,清晰的界面有助于管理和建设的可操作性。同时避免层次过多过乱,尽可能减小系统的复杂性。

(2)技术先进性与成熟性

在采用具有现代先进水平的技术和产品的同时,充分考虑实际情况和技术的标准化程度,选择技术成熟又比较先进的产品或解决方案。

(3)业务的集中管理与分散性

系统功能保证业务上的集中管理,降低系统管理成本,同时又要考虑提高系统实时控制和反应能力。

(4)系统的规范性与继承性

高速公路联网收费是分期、分部分和分单位建设的系统,需要按标准和规范指导建设。同时要充分考虑已建和在建系统,继承并最大限度兼容原建系统,将其平滑纳入联网收费系统中,保护已有投资利益。

(5)系统的开放性与安全性

系统要具备开放性,适应未来发展的需要,以最小的系统代价,方便地扩充功能来提高系统性能。在开放的情况下对系统的安全性予以高度重视。

(6)系统的高性能和经济性

在保证系统的高性能前提下,选择经济、适宜的产品和方案。

通过高速公路联网收费系统的实施,加强收费系统的监督管理,减少投资、降低成本,提高通行能力和服务水平,方便车辆行驶,树立良好的服务形象,最大程度地提高高速公路网的整体经济效益和社会效益。因此,联网收费系统还应符合以下基本要求:

(1)车型分类、车种分类、IC卡格式及管理办法等应统一;

(2)根据车型正确收取通行费,收费过程的登记、事件记录完整;

(3)系统具备较高的服务水平,收费操作过程简明、实用,尽可能缩短因收费引起的交通延误;

(4)采用统一的管理模式和通信协议;

(5)系统具备高可靠性和全天候不间断工作能力;

(6)各类报表应准确、完整,并考虑与财务系统的协调、衔接;

(7)具有处理免费车辆、车队和紧急车的通行能力;

(8)具有对非法强行通过的车辆示警和向管理人员报警能力;

(9)具有一定的措施和技术手段防止联网后出现的作弊情况。

4.9.3　高速公路联网收费系统功能设计

联网收费系统主要包括七大功能:收费结算、一般收费业务管理、票据管理、非接触IC卡管理、图像管理、对外服务管理。

4.9.3.1　收费结算

(1)收费拆账结算业务管理

①收费数据采集:收费结算中心接收收费站直接上传的收费车道原始收费数据、收费站特殊处理、交易修正数据和来自银行的收费数据作为拆账的基础数据。收费结算中心的数据收集子系统对接收到的数据文件进行校验和检查,抛弃不合要求的文件并要求收费站重新发送。

②实时拆账处理:收费结算中心根据费率和路径等信息对现金通行费和预付通行费实时拆分到各路收费中心。实时拆分系统对收费数据文件中的每条记录依次进行处理。拆分计算的结果就是要确定收费中心当日应收多少资金,应付多少资金。如果采用储值卡收费,还要确定储值卡发放机构应付资金额。

③日终结算:根据实时拆账结果,计算一天的通行费拆分的结果,得到当日总的拆账结果。不能拆分的数据另行处理。日终结算处理结果与银行传送过来的数据相比较。如一致,经确认后形成划账指令。真正的资金划拨由银行根据划账指令完成。

④银行划、转账处理:下发转账指令,并接收银行的划账结果。

⑤账款不符处理:主要业务是与银行进行对账,查清账款不符的原因,并进行长、短款处理。

⑥数据的存储、备份、查询、恢复。

⑦报表应按时间段、地点等参数进行统计、生成、打印、查询、保存。

⑧数据录入:对特殊数据进行人工录入。

⑨各路业主如对拆账产生异议,可到收费中心进行查询、校核。

(2)拆账的计算方法

联网收费是封闭式收费。通行费的计算是在出口收费车道按照车型和车辆的出入口对应收费费率收取的。如果车辆行驶过的高速公路属于不同路段公司,则通行费总额为该车应付的所经路段的所有通行费。

各路公司的通行费拆账是建立在每一笔收费交易的原始数据基础上的。收费原始交易数据上传至收费结算中心后,实时将通行费中的金额按所属路段公司进行统计,最终得到一日(或一个基准单位时段)的结果。

(3)拆账模式

从资金清算的角度上看,目前进行收费结算的主要方式有"备付金"方案和直接清算方案。

"备付金"方案是指参与收费结算的各收费单位和路网收费结算中心都在同一银行开设备付金账户和清算账户,每次清算处理后,结算中心分别按照应收、应付资金额从各备付金账户转入或转出资金。如果备付金账户余额超过限额则将超出部分划回各单位,反之,则通知补足。

直接清算方案是指联网收费结算中心每日定时对前一工作日进行日收费的拆分和清算。联网收费结算中心首先要完成对有关的收费数据和资金收缴数据的一系列核对、检查工作后,对每笔通行费收入数据进行拆分。针对结算单位产生并下达收入数据结果,针对拆账银行产生资金划拨指令,拆账银行完成收费金额划拨后,将划拨结果传回联网收费中心。

"备付金"方案必须各个单位在备付金账户里保留相当的资金,造成资金占用,而且只能控制资金的划付,无法控制资金的收缴,无法对资金进行有效地管理,特别是收费结算中心要对备付金账户余额进行监视,并需不断调整,工作难度较大。直接清算方案的特点就是没有资金占用,能有效实施资金管理,准确及时地进行结算处理。

(4)拆账银行的选择

拆账银行为高速公路联网收费的各个路段管理公司开设专用账户,收费结算中心完成拆账处理后,向拆账银行发送划账指令,拆账银行根据划账指令进行资金划拨。收费结算中心最终的资金划拨需要利用商业银行的功能,所以需考虑选择拆账银行。

首先,拆账银行应该安全可靠,信誉度高。拆账银行应该拥有现代化资金管理手段,具有完整高效的计算机信息处理系统和高速安全的计算机网络通信系统,提供现代化的电子转账和支付手段,如电子联行、电子转账、电子实时汇总系统,并能够方便地与收费结算中心实现网络通信连接,从各方面保证拆账的及时性和准确性。

其次,拆账银行应该机构完备,分布范围广。拆账涉及资金流动,地理位置相对分散,因此,拆账银行必须体系完备,在各个地方设置有分行或支行,并具有完善的资金拆账体系。

最后,拆账银行应该服务周到。为了便于各收费分中心及时缴纳收费金额,拆账银行应该提供周到、细致的服务,比如收费金额的及时缴存、上门服务(运钞车到收费分中心现场服务)、夜间金库、方便的企业查账和对账功能、企业银行等。

因此，一般选择大规模的国有商业银行，如工商银行、建设银行、农业银行等作为拆账银行。

(5)拆账账户的设置

①公司在拆账银行开设拆账子账户。拆账子账户存放每个拆账日从各个收费车道收取的通行费。该费用是从收费站上缴拆账银行。每天拆账之后，拆账子账户中的资金应清零，以便第二天能够拆账。收费站只能往该账户中存款，不能提款。

②公司在拆账银行开设收益账户。收益账户存放路收费中心从通行费中获得的收益。这些账户资金来自于银行根据收费结算中心划账指令从当天总收益中划出的归属该路公司所有的资金。收费中心可以支配该账户的资金。

③收费结算中心在拆账银行开设拆账账户和未拆账资金账户。当每天开始拆账后，银行根据收费结算中心的划账指令把各个收费中心的拆账子账户中的资金汇总到收费结算中心的拆账账户，并从该拆账账户中根据指令划出资金到各个路公司的收益账户。当天不能拆账的资金一律划到收费结算中心开设的未拆账资金账户，保证拆账完成后拆账账户中资金为零。未拆账资金账户在处理完毕后，也应该清零。

(6)拆账时间的制定

为加快资金拆账的进行，应以天为单位进行拆账。由于收费站是一天 24 小时运作，而银行的工作时间是按正常工作时间进行的，为保证收费资金准确及时上缴银行，拆账时间可在次日白天某一固定时间进行。各路段必须安排在某一固定时间段内完成一次班次交接。如果同一收费员在此班次需进行连班工作，则需要在此时限内进行下班操作后再进行上班操作，收得的钱款要按两班次分别统计。结算时间应保证各车道当日现金全部缴存银行。结算时间和指令划拨时间应可根据需要进行调整。

(7)防止联网收费后的作弊

为有效防止联网收费后出现的驾驶人换卡等作弊问题，要求所有入口车道和出口车道均要有车牌提取的功能，并在出口车道进行车牌号的比对。车牌提取的方式可是为人工输入，有条件的路段可以采用车牌自动提取。车牌号要记录在通行券中。

此外，要加强对超时车辆的管理，对超时车辆要进行仔细检查。属正常超时的车辆可收费后放行，对非正常超时的车辆要进行相应处理。

4.9.3.2　一般收费业务管理

一般收费业务管理主要是区别拆账结算业务而言，主要包括：

(1)政策、规定的制定与管理

①制定高速公路联网收费的计划、策略、方法；

②会同有关部门制定联网收费的收费标准(包括车型分类标准、费率、免费标准)；

③统一联网收费的系统时间。收费结算系统与监控系统共用 GPS 时间接收设备调整系统基准时间。系统时间由收费结算系统定时向下一级发送时间信息，下一级主机根据收到的时间信息校准自己的系统时间。系统时间定时逐级向下级发送，逐级校准更新，从而实现整个收费系统的时间统一；

④管理联网收费的黑名单、白名单；

⑤特殊车辆处理的办法。

(2)收费数据管理

①负责对收费数据进行收集、汇总、保存、打印、统计、分析,以及报表的生成与处理;

②确定传输数据的内容与格式;

③定时将数据转存到磁带库或磁盘阵列中。

(3)报表管理

①根据全省统计数据,生成各类业务报表;

②报表种类包括收费、交通量、票据、车辆处理类型、车道运行等;

③报表生成可按班次、日、周、月、季、年等时间段产生;

④对报表进行整理、登记、保存。

(4)车道状态管理

主要是对收费站车道开放、关闭状态进行统计与管理。通过掌握收费车道的运行状况,可对车道开放、关闭进行调度。

(5)与相关机构的通信

①定时将统一制定时间、费率、黑名单、白名单、车型分类等信息下传路收费中心;

②接收收费站直接上传的收费原始数据;

③接收、汇总路收费中心上传的管理统计数据;

④与有关银行系统进行通信;

⑤通过 Internet 向社会发布相关交通信息。

(6)系统安全管理

系统通过一整套的技术手段和管理措施来保证收费结算系统的安全。主要内容包括:网络安全、数据传输安全、数据库操作安全、电源系统安全、安全管理制度等方面内容。

4.9.3.3　收费票据管理

联网收费系统使用的票据应按对票据管理的有关规定进行统一管理。首先,应按照统一规定进行票据管理,保证票据管理规范化、科学化,使车辆通行费票据领发、核销、管理的基础工作更加完善,防止票款流失;其次应加强计算机管理,使其更科学、及时和严格。

(1)票据管理制度

各路收费中心应对车辆通行费票据设专人负责领入、发放、保管、核销、报表及票据存根销毁等相关业务。票据管理人员必须接受财务监督,按单位制约制度要求责成会计、票据员、出纳员三者之间相互制约、相互监督的关系,不得兼职。

车辆通行费票据实行统一计划印制、计划领发,做到年计划月领用。路收费中心于年末前向收费结算中心编报下一年度的票据领用计划和每个月使用的详细领用计划。各路收费中心在收费结算中心规定的时间内领取下月使用的票据。

根据分级管理的原则,路公司首先向收费结算中心领票据,票据管理员须带由路收费中心主管部门负责人签名,并加盖路公司印章的领请单,经收费结算中心主管部门签字或盖章后方可领取;各收费站向路收费中心、收费员向收费站领取票据,也须按此领发手续办理。

收费结算中心、路收费中心、收费站均设置票据总账和明细账。总账用于登记印刷入库的票据,路收费中心、收费站的总账登记向上级部门领取的票据数量,各级明细账登记向下级发放票据的数量。

各单位的票据账记录顺序,按实际发生的业务为依据,按先领后发放的原则,按时间顺序登记账簿,保证上下级票据记录一致。

票据档案管理是指票据凭证、票据账簿和报表等相关资料,是实际记录和反映车辆通行费票据经济业务的重要史料和证据,因此需要按照会计资料进行妥善保管。

(2)票据计算机管理

计算机管理的主要内容包括:

①数据的录入:登记所有有关票据申请、购买、领用、库存、核销等数据。

②数据的存储与备份:及时对有关数据进行存储与备份,并定期保存到外部存储介质中。

③数据查询:可实时对票据的使用情况进行查询。

④统计报表的生成:可按时间、使用单位、使用情况等参数生成各种统计报表。

4.9.3.4 IC 卡的管理

目前使用的非接触 IC 卡的应用种类包括:通行卡、身份卡、储值卡、密钥卡等。IC 卡的管理包括采购、初始化、发行与注销、调配、对流失卡的统计以及对储值卡等的管理。

由于 IC 卡作为通行卡流通,其管理的工作量和难度都比较大,如果不采取一定的措施,不仅会增加相关人员的工作强度,降低工作效率,同时还容易出现差错,所以采用电子卡箱的方式进行 IC 卡的管理,即通过对卡箱的跟踪、统计、调配来实现对 IC 卡的有效管理。

(1)IC 卡的发行系统

IC 卡由收费结算中心统一发行。

发行系统由非接触 IC 卡读写器、计算机、打印机、发行软件组成,在系统密钥卡的管理下完成对卡的初始化。通行卡初始化后即可投入使用,身份卡、管理卡、公务卡等特殊卡还应记录相关信息。通过卡的发行系统可以对从卡厂购买来的非接触 IC 卡写入系统内部专用的应用文件格式和密钥,并打印上卡的统一编号,并且将 IC 卡的信息记录到 IC 卡管理数据库中。初始化后的 IC 卡应放入卡箱,卡箱的信息相应的记录到 IC 卡管理数据库中。

通行卡的初始分配是由拆账中心统一发放,方式为分级发放,即拆账中心、收费中心、收费站。非接触 IC 卡的数量应由各路段根据实际需要量确定。

此外,对非接触 IC 卡读写器的发行也应在拆账中心初始化及加密后才可投入到系统中使用,其发行过程与卡的发行相同。对于卡的重新生效,首先要删除卡记录在数据库中的信息,再通过发行系统生成新的信息。

(2)IC 卡的调配

非接触 IC 卡的调配主要针对通行卡。通过对通行卡的统计,根据用卡单位的申请对卡进行最合理的调配,达到用卡平衡。通行卡的调配要逐级进行。首先是站内调配、其次在路段内调配、最后是路段间调配。卡在同一路段内调配,由本路段负责;卡跨路段调配,则要经过收费结算中心完成。卡的调配通过卡箱实现,包括卡箱的调出、调入。调配结果作为统计数据要逐级上传,最终在收费结算中心汇总。收费结算中心配备一定数量的卡箱和 IC 卡,作为各路之间的调剂。

4.9.3.5 图像管理

收费结算中心对图像管理主要针对入口车道和出口车道抓拍图像的管理,其功能主要为:

(1)通过调取收费车道抓拍的车辆图像,实现对收费员操作的监督,并加强对各路收费业务的管理。

(2)如出现纠纷或矛盾,可通过抓拍图像进行辅助管理。

(3)此外,抓拍图像更重要的是出口车道用于特殊处理的依据,如判断车辆是否属于换卡作弊、在通行卡无法正常读取或丢卡时查询入口信息等。

(4)存储出口特殊处理车辆的图像,时间为一年。

收费中心不存储入口抓拍车辆图像,而是由各收费站和各路段中心存储,查询入口图像时直接搜索路中心或收费站的存储图像。该方式减轻了图像传输对通信系统的压力,减少了中心的存储任务,同时收费站和路中心均存储图像,达到了备份的作用,安全性较高。

入口车道的所有图像都要上传到路段收费中心,并保存一定时间。收费结算中心只需要存储有问题车辆的入口和出口抓拍图像,用于检查、监督,存储时间要大于一年。

4.9.3.6 对外服务管理

对外服务局域网是高速公路联网收费系统对外联系的统一窗口,一方面要与上级管理部门传输信息,同时还通过 Internet 互联网向社会发布有关交通信息。其中,通过 Internet 向社会发布的信息主要包括以下内容:

(1)交通监控系统信息

①高速公路交通管制信息:管制路段的范围、起点、终点、管制原因、管制开始时间和终止时间。

②高速公路交通量信息:路段的小时交通量、高速公路拥堵状况、路径诱导信息。

③交通气象信息:气象类型、对行车的影响、驾驶人注意事项。

④高速公路交通事故信息:交通事故的种类、发生地点、时间、方向、严重程度、对交通的影响、事故排除信息。

⑤高速公路救援信息:救援的地点、时间、原因、严重程度。

⑥高速公路养护信息:养护区段、位置、内容、开始时间、计划终止时间。

⑦图片信息:交通建设图片、交通事故图片。

(2)收费系统信息

①高速公路收费标准:发布经有关部门批准的高速公路的收费路段的名称、收费标准。

②高速公路费率表:发布全省收费费率表,驾驶人可查阅到任何两个收费站之间不同车型的应缴通行费。

③车型分类:发布省制定的车型分类标准。

④特殊车辆处理办法:发布对冲卡逃费、换卡作弊等的处理规定。

⑤对超限车辆的管理:包括超限车辆的种类、超限的具体说明。

(3)其他服务信息

①发布高速公路的监督电话、举报电话等信息。

②交通新闻简报:高速公路建设、交通行业动态等信息。

上述信息以文字为主、图片为辅。信息源由监控、收费等系统提供,数据应存储在本局域网内。

4.9.4　高速公路联网收费系统网络设计

4.9.4.1　网络构成内容

收费系统网络构成包括两部分:一是收费结算中心局域网建设、路段中心和收费站网络建设,二是收费结算中心与路段收费中心和拆账银行的广域网建设。

4.9.4.2　网络建设需求分析

(1)监控中心:在监控中心设有一个监控业务局域网,用于交通监控系统的数据汇总、统计、制订监控方案等;

(2)收费结算中心:在收费结算中心设有一个收费业务局域网,用于收费数据的汇总、统计、管理等;

(3)对外服务中心:在省中心设一个对外服务局域网,用于省中心与外界的通信,包括与相关系统的信息交换和查询,与 Internet 的联系通过此处;

(4)预留管理信息系统局域网的发展余地及容量。

4.9.4.3　网络构成目标

高速公路联网收费系统包括联网收费、监控和通信业务的信息处理和数据管理等,对网络建设有很高的要求。收费业务的结算涉及到收费中心、路公司等的经营收支,必须正确、安全、可靠;监控业务涉及行车的安全和交通流的通行能力最大,要保证收费、监控及通信业务的安全畅通。因此对网络构成提出以下要求:

第一,要求中心网络有高可靠性。关键节点不能出现任何单点故障而影响系统的正常使用。

第二,要有极高的性能,网络构成要保证收费、监控等重要业务的高可用性和实时性,不会发生端到端的瓶颈。

第三,要有高安全性,尤其是对收费业务和监控指令等的安全性必须有严格的高安全性保障。

第四,要有良好的扩展性。网络的构成不但能满足近期收费、监控业务的需要,并且能适应高速公路增加需要的扩展以及管理信息系统等业务的扩展。

第五,网络方案应易于日常维护与管理。由于行业的特点和制约,要求收费结算中心的网络维护与管理应方便、简单。

4.9.4.4　数据存储

数据存储一般有三种方案:相互独立的存储方案、存储局域网、网络存储。其中,方案一为传统的存储方式,性能稳定,系统之间相互干扰少,价格较低。方案二是构建一个单独的计算机网络,其特点是基于光纤通道技术和集群技术,该方式存储容量大、存储速率高、配置灵活、备份方便、可靠性高,但投资大,不适合容量相对较小的系统。方案三是将存储设备直接连接到网络上以实现数据的存储,该方式同样具有灵活、快捷的优势,价格介于上述两者之间。

4.9.4.5　网络系统管理

(1)网管内容

网络系统管理包括配置管理、数据库管理、备份管理,主要对收费结算中心的服务器、数据库等进行系统管理,并对网络设备(包括收费站级以上的路由器、交换机及其构成的网络)进

行管理。因此,其网络管理软件需达到以下几个目标:

a. 开放式平台,能集成第三方管理工具,提供更丰富的管理功能。

b. 管理平台具有优秀的集成性、扩展性和伸缩性。

c. 管理平台具有保障机制。

d. 管理软件需要保证在被管理设备上不占用过多的资源。

e. 系统管理解决方案能够定义多级管理员,完成授权的不同管理任务。

f. 收费与监控系统共用网管系统,进行统一网管。

①配置管理

a. 提供对被监控主机的重要特定资源进行实时监控。

b. 主机系统资源监控的参数配置灵活、简便,并且能定制增加新的监控器。

c. 可根据不同情况设置不同报警级别、预警阀值,系统能自动报警、处理。

d. 系统监控具有数据的查看、分析和统计,生成性能分析图和预测分析。

e. 需要对主机的日志进行监控管理。

f. 提供在线和非在线的监控系统运行性能。

g. 主机监控采用本地智能代理程序进行实时监控。

②数据库管理

a. 集中化数据库服务器管理,支持对多个数据库资源的同时控制。

b. 综合的数据库监控功能。

c. 集成化数据库、应用程序、系统和网络管理。

d. 支持业界广泛使用的多种通用数据库。

e. 各级数据库管理均需设置各自的管理权限。

③安全管理

a. 具有安全功能,能够对网络管理员进行授权、认证,以保证网络管理本身的安全性。

b. 对各种配置数据和统计数据采取备份和保护措施,系统提供严格的操作控制和存取控制。

c. 具有网管工作站互相备份的功能,以消除网络管理的单点失效。

d. 当系统出现故障时能自动地或通过人工操作恢复系统正常工作,不影响网络的正常运行。

④备份管理

系统管理软件应能实时对服务器上的数据进行自动备份、恢复及灾难恢复,防止硬盘、数据和介质遭到灾难性的破坏。其功能应包括:

a. 在统一的主控台集中进行网络数据备份,备份操作可定时自动进行。

b. 支持全备份、增量备份、归档等多种备份方式。

c. 支持异构系统环境(UNIX, Windows NT 等)的数据备份。

d. 能支持数据库的 Online 在线备份,如 Oracle 数据库。

e. 能提供对存储介质的管理,如支持电子标签等。

f. 支持磁带内部标签,杜绝因误操作而引起的数据丢失。

g. 能提供全面的报表以反映数据存储的情况。

(2)网络管理方式

网络管理方式一般有以下两种方案:

方案一为分布式,即在省中心设置一个网管中心,对网络的骨干网络设备进行控制和管理,并对省中心的服务器、数据库进行管理。在各路段中心设置网管工作站,管理所辖范围内的网管工作。当各节点的网络设备出现故障时,首先由本地的管理员进行处理,如出现无法处理的情况时,交由省中心网管人员处理。

方案二为集中式,即只设一个省网管中心,负责全网的服务器、数据库、网络设备及网络应用的管理。如出现网络故障,都由省网管中心处理。

两方案相比,方案一投资较大,对路段中心的技术水平要求较高,但具有冗余功能,可靠性较高;方案二的优点在于统一管理,系统易管理,安全性较高,但有可能促成网络拥塞,成为网络瓶颈。高速公路联网收费的网管系统,亦可采用集中式与分布式相结合的方式网管方案,即在省中心和各路段中心均设置网管,省中心也可对各路进行网管。此外,收费系统和监控系统共用一套网管。收费系统与监控系统统一进行网络管理,配置一套网管软件,设两个网管工作站(备份),可进行监测、维护。通过收集网络的业务数据,实现多方位、多视角检测网络业务运行情况的目的,从而实现网络及系统管理。

为确保收费系统能够顺利使用,收费系统应有软硬件维修人员。维修人员应能对收费设备、网络运行、报表统计和打印等方面出现的问题及时发现,并能对一般性的故障进行排除。

(3)网络系统安全

高速公路信息网应构建成一个完整的安全体系,防止病毒、内部人员、外部人员的恶意攻击和入侵,保证数据的完整性。

高速公路信息网络的安全性取决于系统集成、网络安全和网管技术。强大的安全服务力量和卓有成效的安全管理制度是最关键的。在网络安全方面应至少有以下安全措施:

①病毒防护

在省监控中心、省收费结算中心必须配置专门的防病毒软件,要求防病毒软件能够杀死病毒,包括服务器端防毒、客户端防毒、群件防毒、Internet 防毒。Internet 防毒包括电子邮件和 FTP 文件的病毒防护,以及 Active 及 Java 等恶意程序攻击的抵制。

②采用防火墙阻止外部攻击

在省中心对外服务局域网与对外路由器之间设置一处防火墙进行物理隔离,作为抵挡外部黑客的第一道防护。在对外服务局域网与核心交换机之间再设置一处防火墙进行物理隔离,作为抵挡外部黑客的第二道防护。

防火墙能够检查进出的数据包、透视应用层协议与既定的安全策略进行比较,根据既定的安全策略允许特定的用户和数据包穿过,同时将安全策略不允许的用户和数据包隔断,达到保护省中心内部网络的安全,阻止外部黑客的攻击及限制入侵蔓延的范围等目的。

③建立安全漏洞扫描,探查网络薄弱环节。在省监控中心、省收费结算中心配置网络安全扫描工具,为系统管理者提供周密可靠的安全性分析报告,提高网络安全的整体水平。

④具有入侵检测功能,可检测、报告和终止整个网络中未经授权的活动。

⑤系统应具有授权和访问控制功能,对不同的使用部门、不同的人员采用口令、密码等安全措施。

4.9.5 高速公路联网收费系统软件设计

4.9.5.1 联网收费系统软件设计原则和依据

联网收费系统软件的设计除遵循收费中心设计的总体原则外，还应考虑以下设计原则和依据：

(1)根据全省联网收费管理体制的要求，满足各级管理机构的功能需求；

(2)满足联网收费的收费制式、付费方式、车型分类、通行券、特殊车辆处理、收费结算模式、网络构成的要求；

(3)在系统总体功能设计时应该把系统按照实际的功能分解为若干易于处理的系统，然后在各个系统中划分为不同的功能模块，易于维护和管理；

(4)符合国家及行业的相关标准，总体结构设计乃至接口的设计都要遵循国际及国家通用的规范标准；并将规范化、标准化贯穿于系统开发设计及项目生命周期的每一个阶段之中；

(5)高速公路网联网收费系统作为公路交通领域推行新型收费方式的项目，必须充分考虑已建和在建高速公路系统的收费特征，继承和兼容原有收费管理中的经验和精华，并使之贯穿到新的联网收费系统中；

(6)采用的技术应既适应未来发展，又符合厅、省、国家和国际有关规划和技术标准，统一技术规范，靠拢国际惯例；

(7)联网收费系统采用的报表格式应符合交通部有关标准规范的规定。

4.9.5.2 联网收费系统软件平台选型

收费系统计算机系统应符合国际开放式标准，通常采用 TCP/IP 网络通信规约，宜采用真正的分布式系统，功能和数据库均按节点分布；保证数据传输实时响应快；选用友好的人机图形中文界面；所有节点机装载多任务操作系统；兼容性好，宜采用 Windows NT 4.0 以上、Unix 等操作系统，从而保证收费系统在功能增加和网络扩大时，容易扩充；数据库宜选择 Oracle，DB2，Informix 或 Sybase。

(1)操作系统

服务器端操作系统：省收费结算中心小型机选用厂家的 Unix 操作系统；分中心和收费站可采用 Windows2000 server 作为主机操作系统或保留原有操作系统。客户端操作系统：Windows2000 professional。

(2)数据库管理系统

收费结算系统数据库系统可以采用 Oracle，DB2，Sybase，Informix 等大型数据库，建议省收费结算中心数据库选用 Oracle9.0 数据库，分中心和收费站选用 MSSQL SERVER2000 或保留原有数据库系统。

(3)开发工具

可用下列开发工具之一或几个组合：Oracle developer tools，VirtualC + +，VirtualBasic，PowerBuilder，Delphi 或 Builder，JAVA 等。

(4)网管软件

可采用下列网管软件之一或几个：Net view，Tovili，Open view，Unicenter TNG 或 CiscoWorks 等，与监控系统共用一套网管系统。

(5)杀毒软件

采用网络版,各工作站可通过防毒服务器进行杀毒软件的下载与升级。杀毒软件可选择KILL,VRV,McAfee,Active Virus Defense,Office Scan 等。

(6)中间件

为实现不同硬件平台、不同网络环境、不同数据库系统之间互操作,保证新旧系统并存,提高系统效率和可靠性等问题,可选择优秀的中间件产品软件,提高系统的稳定性、安全性和处理能力,同时提高系统的开放性、扩展性,缩短开发周期、降低成本。可选用 IBM,BEA 或国产软件。

第五章　高速公路供配电系统设计理论与方法

高速公路管理设施系统是提高高速公路运营维护管理水平的重要手段,而高速公路供配电系统为电力供电系统提供电能支持,随着管理设施系统建设的逐步完善,高速公路供配电系统已经成为电力供电系统中不可缺少的重要内容。因此,结合高速公路专门研究供配电系统是十分必要,也是十分有意义的。

5.1　概述

5.1.1　高速公路供配电系统的构成特点及要求

高速公路供配电系统是高速公路管理设施系统(包括收费系统、监控系统、通信系统、供配电系统和照明系统)的重要组成部分,是高速公路附属工程配套设施,其建设目标是在夜间和低照度的自然环境下保证高速公路用电安全、通畅、合理、经济、快速、可靠、舒适等综合效益最大限度地发挥,实现高速公路运营与管理过程的现代化。

5.1.1.1　高速公路供配电系统的构成特点

高速公路供配电系统不同于其他类型的供配电系统,其自身特点如下:

(1)采取电源保护措施,防止电源干扰,保证不间断供电,确保高速公路的正常运营的高压供电网,并且采用双备份电源。

(2)为保证供电的可靠性,各控制中心应配置必要的小型发电机组或其他供电装置,以保证关键设备的不间断供电。

(3)为保证供电质量,各收费站或管理所应配备自动稳压电源,如 AUPS 或 DUPS。

(4)由于高速公路多处用电,负荷不大且多为低压单相,考虑低压不宜远供的原则,可采用相对集中供电,电源引自临近的管理所,形成以所或站为供电中心的相对集中供电体系。

(5)由于高速公路沿线多处布设车辆检测器、监控器、气象检测器等,沿线供电时应考虑输电对检测器等造成的电磁干扰,必要时应采取防干扰措施。

(6)对系统用电设备的供配电要求提供继电保护(包括短路保护、过流保护、漏电保护等);对负荷的分配尽可能采用三相平衡法。

此外对电力设备要进行防雷保护。

5.1.1.2　高速公路供配电系统的要求

随着电子技术、计算机技术、通信技术、网络技术、控制技术的发展,为高速公路供配电系统提供了更高的要求,要求供配电系统既能照顾局部和当前利益,又能保证长远效益;既要满足用电负荷的要求,又要适应未来的发展要求。因此,供配电系统应满足以下要求:

(1)安全

供配电系统应具有自身的安全防护能力，保证电能在高速公路各系统中的供电、配电以及使用过程中不发生人员伤亡、设备损坏等事故。

(2)优质

能满足高速公路各系统对供电电压、波形、电流、功率等参数的质量要求。

(3)可靠

电能的供应与分配应满足高速公路各子系统对供配电可靠性的要求，即供电、配电及使用过程中的连续性。

(4)经济

在满足高速公路用电的要求下，尽量使建设成本、运行管理及维修养护费用降到最低；尽量地利用现有设备通过技术改良提高使用效率；尽量在输送电能的过程中减少有色金属的消耗量。

5.1.2　高速公路供配电系统的基本组成

高速公路供配电系统主要是由高、低压供配电系统、电力线路、备用电源、防雷系统、接地系统等组成。

5.1.2.1　高、低压供配电系统

高、低压供配电系统是高速公路管理设施系统中非常重要的支持系统，它的作用是保证24h无间断供应电能。供电系统包括变压器、高压开关柜、低压开关柜、各种配电屏和配电箱等。紧急供电系统包括柴油发电机组、UPS电源或防酸漏铅电瓶等。

高压电器在电能生产、传输和分配过程中，起控制、保护和测量的作用。低压电器用于额定电压交流1000V或直流1500V及以下，在由供电系统和用电设备等组成的电路中起保护、控制、调节、转换和通断的作用。

高压开关柜是电力系统关键的主设备之一，其运行状态对电力系统的可靠性具有重大影响。一般将"连锁"描述为：防止错误合、分断路器；防止带负荷分、合隔离开关；防止带电挂(合)接地线(接地开关)；防止带接地线(开关)合闸；防止误入带电间隔。"连锁"是保证电力网安全运行、确保设备和人身安全、防止误操作的重要措施。

为保证高速公路在突发情况下断电不影响高速公路监控系统、收费系统等重要系统的正常工作，供配电系统需配有备用电源。目前我国普遍采用的是自动柴油发电机组，当供配电系统断电时能够自动(或人工)启动发电实现电源的切换。另外UPS电源系统也得到了很广的应用，该系统是一种将交流电变为直流电的整流、充电装置和一套把直流电再转变为交流电的逆变器，具有稳压功能；一旦供电中止，蓄电池立即对逆变器供电，以保证UPS电源交流输出电压供电的连续性和保证系统电源的不断电和无瞬变要求。图5-1、图5-2分别为通信站交流配电箱及逆变器分路图和通信站直流压降分配图。

5.1.2.2　线路敷设

供配电系统的电力线路是指电流传输的通道。一般按照电压的不同分为高压线路(高于1km以上)和低压线路；按照电力线路的结构又可分为架空线路和电缆线路。

在高速公路建设和运营过程中，要求要有专门的人员定期进行巡视、检查、维护电力线路的正常工作。遇到大风大雨及其他恶劣天气时，必须临时安排人员增加巡视次数并做好随时巡视与维护的准备。

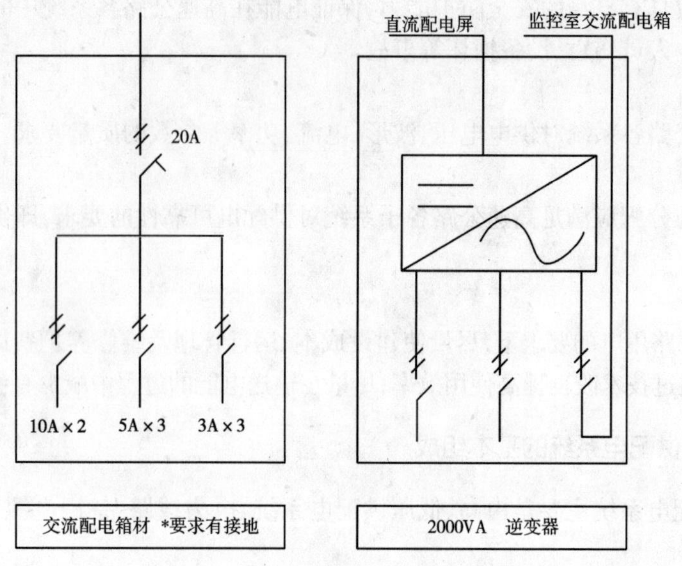

图 5-1 通信站交流配电箱及逆变器分路图

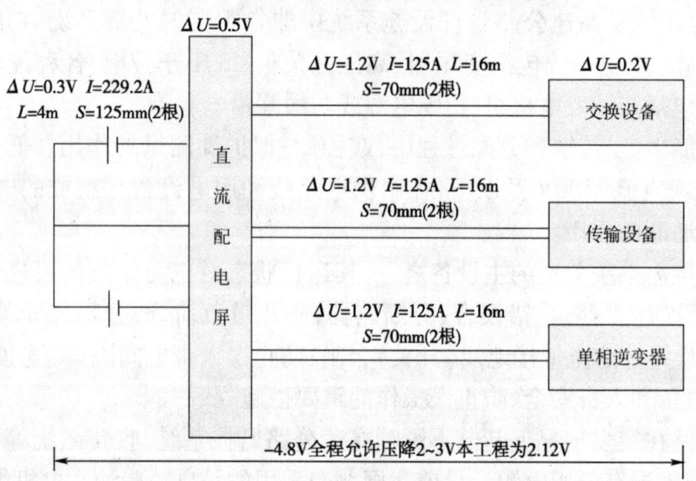

图 5-2 通信站直流压降分配图

5.1.2.3 备用电源

电源系统是保证管理设施系统可靠性的重要设备。供电系统一旦停电,其他系统就要跟着停止工作,严重影响高速公路的运营管理和通行效率,因此高速公路供配电系统就必须配备备用电源。

备用电源由于其绝大多数时间处于待机状态的特殊性,久放的备用电源就会出现各种物理和化学变化,最终导致备用电源坏掉。因此,要加强日常维护以保持备用电源的可持续使用。

5.1.2.4 防雷系统

从我国第一条高速公路运营至今,高速公路管理设施系统都不同程度地遭受过雷电侵害。轻者部分设备被雷电击坏,丧失部分功能;重者全系统瘫痪,经济损失惨重。为保证人身及机电设备的安全,有必要提高对雷电危害的认识,加强高速公路供配电系统整体防雷的研究和建设。

5.1.2.5　接地系统

把机房的工作接地、保护接地和防雷接地通称为接地系统。所谓“接地”是指将电力系统或电气装置的某一部分经接地线连接到接地极。接地系统的作用是保证电气设备的正常运行，防止人或设备因电击而造成的伤亡或损坏。接地系统按照其接地方式的不同可分为单点接地系统、多点接地系统和混合接地系统。

5.2　一般供配电系统

电能作为各种形式能源中的一种，具有以下特点：①易于与其他形式的能量相互转化；②传输和分配经济简单；③可以精确控制、调节和测量。因此，电能在工农业生产和人民日常生活中得到了广泛应用，生产、传输和分配电能的电力工业在我国国民经济中占有十分重要的地位。电能是由发电厂生产的，而发电厂多建立在一次能源丰富的地方，距城市和工业企业可能较远，这就需要将电能输送到城市和工业企业，然后再分配到用户或生产车间的各个用电设备。现就电能的生产、输送、分配和使用的有关基本知识介绍于下。

5.2.1　电力系统

如图5-3所示，一个完整的电力系统(electrical power system)由分布各地的各种不同类型的发电厂、变电所、输电线路及电力用户组成，它们分别完成电能的生产、电压变换、电能的传输、

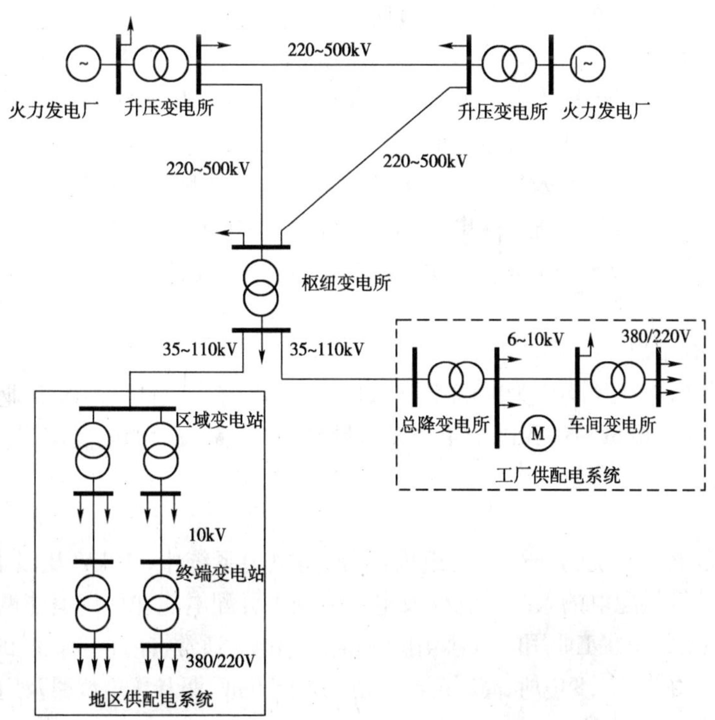

图5-3　电力系统示意图

分配及使用。

5.2.1.1 发电厂

发电厂(generating station)按一次能源介质划分为燃煤或燃油的火力发电厂、利用水位能发电的水力发电站、利用核能发电的核电站等,此外,还有小容量的太阳能发电厂、风力发电厂、地热发电厂和潮汐发电厂等,正在研究的还有磁流体发电和氢能发电等。

目前我国电力系统中主要是以火力发电厂、水力发电厂和核能发电厂为主。火力发电厂是利用煤、石油、天然气等燃料燃烧时所产生的热量,将锅炉中的水加热成高温高压蒸汽,再用蒸汽推动汽轮发电机组进行发电。我国火力发电厂燃料以煤炭为主,随着西气东输,逐步扩大着天然气燃料的比例。水力发电厂与火力发电厂相比,成本低且无环境污染。另一方面,由于水轮机组开、停比较快,效率高,故很适于担任调频、调峰任务。因此,将水电厂与火力发电厂同连于一个电力系统,不仅可以提高系统电能质量,而且可以使火电厂稳定运行在高效率区。核能发电厂的生产过程与火力发电厂有许多相同的地方,所不同的是用核反应堆和蒸汽发生器代替了锅炉。

5.2.1.2 变电所

变电所(substation)是变换电能电压和接受分配电能的场所,是联系发电厂和电能用户的中间枢纽。如果仅用以接受电能和分配电能,则称为配电站(distribution center),仅用以把交流电能变换成直流电能,则称为变流所。

变电所有升压和降压之分。升压变电所一般和大型发电厂结合在一起,把电能电压升高后,再进行长距离输送。降压变电所多设在用电区域,将高压适当降低后,对某地区或某用户设备供电。就其所处的地位和作用,降压变电所又可分为枢纽变电所、地区变电所、终端变电所以及工业企业的总降压变电所和车间变电所。

5.2.1.3 电力网

输电线路和配电线路统称为电力网(electrical power network)。电力网是输送电能和分配电能的通道,是联系发电厂、变电所和电能用户的纽带。它由各种不同电压等级和不同结构类型的线路组成。通常将220kV及以上的电力线路称为输电线路,110kV及以下的电力线路称为配电线路。配电线路又分为高压配电线路(110kV)、中压配电线路(6~35kV)和低压配电线路(380/220V),其中110kV线路又常称为供电线路。电力网的结线方式可分为开式网、两端供电网和环网。

5.2.1.4 电能用户

凡取用电能的所有单位均称为电能用户,如工业用户、农业用户、市政商业用户和居民用户等,其中工业企业用电量约占我国全年总发电量的64%,是最大的电能用户。

5.2.2 供配电系统

供配电系统是电力系统的一个重要组成部分,是电力系统中110kV及以下电压等级,对某地区或某企业进行供配电的系统。它涉及电力系统中分配电能和使用电能两个环节。

电能的使用主要集中在工业用电、商业用电和居民用电。通常将向企业供电的供配电系统称为工厂供配电系统,由总降压变电所、高压配电线路、车间变电所、低压配电线路及用电设备组成。

5.2.2.1 总降压变电所

一般大中型企业内均设有总降压变电所,负责将35~110kV的外部供电电压转换为6~

10kV 的厂区高压配电电压，给厂区各车间变电所或高压电动机供电。总降压变电所的数量取决于企业内供电范围和供电容量。在中小型企业中一般只建立一个总降压变电所，对一般小型企业也可以不建总降压变电所，由相邻企业供电或者几个小型企业联合建立一个共用的总降压变电所。

5.2.2.2　车间变电所

在一个生产车间内，根据生产规模，用电设备的多少和用电量的大小等情况，可设立一个或多个车间变电所。由车间变电所将 6～10kV 的电压降为 380/220V，再通过车间低压配电线路，为车间用电设备供电。

5.2.2.3　配电线路

配电线路分为厂区高压配电线路和车间低压配电线路。厂区高压配电线路将总降压变电所、车间变电所和高压用电设备连接起来。车间低压配电线路主要用以向低压用电设备供应电能。

民用供配电系统的组成和企业的供配电系统的组成基本类似，但对于某个具体的供配电系统，由于电力负荷的大小和分布范围的大小等不同，其构成会有较大的差异。

5.2.3　一般供配电系统设计中需考虑的因素

(1)确定负荷的基本方案。力负荷根据供电可靠性及中断供电在社会上所造成的损失或影响的程度，分为以下三个等级：一级负荷、二级负荷和三级负荷。

其中一级负荷是指①中断供电将造成人身伤亡；②中断供电将在政治、经济上造成重大损失；③中断供电将影响有重大政治、经济意义的用电单位的正常工作。

二级负荷是指①中断供电将在政治、经济上造成较大损失；②中断供电将影响重要用电单位的正常工作。

三级负荷是指所有不属于一级和二级负荷的那些。

(2)负荷计算。一般供配电系统中的电力负荷计算主要采用三种方法：需求系数法、二项式法、利用系数法。

(3)对系统用电设备的供配电要提供继电保护(包括短路保护、过流保护、漏电保护等)、电力计量设备及电力控制设备等。

5.3　高速公路供配电系统设计

高速公路供配电系统是采用集中或相对集中供电，电源从发电厂或邻近地区的高压电网引出 10kW 或 35kW 高压送至高速公路变电所，用低压变压器产生 220V 或 380V 的供电电压，然后再由低压配电屏及输电线送至有关用电设备。高速公路供配电系统是为高速公路沿线设施服务的如：监控、通信、收费系统设备、养护服务设施及高速公路照明，目的在确保其用电的安全、合理和可靠性，确保高速公路安全、通畅、经济、快速、舒适等综合效益最大限度地发挥。

5.3.1　高速公路供配电系统设计理论

5.3.1.1　设计规范

《高速公路交通工程及沿线设施设计通用规范》(JTG D80—2006)为交通部出台的设计规

范。该设计规范遵循“安全、环保、可持续发展”的原则，制定了高速公路交通工程及沿线设施分级，并规定了其相应配置的设施。

目前由建设部出台的有关供配电设计的主要标准和规范有：《低压配电设计规范》、《10kV及以下变电所设计规范》、《供配电系统设计规范》等。

5.3.1.2 设计原则

由于高速公路供配电系统的特殊性，在设计的过程中应遵照以下几项基本原则：

(1)为保证供电可靠性和电压质量，以及经济合理、维护管理方便的原则，应在适当的地点设置变电所。变电所的高压电源宜就近采用10kV电源。电压质量不能满足用电设备要求时，应采取相应的措施。并且对变电所的电力应进行监控，变电器的出线开关应装设通信模块，以实现遥测遥控。

(2)配电室内设有封闭式的干式变压器和低压配电柜时，为确保安全，10kV高压进出线应采用全封闭的环网开关柜。

(3)单相用电设备应适当配置，力求三相平衡。

(4)配电线路上下级保护电器的动作应有所选择，各级间应协调配合。自变压器输出至用电设备之间的低压配电柜电级数不宜超过三级。

(5)由树干式系统供电的配电箱，其进线开关应选带保护的开关；由放射式系统供电的配电箱，进线开关可采用隔离开关。

(6)有不少工程投入运营后，往往会提出增加回路、增加容量的要求，故预留适当数量的备用回路很有必要。

(7)在供电条件差的地区，难以保证电压质量，可采用有载调压变压器等技术措施。

(8)结合我国国情，适当地采用国外先进技术，选取技术上先进，经济上合理的方案。

(9)与当地供电局和其他有关系统协调一致。

5.3.1.3 负荷分级

根据对供电可靠性的要求及中断供电在政治、经济上所造成的影响，用电负荷共分为三级，但有关交通工程设备的负荷分级、分类在一般电力设计手册中未见叙述。可依据《高速公路交通工程及沿线设施设计通用规范》(JTG D80—2006)中对具体用电设备的电力负荷级别的规定，如表5-1所示：

用电设备的电力负荷级别 表5-1

用电设备	电力负荷级别
监控系统、收费系统、通信系统的控制室、紧急报警系统、隧道等重要设施的消防系统、应急照明系统	一级负荷
管理中心的照明 服务区综合楼的照明 一般设施的消防系统	二级负荷
其他设施	三级负荷

根据表5-1并结合交通工程设备实际使用情况和相关设备在交通工程系统中的作用，通常将有关设备的负荷分级如下：

一级负荷：收费岛和收费车道设备、收费亭照明、应属于一级负荷；对于管理楼中的部分重要房间，如值班室、财务室、收银室应属于一级负荷；各级通信系统、收费系统、监控系统设备，机房电源应属于一级负荷。

二级负荷：管理区内建筑物的照明用电、收费广场照明、收费大棚属于二级负荷；

三级负荷：其他的各种负荷属于三级负荷。

在高速公路交通工程中，其变电站一般设置在管理中心、收费站、服务区或养护工区内，变电站间隔为20～30km。每个变电站内均有3种类型的负荷存在。为保证高速公路特有的重要一、二级负荷的供电，按规范要求应采用两路独立的电源供电，但一般高速公路沿线较难在各点都取得两路独立的电源，并且还需投入大量的资金架设双电源线路，因此，目前变电站的典型配置为采用以一路外接10kV电源作为主电源，并在低压侧配备自启动柴油发电机组以满足一、二级负荷的供电要求。考虑到自启动柴油发电机从启动到以额定功率运行需60s以上的时间，所以对通信、监控、收费系统中的重要设备，要求各个分系统在重要设备前设置UPS，保证一级负荷的用电需要。

5.3.1.4　供电方式的选择

公路照明由于线路很长且距离城市较远，很难在沿途获得可靠的电源，因此取得一二个高压电源后采用高压方式向全线供电就显得非常必要。传统的配电方式为10kV高压电缆供电，沿途设置箱式变电站配出低压向照明灯具供电，在高压侧控制系统的开关。但是这种供电方式的缺点是控制复杂，高压线路投资较大。特别是高速公路所用电能除了少数外场监控设备外，绝大部分都是交流电，甚至有些外场设备所用的直流电也是利用整流设备把交流电转变为所需的直流电。

为能充分发挥高速公路的优势，需要根据工程特点合理地选择安全、可靠、安装维护方便的设备。供电系统应做到供电可靠、电压质量好、满足需要。系统接线简单并有一定的灵活性，操作安全、检修方便。在设计中，一般不考虑当一电源系统发生故障或检修停电时，另一电源进线也同时发生故障的情况。此外要考虑到负荷的增长，预留必要的发展余量。

所以一个好的设计方案应该安全可靠，力求经济合理。在设计时，要进行技术和经济性分析，根据高速公路的实际情况选择合适的供电方式。目前国内采用的供电方式主要有以下三种：

(1) 整个供电系统由来自电力部门不同变电所提供的两路独立电源供电。这两路独立电源互为备用，保证一、二级负荷用电的可靠性。

(2) 整个供电系统由来自电力部门变电所提供的一路独立电源供电，另一路采用柴油发电机组备用，保证一、二级负荷用电的可靠性。

(3) 整个供电系统由来自电力部门同一变电所不同母线提供的两路电源供电，配合埋设地式变压器供电，满足供电可靠性。

以上三种方式均可以保证一、二级用电负荷的供电。但是第一方式的两路电源是取自电力部门的不同变电所，难度较大且供电距离长；第二方式要增加备用柴油机组和升压变压器的资金投入；第三方式较为容易实现，且节能省电，降低损耗。

5.3.1.5　低压配电系统的形式

根据工程规模、设置分置、负荷性质及用电容量等条件确定，通常低压配电系统有以下几种形式：

(1)放射式

这种形式的配电系统线路故障互不影响,供电可靠性较高,配电设备集中,检修方便,但系统灵活性比较差,通常在容量大、负荷集中;需要几种连锁起动;在有爆炸或腐蚀介质等危险场所不宜将配电及保护启动设备放在现场的情况下选用。放射式配电系统示意图见图 5-4。

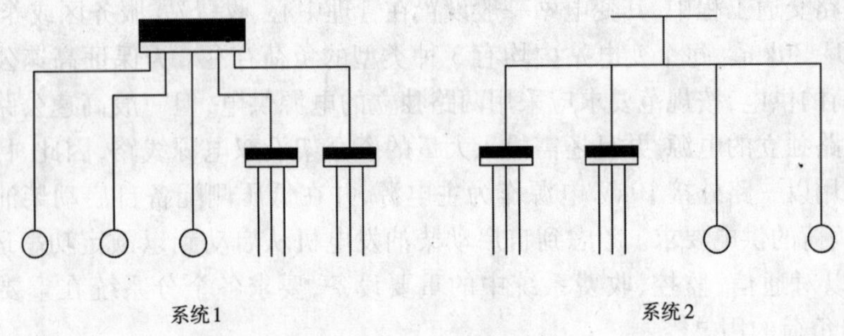

图 5-4　放射式配电系统

(2)树干式

这种形式的配电系统中配电设备及材料消耗量较少,系统灵活性较好,但是如果故障其影响范围较大,一般用于用电量不大、用电器的布置比较均匀且无特殊要求的场合。树干式配电系统示意图见图 5-5。

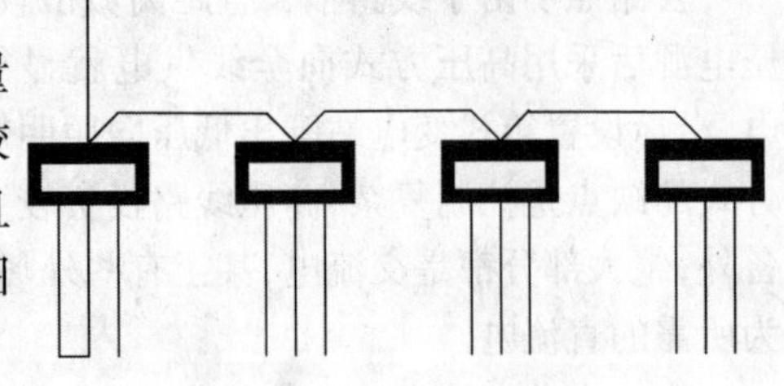

图 5-5　树干式配电系统

(3)变压器——干线式

这种形式的配电系统除了具有树干式系统的特点外,还具有接线简单,提高母干线的供电可靠性,考虑减少接出的分支回路数,一般不超过 10 个。但是对于频繁启动、容量较大的冲击负荷,以及对电压要求严格的用电设备,不宜采用此方式供电。变压器——干线式配电系统示意图见图 5-6。

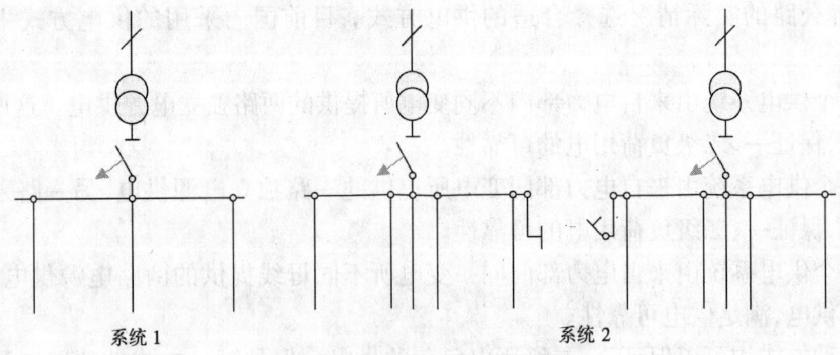

图 5-6　变压器——干线式配电系统

(4)链式

链式特点与树干式相似,适用于距配电屏较远并且彼此距离又较近的不重要的小容量用电设备,链接的设备一般不超过 3 台,其容量不大于 10kW,并且有一台的容量不能超过 5kW。链式接线系统见图 5-7。

5.3.2　高速公路供配电系统设计内容

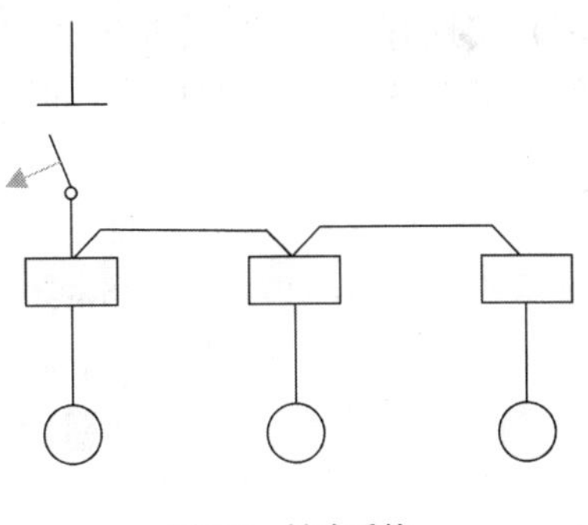

图 5-7　链式系统

5.3.2.1　基本设计内容

高速公路供配电工程设计包括配电房设计和输配电线路的设计。

高速公路配电房中设有低压配电柜、10kV/400V 变压器、柴油发电机组等基本配置，有的配电房逐步也配置了 10kV 高压环网柜。

低压配电柜形式多样，有 GGD、GCK、GCS、多米诺等，GCS 型作为低压配电柜的换代产品，它具有分断、接通能力高、动热稳定性好、电气方案灵活、防护等级高等特点和方便安装、维修，缩短事故处理时间等优点。主变压器多采用全密封油浸式变压器和免维护、寿命长的干式变压器，能有效降低工作量，减少维修费用。

柴油发电机组功率必须根据双电源供电负荷即一级负荷的总容量来选择，且发电机组所带的负荷不应低于机组额定输出功率的 30%。通常通信、监控、收费三大系统设备容量仅几个千瓦，一般在 4～5kW 左右，厨具设备、水泵房电机功率大，但用时短，仅在需要时启用，一些照明设施也仅在夜晚使用。所以这些设备同时使用时很少，需要系数较低。如若选择不当，一方面浪费投资资金，另一方面造成柴油发电机组所带负荷过低，导致"大马拉小车"而引起机组漏油。因为无论负载轻重如何，柴油机必须以 1500r/min 左右转速高速运行，保证发出 50Hz 的电能。倘若负载过低，机组运行时间较长，未完全燃烧的柴油将积聚在燃烧室内，造成严重积炭，喷油嘴容易堵死；其次，除部分未燃烧完的燃油经排气门从排气管喷出排气管道外，剩余的，积聚在燃烧室内的燃油将会冲刷汽缸壁的润滑油膜，甚至渗入油底壳的润滑油中，稀释润滑油，使润滑粘度变稀、变质，造成润滑不良，运动部件磨损加剧，变稀的润滑油会串上燃烧室，经排气管排出机体外。此外，机组还容易出现拉缸、抱轴、烧瓦等严重事故。

配电房根据设备的功能分布，大致分为变压器室、配电柜间、发电机房和值班室。其房建设计应能满足防火、防爆、防电、降噪、排污和设备的运输、安装以及值班人员生活起居的需要。

输配电线路设计应考虑到人身安全和环境美观，收费站或服务区（停车场）内采取埋地电缆进出线。通过 10kV 架空线路到场区边界处的最后一根电杆，接电缆穿沟到配电房，避免因架空线路对地安全距离不够而留下事故隐患。380V 或 220V 低压电缆再从低压配电柜引出，经房建区电缆沟到各用电设备上。

5.3.2.2　高速公路供配电的部分设备选型计原则总结

（1）高压电缆的选择

先根据本系统的用电负荷计算出所需的容量，然后根据现场环境及业主所提供的条件确定缆线为明敷或是埋地。

常用的高压电缆型号有 3×16、3×25、3×35、3×50、3×70、3×95、3×120、3×150、3×185、3×240，种类有油浸纸绝缘和交联聚氯乙烯两种，一般选择后者；电缆允许通过的负荷与缆型及明、暗敷有关。此外，高压电缆的电压衰耗还跟功率因数 $\cos\varphi$ 有关系。

（2）高压开关柜的选择

高压开关柜内应设有断路器（控制、保护）、负荷开关（控制）、隔离开关（保护、安全隔离)、接地开关(保护)、重合器(控制、保护)、分段器、接触器、熔断器以及避雷器等。计量柜内的计量设备一般由当地供电部门指定安装,除非系统要求有电源监测,要求计量柜具备数据输出能力。

安装尺寸注意:但电源从柜后进线,并且需从柜后另装隔离开关及其手动操作机构时,则柜后通道净宽不应小于1.5m,电气设备的套管和绝缘子最低绝缘部分距地板小于2.3m时,因装设固定围栏,高度不低于1.5m。配电装置距屋顶的距离不小于0.8m。

高压柜电缆沟深不小于1.5m,宽为1m。

(3)变压器的选择

一般采用环氧浇筑干式变压器(室内型)油浸式变压器(户外),常用型号有30kVA、50kVA、63kVA、80kVA、100kVA、125kVA、160kVA、200kVA、250kVA、315kVA、400kVA、500kVA、630kVA。

变压器的选型一般遵循接近输出功率原则,即在变压器功率一定的情况下,输出功率越高,则变压器的效率则越高。

变压器的进线电缆和出线电缆不宜置于同一电缆沟内。

(4)低压开关柜的选择

母线桥宜采用三相五线制,即变压器出线为三相四线,到低压配电柜时,无需零线重复接地,从配电室外单引一路地线接入地母排(变压器侧的零线和低压配电柜的地线在室外是可以重合的,且接地电阻不大于4Ω)。

根据系统负载的情况,如果感性或容性负载偏大,则需装设电容补偿柜,并根据具体数值计算所需的电容大小,安装时宜加在系统负载的两端。低压柜内常用空开的型号有:6A、10A、16A、20A、25A、32A、63A、100A。

5.3.3 供配电系统在施工及运营管理中应注意的事项

5.3.3.1 施工中质量问题

质量是工程建设的生命,没有质量就等于没有了任何保证。工程质量的好坏直接取决于施工单位的优劣。电力行业作为特种行业,电力施工必须按照电力有关规范进行。高速公路供配电工程施工主要分房建单位的基础件预埋和电力安装单位的设备就位两部分工作。在施工的过程中,要规范施工、严格监理。

首先,必须把好施工单位的质量,必须选择电力部门核批的具备相关施工资质的单位。其次,严把原材料质量关。施工单位必须出具合格的材料设备出厂质量保证书、材料自检测试报告等,必要时还要到生产厂家去实地考察。待审查过施工单位的质量保证体系、施工组织设计、进度计划及各种技术措施后,认为有可靠保证后方准许开工。在施工中,应着重考虑:

(1)严格按施工设计图和相关施工规范进行施工,加强各施工环节的管理,特别对隐蔽工程的检查;

(2)配电柜、箱体的敷设,内部元器件质量的优劣,进线、配线规范整齐、连接紧密;

(3)接地网的安装与接地电阻是否符合规范要求;

(4)配电柜、箱功能编号与回路编写必须齐全;

(5)设备的就位和运输通道问题;

(6)单相电流的平衡问题。

总之,在建设过程中一定要建立“建设单位、监理单位、施工单位”三级监管机制,严把质量监督关。

5.3.3.2 运营过程中的系统故障分析与排除

高速公路供配电系统在不正常的情况下,有中断电源、超负荷和短路等情况发生。下面介绍几种常见的故障及排除方法:

(1)中断供电

中断供电通常是由于电气设备损坏、短路及操作失误等原因造成的。因此在设备的选型上,要选择技术指标符合要求、产品质量高、技术先进的设备,确保事故率降低。

(2) 超负荷

在高速公路上用电负荷比较恒定,出现超负荷的几率很小,如果要增加用电负荷,可在线路输送容量允许的情况下增加变压器的台数和容量,防止变压器超负荷运行。通常是用增容、括容方法来解决。

(3)短路

这是供电系统最常见的一种故障,分为三相短路、单相接地短路、二相短路、二相接地短路等多种情况,但以三相短路最为常见。在供电系统设计时,为了防止短路发生后的故障损失,应采取一系列继电保护措施:通常是用过负荷延时跳开关和短路过电流速断,另外还可采用备用电源自动切换装置等。

5.4 高速公路供配电防雷系统设计

高速公路管理设施系统的特点是点多、面广、线长,既有强电设备,又有大量的监控、通信、传感等弱电设备,旷野区域往往有突出的设备点,电力线路往往要翻山越岭,传输和控制线路往往经常穿越复杂的地质层面,这些都有易遭雷击或雷电感应的薄弱点。以前在调整高速公路机电设计和施工中强电和弱电系统的防雷问题一直不被重视,弱电系统的接地处理更为简单。但随着科学的进步和电子技术的不断发展,掌握有关雷电的基本知识与综合防雷的技术是十分必要的。防雷系统的主要作用如下:

(1)控制雷击点(通过使用大保护范围内的避雷针);

(2)安全引导雷电流入地网;

(3)消除地面回路;

(4)保护设备免受电源线、通信、信号线及电磁脉冲,防止设备损坏;

(5)设置低阻抗的设备接地系统,形成等电位系统。

5.4.1 雷电的基本知识

雷电是由天空中云层间的相互高速运动、剧烈摩擦,使高端云层和低端云层带上相反电荷。此时,低端云层在其下面的大地上也感应出大量的异种电荷,形成一个极大的电容,当其场强达到一定强度时,就会产生对地放电,这就是雷电现象。

5.4.1.1　雷电的危害

雷电灾害是“联合国国际减灾十年”公布的最严重的十种自然灾害之一。最新统计资料表明，雷电造成的损失已经上升到自然灾害的第三位。全球每年因雷击造成人员伤亡、财产损失不计其数。据不完全统计，我国每年因雷击以及雷击负效应造成的人员伤亡达3000～4000人，财产损失在50亿元到100亿元人民币。

雷击造成的危害主要有四种：

(1)直击雷

带电的云层对大地上的某一点发生猛烈的放电现象，称为直击雷。它的破坏力十分巨大，若不能迅速将其泻放入大地，将导致放电通道内的物体、建筑物、设施、人畜遭受严重的破坏或损害、建筑物损坏、电子电气系统摧毁，甚至危及人畜的生命安全。

(2)雷电波侵入

雷电不直接放电在建筑和设备本身，而是对称放在建筑物外部的线缆放电。线缆上的雷电波或过电压几乎以光速沿着电缆线路扩散，侵入并危及室内电子设备和自动化控制等各个系统。因此，往往在听到雷声之前，我们的电子设备、控制系统等可能已经损坏。

(3)感应过电压

雷击在设备设施或线路的附近发生，或闪电不直接对地放电，只在云层与云层之间发生放电现象。闪电释放电荷，并在电源和数据传输线路及金属管道金属支架上感应生成过电压。

雷击放电于具有避雷设施的建筑物时，雷电波沿着建筑物顶部接闪器(避雷带、避雷线、避雷网或避雷针)引下线泄放到大地的过程中，会在引下线周围形成强大的瞬变磁场，轻则造成电子设备受到干扰，数据丢失，产生误动作或暂时瘫痪；严重时可引起元器件击穿及电路板烧毁，使整个系统陷于瘫痪。

(4)系统内部操作过电压

因断路器的操作、电力重负荷以及感性负荷的投入和切除、系统短路故障等系统内部状态的变化而使系统参数发生改变，引起的电力系统内部电磁能量转化，从而产生内部过电压，即操作过电压。

操作过电压的幅值虽小，但发生的概率却远远大于雷电感应过电压。实验证明，无论是感应过电压还是内部操作过电压，均为暂态过电压(或称瞬时过电压)，最终以电气浪涌的方式危及电子设备，包括破坏印刷电路印制线、元件和绝缘过早老化寿命缩短、破坏数据库或使软件误操作，使一些控制元件失控。

(5)地电位反击

如果雷电直接击中具有避雷装置的建筑物或设施，接地网的地电位会在数微秒之内被抬高数万或数十万伏。高度破坏性的雷电流将从各种装置的接地部分，流向供电系统或各种网络信号系统，或者击穿大地绝缘而流向另一设施的供电系统或各种网络信号系统，从而反击破坏或损害电子设备。同时，在未实行等电位连接的导线回路中，可能诱发高电位而产生火花放电的危险。

5.4.1.2　防雷系统的组成

防雷系统主要有接闪器(避雷针、避雷带、避雷线和避雷网)、引下线和接地装置组成。

(1)接闪器

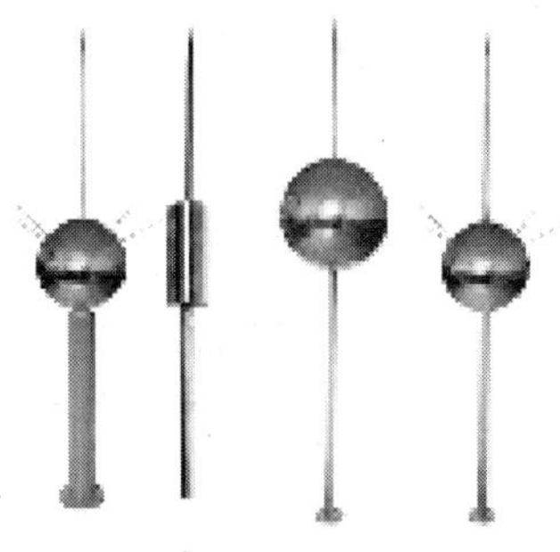
图 5-8　常见的避雷针

避雷针(图 5-8)适用于保护细高的建筑物或构筑物、露天变配电装置、电力线路等。可以用 ϕ25 的镀锌圆钢或 SC40 钢管制成,针上端砸扁并搪锡,以利于尖端放电。独立避雷针适用于保护较低矮的库房和厂房,特别适用于那些要求防雷导线与建筑物内各种金属及管线隔离的场合。

避雷带是指沿屋脊、山墙、通风管道以及平屋顶的边沿等最可能受雷击的地方敷设的导线。当屋顶面积很大时,采用避雷网。它是为了保护建筑物的表层不被击坏,避雷网和避雷带宜采用镀锌圆钢或扁钢,应优先选用圆钢,并且其直径不应小于 8mm,扁钢宽度不应小于 12mm,厚度不应小于 4mm。避雷线适用于长距离高压供电线路的防雷保护。架空避雷线和避雷网宜采用截面积大于 35mm^2 的镀锌钢绞线。

(2)引下线

引下线的作用是将接闪器的雷电流安全导引入地。引下线不得少于两根,并应沿建筑物四周对称均匀布置,引下线的间距不大于 18m。引下线分为暗装和明装两种形式。暗装引下线通常采用结构柱钢筋作引下线,但钢筋直径不能小于 12mm。并且利用柱内的主筋作引下线时,IEC 规范指出"通常不需要装设连接各引下线的专用环形导体,因为钢筋混凝土水平梁内连接的钢筋能够实现这个功能"。高层建筑中采用专门的扁钢作为引下线时,一方面敷设困难,另一方面引下线的数量较小,流过的电流较大,容易因高电位引起反击事故。因此对于高层来说不是好的做法。

引下线应与各楼层的等电位连接母线相连,可以使室内反击电压显著降低。所以,钢筋混凝土建筑物应当在各层的适当位置预埋与房屋结构内防雷导体相连的等电位连接板,以便于和接地主干线相连。此外,用柱内钢筋作暗装引下线时,由于结构柱内的钢筋不能断开,故不需要作断接卡子,测量接地电阻时,只需要从预埋连接板处接线就可以了。

(3)接地装置

接地装置中,接地极是指埋在土壤中起散流作用的导体。接地极可以沿建筑物四周砸一圈垂直接地体,即周围式接地方式。这时,不需要离开外墙 3m,而以靠近建筑物基础沟槽的外沿敷设为合理。因为它与基础钢筋距离较近,能起到均衡电位的效果。但如果能够采用建筑物的基础主筋作接地体效果更好,不仅节省钢材,而且接地电阻较小。

当建筑的防雷接地和保护接地合一构成联合接地体时,其共用接地电阻按其中最小值的要求选定,防雷接地电阻不大于 10Ω,保护接地电阻不大于 4Ω,故联合接地电阻不能大于 4Ω。此外,防雷系统采用的各种钢材必须采用镀锌防锈钢材,连接方法要用焊接。

5.4.2　高速公路供配电防雷设计

5.4.2.1　防雷技术的原理

德国防雷专家希曼斯基在《过电压保护理论与实践》一书中,给出了现代计算机网络的防雷框架,如图 5-9 所示。

防雷技术又分为外部防雷技术和内部防雷技术,其中外部防雷是指将绝大部分雷电直接

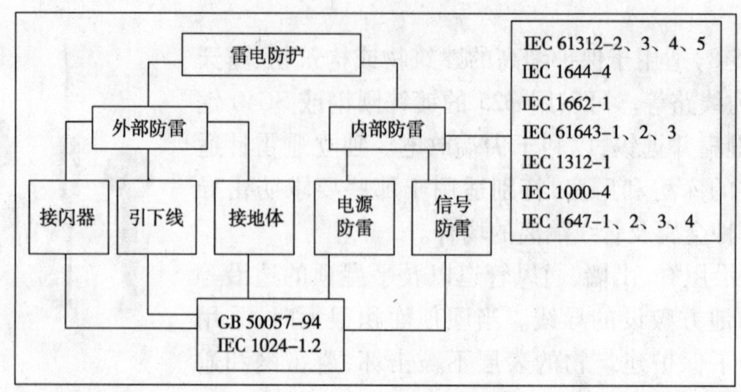

图 5-9　现代计算机网络的防雷框架图

引入地下，而内部防雷是指快速泄放沿着电源或信号线路侵入的雷电波或各种危险过电压。

(1)外部防雷

外部防雷主要指建筑物的防雷，一般是防止建筑物或设施(含室外独立电子设备)免遭直击雷危害，其技术措施可分接闪器(避雷针、避雷带、避雷网等金属接闪器)、引下线、接地体和法拉第笼。

接闪器——根据建筑物的地理位置、现有结构、重要程度等情况，决定是否采用避雷针、避雷带、避雷网联合接闪方式。

引下线——断面积足够大，连接牢固。

接地体——根据 GB50057—94《建筑物防雷设计规范》(2000 年版)，建筑物的防直击雷接地宜和防雷电感应、电气设备、信息系统等接地共用同一接地装置(对于室外独立设备可以采用独立接地)，并宜与埋地金属管道相连接；某些设备制造厂商有特殊接地要求，将直流接地与其他六个接地分开以避免电磁干扰和零地电压升高。但当有雷电对地泄放时，高电压可能通过直流地反击设备。因此对于这种情况宜在防雷地和直流地之间加装地网均压仪，避免反击现象，此为暂态接地方式。

(2)内部防雷

内部防雷系统主要是对建筑物内易受过电压破坏的电子设备(或室外独立电子设备)加装过压保护装置，在设备受到过电压侵袭时，防雷保护装置能快速动作泄放能量，从而保护设备免受损坏。内部防雷又可分为电源线路防雷和信号线路防雷。

电源防雷系统主要是为了防止雷电波通过电源线路而对计算机及相关设备造成危害。为避免高电压经过避雷器对地泄放后的残压过大，或因更大的雷电流在击毁避雷器后继续毁坏后续设备，以及防止线缆遭受二次感应，依照 GB50057—94《建筑物防雷设计规范》(2000 年版)和 GB50343—2004《建筑物电子信息系统防雷技术规范》，应采取分级保护、逐级泄流原则。为了确保遭受雷击时，高电压首先经过首级电源避雷器，然后再经过次级或末级电源避雷器，首级电源避雷器和次级电源避雷器之间的距离要大于 5m，如果两者间距不够，可采用带线圈的防雷箱，这样可以避免次级或末级电源避雷器首先遭受雷击而损坏。

5.4.2.2　高速公路的综合防雷原则

高速公路的综合防雷设计应考虑环境因素、雷电活动规律、系统设备的重要性、发生雷灾后果的严重程度,分别采取相应的防护措施。

(1)在进行综合防雷设计时,应坚持全面规划、综合治理、优化设计、多重保护、技术先进、经济合理、定期检测、随机维护的原则,进行综合设计及维护。

(2)高速公路综合防雷系统的防雷设计应采用直击雷防护、等电位连接、屏蔽、合理布线、其用接地系统和安装电涌保护装置等措施进行综合防护,必须坚持预防为主,安全第一的指导方针。

(3)高速公路综合防雷系统应根据所在地区雷暴等级、设备放置在雷电防护区的位置不同,采用不同的防护标准。为确保防雷设计的科学性、先进性,高速公路建设工程在设计前宜做高速公路沿线现场雷电环境评估。

5.4.3　高速公路供配电系统防雷措施

雷击对高速公路供配电系统的危害是巨大的,为了确保高速公路管理设施系统的供配电的安全、可靠,可以从技术和管理两个方面来进行防护。本节主要从技术上进行介绍。

5.4.3.1　高速公路10kV变电所防雷措施

10kV变电所是线路的终端,当引入变电所的高压架空线路遭到雷电的袭击时,雷电波将沿着线路侵入变电所,为此要采取必要的措施进行保护:

(1)用避雷针或避雷网等对变电所进行保护。如果变电所在附近高大建筑物的避雷装置保护范围之内,则不必考虑直击雷的危害。

(2)10kV高压供电线路的末端采用有金属护套或绝缘护套电缆穿钢管埋地引入配电房,金属护套和钢管两端就近可接地。

(3)10kV高压线末端接入电源变压器处,每相对地均应安装氧化锌避雷器。

(4)在高压侧应在每组母线和每路架空进线上装置阀形避雷器,避雷器应以最短的接地线与变电所的主接地网连接。主要用来保护主变压器,以免雷电冲击波沿高压线侵入变电所,如图5-10所示。

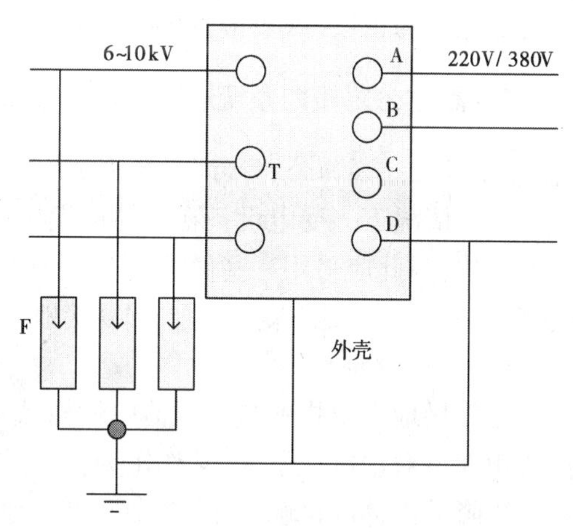

图5-10　电力变压器的防雷保护

5.4.3.2　架空线路的防雷措施

在确定架空线路的防雷措施时,要全面考虑线路的重要程度、沿线地带雷电活动情况、地形地貌特点、土壤电阻率高低等条件,进行经济比较,采取合理的防雷保护措施。架空线路的防雷从以下几个方面进行。

(1)高压架空线路

①装设避雷线,以防线路遭受直击雷的损坏。35kV的架空线路只在经过人口稠密区或进入变电所的线路上装设,10kV及以下线路上一般不装设避雷线。

②装设自动重和闸装置(ARD),在线路遭受雷击的时候通过跳闸从而迅速恢复供电。

(2)低压架空线路

为了防止雷击低压架空线路使雷击波侵入建筑物,对低压架空进出线,应装设避雷器并与绝缘子铁脚、金属器连在一起接到电气设备的接地装置上。

5.5 高速公路供配电接地系统设计

高速公路接地系统关系到人员和设备的安全问题,采用正确的接地系统可大大减少国家、企业和个人的财产损失。

接地是指将电力系统或电气装置的某一部分经接地线连接到接地极。为了保证高速公路各系统运行的安全性,系统电源的供电系统都必须有良好的接地装置。在交流接地系统中,为了避免因三相负载不平衡而使各相电压差别过大,三相电源都应直接接地,这种接地称为工作接地。接地装置与大地之间的电阻称为接地电阻。当变压器在100kVA以下时,接地电阻应不大于10Ω;当变压器的容量在100kVA以上时,接地电阻应不大于4Ω。为了避免电源设备的金属外壳因绝缘损坏而带电,与带电部分绝缘的金属外壳必须直接接地,这种接地方式称为保护接地,保护接地电阻不应大于10Ω。为了防止因雷电而产生过电压损坏的系统设备,在电源系统中安装的避雷器应设有防雷接地装置,其接地电阻一般应在10~20Ω之间,同时防雷接地与工作接地线、保护接地线分开。在直流供电系统中。由于系统设备的需要,直流供电源及蓄电池组的正极(或负极)必须接地。

5.5.1 高速公路接地系统形式及接地装置

5.5.1.1 高速公路接地系统形式

一般情况下当受电设备在损坏或发生意外情况时,可能导致其外露可导电部分带电,引发触电事故,因此应采用一些保护措施——接地来完成其设备的安全运营。接地系统的形式一般有三种:工作接地、保护接地、重复接地。

(1)工作接地

工作接地主要指的是变压器中性点或中性线(N线)接地。其中中性点接地的目的是保持其中性点对地电压不变,其作用为:

①降低人体的接触电压,在中性点对地绝缘的系统中,当一相接地,而人体又触及另一相时,人体将受到线电压,但对中性点接地系统,人体受到的为相电压;

②迅速切断故障设备。在中性点绝缘的系统中,一相接地时,接地电流仅为电容电流和泄漏电流,数值很小,不足以使保护装置动作以切断故障设备。在中性点接地系统中,发生碰地时将引起单相接地短路,能使保护装置迅速动作以切断故障;

③减轻高压窜入低压的危险。如图5-11所示。

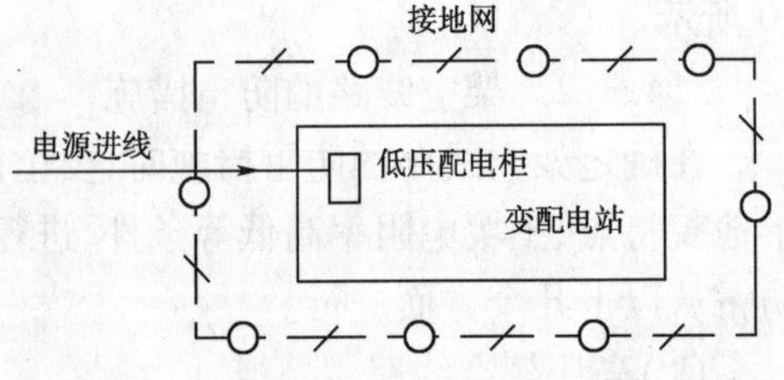

图5-11 中性点接地

(2)保护接地

保护接地是指将受电设备的外露可导电部分进行接地。在锦朝高速公路房建中,变压器、高、低压配电柜、水泵控制箱、污水处理设备控制箱、锅炉控制箱的金属外壳均采用保护接地。低压配电系统按保护接地形式分为三种:TN系统、TT系统、IT系统。

TN 系统中性点直接接地，引出有中性线，保护线或保护中性线（即中性线和地线合为一体）属于三相四线制系统，系统的特点是设备不单独接地，而是系统接地。TN 系统又分为 TN-C、TN-S 和 TN-C-S 三种。

TT 系统也属于三相四线制系统，但除了系统接地外，用电设备也分别独立接地。

IT 系统是中线点不接地或经 1kΩ 阻抗接地，其他用电设备单独接地。通常情况下不引出 N 线。

（3）重复接地

重复接地就是在中性点直接接地的系统中，在零干线的一处或多处用金属导线连接接地装置。在低压三相四线制中性点直接接地线路中，施工单位在安装时，应将配电线路的零干线和分支线的终端接地，零干线上每隔 1km 做一次接地。对于距接地点超过 50m 的配电线路，接入用户处的零线仍应重复接地，重复接地电阻应不大于 10Ω。

零线重复接地能够缩短故障持续时间，降低零线上的压降损耗，减轻相、零线反接的危险性。在保护零线发生断路后，当电器设备的绝缘损坏或相线碰壳时，零线重复接地还能降低故障电器设备的对地电压，减小发生触电事故的危险性。因此零线重复接地在供电网络中具有相当重要的作用。

5.5.1.2 高速公路接地系统的接地装置

在接地系统中，接地端子、接地线和接地体通称为接地装置。

（1）接地体

接地体是指为使电流入地扩散而设计或使用的与大地成电气接触的良导体部件或部件群。接地体可分为两类，一类是人工接地体，另一类为天然接地体。天然接地体是利用建筑物（构造物）的基础钢结构钢筋与大地接触的金属构件作为接地体。而人工接地体是人为地把金属管或角钢、圆钢等埋入地下。人工接地体应围绕保护物基础做成闭合环行，采用镀锌钢材。垂直敷设时垂直接地体长度不小于 2.5m，垂直体之间距离不小于 5m；水平敷设时埋设深度不低于 0.6m。接地装置的导体最小截面应符合表 5-2 中的规定。

（2）接地线

接地线是指连接到接地极的导线。接地线一般采用钢质导线，其截面积应符合载流量、机械强度、短路时自动切除故障及热稳定的要求，且不应小于表 5-3 的要求。接地线与电力设备的连接，可用螺栓连接或焊接。接地线与接地体连接应采用焊接方式。每个电气设备应以单独的接地线与接地干线相连接，严禁在一条接地线上串接几个接地设备。

接地装置导体最小截面 表 5-2

种类	规格及单位	接地线		接地干线	接地体
		裸导线	绝缘线		
铁线	直径（mm）	4	2.5	/	/
铜	截面（mm^2）	4	/	/	/
钢管	管壁厚度（mm）	/	/	/	3.5
角钢	厚度（mm）	3	/	3	4
扁钢	截面（mm^2）	24	/	24	48
圆钢	直径（mm）	/	/	6	8

接地线最小截面 表5-3

材料	接地线种类	最小截面(mm^2)
铜	裸导线	4
	绝缘导线	1.5
铝	裸导线	6
	绝缘导线	2.5
扁钢	户内:厚度不小于3mm	24
	户外:厚度不小于4mm	48
圆钢	户内:厚度不小于5mm	19.6
	户外:厚度不小于6mm	28.3
铜	电缆的接地心线或与相线包在一起的多心导线的接地心线	1
铝		1.5

(3)接地端子

接地端子是供接地线使用的,目的是使接地线有良好地接地条件。接地端子的规格是按线路计算电流确定的。下图5-12为几种常见的接地端子。

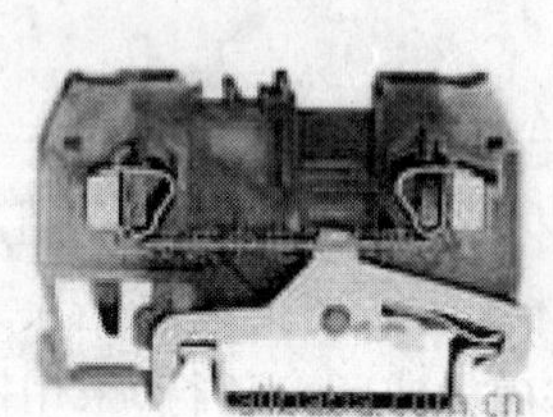

图5-12 几种常见的接地端子

5.5.2 供配电系统设备接地

在高速公路管理设施系统中安装有大量的设备,由于这些设备的特性、工作频率、抗干扰能力和功能不尽相同,对接地的要求也有所不同。

5.5.2.1 电源接地

电源线与接地的设计施工中,电缆宜采用铜芯电缆,虽然铜芯电缆造价较高,但由于铜质材料导电系数高,在同样长度上电阻与压降都很低,并且铜芯电缆耐腐蚀,使用寿命长,因此应作为首选材料。

接地母线应为铜母线,其最小尺寸为6mm×50mm,长度视工程实际需要确定。接地母线应尽量采用电镀锡以减少接触电阻,如果不是电镀,则在将导线固定到母线之前,须对母线进行清理。

交流配电导线的选择:一般交流输入电压采用380V,输入模式大都为三相五线制,在选择铜缆芯径时,一方面应根据不同电缆厂家提供的电缆性能指标来进行计算,从而确定适合的铜缆芯径。

交流进线电缆截面积的选择原则:输入电流按电源设备电压允许工作的最低值和输出功率的最大情况来考虑。电源系统总的输入电流除以每平方毫米允许通过的电流数即为电缆的截面积计算值,根据计算值查找符合标准的电缆规格。建议每平方毫米允许通过的电流为3A。

5.5.2.2　供电系统接地

通常供电系统的地是与地线网连在一起的。为了防止供电系统地的影响,抑制干扰,应将电力系统地和计算机系统的所有地分开,而且应保持20m以上的距离。但在工程实施中,有些场合单设计算机系统地并保证其与供电系统地隔开一定距离是很困难的,可以考虑能否将计算机系统地和供电地共用一个,这时必须注意以下因素:

(1)供电系统地上是否干扰很大,如大电流设备启停是否频繁,对地产生的干扰是否大;

(2)供电系统地的接地电阻是否足够小,整个地网各个部分的电位差是否很小,即地网的各部分之间是否阻值很小;

(3)微电子装备的抗干扰能力以及所用到的传输信号的抗干扰能力,例如有无小信号(电偶、热电阻)的直接传输等。

如果现场用电经常过负荷,或者是靠近易燃易爆物的线路、照明线路,则必须有过负荷保护。装设过饱和的配电线路,其绝缘导线的安全载流量,应不小于熔断器的额定电流或低压断路延长时过电流脱扣器电流整定值的1.25倍。

5.5.2.3　变电所接地

在敷设变、配电接地装置时,应尽量使接地网做到电位分布均匀,以降低接触电压和跨步电压。变电所的接地设计应结合实际情况进行,在具体工程设计中应重点考虑地网布置,敷设深度,腐蚀及热稳定校验等方面。对合格地网的概念应有全面的认识,接地电阻应按实际的流经地网入地的短路电流计算,降低接地电阻、降低接触电势和跨步电压等都是合格地网要求的主要因素。因此,在保证变电所接地的安全条件下,应综合考虑各种因素,合理设计接地装置以便于变电所的安全施工和运行,降低工程造价。

接地引下线应就近入地,并以最短的距离与地中的主网相连。设备引下线不应与电缆沟中的通长扁钢连接,因其敷设于电缆沟内壁表面的混凝土上,不起散流作用。发生短路时,易造成局部电位升高,引起电缆绝缘破坏等。还有二次回路的电气设备如CT、PT等,为减小接地引下线的阻抗,保证与主网可靠连接,应采用两根截面相同的,每根都能满足热稳定和腐蚀要求的接地线,在不同的部位与主网连接。加强主控室及弱电系统与地网连接的可靠性。不得使用钢筋混凝土电杆中的预应力钢筋作为主要引下线。

5.5.2.4　供电线路的低压设备保护

用低压断路器作短路保护时,其过电流脱扣器的整定值应小于线路末端的单相短路电流,并应能承受短时过负荷电流。一般低压断路器整定值 I_z 等于1.1~1.25倍的计算电流。如果用熔断器作短路保护时,熔体的额定电流应不大于电缆或穿管绝缘导体安全载流量的2.5倍及明敷绝缘导线安全载流量的1.5倍。

如果现场用电经常过负荷,或者是靠近易燃易爆物的线路、照明线路,则必须有过负荷保护。装设过负荷保护的配电线路,其绝缘导线的安全载流量,应不小于熔断器的额定电流或低压断路延长时电流脱扣器电流整定值的1.25倍。

5.5.3 供配电系统设备接地设计

(1)在电源中性点有工作接地的供电系统中,工作接地并不可靠。当工作接地电阻为4Ω时,相线碰触设备金属外壳时的电流为I,其大小如式(5-1)所示:

$$I = \frac{220}{4+4} = 27.5\text{A} \tag{5-1}$$

(2)在1kV以上的供电系统中,不管电源中性点接地与否,一律采用保护接地。因为在高压系统中熔断器工作不是很可靠,会有电弧,难以安全地断点,而且熔断器延时断点也不好。

(3)在保护接地系统中,要注意高压窜入低压的发生,因此可以把Y形连接的负荷通过击穿断容器与接地装置做金属连接,并且电阻不大于4Ω。在高压窜入的时候,对地电压不大于120V。

(4)不同用途和不同电压等级的用电设备的接地(包括保护性接地和功能性接地),一般采用一个总的功用接地装置,除非特殊说明外。

(5)实际施工过程中,还要考虑土壤干、湿、冻等情况下对电阻率的影响。接地电阻值在不同的季节均应按照规范进行要求。

(6)10kV及以下电力网中,严禁利用大地作相线或中性线。

5.6 高速公路供配电设备保养

5.6.1 低压配电装置的巡视与检查内容

低压配电装置至少每周巡视一次,其巡视和检查内容如下:

(1)主、分路的负荷情况与仪表指示是否相对应;

(2)低压电缆及电路中各部连接点有无过热现象;

(3)三相负荷是否平衡,三相电压是否正常,电路末端电压降是否超出规定;

(4)各配电装置和低压电器内部有无异声、异味;

(5)在易受外力震动和多尘场所,应检查电器设备的保护罩有无松动现象和是否清洁。雨天应检查室外电器的防护箱是否有渗漏雨水现象,室内照明是否正常,维护通道是否畅通;

(6)夜间关灯巡视至少每月一次。

5.6.2 变压器的巡视与检查内容

变压器至少每周巡视一次,其巡视和检查内容如下:

(1)变压器的电流、电压等变化情况;

(2)变压器的油面和温度是否超过允许值;

(3)允油套管和油标管内的油色是否正常,油面位置是否合格、有无渗油现象;

(4)接线端子有无过热现象;

(5)瓷套管是否清洁,有无裂纹和碰伤、放电痕迹;

(6)运行中的音响是否正常;

(7)呼吸器中吸湿剂是否达到饱和状态；

(8)瓦斯继电器的油闸门是否打开，是否渗漏油；

(9)防爆管的隔膜是否完整；

(10)冷却装置运行是否正常；

(11)变压器基础有无严重下沉现象；

(12)变压器外壳接地是否良好。

当负荷急剧变化、恶劣天气或变压器通过短路电流时，应增加特殊巡视，其巡视和检查内容如下：

(1)过负荷时，应监视负荷、油温和油位变化；

(2)大风天气时，应检查引线摆动情况及有无杂物挂搭现象；

(3)雷雨天气时，应检查避雷器的动作情况和瓷绝缘部分有无放电闪烁情况；

(4)下雪天气时，根据雪的熔化情况检查接头发热部分；

(5)下雾天气时，应重点监视污秽绝缘部分。

第六章　高速公路照明系统设计理论与方法

在高速公路高速行驶过程中，驾驶人必须提前发现道路前方的各种障碍物，这些障碍物的反射率大都在20%以下，而汽车前灯的照射范围有限，所以在道路上如不设置照明设施，汽车在夜间行驶过程中就不得不降低行车速度。良好的照明设计不但可以提高行车速度、增加道路的利用率，而且还可以减轻或消除驾驶人的紧张与不安全感。高速公路照明系统是高速公路建设的重要组成部分，同时也是一个国家科学技术、经济实力和能源工业发展水平的综合体现。合理的照明设计在保证高速公路交通安全、提高运输效率、美化环境和节约电能等方面均有重要作用。

6.1　概述

高速公路区别于一般公路具有行车速度快、车流量大等特点，给高速公路的行车安全带来了很大的威胁，特别是在夜间发生交通事故的次数要远远大于白天的情况，国外统计资料表明，许多国家由于设置和改善了道路照明，夜间交通事故减少了40% ~60%，重大交通事故也显著减少，事故减少率见表6-1。

改善照明设施后夜间事故减少率　　表6-1

道路种类	国名	交通事故种类	夜间事故减少率(%)
高速公路	美国	重大事故	62
		死亡及重伤事故	52
地方道路	英国	重大事故	76
		死亡及重伤事故	61

设置良好的高速公路照明系统能提高道路的诱导性，为车辆驾驶人员和高速公路管理人员提供良好的视觉环境，使驾驶人能够迅速地接收到必要的道路条件、车辆条件等视觉信息，保障车辆在高速公路上安全、迅速、舒适地行驶。另一方面照明的设置，在提高交通运输效率的同时，还可以有效防止犯罪活动和美化环境。

6.1.1　照明系统的功能及照明的分类

6.1.1.1　照明系统的功能

照明系统的功能在于满足驾驶人所必需的视觉条件，使车辆安全、舒适地在高速公路上行驶。照明设置标准应使驾驶人在相当远的距离内准确地获得以下一系列的视觉信息。

(1)道路上是否有障碍物及其形状、大小、移动速度等信息；

(2)关于道路宽度、线形及道路结构的信息；

(3)关于道路特殊场所，如立体交叉、分合流路段、收费站、桥梁及隧道等交通环境信息；

(4)路面破损状态及缺损状态信息；

(5)道路交通指示标志与标线的信息；

(6)关于车辆自身状况的信息。

6.1.1.2　照明的分类

高速公路照明大致可分为两类，一类是为运行车辆提供的照明；另一类是为高速公路管理业务及乘客提供的照明。

(1)为运行车辆提供的照明

这类照明是指高速公路使用者提供必要的视觉信息而进行的照明，如主线照明、互通式立交照明及隧道照明等。其主要功能是使驾驶人观察到必须要观察的对象以及背景，如道路的几何线形、前方道路上是否有障碍物、路面状况信息以及特殊场所信息等。

(2)为高速公路管理业务及乘客提供的照明

这类照明既要保证高速公路管理工作人员的正常业务要求，又要满足车辆行驶的视觉条件。如高速公路的收费广场与收费遮棚，既要满足收费人员的工作环境照明，也应兼顾到车辆在收费广场内的行驶要求。服务区广场的照明也应照顾到乘客与驾驶人在场内各种活动对照明的需求。这类照明属于一般照明业务范畴，可采用通常的照明方法与标准。

6.1.2　照明标准和主要技术指标

6.1.2.1　照明标准

道路照明标准的制定，是从道路的照度和均匀度两个可以准确测量的指标出发来规定不同等级道路的不同照明标准。但是在现实生活评估照明效果的时候，还应该考虑其他的因素。比如，从人类功效学的角度出发，在照明的客观物理指标(如平均照度、平均亮度、均匀度等)相同或接近时，不同的光源下驾驶人的视觉感受却大不相同。根据许多的试验表明，在同等照度下冷色温的白光照明比低色温的黄光照明具有更好的显色性、更高的可见度和对比度。

资料表明：合适的色温和高显色指数的光源能有效地提高道路照明的能见度和清晰度，给人们带来舒适的视觉效果。从某种意义上来说，道路照明的视觉效果反应了人们对照明质量的评价。在我国目前的道路照明中，普遍采用的是低色温的钠灯，而随着金属卤灯的逐渐应用和LED灯技术条件的成熟，白光照明必然成为未来的趋势。

另外CIE(国际照明委员会)曾经根据大量的统计数字总结出一个道路亮度与车速的对应关系(图6-1)。总的说来，车速越高，驾驶人反应时间越短，要求的照度就越高。如果高速公路的照明指标不能达到一定的技术要求，那么它的作用将是有限的，其安装意义也相应减小。一般来说，只有在车流密集或路况复杂的地段才有安装照明设施的必要，而且标准要求高。

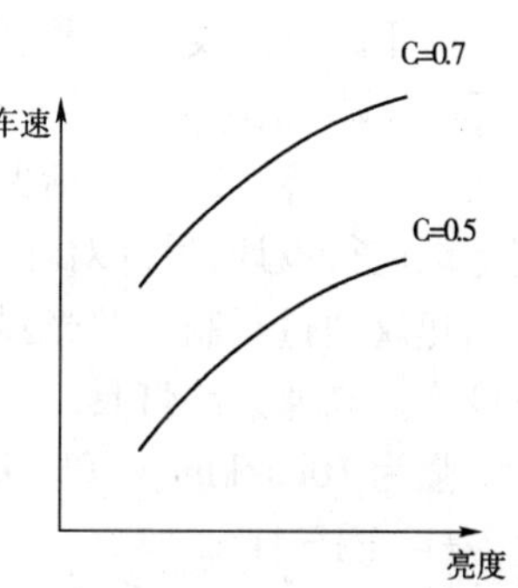

图6-1　道路亮度与车速的对应关系

总的来说，照明标准的制定主要依据道路的性质、流量大小、路面材料等因素，我国制定的高速公路照明标准如表6-2所示。

高速公路照明标准推荐值　　表6-2

照明区域		亮　度			照度	眩光限制	诱导性
		平均路面亮度	总均匀度	纵向均匀度	平均照度		
特殊部位	高速公路路段	1.5~2	0.3	0.7	20~30	6	很好
	立体交叉口	主线2 匝道1	0.5	主线0.7 匝道0.7	主线30 匝道15	5	好
	特大型桥梁	1.5~3.5	0.5~0.7	0.7	15~50	5	很好
	收费站广场	2~5	0.4	0.6	20~50	5	好
	进出口	0.5~2	0.3	0.6	10~30	5	好
相关场所	服务区	0.5~1.5	0.3	0.5	10~20	5	好
	养护区	0.5~1.5	0.3	0.5	10~20	5	好
	停车区	1~2	0.3	0.5	15~30	5	一般

注:表中各项数值适用于干燥路面。

6.1.2.2　主要技术指标

为了保证照明质量,达到辨认可靠和视觉舒适的基本要求,应满足平均亮度(照度)、照明均匀度和眩光限制三项主要技术指标。此外,照明设施还应提供良好的视觉诱导性,照明器及杆柱的布置与结构也要符合美学标准。

(1) 平均亮度(照度)

路面平均亮度(照度)是决定能否看见障碍物的重要因素,道路照明就是把路面照亮到足以使驾驶人能够看清障碍物为止。提高路面平均亮度(照度)值将有利于提高驾驶人察觉的可靠性,同时还可以提高驾驶人的视觉舒适程度。

(2)照明均匀度

良好的视功能不仅要求有一个较好的平均亮度,还要求路面上的平均亮度与最小亮度之间的差不能太大。如果相差的太大,亮得部分会形成一个眩光源,而且亮暗的变化会带来视疲劳,从而降低驾驶人的舒适度。

实验证明,增加路面亮度和减小灯间距,可使纵向均匀度值增加。一般通常把灯具的间距设置到25~50m之间。

(3)眩光(glare)

由于路灯的设计问题、周围环境照明的不当或对向车辆车灯的照射造成的眩光,使驾驶人的瞳孔缩小、破坏视觉系统对周围事物和空间的适应状态,从而引起不适感觉,长期这样还会造成视力下降。眩光包括失能眩光和不舒适眩光。其中不舒适眩光尚未定量,只是按眩光控制等级进行设计,另外对环境的照亮有助于减轻不舒适眩光。

建议通过限制光源光强的方法来限制眩光:高度角是在灯具以现场使用的姿态安装情况下度量。高速公路灯具应平行于道路纵轴垂直面上,80°高度角的光强为30cd/klm,90°高度角的光强为10cd/klm。只要失能眩光限制在允许的范围内,不适眩光也就消除了。

(4)诱导性

高速公路沿线设置有不同类型的视线诱导设施,像路面标志、线形诱导标志等,会不同程度的诱导驾驶人的视线。照明系统的设置有助于驾驶人更快地了解车辆在高速公路上行驶过程中的位置、走向和线形,以便行车更加安全、舒适。如果驾驶人因为照明的缘故不能在夜间很好地了解这些道路信息,便会降低驾驶人的视觉度,增加驾驶人的心理负担,影响驾驶人的安全和舒适性。照明系统的设计可以在视觉和光学诱导两个方面直接影响诱导设施的使用效果。

路面标线、两侧诱导标与周围的环境之间直接受照明条件的影响。例如灯具主要光束和同行车辆行驶方向有一定的角度,路面标线一部分取决于自身的反光能力,另外还跟路面的反光性能有直接关系。灯具的光色、光强、排列以及安装的角度和位置等均能对驾驶人构成威胁。

(5)美学要求

照明器形式及杆柱布设要符合道路美学的标准。合理选择照明器的形式及合理布设灯杆,会使照明设施起到点缀环境的功效,增加高速公路线形的美感。

6.2　照明设备

照明设备的选择对照明质量和经济成本有很大的联系。照明设备包括电光源、灯具以及照明器。由于高速公路道路表面材料和结构对照明设备的照明效果影响很大,所以常常把路面纳入照明设备一起研究。

6.2.1　电光源(灯泡)

6.2.1.1　电光源(灯泡)的发光原理

电光源虽然产品繁多,但就其发光原理来说有热辐射发光、光致发光、气体放电发光、场致发光四种。

热辐射发光是由于物质因热而产生向外辐射,以可见光的形式表现出来。白炽灯和卤钨灯就是利用这种原理制造出来的,电流流过灯丝,让灯丝发热向外辐射能量,以可见光的形式表现出来。

光致发光通常是指一段波长的辐射被固体吸收后,固体物质中的电子吸收光能而处于激发态,当其返回基态时,所吸收的能量以可见光的形式释放出来而产生另一波长的光。荧光灯就是利用这个原理制造出来的,在灯管两端施加一个高电压,使灯管内的低压汞蒸汽电离,产生波长为253.7nm的紫外线,被荧光灯内管壁的荧光粉吸收,产生可见光辐射出来。

气体放电发光原理是指当电流通过气体媒质时,气体中的原子和分子受激或电离后处于激发态,当其返回基态时,所吸收的能量以电磁波的形式释放出来,并释放出一定能量的光子,以可见光的形式表现出来。钠灯是钠蒸气电离,汞灯和金属卤化合物灯也是同样的原理,只不过原子变成汞原子和金属卤化合物原子产生的可见光不同。

场致发光原理是指固体材料在电场作用下,电子被电场加速而获得能量,碰撞发光中心,使发光中心激发,当其返回基态或与电子复合时,以可见光的形式释放出来。发光二极管、场致发光屏就是利用这个原理制造出来的。

6.2.1.2　电光源(灯泡)的选择

光源对降低高速公路建设、运营管理过程中的成本有着直接的关系,选择高效率的光源有利于减少照明电能的消耗。我国目前普遍采用的照明灯具以高压钠灯和金卤灯等气体放电灯为主,高压汞灯由于光效偏低、显色较差在现代道路照明中已经很少采用。高压钠灯的光效一般为 80 ~ 1301m/w、显色指数为 30、色温为 2000K;金卤灯的光效一般为 67 ~ 110lm/w、显色指数为 65、色温为 5000K。根据高压钠灯和金卤灯的区别,在照明设计中,高压钠灯是首选方案,因为在相同的电功率下,高压钠灯光能量要比金卤灯高 40% 左右,且钠灯的透雾性能比较好,而在同样照度标准的照明要求下,金卤灯光源的电耗则多于高压钠灯。国内外常用的照明光源及应用地点如表 6-3 所示:

国内外常用的照明光源及应用地点　表 6-3

使用场合	光源类型
主干道照明	高压荧光灯、高压钠灯、低压钠灯
隧道照明	荧光灯、高压荧光灯、高压钠灯、低压钠灯
广场照明	高压荧光灯、高压钠灯、氙灯

然而从人类功效学的分析和研究以及实践的经验表明:合适的色温和高显色指数的光源能有效提高能见度和清晰度,给人们带来舒适的视觉效果。照明的视觉效果反映的是人们对照明质量方面的信息;而照明的亮度、照度指标反映的则是照明数量方面的信息。在相同的照度指标下,光效高的高压钠灯因光线中含有较多的红、黄成分,视觉度不够好,反而不及金卤灯(光线含较多蓝、绿成分)的视觉效果。但是在经济方面,高压钠灯价格低、寿命长、发光效率高,金属卤灯相对较差。因此,在普通照明的应用上,一般采用高压钠灯,而在道路广场、立交等需要明显改善视觉环境的场合,则采用金卤灯。

LED 光源的出现是照明领域的一大技术创新,具有节约能源、污染少、光指向性好、寿命长、低电压、反应快等特点,成为未来光源的趋势。在同样亮度下,LED 灯的耗电量仅为普通白炽灯的 1/10,而其寿命却是普通白炽灯的 100 倍,并且符合绿色照明的理念和要求。在交通灯、屏幕显示、城市景观照明、汽车灯等领域,LED 的应用目前已经呈现出燎原之势,但是由于技术的原因,LED 和传统照明光源在成本和发光效率等方面还有一段不小的差距,在高速公路照明领域的应用上,目前还面临不少困难。根据美国次世代照明计划(NGl)的预期,到 2010 年,LED 发光效率可达 1201m/w,到 2020 年则可达 2001m/w,成本降为 1%,寿命增为 10 倍。LED 光源在高速公路照明方面的应用必将是大势所趋,所以必须对其加强关注。

6.2.2 灯具

高速公路灯具的主要作用是通过反射、折射和漫反射将光通量合理分配到需要的方向,提高光通量利用率和抑制眩光,同时固定和保护光源,连接电源,装饰和美化环境。

6.2.2.1 高速公路照明系统对灯具的要求

高速公路照明要求光源所射出的光绝大部分照射在路面和指定区域,有足够的亮度与均匀度,且不影响视觉可靠性。因此,照明灯具要解决光输出比、光分配和眩光控制。

灯具的安全性能反映灯具安全可靠的程度,一般灯具的安全性能包括:耐热、机械性能、电性能、防尘、防水、防腐等,其中电性能要严格按照国际电工委员会(IEC)指定的标准来要求。另外,在高速公路上灯具要常年经受雨雪雷电等侵袭,必须具备良好的密封性能和防护等级。最后选择灯具应考虑灯具的寿命、灯具光衰退以及设备购置费和运行费(包括电费和维修费)等。

6.2.2.2　照明灯具的类型

常规道路照明灯具可根据其配光分成截光型、半截光型和非截光型三种。

(1)截光型。截光型灯具的光通量主要分布在0°~60°的范围内,不容易产生眩光。

(2)半截光型。半截光型灯具的光通量主要分布在0°~70°的范围内。

(3)非截光型。非截光型灯具的光通量主要分布在0°~80°及其以上的范围,特点是光线照射面积大,但光线易于直接照射在驾驶人的眼睛上而产生眩光。

6.2.2.3　照明灯具的选择

高速公路照明灯具的选择须考虑是否能有效地防止照明的眩光效应和最大限度地把光通量射到需要的地方。另外,根据环境的特点,灯具还应具有保护照明光源(如抵抗风、雪、冰雹等)和其他机械损伤的能力。选择灯具时,除考虑环境光分布和限制眩目的要求外,还应考虑灯具的效率。

(1)灯具效率。目前有些灯具效率仅有0.3~0.4,光源发出的光能,大部分被吸收,能量利用率太低。要提高效率,一方面要有科学的设计构思和先进的设计手段,运用计算机辅助设计来计算灯具的反射面和其他部分;另一方面要从反射罩材料、漫射罩和保护罩的设计等加以优化。

(2)光通维持率。从灯具的反射面、漫射面、保护罩、格栅等的材料和表面处理上下功夫,使表面不易积尘、腐蚀,容易清扫,采取有效的防尘措施,有防尘、防水、密封要求的灯具,应经过试验达到规定的防护等级。

(3)配套完整。提供与新型高效光源配套、系列较完整的灯具。要达到高效率、高质量,应该按照光源的特性、尺寸专门设计配套的灯具,形成较完整的系列,提供使用。

6.2.3　照明的电器部件

照明的电器部件是指为保证不同类型电光源(白炽灯和气体放电灯)在电网电压下正常可靠工作而配置的电器。

在照明系统中,电器部件决定灯具的安全及使用寿命的长短,并与光源的寿命有密切的关系。在一般情况下,电器部件的任何一个部分失去功能均会影响到整个照明系统,给维修和养护带来额外的费用。

6.2.3.1　电器部件的组成

一般情况下,电器部件包括镇流器、触发器、补偿电容、启辉器及热保护器等部件,如图6-2所示。

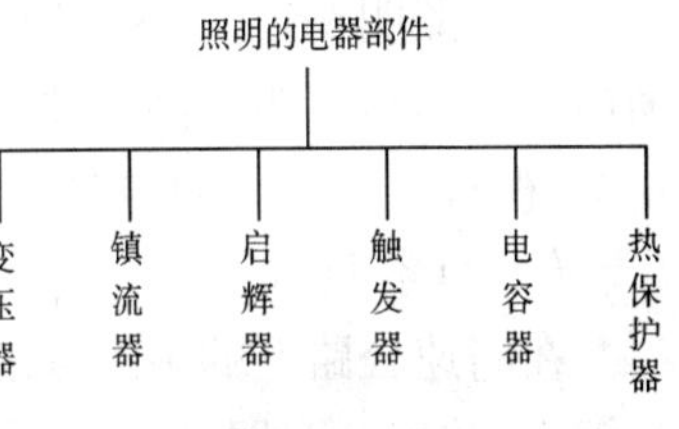

图6-2　照明的电器部件构成图

镇流器是气体放电灯工作时必不可缺的配套附件,可以是电感式、电容式、电阻式或这些的组合方式,也可以是电子式的。当灯通过高压启动后,电压下降,电流加大,如不加限制,灯电流将不断加大直至使灯烧毁,所以必须在放电灯的点灯回路中串接一个与灯的类型、规格匹配的镇流器,并限制灯电流使之稳定在所规定的范围。

镇流器要表明品牌、产地、额定功率、额定电压、认证 T_w 和 ΔT 两个重要参数。图6-3为最常见的几种认证标志。

图 6-3 最常见的几种镇流器认证标志

目前镇流器将主要从两个途径进行发展：①功耗电感镇流器，它的特点是自身功耗减小，可靠性高，无电磁污染。②高频电子镇流器，它的优点是功耗小，能够提高光源光效，发光稳定，无频闪，无噪声，有效节能和改善视觉效果，同时在进一步降低谐波量和电磁辐射、提高可靠性方面改进，逐步成为荧光灯的主要配套产品。

触发器的功能是提供初始的启动电压给高强度气体放电灯。在高速公路上使用的触发器应采用自熄式触发器，这种触发器能够在 5 分钟后自动停止工作，这样可以避免发生灯泡寿命接近终点时的循环启动。

电容器的寿命约为 10 年，主要取决于电容耐压值和允许的环境温度。一般的并行补偿型电容耐压值为 450V 或 250V，串行补偿型电容的耐压值为 450V 或 650V，允许的环境温度一般为 -25 ~ +85℃。

启辉器在照明灯电路瞬间断开时使电路中产生感应电动势，以致有足够大的电压激发灯管发亮。

6.2.3.2 照明灯具的安装布置方式

(1)杆柱照明方式

杆柱照明方式是把照明器安装在杆柱的顶端，杆柱沿高速公路两侧配置，这种方式应用最为广泛。需要注意的是：

①照明器的安装高度 H：根据气体放电光源的特点，灯杆的高度在 10 ~ 15m 是最经济的；

②照明器外伸长度：外伸长度一般不超过灯杆高度的 1/4；

③照明器的安装角度：一般的安装角度在 50° ~ 150°之间。

(2)高杆照明方式

高杆照明是指在 15 ~ 40m 的高杆上安装由大功率的光源组成的多个照明器，进行广阔范围内的大面积照明。高杆照明主要适用于高速公路的立体交叉、收费广场、服务区广场和线形复杂、视野广阔场所的照明。

(3)悬索照明

在高速公路上的中央分隔带上设置较大档距的杆柱，其高度一般为 15 ~ 20m，在杆柱间拉起钢索，并把照明器悬挂在钢索上进行道路照明。

6.3 高速公路照明系统设计

高速公路照明系统可分为：主车道照明系统、隧道照明系统和广场、立交、桥梁照明系统。照明系统的设计包括了照明供电电源，互通枢纽照明布置，收费广场照明设施布置，照明供电电缆选择以及电缆敷设路由(供电电源均由各变电站配电房低压配电屏供电)。其中有关隧道照明的内容将在第七章作介绍。

6.3.1　高速公路照明系统设计的原则及步骤

6.3.1.1　高速公路照明系统设计的原则

高速公路照明系统的设计原则是为高速公路提供高速、安全、舒适、经济、环保的行车环境。具体包括以下内容:

(1)公路收费广场、服务区、管理区等场所应设置照明;互通式立体交叉可设置照明。

(2)服务区设置高杆灯照明,不仅改善了大面积的停车区场所环境照明条件,同时可配合草坪灯做景观照明。由于停车场的占地面积较大,以高杆照明为宜,否则达不到照度和均匀度的要求。

(3)收费广场照明一般采用高杆照明与中杆照明相结合的原则:车道数小于12的收费广场照明,采用中杆灯既能满足广场照明的要求,且比高杆灯节约投资,安装维修也方便一些;而车道数大于或等于12时宜设高杆灯照明。

(4)收费天棚应设车道照明,照度宜为30~50lx。

(5)监控中心机房应设置应急备用照明。

(6)为突显在夜间对过往驾驶人提前提示出口位置和对高速汇合区局部照明,互通匝道枢纽均设置高杆照明。高杆照明从高处照射路面,过往驾驶人能在比较远处就会感到将要接近汇合处或立交交叉处。

(7)照度、亮度、均匀度、眩光控制等技术指标均要求达到国家有关道路照明的规定,收费广场路面平均照度大于30lx,平均亮度大于等于2cd/m^2;匝道路面平均照度大于15lx,平均亮度大于等于1cd/m^2,总均匀度为0.4,纵向均匀度为0.7,眩光抑制指标大于等于5,维护系数为0.75。

6.3.1.2　高速公路照明系统设计步骤

高效的照明设计一般遵从以下几个主要步骤:

(1)确定所要设计照明的道路类别以及其相邻区域的类别,并需考虑路面的特性;

(2)确定所需要达到的照明质量指标,包括平均亮度、亮度均匀度、眩光控制水平。在适合使用照度衡量指标的地方,确定所需达到的照度要求;

(3)确定可供选择的照明灯具和光源;

(4)在满足要求的照明指标的前提下,初步选择一种或几种照明布置方式,包括灯具的安装高度、灯杆的位置等;

(5)计算所选择的几种灯具和光源组合下可能的灯杆间距,计算中可通过调整灯具高度和灯具相对路边的位置,以及仰角等来达到照明指标的要求;

(6)根据综合考虑及施工经验选择最优结果,或调整某些参数,重新计算,以达到令人满意的设计方案;

(7)在满足交通安全、低初始投资成本、最小的运营和维护费用的前提下,选择灯杆和灯臂的造型,以满足美观的效果。

6.3.2 主车道照明系统

6.3.2.1 道路照明设置的要求

高速公路照明的技术和标准可参考表 6-2 所示规定。对于要设置全程道路照明,还是只要在局部路段设置道明就能满足需求,这取决于多方面的要求。

(1)安全要求

设置照明的好处很大一部分在于照明能够提高车辆的行车安全,所以要求在事故高发段、危险路段设置照明。

(2)道路特征

高速公路沿线地形、道路线形、路面状况、立交个数等都会不同程度地影响照明设施的设置。

(3)经济效益

随着高速公路的发展,高速公路的规划、建设与运营管理越来越多地和经济联系在一起考虑。全程照明对高速公路安全的支持人所共知,关键在于经济上是否能承担建设与维护的庞大费用。

(4)交通流特征

高速公路上车种的组成、各种车型的速度、路段高峰小时交通量、夜间高峰小时交通量以及周边交通环境等条件均对照明系统设施的设置产生影响。

6.3.2.2 主车道照明

主车道广泛采用杆柱式常规照明。照明器通过杆柱安装在车道上空,杆柱按一定间隔沿车道线形布设。下面就杆柱式照明器的结构形式、布置形式、安装尺寸和路面照度计算进行介绍。

(1)杆柱式照明器的结构形式

杆柱式照明器有单边和双边两种,见图 6-4a)和图 6-4b),单边型安装在硬路肩外,双边型安装在中央分隔带凸台上。结构的特征尺寸有杆柱高 h、悬臂长度 L 和悬臂仰角 α。

(2)照明器布置形式

以照明器的正确选择为前提,沿车道布置形式的依据为:路面平均照度、均匀度、眩光抑制达到技术指标,诱导性好,利用系数高。照明有多种布置形式,见图 6-5。

(3)照明器安装尺寸

杆柱式灯具的安装尺寸为高度(h)、杆距(S)、悬挑长度(L)和仰角(α)。在一定的器件和路面条件下会有一组优化数值。对 L 和 α 已规定过它们的使用范围,一般情况下 S 随 H 的变化而变化,最低安装高度由照明器的光通量决定,推荐值如表 6-4 所示。

照明器最低安装高度推荐值 表 6-4

照明器光通量(1m)	4500	12500	25000	45000	95000
最低安装高度(m)	>5	>8	>10	>12	>15

(4)路面照度计算

为了简化计算,可先计算照度,再按不同路面和观察角度,查出亮度系数,然后再计算亮度,如表 6-5 所示。

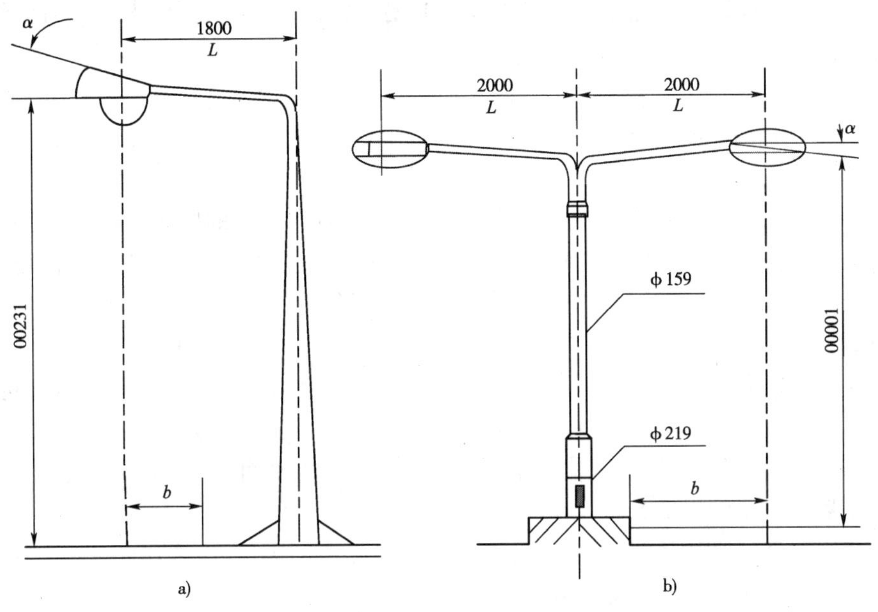

图6-4 柱式照明器结构图

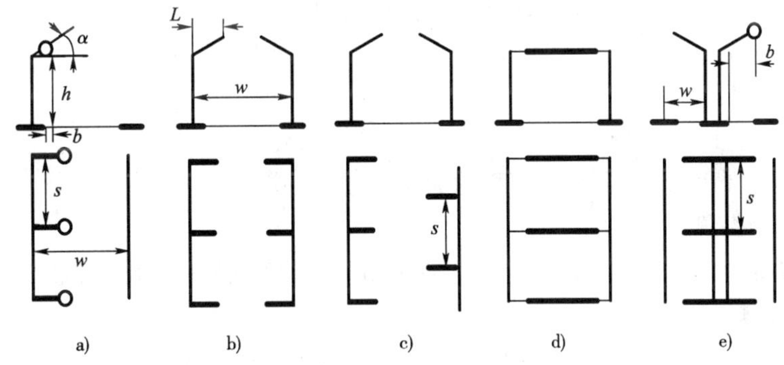

图6-5 主车道照明器布置形式

各类配光灯具的安装方式、安装高度和灯杆间距的关系 表6-5

安装方式	$\Gamma_{max}<65°$		$\Gamma_{max}<75°$		$\Gamma_{max}<90°$	
	安装高度(*h*)	间距(*s*)	安装高度(*h*)	间距(*s*)	安装高度(*h*)	间距(*s*)
单侧安装	1W以上	3h以下	1.2W以上	3.5h	1.4W以上	4h以下
双侧对称排列	0.5W以上	3h以下	0.6W以上	3.5h	0.7W以上	4h以下
双侧交错排列	0.7W以上	3h以下	0.8W以上	3.5h	0.9W以上	4h以下

6.3.3 立交、广场照明系统

6.3.3.1 立交照明的特点和要求

立交是一座多层次立体型的复杂路桥结构，具有道路起伏大，迂回盘道多，分流、汇接点多等特点，是交通安全敏感区域，也是驾驶人需要高度注意的区域。夜间行驶在高速公路上，驾驶人需要识别大量的交通标志和交通信号。需要有一个良好的视觉环境来看清前方道路的走向和周边环境。因此高速公路立交处必须设置照明,并且具有照明范围大、光学诱导性强、眩光控制好等要求。

6.3.3.2 立交照明布置

(1)基杆数目和杆位选择

结合立交地貌、道路平面和立面线形,划分照明区域,确定高杆灯数目和灯杆安装位置。选择杆位要考虑三方面的因素:首先要使灯具的光能投射到预定的区域,符合布光要求;其次要使灯具位于驾驶人正常的视线之外,以避免和减弱眩光,提高视觉舒适度。最后还要考虑不宜发生撞杆事故,不致因维护而影响正常交通。

(2)选择灯具布置方式

高杆灯具布置方式有三种,应根据受照场地及其周围环境的不同情况予以合理选择:

①平面对称式:灯具对称排列在垂直对称面两侧的水平面上,主要用于宽阔区域的照明。

②径向对称式:灯具沿径向对称地布置在一个或几个水平面上,主要用于大面积广场和匝道布置比较紧凑的简单小型立交。

③非对称式:灯具根据实际需要布设并分别投射预定的区域,主要用于大型、多层的复杂立交和匝道分布广而分散的立交。复杂互通立交常采用中心和周边结合的布置方式。

(3)选择灯具

光源常用高压钠灯;在水气和浓雾较多的路段,可选用低压钠灯。灯具宜用泛光灯,功率约400~1000W。要根据受照场所的形状,选择具有不同配光的灯具。

(4)确定投光俯角和安装尺寸

高杆灯具的光轴应射向指定区域,光轴与水平线的夹角称为投光俯角。通常 γ 在 450°~700°范围内。安装高度 H 决定光斑面积的大小和眩光的严重程度。

(5)合理选择灯杆结构

灯杆分单柱和多柱;灯盘有固定、手动升降和电动升降三种;升降式灯盘用单柱灯杆,固定灯架用单柱、多柱灯杆均可。

(6)诱导性

诱导性对线形复杂的互通式立交有重要作用,除用高杆照明实施诱导外,也采用常规路灯照明,对一些受到遮蔽的弯道实施诱导。

6.3.3.3 广场照明

(1)收费广场照明需求

广场对夜间照明的要求是:整个区域的照明水平比较高,平均水平维持照度大于20lx,没有明显的光斑,没有刺眼的眩光,均匀度为0.4~0.5。目前我国高速公路大都采用高杆照明和常规照明相结合来满足要求。下面简单介绍一下高杆照明。

高杆照明是指一组灯具装在高度超过25m的灯杆顶端,灯光投向预定区域的大面积照明。按灯杆类别将高杆灯分为固定式和升降式两种。目前国内大多采用升降式灯杆,起降灵活,更换灯具方便,减少维护费用,但是高杆照明的主要缺点是造价高,能耗大。升降式高杆灯由灯盘、灯杆、升降机构和电气装置四部分组成,具有照明水平高、视舒适性好、视像清晰完整、维护方便等特点。

①照明水平高。高杆照明增加了灯杆顶端灯具数、采用大功率光源、灯具安装高等特点,

这样照明的范围和空间大,有助于创造视觉条件。

②视舒适性好。普遍采用泛光灯具,亮度均匀性好,同时可采用几组不同配光的灯具排列组合,以取得高均匀度的照明效果。

③视像清晰完整。灯杆少,区域内障碍物少,可以提供整个立交和广场的完整清晰图像。选用不同类型的光源组合排列在灯盘上,形成混合色光,以获得较为理想的显色效果,使物体本来的面目更为逼真。

④维护方便。目前我国采用高杆照明,其原因也在于更换灯具方便,减少维护费用。

(2)收费车道照明

收费车道照明是收费站照明的重点,每一条车道面对来车方向通常都配备一台摄像机,以便对违章车辆进行抓拍。同时,收费员要求能够清晰地看清车型,以便更好地为驾驶人服务。沿车道上方棚顶嵌装一列窄光束灯具,光轴可以轻微投向来车方向,以利于摄像。

6.4　照明节能与控制设计

6.4.1　节能

6.4.1.1　照明节能的原则

20 世纪 90 年代初,人们认识到节约电能不仅能节约资源、减少污染、保护环境,而且已成为人类社会可持续发展的重要途径。对于高速公路规划、建设与运营管理而言,照明节能是高速公路保持可持续性发展极为重要的保障,通过充分运用现代科技的进步,提高高速公路照明的设计水平和照明质量,力求达到“安全与节能”的完美结合。

节能是通过采取技术上可行、经济上合理和对环境保护无妨碍的措施,用以消除用电过程中的电能浪费现象,提高电能的利用率。为节约照明电能,国际照明委员会(CIE)提出了以下原则:

(1)根据视觉工作需要,决定照明水平;

(2)得到所需照度的节能照明设计;

(3)在考虑显色性的基础上采用高光效光源;

(4)尽量采用不产生眩光的高效率灯具;

(5)照明和空调系统的热结合;

(6)设置不需要时能自动关闭的可变装置;

(7)不产生眩光和差异的人工照明同天然采光的综合利用;

(8)太阳能在照明系统中的应用;

(9)定期清洁照明器具,建立换灯、巡查、维修制度。

6.4.1.2　照明节能的主要措施

(1)采用高效长寿电光源。光源是节能的首要因素,而光源和节能又取决于发光效率。高效光源主要指气体放电灯。低压气体放电灯以荧光灯为代表,高压气体放电灯主要以高压钠灯和金属卤化物灯为主。

(2)采用高效节能的照明灯具。灯具是除光源外的第二要素,并且长期以来是不容易为人们所重视的因素。灯具的主要功能是合理分配光源辐射的光通量,满足环境和作业的配光要求，并且不产生眩光和严重的光幕反射。选择灯具时，除考虑环境光分布和限制眩光的要求外，还应考虑灯具的效率。

(3)采用高效节能的照明电器附件。绝大多数节能光源都是气体放电灯，它们需要镇流器才能工作。

(4)推荐采用有利于节能的智能照明控制。照明控制从最初的开关发展到现在的智能化应用，在节约能源中占有非常重要的地位，其目的是可以随时改变工作要求的照明水平。

6.4.2 高速公路照明控制

高速公路照明控制是指按照高速公路使用者的照明需求和客观环境的变化对高速公路照明进行开关和亮度调节动作，其目的是最大限度地满足高速公路使用者的照明需求并减少能源的消耗。

6.4.2.1 决定高速公路照明控制设计的要素

决定高速公路照明控制设计的要素主要有时间、天气以及交通流量。

(1)时间

时间是指一条高速公路从开灯到关灯之间的时间，根据地球的不同纬度和不同季节，以及各地日出、日落的时刻也有所不同，因此开灯、关灯的时间也必须根据每一条高速公路的具体情况来确定。

(2)天气

天气也是决定照明控制设计中所要考虑的因素。一般情况下，随正常天色的亮暗而确定的开关时间可满足大多数情况的照明需求；但当异常天气出现时，如雨、雾、雪、冰雹等恶劣天气，天空异常黑暗，就需要照明。

(3)交通流量

夜晚交通流量的变化也是进行照明控制设计时必须考虑的因素，在很多路段，过了23点之后，交通流量开始大幅度下降，公路上行驶的机动车开始大幅度减少；而在凌晨5点到7点天还没有完全亮的时候，交通流量便开始增加。对同一条高速公路而言，由于交通流量的显著变化，道路使用者对照明水平的要求是不同的。所以设计中尽量希望照明水平在夜晚是可控的。

6.4.2.2 高速公路照明控制方式

近年来，根据高速公路的特点，以及运营管理对照明系统的需求主要是以高杆照明为主，而高杆照明的控制方式主要有接触器配电箱控制方式、接触器本地控制方式、三相电缆控制方式。

(1)接触器配电箱控制方式

从变电所馈出屏引出电缆至照明配电箱，电源由该电缆从变电所低压屏照明端子馈回，用于照明高杆的供电。照明配电箱有手动、自动控制两种方式，具体控制方式由照明配电箱分别敷设电缆至照明高杆灯全夜灯、半夜灯，即每杆照明灯需敷设两根电缆用于供电，其中一根电缆用于全夜灯及升降设备的供电，另一根用于半夜灯的供电。在每根电缆上安装开关和三相交流接触器等器件，利用接触器的通断功能实现半夜灯和全夜灯的开关控制。

(2)接触器本地控制方式

接触器本地控制方式与接触器配电箱控制方式控制电路原理相同，唯一不同的是所有控制器件采用微型器件，安装于灯杆内的电控箱内。

(3)三相电缆控制方式

这种控制方式的原理是采用三相电缆中的不同相线缆对不同的高杆灯供电，通过手动或自动控制方式闭合和断开单相线缆的开关实现部分高杆灯的开关，从而实现高杆照明全夜灯和半夜灯的开、关灯时间。

在这三种控制方式中，接触式配电箱控制方式和本地控制方式较为常用。三相电缆控制方式为改进方案，根据各自的优缺点，在成本投资允许的情况下，可选接触式配电箱控制方式和本地控制方式，但从节约成本投资的角度考虑，建议采用三相电缆控制方式，并且通过恰当选用电缆型号的方式完全可提高用电的安全性。

6.4.2.3　高速公路照明控制设计

照明控制对于道路照明工程来说至关重要。根据不同时段、不同场合，用地负荷大小的不同，所选择的照明方式也是不同的。

收费广场、互通枢纽照明设备普遍用电负荷过大，而且灯具开关控制频繁，为保证低压配电柜内断路器的使用寿命，在配电房照明回路中均设有交流接触器，现场人工手动分回路控制，而且在高杆灯照明回路下设置了单相交流接触器，对高杆灯照明实现单相控制。

从节能的角度出发，考虑到节能的要求，根据收费广场照明、互通匝道照明、服务区停车场照明不同的用电量，以及相应的照明特点确定节能控制方案。收费广场照明相对要求较高，需要全夜运行；互通匝道照明、服务区停车场照明对照度的要求相对较低一些，夜间可根据车流量大小的具体情况选择性的开启。

收费广场照明节能控制方案设计采用具有智能实时稳压，快速调压功能的照明节能装置实现节能控制。在上半夜通过稳压节能，下半夜通过降压减流节能；互通匝道照明以及服务区停车场照明节能控制方案，由于都为高杆灯照明，对同一盏高杆灯的灯具实现分回路供电，自动控制在各高杆灯处设有1/3～2/3功率半夜灯自动控制装置(采用电脑型时控与光控结合的自动照明控制专用设备)，起到在车流量或停车量较小时节能控制的要求。

6.4.2.4　高速公路照明系统电缆敷设设计

(1)电缆敷设地下不小于0.8m。收费广场照明供电电缆采用三相五线制聚氯乙烯绝缘电力电缆，互通枢纽照明供电电缆采用三相五线制聚氯乙烯绝缘铠装电力电缆；

(2)互通枢纽高杆照明的供电电缆敷设采用直埋方式，收费广场两侧照明供电电缆土路肩穿PCV管保护，电缆横穿道路采用预埋钢管保护；

(3)由于道路照明的供电线路距离长，供电电缆截面的选择不仅要满足热稳定的要求，同时还要满足电缆电压损耗的要求；

(4)15m以上中杆和高杆照明设备均采用独立避雷针预防直击雷，接地体利用灯杆基础接地体，接地电阻不大于10Ω。

6.4.3　高速公路照明系统的投资分析

6.4.3.1　高速公路照明系统的费用构成

选择高速公路照明系统所考虑的费用通常情况下包括初始投资费用和运行维修费用两部

分。这两部分往往是相互矛盾的，质量较高的照明系统价格也同样较高，具有光效高、寿命长、维护次数少、运行费用低等优点，而价格相对便宜的照明系统在质量上往往正好相反。其中，初始投资费用包括灯具、灯杆、支架、底座（含光源及电气附件）费用及安装费用、供配电费用、电缆费用（包括电缆、电缆沟及敷设费用）。运行维修费用包括能源费用及维护费用。

6.4.3.2　减少照明各项费用的方法

一般在高速公路照明系统设计阶段就应该考虑采取经济的照明系统，本书主要从以下几个方面进行考虑。

(1)减少初始投资

在初始投资阶段如全盘考虑所有费用，合理地选择高效、长寿、易维护的灯具（包括光源及电气部分的附件），虽然初始投资可能有所增加，但会极大地节省后期运行阶段的能源消耗费用及日常维护、检修费用。例如可以采取提高灯具间距（节省灯具数量）、采用单侧或中央布灯方式（节省电缆费用）、采用柱顶灯具安装方式（节省灯臂费用）来节约成本。

(2)减少能源费用（电费）

①选择高效节能的照明系统，如高效率光源和灯具；

②选择光衰减小、维护系统高的照明系统，（IP 等级高、透光罩性能稳定）；

③采用调光等控制方式，在合适时间降低能源消耗；

④减少不必要的点灯时间，如采用稳定科学的控制系统，杜绝不需要的照明。

(3)减少维护费用

①提高灯具间距，减少灯具数量；

②采用长寿命、低失效率的光源和电器配件；

③采用高防尘、防水灯具和性能稳定材料的灯具；

④采用易维护灯具，降低单次维护的成本。

第七章　高速公路隧道管理设施系统设计理论与方法

隧道是山岭区高速公路的重要构造物之一，随着生态环境保护意识的加强及经济实力的增强，隧道将在公路建设中越来越多的采用。由于隧道是一种特殊的构筑物，功能比较特殊，因此其管理设施系统的设计比较复杂，为满足公路运行的基本需要，对于一些较长的隧道必须配备完善的管理设施系统，如交通监控、通风、消防、火灾报警、照明及供配电等系统，以保障隧道行车的安全、可靠。

7.1　高速公路隧道交通监控系统设计理论与方法

高速公路隧道是高速公路路网的咽喉地段，又由于隧道内车速高、流量大、光线较差、空气质量低、环境噪声大，当然比一般路段发生交通事故的几率高，加之空间有限，隧道内的事故处理起来也比较困难，中断交通时间较长，若发生火灾，则危险更大。因此建立隧道监控系统是十分必要的。隧道监控系统是对隧道及其附近区域进行实时监控，预防并及时感知和排除隧道内的各种交通事故和意外情况，以保证高速公路上的行车安全和畅通。

隧道监控系统能够对隧道的各种交通设施进行集中监控和管理，对隧道内的交通状况、通风状况、照明状况、火灾状况等进行实时的监测，及时准确地处理隧道内火灾发生时的通风、照明，以及交通事故发生时的有效疏通，并给予正确的事故处理和交通诱导方案。能够对云台进行合理控制，自动调整摄像机到预定位置进行监视，同时启动录像机自动录像。系统可及时反馈 CO 检测器、透过率检测器、风机设备、光强设备、照明设备和烟感线圈以及消防等诸多设备的工作状态，并能够提供环境监测器等设备的故障信息。

7.1.1　隧道监控系统的构成及网络结构

隧道监控系统信息管理一般为二级管理体制，即监控所（分中心）——隧道监控站（隧道监控外场设备）。隧道监控外场设备的图像和数据传输由通信系统统一传输至监控所进行监视，隧道管理站负责管理隧道的各种事务，并将信息上传至监控所。监控所可对所有信息进行处理，确定外场设备信息发布内容，并发布指令。

隧道监控系统由隧道检测与控制设备及各类传感器设备等组成，是集隧道数据检测、传输、处理、信息采集、监视、控制、管理于一体的计算机智能管理系统，其构成如图 7-1 所示。隧道监控系统是利用 PLC 工业控制技术和网络通讯技术，以实现变隧道监控的综合控制系统。区域控制器（即 PLC）控制系统通过工业以太网完成控制信息级与控制分中心的通讯：通过开关信号控制车道指示器和交通红绿灯，通过 RS485 串口信号和车辆检测器通信，并接受从光强检测器、一氧化碳/能见度检测器和风向风速探测仪返回的模拟信号。所有的数据信号和视频信号通过通信系统上传至监控分中心，同时监控分中心通过通信系统将控制信号下传至隧道现场各个相应设备。

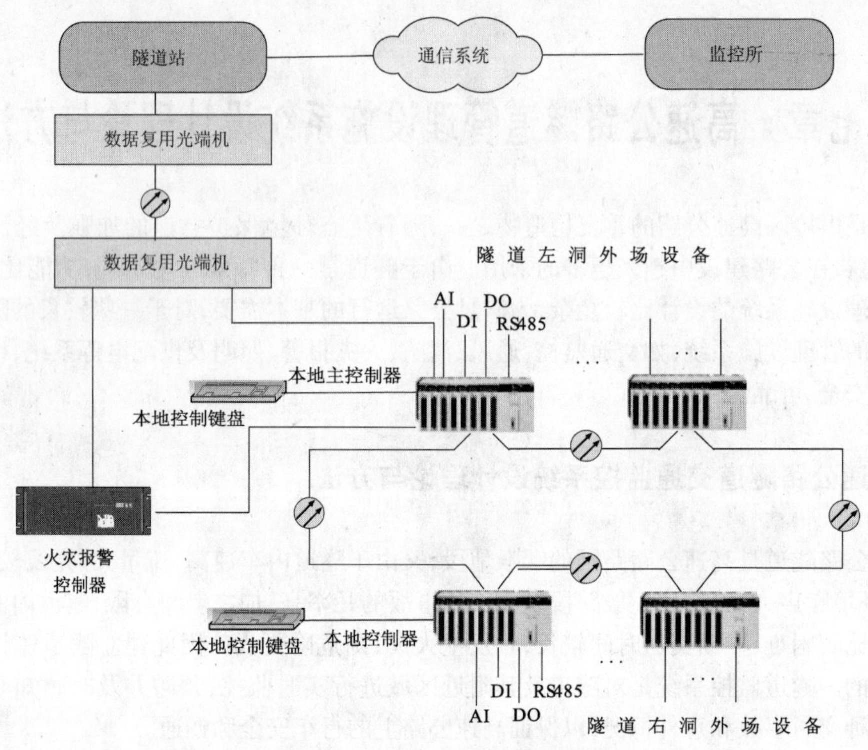

图 7-1 隧道监控系统构成图

系统有两种工作模式：自动控制模式和人工控制模式。在自动控制模式下，系统可以根据自动检测得到的风向、风速、光强、照明、火灾、交通量等数据信息，对其进行分析处理后判定隧道的运行状况，然后自动执行相应的控制方案，控制隧道内的通风、照明、能见度和交通流，以保证隧道内的良好的环境指标，保持隧道的畅通。人工控制模式，即人为地随意执行相应控制，以及满足设备检修等正常开闭隧道的需要。在隧道现场设触摸屏，它直接与 PLC 之间的工业以太自愈环网相连，在分中心主线传输链路中断的情况下可以进行本地人工控制。

7.1.2 隧道监控系统的设计内容

隧道监控系统的设计内容包括：

(1)隧道监控系统构成、管理体制；

(2)隧道监控系统设计方案和功能；

(3)隧道监控系统设备配置；

(4)隧道监控系统联动控制方案(紧急情况应急预案)。

此外，还包括设备的供电和防雷以及与设计相配合的土建、供电和接地要求。

7.1.3 隧道监控系统功能设计

隧道监控系统由九个子系统构成：交通监控子系统、闭路电视监视子系统、火灾自动报警子系统、紧急电话子系统、指令电话子系统、有线广播子系统、隧道通风控制子系统、隧道照明控制子系统、电力监控子系统，如图 7-2 所示。其中交通监控、闭路电视监视、火灾自动报警、紧急电话、指令电话、有线广播子系统为独立的子系统，通风控制、电力监控、隧道照明控制在逻辑构成上相对独立，在系统构成上则合在一起。九个子系统之间又都相互联系，既避免由于某个子系统出故障而影响其他子系统的运行，又可保证整个系统的联动运行；当隧道监控室设备出现故障时，在本地控制器上可完成现场控制，每个洞的所有本地控制器相连，其中有一个本地主控制器，可控制整个隧道的正常运行。所有信号标志是连锁动作，不允许出现矛盾的信号灯色显示。

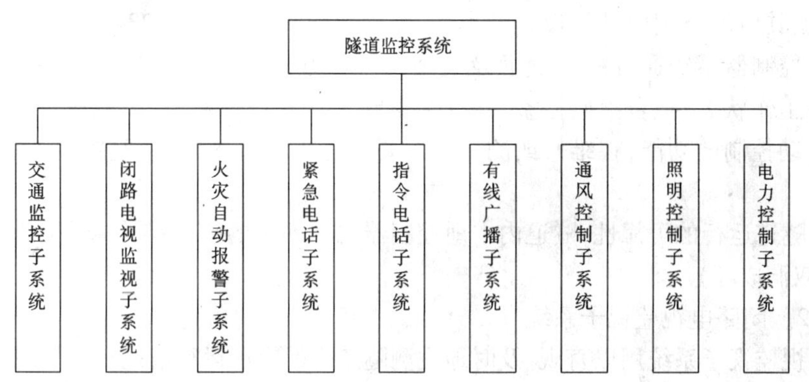

图 7-2 隧道监控系统

7.1.3.1 交通监控子系统

主要包括交通检测与交通信号控制两部分。区域控制器周期采集车辆检测器数据，计算各车辆检测器的车流量，行车平均速度、占有率数据，PLC 主控柜计算整个隧道的车流量、平均速度、占有率、交通状况（正常、拥挤、阻塞）。并采集交通指示器的工作状态和故障信息。根据计算的交通状况做出报警和相应的交通控制反应，包括相应的指示和联动，以使司乘人员知道目前交通状况。

(1)交通检测部分

交通检测系统主要由车辆检测器构成。

车辆检测器通常设置在隧道出入口，主要用于交通量、平均车速、占有率等交通参数的检测，也是隧道照明控制子系统的基本数据。

(2)交通信号控制

交通信号控制主要是用于协助疏导交通、给驾驶人提供信息，以保证道路安全畅通，提高路网整体通行能力。

①在隧道入口和出口处设置交通信号灯，用于表示此时隧道内的交通情况。交通信号灯可显示红、黄、绿三色，绿色表示隧道内正常，黄色表示隧道内交通异常，应注意行驶，红色表示此时隧道关闭，禁行。另外在交通信号灯上还应设有转弯掉头标志，用于隧道内发生故障时提示车辆在隧道口的转向车道转弯掉头。

②在隧道入口、出口和隧道内每 400m 左右间距设置车道指示标志，指示每条车道的状况。设备采用 LED 显示方式，包括两个显示板，每个显示板上可显示红色“×”或绿色“↑”，分别表示本车道处于关闭或通行状态。由于在事故情况下需要使用反向隧道，因此车道指示

标志采用双面式。

③根据路段特点可在隧道前设置小型可变信息板用于对前方路段或隧道的交通运行状况进行信息提示和诱导。

(3)系统结构

本系统由交通监控计算机、隧道本地控制器、外场设备以及传输通道等组成。作为监控室与隧道外场设备的联系纽带,隧道本地控制器全部相连,形成一个光纤环网系统,再通过本地主控制器与监控室相连;本地控制器向下则以一对多的方式与隧道内分散的外场设备相连,根据其所辖范围内外场设备的类型、数量而配备相应的RS232/485、DI/DO以及AI接口。本地控制器系统通过检测交通及隧道环境参数收集、存储和管理外场设备数据,监视外场设备工作状态,报告给监控室,并且接受监控室命令对外场设备进行控制;另外它还具有本地自动控制的功能,在维修或测试等需要时可由隧道内的本地主控制器作为中心进行控制。

为保证隧道运行的可靠性,隧道内本地控制器之间网络的拓扑结构采用以太网环型光纤环网结构(双洞成环)。

7.1.3.2　闭路电视监视子系统

闭路电视监视子系统用以直观、及时地观测隧道内的交通运行情况和事故现场,对特殊事件进行确认,为救灾排险提供第一手信息。

隧道部分:隧道洞内按每150m左右间距安装定焦距固定摄像机,顺车辆行驶方向设置,保证整个隧道内无盲点。在隧道两端设置室外型彩色遥控摄像机。

系统结构:闭路电视监视子系统由监控室控制设备、外场摄像机、传输通道组成。所有图像都上传到监控室,在监控室设置有视频矩阵切换器可对隧道外场摄像机摄取的视频图像进行切换显示,配有数字硬盘录像机,可以选择对图像进行数字录像,以保证对事故画面预先录像。另外配有多台监视器对图像进行显示。

7.1.3.3　火灾自动报警子系统

火灾自动报警子系统用于隧道内发生火灾时,自动或人工发出紧急信号,迅速通告监控室,请求灭火、救援等活动。对于发生火灾后的处理,对风机等的控制,可以有自动和人工两种方式,通常应经操作人员确认后,采用人工控制方式。此外,在隧道内应设置干粉灭火器、水消防等消防设备。

报警方式有两种:①手动报警:采用手动报警按钮;②火灾自动探测器。

系统包括隧道监控室交通监控计算机、隧道火灾报警控制器、隧道内手动报警按钮、温度探测器以及传输通道等。手动报警按钮采用总线式连接到火灾报警控制器上,每50m一个,与消防洞室同址,在紧急情况下人工按动报警按钮,即可将信号传到监控室,再配合闭路电视监视子系统及时、准确地反映出隧道内火灾发生的地点、事件性质等。

7.1.3.4　紧急电话、指令电话、有线广播子系统

紧急电话在隧道内用于驾驶人在紧急情况进行呼救求援,隧道内的紧急电话控制台设在隧道监控室;指令电话设在隧道站,利用程控交换机的热线和会议电话功能实现本路的指令电话系统;有线广播在隧道内用于在隧道内出现异常情况时,监控室管理人员通过有线广播设施,向隧道内人员发布信息,对车辆及人员进行疏导。

(1)隧道紧急电话、有线广播系统

隧道紧急电话、有线广播系统是专门为高速公路隧道提供紧急通信和广播呼叫的专用通信系统,当隧道出现交通事故时,驾驶人可以通过该系统向隧道监控中心报警,监控中心值班员可以通过本系统与驾驶人进行双工视频通话,也可以用隧道广播呼叫,疏导交通。同时还可以将本系统与闭路监控系统联网,当发生紧急电话呼叫时,摄像机自动对准事故发生地点,隧道广播自动播放广播录音,及时掌握事故现场信息,有效疏导交通(图7-3)。

图7-3　隧道紧急电话、有线广播系统

(2)系统组成和网络结构

隧道紧急电话、有线广播系统主要由隧道监控室控制台设备,隧道设备,以及通信光缆和电源电缆等组成。

①控制台设备:主要包括系统控制主机 ASI-V/M(S)、计算机 PC、专用接警电话机 KT-xxx、激光打印机等。

②隧道设备:主要由隧道内紧急电话分机 ASI-V/F(S)、隧道口紧急电话分机 ASI-V/F、远程广播功放 ASI-V/SK、强指向喇叭以及光中继器等。

③传输光电缆:通信光缆(单模4芯),广播电缆(RVVP2×15),电源电缆(RVV3×2.5)。

隧道紧急电话、有线广播系统采用光缆链状网络结构,通信光缆串行连接到每台隧道分机,在隧道洞口分歧(从左洞到右洞或相反),也可以在末端洞口折返。光缆在分机内接续(用分光器偶合),每台远程功放与相应的隧道分机用音频电缆连接,每组广播喇叭用广播电缆并行连接在相应的远程功放上。当隧道监控中心距离隧道较远时,为了节省资源,隧道分机可以通过隧道机电室内的接入设备(ONU)与监控中心互联。

(3)系统基本原理

系统采用光分路原理,语音与视频分纤传输,系统稳定可靠,技术成熟,任何隧道设备(分机或广播远程功放)故障均不会影响其他设备的正常工作。紧急电话视频传输采用点对点传输,紧急电话语音传输和广播信号语音采用音频复用技术,将紧急电话的语音话路与广播系统的语音话路复接,在同1芯光纤中传输。远程功放和紧急电话分机统一编码,用相同的信令结构,将广播系统中的每一个喇叭功放按紧急电话主机呼叫分机的方式进行控制。由于本系统采用了视频传输和光纤复用技术,紧急电话视频、语音和广播系统相对独立,二套系统可同时工作。

系统通信可以采用4芯单模光缆,其中2芯传输语音信号,1芯传输视频信号,1芯留做备用。系统采用交流220V供电,由隧道配电室提供。隧道分机内设有AC/DC电源和蓄电池,当供电系统中断时,蓄电池能保证紧急电话分机正常工作10天(不包括广播)。对于较长的隧道,系统需要增设光中继器,对各类信号进行放大。中继器的设置视工程具体情况而定,通常隧道分机相隔20台左右后设置1台中继器。

7.1.3.5　通风监控子系统

由于隧道内汽车排放的废气,行驶时带起路面上的烟气和粉尘不易扩散,对人体非常有害,也影响行车安全,因此隧道内保持良好的空气是行车安全的必要条件。通风控制子系统可以根据检测到的环境数据、交通量信息控制风机的运行台数、风向、运行时间,并且能实现节能运行和保持风机较佳寿命的控制运行,并在发生火灾时根据不同地点,进行相应的火灾排烟处理,以保证隧道的安全及运行环境的舒适性。

区域控制器周期采集CO/VI,交通量实时数据,并能根据控制算法处理检测数据来给出控制指令,自动控制风机运行,称为自动方式。还有定时模式,即规定每天在一定时间段开几台风机。此外还有手动方式,即人为地随意开启或关闭风机以备需要。自动控制算法采用和阈值比较来判断隧道内环境是否变恶劣。同时区域控制器采集风机运行状态、故障报警信息,上传到中控室以显示和报警。系统具有优化风机运行的功能,风机运行间隔时间予以保障,以免减短风机寿命。风机具有正反转功能,在火灾时能自动识别火灾相对于风机的位置,以便确定风吹的方向。

环境检测:根据隧道的长度以及隧道内的通风条件设置环境检测设备。

风机控制:风机设计由土建专业负责,并自行完成人工控制。风机的自动控制采用在变电站集中控制方式。对风机的控制通过通风监控子系统来实现,通风监控设备与隧道变电站内的本地控制器相连,由监控室或本地控制器根据隧道内的交通及环境状况制定相应的控制方案,由本地控制器相应模块控制风机软启动器供电回路,进而控制隧道通风。

系统结构:由交通监控计算机、隧道本地控制器、电力监控设备、风机、CO、VI检测器以及传输通道等组成。系统中带有火灾发生后排烟控制方案提示,经人工修正后可以对风机进行控制,也可以进行人工控制。

7.1.3.6 照明监控子系统

由于隧道内、外的亮度差别较大,因此驾驶人在进出隧道时会产生种种特殊的视觉问题,因此如何使驾驶人适应隧道内外的亮度差,以保证行车安全,节约用电,是隧道照明控制子系统的重要目的。

区域控制器周期采集光强仪的检测数据,并按照其内置的控制算法来处理检测数据,以发出控制指令控制照明设施。这种方式是根据光强来自动控制照明,称为自动方式,这种方式根据处理后的数据和设定阈值比较后,按照控制预案加以控制。还有定时模式,即规定每天在不同时间段开不同路照明。此外还具有手动方式,即人为地随意开启或关闭某路照明,以便满足检修时的需要。照明设施的运行状况、故障信息上传至中控室以便显示和保存,运行人员能及时了解设备运行情况。同时具有联动功能,例如火灾时所有照明必须开启。

在隧道入口设置亮度检测器,其检测数据作为对隧道的照明回路实施控制的依据,对于出口段的照明可参照入口进行控制,不再设置亮度检测器。照明控制分为人工、自动(本地)、远程控制(人工/自动)三种方式,可以按夜间、凌晨、晴天、阴天等不同情况照度分级进行控制,以减少“黑洞效应”和实现节能。

系统结构:隧道照明控制子系统由交通监控计算机、隧道本地控制器、隧道亮度检测器、电力监控设备、隧道照明设备构成。

7.1.3.7 电力监控子系统

设计电力监控子系统,可对隧道的变电站运行状态进行监视,包括高压电源进线开关状态、每段低压母线的电压、变电站故障信号、柴油发电机的起停故障信号等等,并可对供配电系统设备进行控制。即通过变电站内的各个电力设备监控单元对电力设备进行数据的采集和监控，以保证各个电力设备可靠稳定运行。

系统结构：电力监控子系统为独立的子系统，采用专线方式。电力监控设备主要包括交通监控计算机、电力监控通信控制器、电力监控终端设备以及传输通道。交通监控计算机完成对各个变电站的数据信息的分析、处理，并以此为依据制定相应的控制方案，并负责与其他子系统进行协调。隧道变电站内的电力监控通信控制器主要负责采集各变电站测控单元的检测数据，并上传至交通监控计算机，同时向各个变电站的测控单元发送各种数据信息、控制命令及系统时钟，以保证整个供电系统的安全、可靠地运行。其中各变电站的电力测控单元安装在各变电站进、出线开关、配电变压器等电力元件上面，由供电系统负责。

考虑到无人值守的隧道变电站要求，也节省以后运营管理的费用，在无人值守的隧道变电站设置火灾报警、图像监视，既可对这些重要的房间进行入侵检测，监视隧道变电站设备的运行状态，观察相关控制命令的执行情况，还可对火灾报警进行确认，确保隧道变电站的安全正常运行。

7.1.4 隧道监控流程

隧道区段的所有信号标志应是连锁动作，不允许出现矛盾的信号灯色显示。凡是具有自动和人工两种控制方式的自动装置或系统，在发生火灾和交通故障时，人工控制优于自动控制。

7.1.4.1　正常运行

当隧道处于正常运行状态时，各系统的工作情况如表7-1所示。

各系统的工作情况　　表7-1

各子系统	情况正常
火灾报警	无动作
隧道照明	按检测的亮度参数、交通量、晴天、阴天、黄昏、凌晨情况，调整照明
交通检测	检测交通参数
闭路电视	正常工作
交通控制	可变信息板发布一些交通路况等信息；入口交通信号灯显示为绿色，表示允许车辆进入隧道，出口交通信号灯为红色，表示不可反向行驶；车道指示标志全部显示为绿色"↑"，表示各车道正常；横洞指示标志和疏散标志不显示
紧急电话	无动作

7.1.4.2　发生火灾

在发生火灾时，隧道监控系统工作流程如下：

(1)通过手动报警按钮、紧急电话、巡逻车、闭路电视、隧道管理人员等发出告警信息。当确认为火灾后，立即启动灭火装置；监控室采取相应的救援措施并向有关部门汇报；系统向相应的外场设备发布控制命令；组织工作人员对人员、车辆进行疏散，并指导车辆行驶。

(2)各种设备的显示及控制要求：

关闭火灾隧道：通过隧道口的交通信号灯显示为红色，禁止车辆前行，同时洞口小型可变信息板也发布前方隧道情况，并指导车辆行驶。火灾隧道内车道指示标志显示为红色"×"隧道内疏散标志全部亮显，以便于紧急情况下行车人员逃生。

将没有灾情隧道改为双向行驶，即慢车道由原方向车辆行驶，快车道由火灾隧道转来的车辆进行逆向行驶，相应对慢车道上方车道指示标志正面显示为绿色"↑"，快车道上方车道指示标志正面显示为红色"×"，而这些车道指示标志的反面则显示为相反的信号。

在确认没有灾情隧道交通已完全按要求行驶后，将火灾隧道一侧的横洞指示标志显示为绿色"←"，指示已进入火灾隧道的车辆可拐入另一方向的隧道逆向行驶。

另外在灾情非常严重时，也可将无灾情隧道的交通阻断，将已进入火灾隧道的车辆先进行疏散，以尽量减少人员伤亡和损失。

此时对于隧道照明均需开到最大值。

(3)在火灾处理完毕后，应尽快恢复隧道的正常运行，并充分利用闭路电视系统确认车辆是否正常行驶。

7.1.4.3　交通事故

(1)通过紧急电话、闭路电视、巡逻车、管理人员、车辆检测器等来发现交通事故。当确认为事故后，应立即通知相关部门进行救援，并根据事故严重程度向上级汇报；向相应外场设备发布控制命令，组织人员疏导交通，指挥车辆行驶。

(2)交通处理

单车道阻塞：可通过将阻塞车道关闭，诱导车辆使用另一车道；如此时反向隧道的交通量较小，也可使用其一条车道作逆向行驶；另外还可通过控制放行时间来限制车辆的驶入数量。

双车道阻塞：将阻塞隧道关闭，对于已驶入的车辆通过反向隧道疏导，再控制放行时间来控制车辆驶入，避免隧道外阻塞严重；另外还可根据阻塞严重程度和影响的区域，将不受影响的路段利用起来，以尽量减少对反向隧道的影响，尽快将车辆疏散，恢复正常交通。

7.1.5　隧道监控系统联动控制方案设计

隧道监控系统由隧道监控室进行集中控制与管理。监控室系统接收现场各检测设备送来的数据以及交通诱导系统、通风照明系统、闭路电视系统、火灾报警系统、广播系统等传来的信息，对各种数据和信息进行综合处理，对交通运行情况、火灾现场情况、交通事故等各种信息及数据、设备工作状态进行综合图形显示和图像监视，实现交通诱导系统、通风照明系统、闭路电视系统、火灾报警系统、广播系统等各系统的联动控制，如图7-4所示。火灾报警系统属于公路隧道监控系统的一个子系统，但又能够完全脱离其他系统或网络的情况下独立正常运行和操作，完成自身所具有的防灾和灭火的功能，具有绝对的优先权。并且通过计算机网络技术，还可以实现独立火灾报警系统与隧道监控系统联网，从而达到对火灾报警系统的二次监视和信息共享。

7.1.5.1　联动信息的采集

环形线圈车辆检测器、CO/VI检测器、风向风速检测器及亮度检测仪就地接入附近的区域控制器，进而通过光缆冗余以太网输入到隧道管理控制中心系统中。监控室值班人员通过电视监控系统或其他方式获得的信息以人工录入的方式输入到系统中。

7.1.5.2　联动信息的处理

以上所有信息采集到监控室后，由监控计算机进行综合处理，按照事件性质与优先级，进

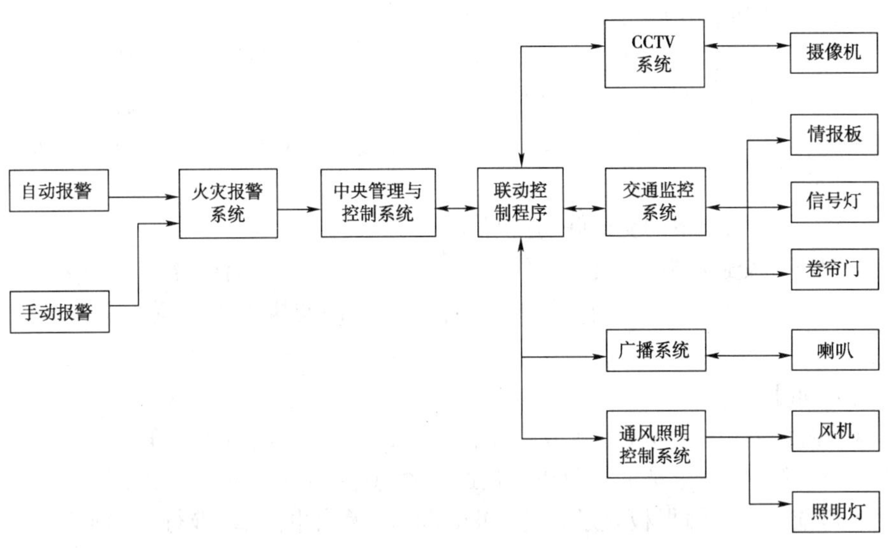

图 7-4 系统联动控制结构图

行相应的联动控制。

7.1.5.3 联动控制的执行

(1)视频联动控制

监控室工作站通过 RS232/RS485 接口与矩阵切换主机控制端口相连接,实现所需的视频联动切换,将所需要的时间地点的电视监控信号及时切换到主监视器,同时将该路视频信号切换到硬盘录像进行录像。

(2)交通监控系统联动控制

监控室系统利用光缆冗余以太网通过区域控制器以相应接口控制交通信号灯、车道指示标志、可变情报板等,实现交通控制诱导设备的联动控制。

(3)通风照明控制系统联动控制

监控室系统利用光缆冗余以太网通过区域控制器以相应接口控制风机、照明等,实现设备控制系统的联动。

隧道监控系统采用交通监控子系统实现隧道交通量信息、环境信息、事故信息、设备工作状态信息的检测与获取,并根据这些信息选择并执行相应的交通控制方案,保证车辆在隧道内行车的安全与畅通,缓解交通阻塞,最大限度地减少交通事故的发生,提高通行能力。

7.1.5.4 正常情况下的交通联动控制

在交通正常情况下,交通诱导系统自动根据相关信息确定相应的交通控制模式,监控人员负责监视与管理。交通状况分正常、拥挤、阻塞等几种情况,计算判断隧道内交通状况,根据判断结果,选择相应的交通控制方案:

正常情况:可变情报板显示限速“80”,并显示“注意安全”;

部分限速:当隧道内车道车辆平均速度低于 60km/h,而高于 40km/h 时,可变情报板显示限速“60”,并显示“注意安全”;

限速交通:当隧道内车道车辆平均速度低于 40km/h,而高于 20km/h 时,可变情报板显示

限速“40”,并显示“注意安全”;

拥挤情况:当隧道内平均车速低于20km/h时,或某一车道车辆平均速度低于20km/h时,且该车道有发生阻塞的趋势时,可变情报板显示限速“20”,并显示“隧道拥挤”;

关闭隧道:当CO浓度值超过300ppm,或烟尘浓度超过$0.007m^{-1}$,或发生火灾时,关闭隧道入口,入口可变情报板显示“隧道关闭”。

7.1.5.5　异常情况下的交通联动控制

异常情况下的交通控制方案涉及隧道设备配置、高速公路执法、路政等多个方面,隧道交通控制软件可以提出控制预案,由操作人员结合有关情况与执法、路政等有关人员执行合适的控制。

控制方案如下:

(1)隧道内发生一般事故(车辆故障停在车行道上,或车辆落物在车行道上,或发生车辆追尾事故等,但只影响一个车道),值班人员通过紧急电话系统、CCTV系统获知现场信息。

隧道入口前的可变情报板显示限速40km和“隧道内事故,请慢行”、“前方事故,禁止超车”等字样;

隧道内的可变情报板显示“隧道内事故,请慢行”、“注意安全,禁止超车”等字样;

事故地点前的事故车道指示器显示“×”关闭事故车道;

根据具体情况选择通知路政巡查人员或通知执法人员到现场处理;

根据事故发生地点选择隧道内可变情报板显示内容;

通过有线广播提醒驾驶人注意。

(2)隧道内发生一般事故,如车辆落物影响到整个隧道通行,但很快可以排除故障。

值班人员通过紧急电话系统、CCTV系统等获知现场信息;

隧道入口前的可变情报板显示限速0km和“隧道内事故,已关闭”、“隧道内事故,请等候”等字样;

隧道内的可变情报板显示“隧道内事故,请等候”等字样;

交通信号灯和车道指示器显示关闭本洞所有车道;

根据具体情况选择通知选择路政巡查人员或执法人员到现场处理;

通过有线广播提醒驾驶人注意;

事故排除后恢复正常交通。

(3)隧道内发生严重事故,如重大火灾、有害物质泄漏、重大交通事故等。

同火灾联动控制方案。

(4)区域控制器与监控室通信中断。

隧道入口前的可变情报板显示60km和“前方事故,请慢行”等字样;

隧道内的可变情报板显示“前方事故,请慢行”等字样;

监控室与监控中心内的工作站上显示通信中断报警信息;

在恢复与监控室通信前存储所有监测数据;

事故排除后恢复正常交通。

7.1.5.6　通风联动控制

隧道通风控制系统的目标是在实时监测隧道内的CO/VI、风向风速等基本环境数据的基础上，结合隧道当前的交通情况、其他系统连锁情况和通风控制工艺要求进行隧道通风风机的开关控制，实现整个隧道通风系统的控制功能，在保障行车安全的环境条件下，尽量减少风机的运转，在为车辆驾驶人员营造一个安全、舒适的行驶环境的同时达到节约能源的目的。

通风控制设计有以下几种控制方案：

(1)现场手动控制。风机的控制由设备在风机驱动配电柜上的操作按钮完成，本地控制系统仅作风机状态(正转、反转、停止、故障等)跟踪监视，此控制主要在设备调试和维修时使用。

(2)监控室手动控制。风机的控制由操作员在监控室手动完成，本地控制系统负责执行和回传风机状态(正转、反转、停止等)。

(3)自动控制。实现检测隧道内的CO/VI等基本环境数据的基础上，进行隧道通风风机的开关控制。当150ppm < CO < 300ppm时，距离CO/VI检测仪最近的风机起动顺着车行方向吹，驱赶烟雾，若5min后CO值没有降到150ppm以下，启动距离CO/VI检测仪次近的风机顺着车行方向吹，以此类推每隔5min顺序起动风机，当CO/VI检测仪所在的隧道洞内所有风机都开启，5min后CO值没有降到150ppm以下，执行关闭隧道程序。等CO值降到150ppm以下并持续5min后，将隧道内设备恢复正常。当CO值大于300ppm时，直接执行关闭隧道程序。VI检测仪负责监测隧道内能见度，单位为1/km，当5/km < VI < 7/km时，按150ppm < CO < 300ppm时的方案执行，当VI > 7/km时，关闭隧道。

需要注意的是，在风机回路启、停时，为减少冲击，启、停间隔15min。

7.1.5.7　照明控制功能

隧道照明检测控制系统的目标是在不断监测隧道洞外、隧道洞内光照度的前提下，根据系统预定方案进行隧道照明系统的各项控制。隧道照明控制分为白天、夜间和意外情况等多种工况，按分回路实现分级自动控制。采用安装于隧洞外的光照度仪作为传感器确定隧道外亮度，从而调节隧道加强段等照明回路，达到合适的隧道内光照度。

隧道照明检测控制的目的是按照隧道照明控制系统设计，避免使车辆驾驶人白天进入隧道和夜间离开隧道产生“黑洞效应”；避免使车辆驾驶人白天离开隧道和夜间进入隧道产生“眩光效应”(或称“白洞效应”)，让驾驶人轻松适应进出隧道的光照度变化，减少交通事故，同时考虑节约能源。

按照人眼对光纤变化的综合测定，光照度变化在原照度0.3以上时，基本不会对人的视觉造成“黑洞效应”或“眩光效应”。从安全角度出发，可设定隧道内外光照度比值以0.4为控制基准(在现场调试时可根据具体情况调节，系统运行中也可修正)，控制隧道照明工况。

灯具回路启动时，为减少冲击，各回路启动间隔5min。火灾或其他意外情况发生时，打开所有照明。电路故障时开启UPS紧急照明系统。

照明控制系统设计具有灵活、多样的控制方式：

(1)现场手动控制。照明回路的控制由设置在照明电柜上的操作按钮完成，照明检测控制系统仅作为照明状态跟踪监视，并控制主要在设备调试和维修时使用。

(2)监控室手动控制。在该种控制方式下，基本段灯和紧急灯由控制系统固定开启，不响应操作员的控制，以免操作员的误操作关闭隧道内某一区段的所有照明灯具，引起隧道“黑洞”。当然，在该种控制方式下，操作员可以酌情开启除基本段灯和紧急灯以外的任意照明回路,修改较大的控制偏差。

(3)监控室完全手动控制。在该控制方式下,操作人员能在监控中心或中控室对每一照明回路进行开关控制和状态监视。

(4)亮度自动控制。照明控制系统处于按洞外亮度自动控制状态。照明系统按照洞外亮度,分时段自动运行。

(5)春(夏、秋、冬)季经济自动控制。设置经济自动的出发点是为了满足隧道亮度要求的前提下,尽量节约能源。每一经济自动控制模式下的照明回路将在系统投入运行后,结合运行情况反复调试确定。

(6)自定义控制。该种控制方式是一种最具灵活性的交互性控制方式,允许具有一定权限的操作人员根据隧道当地某一期间的天气情况(晴天、多云、阴雨),结合自己的工作经验,自由定义划分各亮度范围内开启的照明回路,以使整个照明控制系统达到柔性控制。

7.2 高速公路隧道通风系统设计理论与方法

7.2.1 公路隧道通风概述

由于隧道是一个半封闭空间,汽车通过隧道时所产生的污浊空气不能及时排出,为了有效降低隧道内有害气体与烟雾的浓度,保证司乘人员及洞内工作人员身体健康,提高行车的安全性和舒适性,需要按一定的方式不断地向隧道内送入新鲜空气,此即隧道通风。尤其是双向行车的长大隧道,因为活塞风的作用相互抵消,即使在交通量较小的情况下,有害气体的浓度在短时间内也会超过允许标准。因此搞好隧道通风设计极为重要,这是取得理想通风效果的前提。然而隧道通风将使隧道运营管理成本大幅度增加。因此,合理的隧道运营通风设计不仅能降低隧道的工程投资,而且对隧道内的行车安全以及乘客的身体健康都起着至关重要的作用。

通风方案设计与方案决策,涉及多方面的因素,设计的指导思想,既是难以量化的宏观因素,也是如何在决策中考虑的依据,且决定了设计方法与设计参数的选取。一般来讲,隧道通风的设计应遵循以下原则:

(1)法制原则

标准与规范是设计人员应该遵循的规定,对于强制标准规范原则上必须严格执行,对于推荐性标准规范可以参考执行。

(2)安全原则

以人为本,安全第一,以防为主,防治结合。

(3)实用原则

实用性主要体现系统的设计目标,包括安全、环保、运营三个方面的因素。

(4)可靠原则

可靠性反映系统对不同运营工况的适应能力。目前通风系统设计是按照最不利情况的组合确定需风量。事实上不利组合应很少发生,因此,为了避免浪费,通风系统应采用可靠性设计,计算不同工况组合时的设计方案与对应的系统可靠性,根据工程实际,选择一定可靠度下的可行方案，以达到节约的目的。

(5)求实原则

设计方案应与工程特点相结合。交通特性、地理特性、环境特性是工程特性的综合反映，应结合汽车工业的发展趋势较准确地确定柴油车的比例，根据工程是城市隧道还是公路隧道，是单向交通隧道还是双向交通隧道，是一般隧道还是长大隧道或特长隧道，确定通风质量、环境质量等设计参数与设计目标。

(6)经济原则

公路隧道的通风设计是隧道总体设计的重要环节之一，合适的通风方案设计应综合考虑到通风效果、施工难度、设备投入、运营费用，并充分考虑近期、远期需要根据交通条件和环境，分期实施，在确保良好的通风质量的前提下，尽可能降低建设成本及运营费用。长大隧道多数采用射流风机加竖井送排风的纵向通风方式，风机的选型和配置也应该在满足设计要求的前提下考虑经济因素。但由于竖井的工程造价较高且射流风机后期的运营消耗费用较大。所以，建立科学、经济的通风体系，可以有效的降低隧道建设成本。

(7)环保原则

无论是城市隧道还是山岭公路隧道，都涉及到环保问题。对城市隧道，汽车排放污染及风机开启时产生的噪声污染都会影响居民生活，对山岭隧道，主要影响生态环境。所以设计应满足有关部门在这些方面的要求。

(8)满意原则

满意性包括两层含义，一方面是指用户、建设地政府与群众对设计方案在安全、环保、防灾、救灾、交通组织等的满意程度，另一方面是指对设计方案自身在实用性、可靠性、稳定性、经济性、先进性等方面的满意程度。前者通过专家咨询来评定，后者则受技术的发展、经济条件的变化及其他难以量化的宏观因素的影响，很难寻求最优方案，应追求一定条件下的满意方案。

隧道通风设计一般按下列步骤进行：

(1)根据隧道长度和交通量，初步确定通风方式。

(2)收集交通、气象、环境、地质、地形、地物等通风设计基础资料。

(3)根据有关调查资料尤其是车辆情况，计算需风量。

(4)从安全、技术、经济等方面进行通风方式比较，选择最佳通风方式。

(5)计算通风压力、风量和风速等。

(6)确定风机的规格和配置，并对风道和风机房等进行结构设计。

本节围绕隧道通风设计及通风控制系统设计，介绍通风工程的相关知识。

7.2.2　通风方式的初步确定

7.2.2.1　隧道通风方式

(1)隧道通风的方式

通风方式的分类

原则上，公路隧道通风包括自然通风和机械通风两种方式。

a. 自然通风，指公路隧道不需要设置额外的机械通风设备，而仅仅依靠自然风压在隧道内产生的风流即可满足公路隧道卫生标准的一种通风方式。自然通风受三种因素的影响,一是外界自然风压和大气压差,二是隧道内外的热位压差,三是汽车行驶时产生的交通风压。

b. 机械通风,指依靠设置在隧道内的机械风机为隧道强制通风。隧道通风根据通风的方向和隧道的走向分为几种方式,常见的有纵向通风、横向通风、纵向加横向通风等若干种。其中,纵向式通风又分为射流风机式、洞口风道式和竖、斜井送排风式等;横向式通风又分为半横向式和全横向式。现将国外近年来对各种通风方式的分类列出表7-2。

各种通风方式的分类 表7-2

双向行车、单洞隧道	纵向式	① 全射流风机纵向式;② 洞口轴流风机、风道纵向式;③ 竖(斜)井轴流风机送(排)风+射流风机纵向式
	半横向式	① 送风半横向式;② 排风半横向式
	部分半横向式	半横向式+全横向式组合
	全横向式	
单向行车、双洞隧道	纵向式	①全射流风机纵向式;②洞口轴流风机、风道纵向式;③竖(斜)井轴流风机送(排)风+射流风机纵向式;④ 电集成器纵向式
	纵、横向组合式	车流"活塞风"纵向式+半横向式组合
	半横向式	① 送风半横向式;② 排风半横向式
	部分半横向式	半横向式+全横向式组合
	全横向式	

各种通风方式的特点参考《公路隧道通风照明设计规范》(JTJ026.1—1999)的相关内容。在《公路隧道通风照明设计规范》中,规定如下:

ⓐ双向交通隧道,当符合下式(7-1)的条件时,宜设置机械通风

$$L \cdot N \geqslant 6 \times 10^5 \tag{7-1}$$

式中:L——隧道长度,m;

N——设计交通量,辆/h。

ⓑ单向通风隧道,当符合式(7-2)的条件时,宜设置机械通风

$$L \cdot N \geqslant 2 \times 10^6 \tag{7-2}$$

(2)纵向通风、横向通风与全横向通风的比较

a. 纵向通风。纵向通风是指靠设置在隧道内的风机产生的通风压力使新鲜空气通过隧道口或送风竖井进入隧道并沿隧道轴线流动,并将污染空气通过隧道口或排风竖井排出隧道,见图7-5。

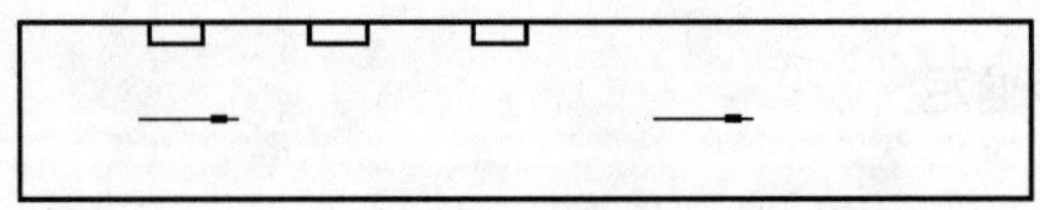

图7-5 纵向通风方式

优点:

ⓐ可以充分利用隧道内富裕空间,不需要另设通风道及风机房,土建费用较小;

ⓑ若通风方向与交通风一致,可以充分利用交通风,降低通风能耗;

ⓒ设备费用相对较小；

ⓓ火灾情况下，风机可逆转有助于定向辅助排烟；

ⓔ风机台数可随交通量大小增减。

缺点：不利于防火救灾，噪声大，风速高。

b. 半横向通风。半横向式通风又分为送风半横向式和排风半横向式。半横向式通风只需要设置一个送风道或排风道。送风半横向式指新鲜空气由风机、风井送入送风道，经送风孔进入行车道稀释污染空气后沿隧道排出。排风半横向式指污染空气经排风道由风机排出洞外，见图 7-6。

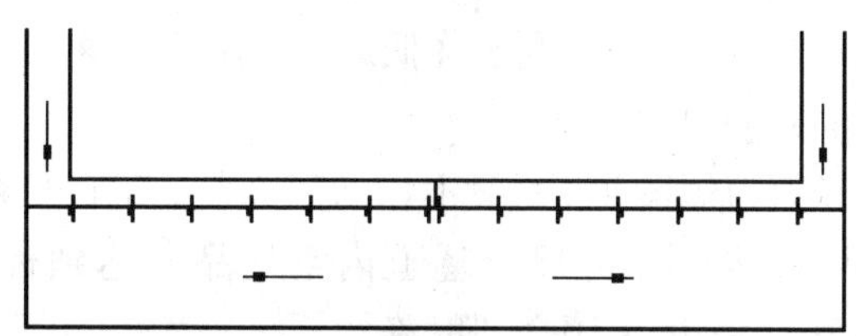

图 7-6　半横向通风方式

优点：

ⓐ风机设置集中，便于运营期间的维修管理；

ⓑ新鲜空气经送风道的送风口直接吹向汽车的排风孔附近，对排气直接稀释。污染空气在隧道上部扩散，经两端洞口排出洞外；

ⓒ火灾情况下，风机可转为排气，将烟从风道排出，隧道内车辆可以立即撤离，而不受浓烟对视线的干扰。

缺点：

ⓐ不能有效利用交通风；

ⓑ增加了风机房及相关风道的工程费用；

ⓒ对送、排风口开度的设置比较困难。

c. 全横向通风

全横向式通风将隧道断面分为送风道、排风道和行车道三部分，新鲜空气由送风道进入隧道后横穿隧道断面稀释污染空气后由排风道排出洞外，见图 7-7。

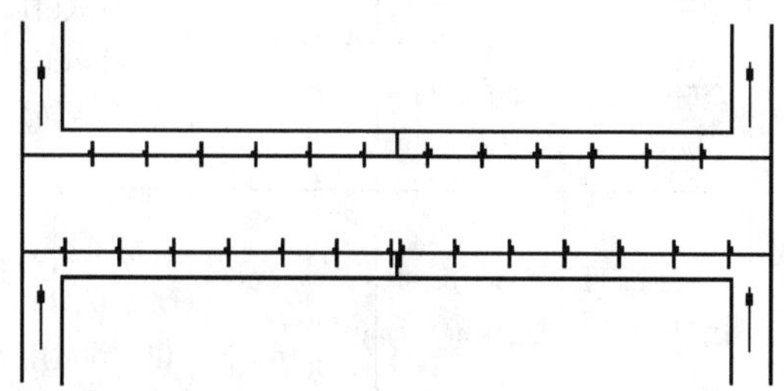

图 7-7　全横向通风方式

优点：隧道卫生环境最好，有利于防火救灾和排烟。

缺点：需设置专门的送排风道，工程造价比较高。

我国在20世纪80年代中期建成的公路隧道均采用半横向和全横向式通风，工程造价及运营费用都较高，而且维护不便。1989年建成的甘肃七道梁隧道（长1560m）采用射流风机通风，为这种较为经济的通风方式在我国的广泛应用奠定了基础。与其他通风方式相比，全射流风机纵向式通风有以下优点：

ⓐ车道作为风道，风压损失小，不另设风道，隧道工程量较小；

ⓑ在单向行车的隧道中可有效利用行车的活塞风作用，节约能源；

ⓒ使用射流风机，价格较低，设备费用小；

ⓓ可根据交通量的增长情况分期安装风机，从而减少工程前期投入；

ⓔ可根据需要控制风机运转台数，有利于降低运营费用。

7.2.2.2 通风方式与隧道长度的关系

长度短于500m的隧道称为短隧道，一般不设通风系统，由于车辆驶入隧道时带进自然风，根据活塞式通风原理，自然风即可保持隧道内空气品质达到标准；长度在500m以上1000m以下的隧道称为中隧道，一般采用全部射流。

风机的纵向通风方式，射流风机的数量和安装位置由设计单位进行计算并在土建施工时预留基础或预埋件；长度在1000m到3000m的隧道称为长隧道，随着隧道的增长，隧道内所需通风量增大，当大到洞内风速超过允许值时，则就需要采用竖（斜）井，将长隧道分隔成若干段，用竖（斜）井排、送风的纵向通风方式；超过4000m的特长隧道设计有横向通风或纵向横向通风，一般来说，4km以下的对向行车隧道和6km以下的单向行车隧道适于采用纵向通风方式［包括有竖（斜）井的纵向通风］。如果隧道再长，则采用横向通道，横向通风有竖井式通风、导洞式通风等方式。

总之，随着隧道长度增加，纵向通风控制就愈加困难，防火要求也就愈高。因此，由于长大隧道通风控制和防火的要求，只有采用横向通风方式。

对各种通风方式的适用长度在各国隧道通风设计“规范”中，至今还没有一个成文的规定。但为了给国内隧道通风设计者提供一些方便，现将一些先进国家的专家和学者近年来发表的有关各种通风方式的适用长度，在看法上较一致的观点，提出来供大家参考，见表7-3。

各种通风方式的适用长度 表7-3

通风方式	自然通风（装有CO报警装置）	纵向通风		纵、横向组合式通风	半横向式（具有一个风道，风机可逆转）	部分半横向式（具有两个风道，送风道大，排风道小）	全横向式
		全射流风机	竖井（轴流风机）+射流风机				
双向行车，单洞隧道	无堵车危险时0.4～0.6km，车流量较小时可适当增长	最长可达2km	最长可达4km	介于纵向式和半横向式之间	隧道长度大于0.5km以上均适用	隧道长度大于1km以上均适用	隧道长度大于2km以上均适用
单向行车，双洞隧道	无堵车危险时0.8～1.0km，反之应为0.4～0.6km	最长可达4km	最长可达6km		隧道长度大于2km以上均适用	隧道长度大于4km以上均适用	隧道长度大于6km以上均适用

7.2.3　隧道内的空气通风要求

公路隧道通风的原理就是通过送入新鲜空气改变隧道内的化学成分浓度，使之满足人员工作和车辆运行的卫生和安全要求，以保证隧道正常运营。公路隧道通风必须具有以下功能：

(1) 为隧道内工作人员提供足够的氧气；

(2)把隧道内有害气体和烟尘稀释到安全浓度下，并排出隧道；

(3)保证隧道内有适宜的气候条件(适宜的温度、湿度和风速)，以利于工作人员高效工作；

(4)当隧道内发生火灾时，限制火灾蔓延，并为灭火救灾创造条件。

在公路隧道内由机动车产生的众多有害气体中，CO 具有高度毒性，且在车辆排气中比例极大，是最危险的成分。另外，由于公路隧道有其特殊的卫生要求，不仅要考虑人的生理忍耐能力，还要考虑隧道内的行车安全。柴油机车辆排放的气体中含有大量的游离碳素(煤烟)，它造成的隧道烟雾严重影响了隧道内的能见度。所以《公路隧道通风照明设计规范》把 CO 和烟雾浓度作为隧道运营时卫生标准的控制指标。隧道内所需通风量，应根据稀释隧道内空气中的有害气体浓度达到允许浓度时所需的新鲜空气量来确定。

隧道内风速过大会带来很多不良后果，《公路隧道通风照明设计规范》对隧道风速有以下限制：单向交通的隧道风速不宜大于 10m/s，特殊情况可取 12m/s；双向交通的隧道设计风速不应大于 8m/s；人车混合通行的隧道设计风速不应大于 7m/s。

7.2.3.1　隧道内空气的组成

(1)新鲜空气

新鲜空气来自大气，主要成分见表 7-4。新鲜空气是隧道空气的主要成分。单位时间内进入隧道新鲜空气的量，叫隧道通风量，用 Q 表示，单位为(m^3/h)。隧道通风量影响到隧道内空气中氧和有害气体的相对含量及隧道内的气候，隧道通风量按隧道内要求的环境指标计算确定。当隧道内通风量自身满足时，隧道的通风为自然通风，否则，隧道通风量需要借助于通风机来满足，这种通风方式称为机械通风。

空气的主要成分及所占比例　　表 7-4

主要成分	体积百分比(%)	主要成分	体积百分比(%)
氧	20.96	二氧化碳	0.04
氮	79.00		

(2)有害气体

隧道内产生的有害气体使隧道内空气与地表大气出现差异。有害气体产生量越大，这种差异就越明显。隧道内有害气体主要来自运行车辆、隧道围岩和火灾，其中运行车辆产生的有害气体具有比较大的危害。

①运行车辆排放的废气。汽车排放的气体含有一氧化碳、氧化氢、碳化氢、氧化硫、醛等对人体有害的成分。其中，一氧化碳具有高度毒性，且在排放的气体中所占比例极大，是最危险的成分。柴油机车辆除排放对人体有害的气体外，还排放大量的游离碳素(煤烟)，严重影响隧道内的能见度和舒适性。

②隧道围岩中排放的有害气体。在山体隧道中，围岩会放出各种有害气体。但一般隧道

中此种有害气体含量低，散放量少，固目前在营运中尚未考虑。

③火灾产生的有害气体和烟尘。火灾会产生大量的一氧化碳和烟尘。隧道火灾会使隧道环境急剧恶化，造成人员伤亡，交通中断或引发恶性交通事故。正常通风不可能避免火灾产生的危害。一旦火灾发生，需要通过改变通风方式和通风量，使环境改善，起到控制火灾蔓延，减少灾害损失，缩小事故范围的效果。

7.2.3.2　有害气体和烟雾浓度

(1) CO 浓度

被污染空气中有害气体的含量用有害气体的浓度表示。有害气体的浓度有两种表示方法：一种是单位体积被污染空气中含某种有害气体的质量(mg/m^3)；另一种是单位体积被污染空气中含某种有害气体的体积(ppm)。1ppm 是指在常温常压下，$1m^3$ 被污染的空气中含有有害气体 $10^{-6}m^3$，即按体积计算有浓度为百万分之一。

两者之间的换算公式(7-3)为：

$$1\text{ppm} = \frac{M}{24.45}\text{mg/m}^3 \qquad (7\text{-}3)$$

式中：M——该气体的分子量。

(2)烟雾浓度

为保证停车视距，必须控制烟雾浓度。隧道内的停车视距不仅取决于车速，而且与路面亮度、路面材料的种类、烟雾浓度有关，通常要综合考虑。随着对道路服务水平的要求不断提高，在保证停车视距的同时，还要求保证舒适度，因而需要把烟雾浓度控制在容许标准之下。

实用的方法是用光的透过率(透光率)表示烟雾浓度，透光率是光线在污染空气中的透过量与在洁净空气中的透过量之比。一般用式(7-4)表示：

$$\tau = \frac{E}{E_0} \qquad (7\text{-}4)$$

式中：E、E_0——分别为一光源的光通过污染空气和洁净空气后的照度。

7.2.3.3　有害气体和烟雾的稀释标准

(1) CO 对人体的危害

在隧道内有害气体中，CO 的排放量很大，对人体的危害最大。国内有关单位研究表明，CO 对人体的危害与 CO 的浓度 C(mg/L)和人体的 CO 接触时间 T(h)有关。CO 中毒程度可用 C 与 T 的乘积来估算。

CO 浓度和接触时间与人体反映情况见表 7-5。

CO 浓度和接触时间与人体反映情况　　表 7-5

CO 浓度(ppm)	接触时间	症状	CO 浓度(ppm)	接触时间	症状
100	1h	有特殊感觉，但尚可忍耐	1500	1h	危险
500	1h	晕眩 中等程度头疼	2000	1h	危险
700	1h	头痛较重，手足有麻木感	3000	30min	死亡
1000	1h	能忍耐，但 1h 即危险	5000	10min	死亡

(2) CO 的稀释标准

根据我国《公路隧道通风照明设计规范》(JTJ026.1—1999)中规定，为保证隧道内空气清新，必须控制 CO 浓度。

①采用全横向通风方式与半横向通风方式时，CO 设计浓度可按表 7-6 取值；采用纵向通风方式，CO 设计浓度可按表 7-7 所列各值提高 50ppm。

横向通风 CO 设计浓度 表 7-6

隧道长度(m)	≤1000	≥3000
(δ)(ppm)	250	200

注：隧道长度为 1000～3000m 时，可按插入法取值。

②交通阻滞（隧道内各车道均以怠速行驶，平均车速为 10km/h）时，阻滞段的平均 CO 设计浓度取 300ppm 时，经历时间不超过 20min，阻滞段的计算长度不宜大于 1km 。

人车混行 CO 设计浓度 表 7-7

隧道长度(m)	≤1000	≥2000
δ(ppm)	150	100

注：隧道长度为 1000～2000m 时，可按插入法取值。

③人车混合通行的隧道，长度不宜超过 2000m，其 CO 设计浓度应按表 7-7 取值。

(3) 烟雾的稀释标准

根据我国《公路隧道通风照明设计规范》(JTJ026.1—1999)中的规定如下：

①钠灯光源时，烟雾设计浓度应按表 7-8 取值；采用荧光灯光源时，烟雾设计浓度应提高一级。

②当烟雾浓度达到 $0.012m^{-1}$ 时，应按采取交通管制等措施考虑。

③ 隧道内进行养护维修时，应按现场实际烟雾浓度不大于 $0.0035m^{-1}$ 考虑。

烟雾设计浓度 K 表 7-8

设计车速(km/h)	100	80	60	40
$K(m^{-1})$	0.0065	0.0070	0.0075	0.0090

7.2.4 隧道需风量

隧道需风量即隧道所需的新鲜空气量，要求新鲜空气量能稀释隧道内的有害气体与烟尘，使隧道内空气质量达到安全卫生标准。隧道需风量与隧道交通量、交通组成、车速、车况、隧道长度、允许的有害气体浓度与能见度、坡度等因素有关，它是隧道通风设计计算的核心。

在我国《公路隧道通风照明设计规范》(JTJ026.1—1999)中，通风量按照稀释隧道内空气中的 CO 和烟雾达到通风标准分别计算，取其中较大者作为隧道需风量。按照规范方法计算需风量时，应注意以下几点：

(1)通风设计中，车辆有害气体的排放量以及与之对应的交通量，都应有明确的远景设计年限，两者应相匹配。计算近期的需风量及交通通风力时应采用相应年份的交通量。

(2)确定需风量时，应对计算行车速度以下各工况车速按 20km/h 为一挡分别进行计算，并考虑交通阻滞状态，取其较大者作为设计需风量。

(3)在双向交通隧道中，上坡较长方向的交通量按设计交通量的 60% 进行计算。

7.2.4.1 CO 排放量

隧道内 CO 排放量计算公式为：

$$Q_{co}=\frac{1}{3.6\times10^{6}}\cdot q_{co}\cdot f_{a}\cdot f_{d}\cdot f_{h}\cdot f_{iv}\cdot L\cdot\sum_{m=1}^{n}(N_{m}\cdot f_{m})\tag{7-5}$$

式中：Q_{co}——隧道全长 CO 排放量，m^3/s；

q_{co}——CO 基准排放量，m^3/辆·km；

f_d——车密度系数；

f_h——考虑 CO 的海拔高度系数；

f_m——考虑 CO 的车型系数；

f_{iv}——考虑 CO 的纵坡——车速系数；

n——车型类别数；

N_m——相应车型的设计交通量，辆/h。

7.2.4.2　稀释 CO 的需风量

稀释 CO 的需风量按式(7-6)计算：

$$Q_{req(CO)}=\frac{Q_{CO}}{\delta}\cdot\frac{p_0}{p}\cdot\frac{T}{T_0}\times10^{6}\tag{7-6}$$

式中：$Q_{req(CO)}$——隧道全长稀释 CO 的需风量，m^3/s；

p_0——标准大气压，kN/m^2，取 $101.325kN/m^2$；

p——隧址大气压，kN/m^2；

T_0——标准气温(K)，取 273K；

T——隧道夏季的设计气温，K。

7.2.4.3　烟雾排放量

隧道内烟雾排放量按下式计算：

$$Q_{VI}=\frac{1}{3.6\times10^{6}}\cdot q_{VI}\cdot f_{a(VI)}f_{d}\cdot f_{h(VI)}\cdot f_{iV(VI)}L\cdot\sum_{m=1}^{n_D}(N_{m}\cdot f_{m(VI)})\tag{7-7}$$

式中：Q_{VI}——隧道全长烟雾排放量(一定浓度)，m^3/s；

q_{VI}——1 辆标准车行驶 1km 所排放的一定浓度的烟雾量，m^3/辆·km，可取 $2.5m^3$/辆·km；

$f_{a(VI)}$——考虑烟雾的车况系数；

$f_{h(VI)}$——考虑烟雾的海拔高度系数；

$f_{iV(VI)}$——考虑烟雾的纵坡——车速系数；

$f_{m(VI)}$——考虑烟雾的车型系数；

n_D——柴油车车型类别数。

7.2.4.4　稀释烟雾的需风量

稀释烟雾的需风量按下式计算：

$$Q_{req(VI)}=\frac{Q_{VI}}{C}\tag{7-8}$$

式中：$Q_{req(VI)}$——隧道全长稀释烟雾的需风量，m^3/s；

C——烟雾稀释系数(无量纲)。

需要说明的是，烟雾稀释系数 C 的数值应由试验确定，对于规范中要求的每一个烟雾浓

度 K_i，都有一个与之对应的 C_i。由于目前尚无关于 C_i 的试验资料，计算中常将其数值取为烟雾设计浓度 K 的数值（见表 7-8）。且设计通风量 Q 应取 $Q_{req(CO)}$ 和 $Q_{req(VI)}$ 中较大的值，即 $Q=\max(Q_{req(CO)},Q_{req(VI)})$。

7.2.5　公路隧道通风计算

隧道通风压力计算（或叫通风阻力计算）是在隧道各种条件（自然条件、交通条件、长度、断面、风道布置以及风井）确定之后，选择风机时必须进行的一项十分复杂的工作。

7.2.5.1　射流风机纵向通风方式的通风计算

(1)通风压力

当隧道风流稳定后，有伯诺里方程可导出式(7-9)：

$$\Delta p = \Delta p_r + \Delta p_n - \Delta p_t \tag{7-9}$$

式中：Δp——射流风机提供的通风压力；

Δp_r——隧道摩擦阻力和出口局部阻力损失，按式(7-10)计算：

$$\Delta p_r = \left(1 + \xi_e + \lambda_r \frac{L}{D_r}\right) \frac{\rho}{2} v_r^2 \tag{7-10}$$

式中：ξ_e——隧道入口局部阻力系数；

λ_r——隧道摩擦阻力系数；

L——隧道长度，m；

D_r——车道断面当量直径，m；

ρ——隧道内空气密度，kg/m^3；

v_r——由自由风压和交通风压共同作用产生的附加风速，m/s；

Δp_n——自然通风力，按式(7-11)计算：

$$\Delta p_n = \left(1 + \xi_e + \lambda_r \frac{L}{D_r}\right) \frac{\rho}{2} v_n^2 \tag{7-11}$$

式中：v_n——自由风风速；

Δp_t——交通通风力，按以下两种情况考虑：

双向行车时按式(7-12)计算：

$$\Delta p_t = -\frac{A_e}{A_r} \frac{\rho}{2} 2 n v_t v_r \tag{7-12}$$

式中：$n = n^+ + n^-$；

n^+——与隧道内风向同向行驶的车辆数；

n^-——与隧道内风向反向行驶的车辆数；

A_e——车辆前端的投影面积，m^2；

A_r——隧道内行车空间断面积；

v_t——交通风风速。

单向行车时按式(7-13)计算：

$$\Delta p_t = -\frac{A_e}{A_r}\frac{\rho}{2}n(v_t - v_r)^2 \tag{7-13}$$

式中：n——隧道中的汽车台数。

通常进行通风设计时，将交通量按 60:40 的比例划分，但采用射流风机的纵向通风方式时，由于风机可逆转，双向行车时常需利用大交通量方向的交通通风力，故应按最不利的情况考虑，取正反交通量比率为 50:50，即取 $n^+ = n^-$。

(2)风机台数确定与布置

全射流通风方式是纵向式通风的一种，它是利用射流风机所产生的高速气流推动前方空气流动，同时在风机后方形成一个负压区，带动后方空气流入，从而在隧道内风机的前后一定范围内使空气沿隧道轴向定向流动，将污染物排出洞外。其计算模式如图 7-8 所示：

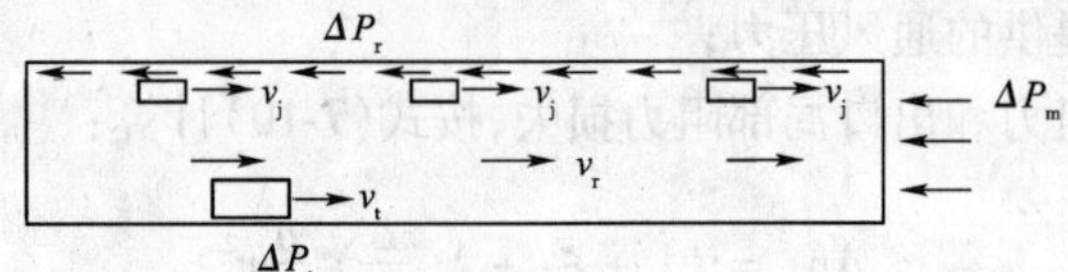

图 7-8　全射流通风方式模式图

根据隧道内压力平衡，此时应满足式(7-14)：

$$\Delta P_m + \Delta P_r = n\Delta P_j + \Delta P_t \tag{7-14}$$

式中：ΔP_m——自然风阻力，N/m²；

ΔP_t——交通通风力，N/m²；

ΔP_r——通风阻抗力，N/m²；

ΔP_j——射流风机升压力，N/m²；

n——射流风机台数，台。

射流风机台数可按式(7-15)计算：

$$n = \frac{\Delta P_r + \Delta P_m - \Delta P_t}{\Delta P_j} \tag{7-15}$$

在射流风机布置时建议按以下原则：根据实验测试，口径小于 1000mm 的射流风机布置间距一般小于 120m，口径大于 1000mm 的射流风机布置间距一般大于 150m，按此风机能产生较好的升压效果。此外，在距离进洞口约 200m 范围内一般不宜布置射流风机，因为这个范围内由汽车带进隧道的新鲜空气量是足够的。

射流风机应安装于隧道建筑限界以外 15～20cm 处，风机轴线与隧道轴线平行，宜采用固定式或悬吊式安装。

7.2.5.2　举例

平钟路木冲隧道为上下行单向行驶的分离式隧道，左线长度分为 3670m，纵坡为 1.165%，依照交通部《公路隧道通风照明设计规范》(JTJ026.1—1999)进行计算，按设计行车速度 80km/h，设计高峰小时交通量 1084 辆/h，大型车占有率：$r_1 = 32.04\%$，自然风速：$V_n = 2.5\text{m/s}$。

CO 设计浓度：正常行驶时　$\delta_{co} = 250\text{ppm}$

交通堵塞时　$\delta_{co} = 300\text{ppm}(20\text{min})$

烟雾设计浓度：正常行驶时　$K = 0.007\text{m}^{-1}$

事故时　$K = 0.009\text{m}^{-1}$

计算 CO 需风量为 $36.8\text{m}^3/\text{s}$，烟雾需风量为 $769.6\text{m}^3/\text{s}$，取二者最大者得隧道通风需风量为 $769.6\text{m}^3/\text{s}$。

再计算自然风阻力 ΔP_m 为 31.7N/m^2，交通通风力 ΔP_t 为 184.5N/m^2，通风阻抗力 ΔP_r 为 506.5N/m^2，得风力差 $\Delta P = \Delta P_r + \Delta P_m - \Delta P_t = 353.7\text{N/m}^2$。

计算 1120 型射流风机每台的升压力 ΔP_j 为 $12.72\ \text{N/m}^2$，得风机台数 $i = \Delta P/\Delta P_j = 27.8$ 台，取 28 台，每两台一组即 14 组。

当通过检测各项卫生指标在正常范围内时，不需要开启风机。

当出现卫生指标超标现象即有污染时，根据程度不同开启 0～28 台风机。

当交通阻滞或管制时，开启所有风机。

火灾时，人员、车辆未完全撤离前，根据自然风速方向、大小的不同以及交通量变化不同，并且为了防止隧道内烟雾弥漫，洞内风速应严格控制在 2m/s 左右，经计算只需开启 0～8 台风机，当人员、车辆完全撤离后，则需开启全部风机。

7.2.6　通风机的选型

通风机是把机械能转变为空气压能的一种装置，它是实现隧道机械通风的关键设备。通风机按构造分为两大类：离心式通风机和轴流式通风机。下面简单介绍一下通风机的特性及选型。

7.2.6.1　通风机的特性

(1)通风机的特性参数

通风机的基本特性参数包括通风机的流量(风量)、压力、功率和效率。

①流量(风量)

单位时间内通过通风机的空气体积，称为通风机的流量，用 Q 表示，单位为 m^3/s、m^3/min 或 m^3/h。在隧道通风中，通过通风机的流量，也就是通风机送入隧道或从隧道派出的空气量。

②压力

通风机工作时，每 1m^3 空气通过通风机后所增加的全部能量，称为通风机全压或通风压力，用 $h_{全}$ 或 h 表示，单位为 Pa。

通风机全压($h_{全}$)，是指通风机出口断面上空气的绝对全压(该断面上空气的绝对静压与速压之和)与通风机入口断面上空气的绝对全压之差。$h_{全}$ 一般在通风机制造厂所提供的特性曲线或性能选用表中给出。对于实际运转中的通风机都装有扩散器，将通风机与扩散器合称为通风机装置，用 $h'_{全}$表示通风装置全压。它是指通风机扩散器出口断面上空气的绝对全压与通风机入口断面上空气的绝对全压之差。通风机装置的全压与通风机的安装质量和扩散器的优劣等因素有关。因此，确定 $h'_{全}$时需要对实际运转的通风机装置进行实测。

通风机全压($h_{全}$)和通风机装置全压($h'_{全}$),在数值上一般相差不大,所以,在通风机选型计算中,可直接应用厂家提供的性能曲线所给出的数值。

通风装置全压,用以克服隧道通风阻力和排入大气时的速压损失。将通风机用以克服隧道通风组里的那部分通风压力,称为通风静压,用 $h_{静}$ 表示。

(2)通风机的输出功率

单位时间内通过通风机的流量和通风机给予每 $1m^3$ 空气的全部能量的乘积,称为通风机的输出功率,用 $N_{出}$(W)表示,见式(7-16):

$$N_{出} = hQ \tag{7-16}$$

由于通风机压力有通风机全压 $h_{全}$ 和通风机静压 $h_{静}$ 之分,所以通风机的输出功率也有通风机全压输出功率 $N_{全出}$ 和通风机静压输出功率 $N_{静出}$,即式(7-17):

$$N_{全出} = \frac{h_{全}\ Q}{102}, \text{kW}; N_{静出}\ \frac{h_{静}\ Q}{102}, \text{kW} \tag{7-17}$$

(3)通风机的效率

通风机在运转过程中,由于机械损失及空气流动损失等原因,风机轴上的功率(用 $N_{轴}$ 表示)不可能全部传递给空气,也就是说通风机的轴功率必然要大于通风机的输出功率,通风机输出功率和通风机轴功率 $N_{轴}$(或通风机输入功率)之比叫做通风机效率,用 η 表示:

$$\eta_{全} = \frac{N_{全出}}{N_{轴}} = \frac{h_{全}\ Q}{102 N_{轴}}; \eta_{静} = \frac{N_{静出}}{N_{轴}} = \frac{h_{静}\ Q}{102 N_{轴}} \tag{7-18}$$

式中:$\eta_{全}$、$\eta_{静}$——分别表示通风机的全压效率和静压效率。

通风机的效率是衡量每台通风机工作性能的重要指标之一。

7.2.6.2 通风机的特性曲线

(1)通风机的个体特性曲线和工况点

对于任何一台通风机,上述各个基本参数之间都有着一定的依存关系。例如,将通风机装在试验管道(或隧道)上运转,设管道的风阻为 H_{r1},则通风机就有确定的风量 Q_1、风压 H_1、功率 N_1 和效率 η_1,当管道风阻变为 H_{r2}时,通风机又有相对应的 Q_2、H_2、N_2 和 η_2 值。若不断改变管道的风阻值,则可以测得一系列与风阻值相对应的 Q、H、N 和 η 值。如以 Q 为横坐标,H 为纵坐标,将上述测得各对应的 Q、H 值描在坐标纸上,并联结各点,可以获得风量——风压曲线(简称风压曲线);用同样方法可以得到风量——功率曲线(简称功率曲线)和风量——效率曲线(简称效率曲线)。上述诸曲线合称为通风机的个体特性曲线。

通风机的个体特性曲线,能全面地反映每台通风机的性能和特点,是选好、用好通风机必不可少的基础资料。图 7-9 所示为离心式通风机的个体特性曲线,图 7-10 所示为轴流式通风机的个体特性曲线。由图可以看出,两类通风机在性能上有较大差别。

离心式通风机的风压曲线比较平缓,当风量变化时,风压变化不大;而轴流式通风机的风压曲线比较陡,并有一个类似"马鞍形"的驼峰区,当风量变化时,风压变化较大。

离心式通风机的功率曲线,在其稳定工作区内,功率随风量的增加而增加,且启动功率较小,所以离心式风机启动时,为避免启动电流过大而烧毁电动机,应将闸门关闭,待通风机启动后再逐渐打开闸门。轴流式通风机的功率曲线,在其稳定工作区内(图 7-9 所示 GF 区),功率随着风量的增加而减少,且其启动功率较大,故轴流式通风机启动时,不必关闭闸门。

如图7-9和图7-10所示，风压曲线有全压曲线和静压曲线，与其相对应的是全压效率曲线和静压效率曲线。

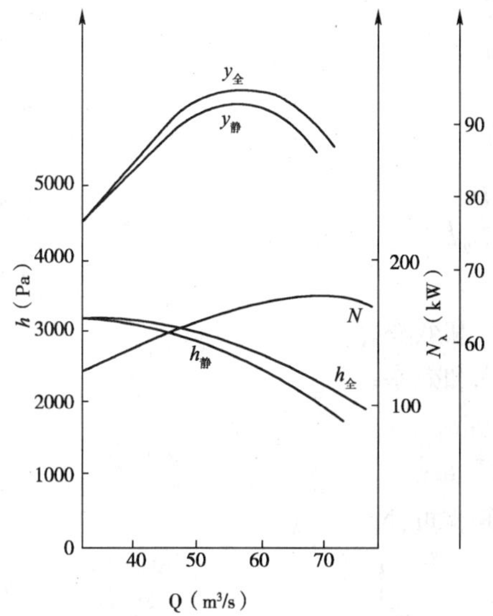

图7-9　离心式通风机个体特性曲线

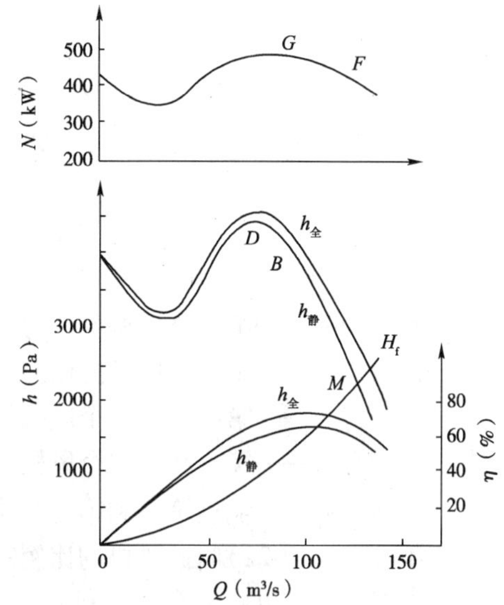

图7-10　轴流式通风机个体特性曲线

顺便指出，与通风机的个体特性曲线相对应，隧道有其风阻特性曲线。隧道的风阻特性曲线反映了隧道的通风阻力随其通风量而变化的关系。隧道风阻特性曲线可以这样得到：对于一座给定的隧道，假设在第一种情况下其通风量为 Q_1，对应着 Q_1 隧道内的风速为 v_1，与 v_1 对应隧道通风系统的风阻为 H_1；假设在第二种情况下其通风量为 Q_2，对应着 Q_2 隧道内的风速为 v_2，与 v_2 对应隧道通风系统的风阻为 H_2；如此类推，可以得到数字对 (Q_1,H_1)，(Q_2,H_2)，…，(Q_m,H_m)。

据此可以在 Q-H 坐标系下找到一系列相应的点，并用平滑的曲线将这些点连接起来，所得曲线就是给定隧道的风阻特性曲线。如果将所用通风机的个体特性曲线与给定隧道的风阻特性曲线画在同一坐标系下，两条曲线会有一个交点，此点便称为通风机的工况点或工作点。如图7-10所示，M 点就是工况点。该点所对应的通风机的风量就是通过隧道的风量，所对应的通风机的压力就是隧道的通风阻力。

（2）通风机的类型特性

曲线风机的个体特性曲线反映了给定叶轮直径、给定转速、给定空气密度等条件下风机各特性参数之间的关系。当条件发生变化时，特性曲线也要发生变化。例如，对同一个风机，当采用不同转速时就会有不同的特性曲线；对同一转速，当叶轮直径改变时，又会有不同特性曲线。这样，要反映一个风机在不同条件下的特性，就需要许多条曲线，从而使风机的选型和管理十分不便。

为了解决这一问题，需要研究通风机的类型特性曲线。类型特性曲线是用于表示同一类型的所有风机（而不是单个风机）的特性参数间关系的曲线。它与个体特性曲线之间既有区别，又有联系，二者可以互相转换。

所谓同一类型风机是指叶轮和前导器形式相同，前导器和整流器上叶片安装角相同，安装质量相近的一组风机。这样的风机之间满足相似理论中的几何相似、运动相似和动力相似条件，所以，每两个风机的性能参数之间满足下列关系：

$$\frac{h_1}{h_2}=\frac{\gamma_1}{\gamma_2}\left(\frac{n_1}{n_2}\right)^2\left(\frac{D_2}{D_2}\right)^2 \tag{7-19}$$

$$\frac{Q_1}{Q_2}=\frac{n_1}{n_2}\left(\frac{D_1}{D_2}\right)^3 \tag{7-20}$$

$$\frac{N_1}{N_2}=\frac{\gamma_1}{\gamma_2}\left(\frac{n_1}{n_2}\right)^3\left(\frac{D_1}{D_2}\right)^5 \tag{7-21}$$

$$\eta_1=\eta_2 \tag{7-22}$$

式中：h_1、Q_1、N_1、η_1——第一个风机的压力、流量、功率和效率；

h_2、Q_2、N_2、η_2——第二个风机的压力、流量、功率和效率；

n_1、n_2——第一和第二个风机的转速，r/min；

D_1、D_2——第一和第二个风机的叶轮直径，m；

γ_1、γ_2——流经第一和第二个风机空气的容重，N/m^3。

式(7-19)~式(7-22)叫通风机的比例定律。

利用比例定律可以将一台通风机在一定条件下的特性曲线转化为不同条件时的该通风机的特性曲线。

例如，已知某轴流式通风机的叶片安装角为300，转数 n_1 = 1500r/min 时的特性曲线如图 7-11 所示。

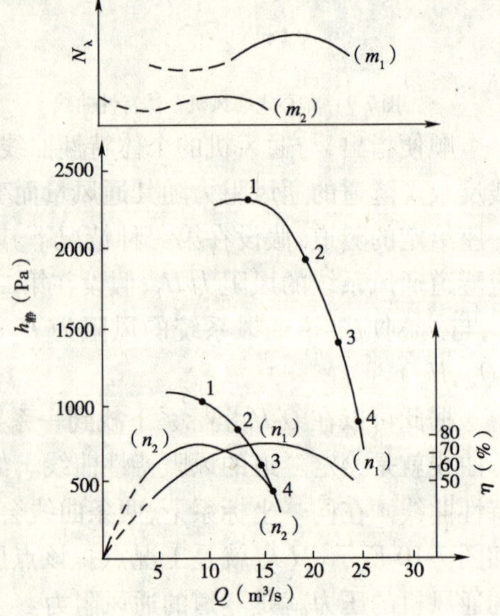

图 7-11　通风机个体特性曲线

当其他条件不变时，利用比例定律可得转数为 n^2 = 1000r/min 时的特性曲线。其方法是：先在 n_1 特性曲线上取 1，2，3，4 等点，并将各点的 $Q_{静1}$，h_1，N_1 和 η_1 等值填入表 7-9 中，然后用比例定律求得各对应点的 $h_{静2}$，Q_2，N_2 和 $\eta_1=\eta_2$ 填入表 7-10 中，即 $h_{静2}=h_{静2}\left(\frac{n_2}{n_1}\right)^2$，$Q_2=Q_1\frac{n_2}{n_1}$，$N_{\lambda2}=N_{\lambda1}\left(\frac{n_2}{n_1}\right)^3$。最后，在同一坐标上描得对应点 1，2，3，4，…，并连接成 $h_{静2}-Q_2$，$N_{\lambda2}-Q_2$ 和 η_2-Q_2 曲线。

n_1 特性曲线上各点参数值　　表 7-9

坐标点	n_1	Q_1	$h_{静1}$	$N_{\lambda1}$	η_1
1	1500	15	230	45	0.75
2	1500	20	195	55	0.69
3	1500	23	140	50	0.63
4	1500	25	90	45	0.49

n_2 特性曲线上各对应点参数值　　表 7-10

坐标点	n_2	Q_2	$h_{静2}$	$N_{\lambda 2}$	η_2
1	1000	10	102	13.3	0.75
2	1000	13.3	86.5	16.3	0.69
3	1000	15.3	62.2	14.8	0.63
4	1000	16.7	40	13.3	0.49

类似地，应用比例定律，还可以按某通风机在一定转数、容重条件下的特性曲线或试验参数，获得同类型通风机在不同叶轮直径、转数和不同空气容重条件下的个体特性曲线或参数，这样，就可不必对同类型通风机中的各种机号的通风机进行实测工作。而通常只用几何相似（各对应角相等，各对应边成比例）、运动相似（各对应点的速度三角形相似）和动力相似（各对应点的作用力之比相等）的通风机模型进行试验，将模型试验所得的数值，应用比例定律计算同类型通风机的各对应值，然后绘制同类型通风机的各种机号及不同转数下的通风机个体特性曲线。

比例定律的另一重要用途是由通风机的个体特性曲线求类型特性曲线。

假设通风机叶片外缘的线速度为 u(m/s)，则有：

$$u = \frac{\pi D n}{60} \tag{7-23}$$

式中：D——叶轮外径，m；

n——叶轮转速，r/min。

因
$$\frac{u_1}{u_2} = \frac{D_1 n_1}{D_2 n_2} \tag{7-24}$$

又
$$\rho = \frac{\gamma}{g} \tag{7-25}$$

将式(7-24)、式(7-25)分别代入式(7-20)和式(7-21)得：

$$\frac{h_1}{\rho_1 u_1^2} = \frac{h_2}{\rho_2 u_2^2} = \overline{H} = \text{常数} \tag{7-26}$$

$$\frac{Q_1}{\frac{\pi}{4} D_1^2 u_1} = \frac{Q_2}{\frac{\pi}{4} D_2^2 u_2} = \overline{Q} = \text{常数} \tag{7-27}$$

$$\frac{N_1}{\frac{\pi}{4} D_1^2 \rho_1 u_1^3} = \frac{N_2}{\frac{\pi}{4} D_2^2 \rho_2 u_2^3} = \overline{N} = \text{常数} \tag{7-28}$$

式中：$\overline{H}$——通风机的压力系数，无因次；

$\overline{Q}$——通风机的流量系数，无因次；

$\overline{N}$——通风机的功率系数，无因次。

由式(7-23)～式(7-25)可知，$\overline{H}$、$\overline{Q}$ 和 $\overline{N}$ 均与通风机的尺寸和转数无关。

式(7-26)～式(7-28)可写成下面形式：

$$\overline{H} = \frac{h}{\rho u^2} \tag{7-29}$$

$$\overline{Q} = \frac{Q}{\frac{\pi}{4}D^2u} \tag{7-30}$$

$$\overline{N} = \frac{N}{\frac{\pi}{4}D^2u^3} \tag{7-31}$$

$\overline{H}$、$\overline{Q}$ 和 $\overline{N}$ 可以通过同类型通风机的相似模型试验获得：

将通风机模型与试验管道连接运转，通过调节管道风阻改变通风机工况点。每调节一次，分别记录 h，Q 和 N，并用式(7-29)～式(7-31)算得 $\overline{H}$、$\overline{Q}$ 和 $\overline{N}$ 值。将每次测算的值分别绘于 $\overline{Q}-\overline{H}$、$\overline{Q}-\overline{N}$ 坐标系中，并将各点用光滑曲线连接，就可得到该类型通风机的类型特性曲线。

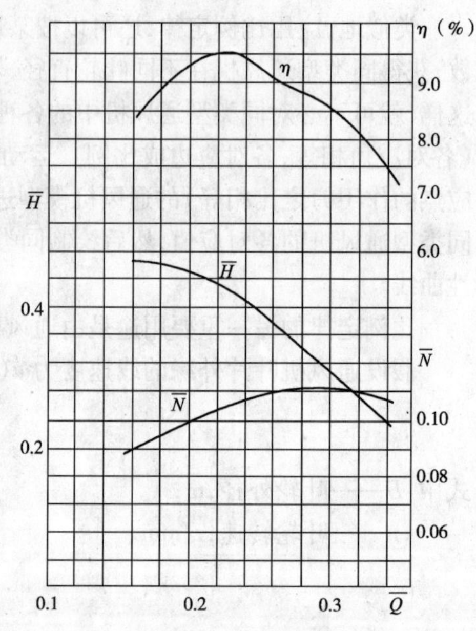

图 7-12 通风机的类型特性曲线

图 7-12 为某通风机的类型特性曲线。有了通风机的类型特性曲线，又可以由类型特性曲线推算出此类型通风机中某种机号(即叶轮直径 D 为已知)，以及某一转速运转时的个体特性曲线。具体做法举例说明如下：

【例】 由图 7-12 所示类型特性曲线求叶轮直径为 1.2m，转速为 750r/min 的某通风机的个体特性曲线。

解：根据图 7-12 选出几个不同的 $\overline{H}$ 值，由图中 $\overline{H}-\overline{Q}$ 曲线查得对应的 $\overline{Q}$ 值，再由 $\overline{N}-\overline{Q}$ 和 $\eta-\overline{Q}$ 曲线查得相应的 $\overline{N}$ 和 η 值，并将所有值列于表 7-11 中。

类型特性曲线的无因次参数　　表 7-11

$\overline{H}$	0.47	0.45	0.41	0.34	0.27
$\overline{Q}$	0.16	0.20	0.24	0.28	0.32
$\overline{N}$	.90	0.098	0.105	0.11	0.108
η(%)	83	93	94	88	81

把 $u=\frac{\pi \mathrm{Dn}}{60}=\frac{3.14\times1.2\times750}{60}=47.1\mathrm{m/s}$ 和 $\rho=1.2\mathrm{kg/m^3}$ 分别代入式(7-26)～(7-28)：

$$h = \overline{H}\rho u^2 \approx 2262\overline{H} \tag{7-32}$$

$$Q = \overline{Q}\frac{\pi}{4}D^2u \approx 53.3\overline{Q} \tag{7-33}$$

$$N = \overline{N}\rho\frac{\pi}{4}D^2u^3/1000 \approx 141.8\overline{N} \tag{7-34}$$

分别将表 7-11 中各值代入上面各式就可求得对应的 h、Q、N 和 η 值，保持 η 值不变，并列于表7-12中,再用表7-12中各组值绘制成曲线就得到该通风机的个体特性曲线。

个体特性曲线参数　　表7-12

(Pa)	1272	1218	1109	910	730
$Q(m^3/s)$	8.53	10.66	12.70	14.92	17.06
$N(kW)$	73.28	14.46	15.49	16.23	15.93
$\eta(\%)$	83	93	94	88	81

7.2.6.3　通风机的联合运转

当一台通风机无法满足隧道送(排)风要求时,就需要安装两台或两台以上风机,从而形成多台风机联合运转。

通风机的联合运转方式有两种:一种方式是串联运转,即两台或多台风机首尾相接或通过一段联络风道后再首尾相接。风机串联运转可提高通风压力;另一种方式是并联运转,即两台或多台风机的进、出口相并列,同时为隧道送风或排风,这种运转方式能增加隧道通风量。由于在隧道通风中多采用并联方式,下面只介绍风机的并联运转。

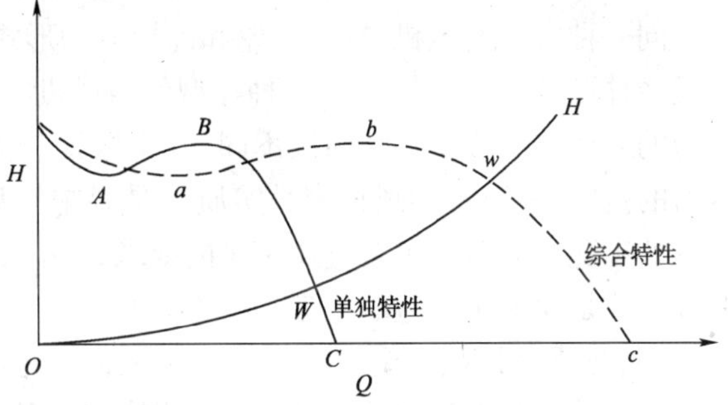

图7-13　通风机的并联运转

并联运转的风机多是个体特性曲线完全相同的风机。图7-13所示为两台完全相同的通风机并联运转与一台风机单独运转的特性和工况比较图。图中的实线 ABC 为风机个体风压特性曲线;图中虚线 abc 为两台风机并联运转时的综合风压特性曲线,它是由单机的特性曲线利用"并联时风压相等,风量等于2倍的单机风量"的性质画成的;第三条曲线 OWw 是隧道的风阻特性曲线。W 点为单机时工况点,w 点为两机并联时工况点。

由图可见,实际上此时两风机并联时的风量小于单机工作时风量的2倍,这主要是由隧道的风阻引起的。当风阻等于0时,风量才可能达到2倍。所以通风机并联运转时并联加风量的效果与隧道风阻有关,当风阻小时效果显著,当风阻大到一定程度时,并联将意义不大。

7.2.6.4　通风机选型

正确选择通风机是学习本节的目的之一。通风机选型包括选择通风机的种类、通风机的型号、通风机的联合运转方式以及通风机的机号、转速和叶片安装角等。

在满足通风要求(足够的风量)时,工作效率较高的通风机即是合理的通风机。通风机选型的依据是隧道的通风阻力、要求的通风量以及其他的一些隧道条件。

通风机的选型可按下列步骤进行:

(1)根据离心式和轴流式通风机的优、缺点选择通风机的种类

离心式和轴流式通风机的优缺点归纳如下:

①在结构上

轴流式通风机具有体积小、质量轻、动轮直径小、转速高、可与电动机直接连接等优点;但其缺点是结构复杂,故障多,各部件都装在机壳内部检修不方便,噪声大。

离心式通风机则有结构简单、造价低、维修方便、坚固耐用、运行可靠等优点;其缺点是动

轮直径大,机体大,转速低,一般不能与高速电机直接相连。

②在性能上

轴流式通风机特性曲线的工作段比较陡斜,当风量有较小变化时会引起风压较大变动。因此,它适应于阻力变化大而要求风量变化小的隧道中,而离心式则与此相反。

轴流式风机的风压曲线上有驼峰,若风机在驼峰范围内工作,就会引起风机风量、风压和功率的波动,产生不正常的振动和噪声,因此,风机的工况点应选在驼峰右侧稳定区中。

③在性能调节方面

轴流式通风机可通过改变叶片的安装角和转速调节性能,调节简单、经济,调节幅度大。离心式风机也可通过改变前导叶的角度和转速调节性能,但调节不方便且调节幅度小。

选择通风机时,要根据二类风机的优、缺点,结合隧道通风条件和要求进行具体分析和计算,选择应做到安全、可靠、方便、经济。

(2)根据通风机的类型特性曲线选择通风机的型号

同一种类的通风机,按照叶轮和前导器的形式,前导器和整流器上叶片的安装角等不同可分成多种形式(即型号)。每一种类型的通风机的特性均可用它的类型特性曲线来描述,不同类型的通风机的类型特性曲线不同,其中区别较大的是合理的工况点的范围(通风量和通风压力的范围)。选择通风机型号实质上是寻求类型特性曲线适宜的通风机型号,使该型号通风机的工况点既能满足隧道通风量的要求,又能使工况点落在合理的范围以内。因此,通风机型号选择是通风机选型的关键。

(3)根据通风机的个体特性曲线选择通风机的机号

对于同一种类型的通风机,按照叶轮直径的大小又分成不同的规格(RP 不同的机号)。在通风机的类型选定以后,就能够保证风机的工况点处于一个比较合理的范围(效率能够满足要求的范围)内,但要使风机具有一个更为理想的工况点,还要选择合适的机号。选择机号主要依据风量。一般若风量大,选择的叶轮直径也宜大。

(4)当单机不能满足风量要求时,应取二机或多机并联运转

在隧道通风阻力小,而要求风量大的情况下,采用通风机并联运转能够取得比较好的效果。通风机联合运转的效果取决于多台风机联合运转的综合特性曲线。

两台通风机并联运转时,通风量增加明显,一般可比单机通风量增大 70% 左右。但随并联风机台数的增多,风量增加的效果会减小。所以并联风机以 2 ~ 3 台为宜。风机并联运转时,各台风机的型号一般宜相同,这样选型、管理与维修比较方便。

(5)调整通风机动轮转速和叶片安装角

调整动轮的转速和叶片安装角有两个目的:①调整动轮转速和叶片安装角使风机处于效率最高最稳定的工作状态;②因隧道交通量或其他条件变化引起隧道通风量和风阻发生变化时,调整动轮转速或叶片安装角可改变风机工况点。

7.2.7 隧道通风控制系统基本特性

隧道通风控制系统是隧道监控系统的重点和难点,它直接决定隧道行车安全性和舒适性,起到稀释有害气体和污染物质浓度的作用,对隧道的行车安全、运营管理质量以及隧道的运营成本有直接影响。汽车在行驶中排放的空气污染物主要是 CO 和颗粒(烟雾)。将隧道内的

CO 浓度稀释到不危害人体健康的安全水平,是隧道通风控制系统的重要任务之一。烟雾颗粒会造成隧道内能见度降低,影响驾驶人观察视野,直接关系行车安全。隧道通风系统在火灾发生时也发挥着重要作用,合适的通风方案可以减轻隧道本身受到的破坏,并最大可能地减少人员伤亡。所以,救援时控制合理的风速风向是通风控制系统的又一项任务。

7.2.7.1 通风控制的目的及作用

公路隧道安装通风系统的目的是使隧道内的空气品质维持在一定的水平,为车辆驾驶人及隧道维护管理人员提供一个健康通道和工作场所。隧道是公路上的一个特殊路段,它的管状结构决定了其具有相对封闭的特点。在公路其他路段上,汽车行驶时产生的各种废气(如 CO、CO_2、NO)和粉尘会随着自然风交通风扩散到大气中,对驾驶人和工作人员不会构成威胁。在较短交通量较小的隧道中,汽车产生的废气及粉尘也会被自然风和交通风带出隧道,隧道内环境可以满足安全行车的要求。而对于长大隧道,自然风和交通风对隧道内空气置换作用相对较小,必须采取适当的机械通风,将隧道内的有害气体及粉尘浓度控制在容许限度之内。在隧道通风设计时一般是按照最不利情况考虑的,在交通量较小的情况下,往往不需要将所有通风机开启,而在交通拥挤或有火灾发生时,风机必须按照相应的要求运转,通风控制的作用就是要依据洞内的环境情况(主要是 CO/VI 含量)合理地使用隧道内的通风设备,使其既能提供清洁舒适的行车环境,又有利于节能,还可以延长通风设备的使用寿命。因此,隧道通风控制目的就是以最小的能源消耗来保障隧道内的空气污染程度和视觉环境在国家标准规定允许的范围之内。通风控制系统还应及时有效地处理火灾等紧急状态。

7.2.7.2 隧道通风控制系统的实现

(1)通风系统组成及实现

通风控制子系统由隧道管理站监控室主控制器、隧道内区域控制器、风机电气控制柜、风机(包括轴流风机和射流风机,操作员站不在本合同段)、CO/V I 检测器、风速风向检测器等组成。

①设置在隧道内的一氧化碳及烟雾透过率检测器,根据隧道的通风方式,在一氧化碳浓度比较高和烟雾透过率较低的通风竖井进风口附近及隧道山门附近,设置 CO/V I 检测器,用以快速、准确、连续地自动测定隧道内的一氧化碳浓度和隧道内全程烟雾透过率数据,由区域控制器采集数据,监控系统将检测数据与标准值进行比较,对风机的启停控制提供参数依据,供操作人员监视隧道内气体环境污染情况,为操作人员人工控制风机提供依据。

②在隧道内通风竖井进风口和排风口附近设置风速风向检测器,自动测定隧道内平行于隧道壁面的风向、风速数据以及检测风机的运行情况。

③ 通风系统的风机电气控制柜,能完成就地人工控制。区域控制器,与通风控制柜通过中间继电器接点输出相连,以保证对风机的远程控制,每组射流风机(两台) 进行独立控制,尽量减少相互之间的影响。

④监控系统对射流风机自动控制,是将一个断面上的两台风机作为一组分别进行控制,由通风系统返回每台风机的状态信号,包括风机的正转、反转、停止、故障等信号,输入输出之间采取相应的电磁隔离措施;轴流风机则是单独控制每一台,并由通风系统返回每台风机的状态信号,包括轴流风机的启动、停止、故障等信号(轴流风机无反转功能)。

⑤ 根据通风系统确定的通风方式,风机控制包括轴流风机控制和射流风机控制,将轴流

风机控制和射流风机控制作为一个整体考虑,但控制回路为单独回路。

(2)通风控制方式

隧道通风控制方式,均以最小电力消耗来维持隧道内良好的视觉环境,把空气污染状态控制在规定的限度内,并以有效地处理火灾等紧急事件为目标。隧道通风控制方法大致可分为手动控制、时序控制、实时控制和智能模糊控制等。

①手动控制。手动控制是最简单最直接的一种方法,该方法就是通过操作员在现场或通过远程操作对隧道风机的运行状态进行控制。

②时序控制。时序控制时,一般不考虑实时 CO/VI 值及交通量变化情况,而是按时、日、月、年交通量的历史数据和经验,结合隧道本身固有的影响因素,制定编排风机运转的程序来实施控制。

③实时控制。实时控制可分为直接控制和间接控制。

直接控制是通过布设在隧道内的 CO 检测器检测 CO 值和烟雾透过率检测器检测的 VI 值,将隧道内当前的污染浓度(CO 值、VI 值)与控制目标值相比较,以不超过目标值为原则,经计算处理后,给出控制方案(开启风机的数量),实施通风控制。基于 CO/VI 的实时控制法较简单直接,我国目前大部分隧道通风控制都采取这种方式。

间接控制是根据洞内车辆检测器检测到的交通量数据作为基本的控制参数进行决策,确定开启风机的数量,实施通风控制。还可以两者结合使用,即先根据交通量决策(确定开启风机的数量)然后用 CO/VI 值实时值进行校正,再对运行通风机数量进行增减,使通风系统的运行更加合理。

④智能模糊控制。隧道通风智能模糊控制是将 CO 浓度作为模糊控制系统的两个输入变量,风机的运行数量作为模糊控制器的输出,这种方法充分模糊控制善于表达人的经验知误解的优点,将 CO 浓度和 VI 浓度值结合起来,CO 浓度和 VI 浓度值的语言值所覆盖的相邻整数论域范围有交叠,克服了简单的门限控制方式的缺点,可有效缓解风机频繁起停的问题,既节约能源,又有利于设备维护。

7.2.8 隧道通风控制系统设计准则

隧道通风控制子系统对通风的控制原则遵照 JTJ 026[1].1—1999《公路隧道通风照明设计规范》和相应的国际标准。系统采用 CO 和 V I 作为通风控制参数。

(1)保持隧道内环境指标在标准范围内

①隧道内 CO 正常运营时允许浓度小于 150ppm 为正常,大于 CO 浓度150ppm 小于 300ppm,需要起动风机,直到 CO 浓度正常;交通阻滞(隧道内各车道均以匀速行驶,平均车速为 10km/h)时可为 300ppm,经历时间不超过 20min。当发生火灾或交通事故时,CO 浓度突然增加超过 300ppm,这时同时起动各组风机直到 CO 浓度达到正常值。若所有风机同时起动后并经过一定时间(15min)CO 浓度仍大于 300ppm,则考虑关闭隧道。

②隧道内烟雾允许浓度为 7.0×10^{-3}(m^{-1})。

③隧道内风速正常运营时推荐为 10 m/s。

(2)通风控制应遵守以下基本原则

①保持隧道内环境指标在标准范围内。主要指隧道内 CO 浓度 能见度指标及风速指标应

在规定范围之内。

②将CO浓度和能见度(VI)的数值分为若干个等级,与投入运行风机台数及运转时间建立对应关系,此对应关系可在实际运营过程中根据实际情况不断优化和完善。

③隧道内某一段的CO或VI值含量达到限值时,本段或最靠近此段的风机应首先启动。

④累计运行时间最短的风机应首先起动,以便平衡各台风机的劳逸程度,延长风机的使用寿命。

⑤因风机启动瞬间冲击电流很大,故各台风机的起动应有短暂的延时,以减少对电网的冲击。

⑥若一条隧道因事故关闭,另一条隧道改为双向运行时,因交通量增加很多,若全部风机起动而环境指标还达不到正常值,则应和洞口交通信号等配合,利用信号灯控制进入隧道的车辆,以达到正常的环境指标。

⑦正常运行状态时,风机为正向运转(即沿行车方向吹风),当火灾或双向行驶正向交通量小于逆向交通量时,风机也可能逆向吹风。如有需要逆向吹时,应先停机,再起动逆向运转。

⑧根据对隧道火灾时受难人员心态测询,弃车逃生者占多数,其平均奔跑速度为1.5m/s。因此,对于中短隧道,火灾时应采取双向排烟通风,且风速不大于3m/s;对于长大隧道,火灾时应采用风速度零化措施,以抑制在火灾发生情况下烟雾的护散速度和范围,使交通空间下半部保持无烟,确保良好的避难环境。

(3)控制要求

隧道通风控制系统是对隧道通风系统中风机的状态 隧道环境等进行实时控制及历史数据查询的系统,是隧道监控系统的一个子系统,它与隧道其他控制子系统有机地结合构成隧道监控系统。对于通风控制系统主要有以下基本要求:

①安全可靠。隧道通风控制系统的稳定性是最重要的最基本的要求。因为如果控制系统不稳定,很容易造成整个系统的混乱,从而产生严重的后果。因此在选购和设计硬件时应充分考虑隧道环境(温度、湿度、粉尘、电磁、干扰等)对控制设备的影响,保证控制设备在特定的工作环境下工作可靠,性能稳定。

②易操作性。通风控制系统应具备良好的人机操作界面,尽量降低对操作人员的要求,这样可缩短操作员的培训时间。操作人员使用人机只是界面应使用中文,并具有帮助和提示功能。

③智能化。通风控制系统的设计应尽量增加智能化程度,最大限度的减少人工干预,对可能出现的交通事故和火灾制定相应的紧急预案。

④可维护性。在通风监控系统的设计中,要从系统的硬件构成、硬件布局、硬件诊断和软件结构等方面考虑系统的可维护性。可以利用系统的报警与故障诊断功能,缩短系统的维护时间,减少操作员的工作量。

⑤可扩充性。通风控制系统选取的设备应具有一定的富裕度和兼容性,以备系统的扩展需要。

7.2.9　隧道通风系统控制方案设计

隧道联动控制方案是高速公路监控系统中极为关键一部分,它是监控计算机综合分析隧道内交通运行状况、环境指标状况或接收到隧道内火灾报警信号后需采取合理、有效的措施而设计的一系列程序。其方案设计的合理与否直接关系到隧道运营或事故的应急处理效果。隧道联动控制方案主要涉及隧道图像监控子系统、火灾报警子系统、电力监控子系统(含通风、照明控制系统)、交通控制子系统(含车检器,可变信息标志、交通信号灯、车道指示标志、横洞指示标志等)、隧道有线广播子系统等,所有系统即相对独立,又协调统一。

隧道通风控制系统的目的是在实时监测隧道内的CO/VI、风向风速等基本环境数据的基础上,结合隧道当前的交通情况、其他系统连锁情况和通风控制工艺要求进行隧道通风风机的开关控制,实现整个隧道通风系统的控制功能,在保障行车安全的环境条件下,尽量减少风机的运转,在为车辆驾驶人员营造一个安全、舒适的行驶环境的同时达到节约能源的目的。

现有三种控制方案:

(1)现场手动控制。

风机的控制由设备在风机驱动配电柜上的操作按钮完成,本地控制系统仅作风机状态(正转、反转、停止、故障等)跟踪监视,此控制主要在设备调试和维修时使用。

(2)监控室手动控制。

风机的控制由操作员在监控室手动完成,本地控制系统负责执行和回传风机状态(正转、反转、停止等)。

(3)自动控制。

实现检测隧道内的CO/VI等基本环境数据的基础上,进行隧道通风风机的开关控制。当150ppm < CO < 300ppm时,距离CO/VI检测仪最近的风机起动顺着车行方向吹,驱赶烟雾,若5min后CO值没有降到150ppm以下,起来动距离CO/VI检测仪次近的风机顺着车行方向吹,以此类推每隔5min顺序起动风机,当CO/VI检测仪所在的隧道洞内所有风机都开起,5min后CO值没有降到150ppm以下,执行关闭隧道程序。等CO值降到150ppm以下并持续5min后,将隧道内设备恢复正常。当CO值大于300ppm时,直接执行关闭隧道程序。VI检测仪负责监测隧道内能见度,单位为1/km,当5/km < VI < 7/km时,按150ppm < CO < 300ppm时的方案执行,当VI > 7/km时,关闭隧道。风机回路启停时,为减少冲击,启停间隔15min。

7.3 高速公路隧道火灾报警系统设计理论与方法

7.3.1 概述

随着高等级公路的发展,特别是山岭区高等级公路的修建,公路隧道的数量越来越多。作为一种特殊的建筑物,公路隧道结构复杂、环境密闭、交通量大、人员密集,存在车辆碰撞、车载易燃易爆物品、电气线路短路等等可能引发火灾的威胁。隧道内一旦发生火灾,可燃物产生的浓烟将从起火部位迅速向四处对流扩散,直至充满整个空间,呈现聚集不散的状态极难排除,逃生和救援工作困难,容易引起众多人员伤亡和巨大的财产损失。

另外,隧道内发生火灾后将会有较多的车辆和人员堵在隧道内,难以前进或后退,人员、车辆物资疏散困难,更易使火势蔓延,严重威胁人员、车辆、物资的安全,并可能造成隧道主体、附属设施的巨大破坏,带来恶劣的社会影响。因此,在隧道的建设和营运过程中,必须注重火灾的自动检测系统和报警系统的设计、施工、维护，争取及早报警并主动发挥救灾功能，最大限度地减少火灾损失。

在发达国家，由于公路的发展较早，对隧道内汽车火灾的严重性有过惨痛教训。1949 年，美国横穿纽约市哈德逊河底的霍兰隧道发生火灾，满载 CS2 的汽车突然爆炸起火，隧道内顿时浓烟滚滚，热浪摧毁了排风口的换气设备，加之消防救援迟缓，造成烧毁 9 辆大卡车的重大损失。1967 年发生烧毁了 13 辆大卡车的铃鹿隧道火灾，再次使有关方面感受到隧道内汽车火灾的恐怖性。1979 年，日本大阪隧道内发生了一次严重的火灾事故，4 辆卡车与 2 辆轿车连续相撞，轿车油箱破裂起火，酿成死 7 人、烧毁 173 台车辆的大惨剧。1999 年 3 月 24 日发生在勃朗峰隧道（位于法国与意大利交界处的勃朗峰下，全长 11km）火灾，1 辆载有人造黄油的汽车因车上的人造黄油流进汽车排气管引发火灾，30 秒内整车起火，几分钟之后，整个隧道就变成了一片火海。大火整整烧了 50 多个小时，烧毁卡车 23 辆、轿车 9 辆和 1 辆小货车，死亡 41 人，隧道大面积垮塌。勃朗峰隧道火灾后仅两个月，奥地利中部穿越阿尔卑斯山的陶恩隧道内再次发生火灾，导致 12 人死亡、50 人受伤。2002 年 1 月 12 日，位于中国浙江省境内甬台温高速公路上的猫狸岭隧道，发生卡车自燃引起的火灾，所幸没有人员伤亡，但烧损隧道主体及大量附属设施，直接损失数百万元，并在春运期间封洞一个月进行修复，造成较大的社会不良反响。隧道火灾的惨痛教训引起了各国有关部门的高度重视，隧道消防安全技术研究逐渐成为公路安全运输的一个重大课题；人们从预防、报警、消防设备、人员疏散及车辆、工务、电务、运输组织等方面开展了相关的研究。

隧道火灾和其他火灾具有相同的规律，在发生初期是最容易扑救和控制的；大量的公路隧道火灾案例也表明，如果隧道运营管理部门能够及早地探测到隧道火灾的发生，在火灾发生的初期就给出警报，及时进行救灾处理，就能够避免火灾的扩大，减少人员伤亡和财产损失。

7.3.1.1　火灾现象及过程

(1)火灾基本现象

火灾的定义是：失去控制的燃烧过程所造成的灾害。在物质燃烧过程中，往往会伴随有烟、光、热的和学反应过程，因此在火灾中会出现以下几种现象：

①热（温度）。凡是物质燃烧，必有热量释放，时的环境温度升高，这是物质燃烧的基本特征之一。因此，物质燃烧过程所产生的温度变化是重要的火灾特征参数之一。

②燃烧气体与烟雾。普通可燃物质在燃烧开始时，往往首先释放出燃烧气体。其成分一般由单分子气体、较大的分子团和悬浮在空气中的未燃烧物质微粒等组成，微粒一般在 0.01μm 左右，通常称为气溶胶。而烟雾一般是指人眼可见得燃烧生成物，通常粒径在 0.03 ~ 10μm 的液体或固体微粒。因此，物质燃烧过程中所产生的燃烧气体和烟雾也是一种重要的火灾参数。

③火焰。火焰是物质燃烧产生的灼热发光的气体部分。物质燃烧到发光阶段，一般是物质的全燃阶段。这时，物质燃烧反应的放热提高了燃烧产物的温度，并引起燃烧产物分子内部电子能级跃迁，因而放出各种波长的光。所以，火焰光也是一种重要的火灾探测参数。

(2)普通可燃物火灾基本过程

普通可燃物质燃烧的表现形式是：物质受热源作用首先产生燃烧气体和发生阴燃并产生烟雾，在氧气供应充足的条件下才能逐步达到完全燃烧，产生火焰并发出一些可见光与不可见光，同时释放大量的热，使得环境温度升高。普通可燃物质由火灾初起阴燃阶段开始，到火焰燃烧、火势渐大，最终完成火灾的起火过程（起火过程如图 7-14 所示）。其特点是：

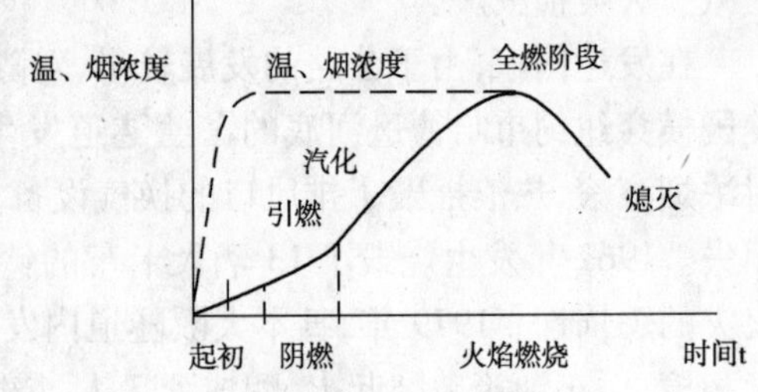

图 7-14　起火过程曲线

①初起和阴燃阶段占时较长。普通可燃物在火灾初起和阴燃阶段尽管产生了烟雾气溶胶，但是环境温度不高，火势尚未达到蔓延发展的程度。如果在此阶段能将重要的火灾信息——烟浓度有效地探测出来，就可以将火灾损失控制在最低限度。

②火焰燃烧阶段火势蔓延迅速。普通可燃物经过足够的火灾初起和阴燃阶段后，足够的蓄积热量会使着火物质温度升高，并且在物质的着火点开始加速，发展成火焰燃烧，形成火焰扩散，火势开始蔓延，环境温度开始升高，燃烧不断扩大，形成火灾。如果能将温度变化这一火灾特征参数有效探测出来，也能及时地控制火灾。

③物质全燃烧阶段产生强烈火焰辐射。处于全燃阶段的普通可燃物质燃烧会产生各种波长的火焰光，是火焰辐射含有大量的红外线和紫外线，因此，对火灾形成的红外和紫外辐射进行有效探测也是实现火灾探测的基本方法之一。但是，对于有较长阴燃阶段的普通可燃物火灾而言，由于普通可燃物在燃烧过程中产生大量烟雾，降低了光的可见度，因此会影响火焰光探测的效果。

7.3.1.2　公路隧道火灾的产生原因

随着交通事业的发展，尤其是公路隧道数量的增加，公路隧道火灾事故的频率也呈现出不断上升的趋势，引起公路隧道火灾的原因是多种多样的，但概括起来主要集中在以下七个因素：车辆因素；隧道自身因素；道路因素；驾驶人因素；乘客与所载物品因素；气候环境因素；自然和其他因素，如地震、滑坡等自然灾害也是诱发事故的一些原因。另外，其他因素如恐怖爆炸、投毒、放火等，近年来，这些事件在国内外也层出不穷。其中由车辆引起的主要原因有：

(1) 汽车紧急制动时制动器起火；

(2) 汽车相撞或追尾撞击起火；

(3) 汽车轮打滑或转向盘失灵与洞壁相撞起火；

(4) 汽车化油器起火；

(5) 汽车自身的机电、设备起火；

(6) 汽车装载的易燃品起火。

7.3.1.3　公路隧道火灾特点

从国内外公路隧道火灾情况可以看出，在隧道中发生火灾，往往伴随着重大财产损失、人员伤亡和隧道损毁，这与公路隧道本身的特性和由这些特性带来的火灾隐患是密不可分的。

(1) 公路隧道火灾隐患

据国际消防技术委员会对多国隧道进行的检查发现，不少隧道由于设计和管理差错，存在以下火灾隐患：

①通风排气道少。隧道内通风排气道少，必然通风不畅，温度上升快，许多有害气体都滞留在隧道内，不但伤害人体健康，还会引发火灾和爆炸，造成重大损失。

②缺少紧急进出口通道。隧道的外观比较优美，结构各不相同，高度和密度也各异，但都缺少紧急进出口道。不少公路隧道只能从两端进出。有些隧道虽有少量进出口道，但标志不醒目，或者被堵塞作为他用。一旦发生火灾等灾难，不但消防和救护车辆无法迅速到达现场，遇难者也难以顺利逃出，必然造成重大灾难。

③防火救护设备少。不少隧道没有按要求设置火灾自动报警系统及自动灭火系统联动控制系统，部分隧道甚至缺少消防水源和灭火器。消火栓间隔过大，无消火栓水泵结合器，也没有设置必要的避难区和采取防火分隔，救护工具也很少，一旦发生不测火灾等灾难时，现场人员无法及时灭火救灾，救援人员也无法有效处置。

④通过隧道运输的危险物品多。大部分公路隧道都位于交通要道上，不可避免地隧道中，要经常通过运输化学物品和多种易燃易爆物品。由于通风不畅，许多有害物都滞留在隧道中，遇到高温和明火，极易发生火灾和爆炸。

⑤人们不重视或不了解的危险因素。如通过隧道运输的面粉、咖啡粉和牛奶粉等有机物粉末与隧道中灰尘混合后，遇到高温或明火时。同样会发生爆炸。

（2）公路隧道火灾特点

作为一类特殊的交通建筑物，公路隧道内部发生的火灾也具有一些独特之处，隧道火灾有如下特点：

①失火暴发成灾的时间极短，一般为5 ~10min。

②隧道火灾产生的烟雾浓度大而且其扩散迅速。较小的火灾更容易产生大量的烟雾并充满整座隧道，即使在强力照明（泛光灯）的条件下，能见度也只在1.0m左右。火灾很可能将隧道照明系统破坏，使得隧道内能见度大大降低，给扑救火灾和疏散人员带来困难。

③火灾温度高。隧道内一旦起火，火灾下游的空气温度可达到1000℃以上，这样，火势就能从一个燃料火源“跳跃”一个长度而引燃下一个着火点。

④隧道火灾将极大地影响隧道内空气压力的分布，这种压力变化可导致通风气流流动速度的变化，或加速、或减速、或者完全逆向流动。隧道火灾由于有强烈的热对流，只能从火灾上游去救火。然而，烟的这种逆向流动将会阻碍救火工作的进行。

⑤火灾在发生过程中，在隧道拱顶附近会形成一层远离火源的热烟流和气流，而支持燃烧的空气从热烟层下面向火源流动。同时，对纵向式通风系统，如果通风的风量充足，则将使所有的热气流流向下风向。如果风量不足，上层的热气流将相反于压力通风的方向流动，发生“回流现象”。

⑥安全疏散困难，隧道内部道路狭窄，发生火灾时还有很多车辆堵住道路，要全部疏散是很困难的，同时火灾在这些车辆之间的蔓延也比较快，每辆车都有汽油，极易发生次生灾害。由于隧道中发生火灾时，人们情绪紧张，由于拥挤车道导致发生意外伤亡。

⑦扑救困难。隧道发生火灾，车辆堵住路口使消防人员很难接近火源扑救。如火灾发生在整条隧道中心，即使从隧道口救援到火灾现场有时也有上千米或更长距离，内部烟气大，能见度低，加之缺乏照明，扑救更加困难。火场温度过高或火灾持续时间过长时，隧道内部拱顶混凝土有被烧崩落的危险，对灭火队员构成生命威胁，这些都使灭火救援的难度大大增加。

7.3.2 火灾探测器

7.3.2.1 常用火灾探测器的分类

火灾发生时,会产生多种明显火灾信号,如:温度、烟雾、火焰、气体等。根据探测的火灾信号不同,大体上可以划分为感温探测器、感烟探测器、感光探测器、气体探测器和复合式探测器等。另外,火灾探测器按探测范围分为线型和点型。点型只能控制警戒范围中某一点周围的温度、烟等参数。线型则可以对警戒范围中某一线路周围的参数进行探测。具体分类如表 7-13 所示。

由于感烟探测器对潮湿、灰尘多、烟雾多、水蒸气高、化学气体浓密等场合容易引起误报;大量的气体和烟雾常年积在气体采样舱内,减短了探测器的使用寿命、降低了探测器的灵敏度,所以烟雾探测器和气体探测器都不适宜用于隧道。隧道内常用的探测器主要有温度探测器和火焰探测器两种。

火灾探测器分类表　　表 7-13

序号	名称及种类			
1	感温火灾探测器	点型	差温、定温、差定温	双金属型、膜盒型、易熔金属型、半导体型
		线型	差温、定温	管型、电缆型、半导体型、光纤型
2	感烟探测器	光电感烟型	点型	散射型、逆光型
			线型	红外光束型、激光型
		离子感烟型		
3	感光探测器	紫外光型 红外光型		
4	可燃性气体探测器	催化型 半导体型		
5	复合型探测器	感温型、感光型、感烟型的组合		

7.3.2.2 典型火灾探测器的原理简介

(1)感温探测器

①定温探测器

定温式探测器的主要特点是:有较高的可靠性和稳定性;保养维修方便,灵敏度较低。根据其工作原理,定温式探测器可分为双金属定温火灾探测器、易熔合金定温火灾探测器、热敏电阻定温火灾探测器、玻璃球定温火灾探测器和缆式线型感温火灾探测器等五种。前四种为点型定温火灾探测器。下面简单介绍双金属片定温探测器工作原理:

a. 利用双金属片的弯曲变形,达到温度报警的目的。它的结构示意图 7-15a)。主要部件由热膨胀系数不同的双金属片和固定触点组成。当环境温度升高时,双金属片受热,膨胀系数大的金属向膨胀系数小的金属方向弯曲,如图 7-15a) 中虚线所示,使触点闭合,输出报警信号。当环境温度下降后,双金属片复位,探测器又自动恢复原状。

b. 利用双金属片的反转。反转方式如图 7-15b）所示。双金属片圆盘反转后位置如图 7-15b）虚线所示，圆盘反转使触点闭合。

c. 利用金属膨胀系数的不同，如图 7-15c）所示。用膨胀系数大的金属外筒和膨胀系数小的内部金属板组合而成，由于外筒的膨胀系数大于金属板，根据其膨胀系数的差使触点闭合。

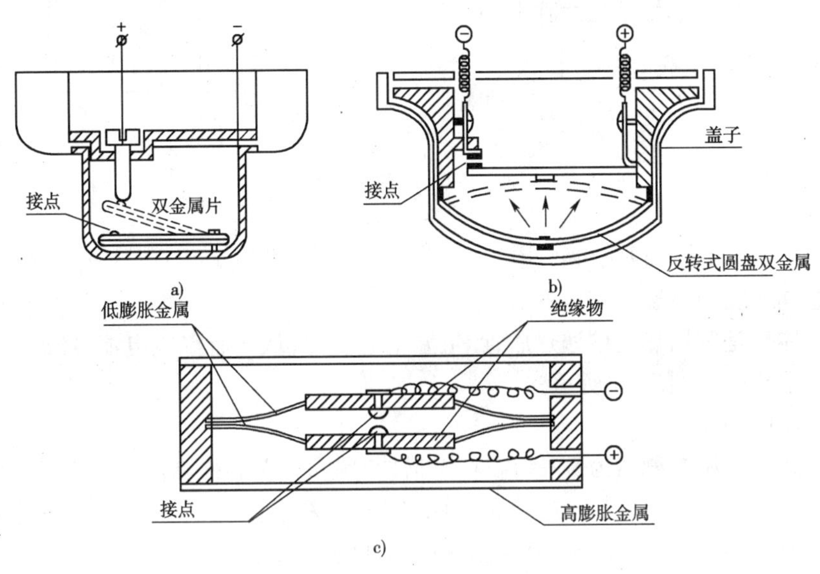

图 7-15 双金属片定温探测器

②差温探测器

差温火灾探测器指升温速率超过预定值时就能响应的火灾探测器。根据其工作原理，差温火灾探测器可分为双金属差温火灾探测器、膜盒差温火灾探测器、热敏电阻差温火灾探测器、半导体差温火灾探测器和空气管线型差温火灾探测器等五种。当火灾发生时，室内局部温度将以超过常温数倍的异常速率升高，这就是差温探测器的动作参数。

a. 膜盒差温火灾探测器

膜盒式差温探测器是一种点型差温探测器，当环境温度达到规定的升温速率以上时动作。它以膜盒为温度敏感元件，根据局部热效应而动作。这种探测器主要由感热室、膜片、泄漏孔及触点等构成，其结构示意图如图 7-16 所示。感热外罩与底座形成密闭气室，有一小孔（泄漏孔）与大气连通。当环境温度缓慢变化时，气室内外的空气对流由小孔进出，使内外压力保持平衡，膜片保持不变。火灾发生时，感热室内的空气随着周围的温度急剧上升、迅速膨胀而来不及从泄漏孔外逸，致使感热室内气压增高，膜片受压使触点闭合，发出报警信号。

b. 空气管线型差温火灾探测器

空气管线型差温火灾探测器是一种线型（分布式）差温探测器。当较大控制范围内温度达到或超出所规定的某一升温速率时即动作。它根据广泛的热效应而动作。这种探测器主要由空气管、膜片、泄漏孔、检出器及触点等构成，其结构示意图见图 7-17。其工作原理是：当环境升温速率达到或超出所规定的某一升温速率时，空气管内气体迅速膨胀传入探测器的膜片，产生高于环境的气压，从而使触点闭合，将升温速率信号转变为电信号输出，达到报警的目的。

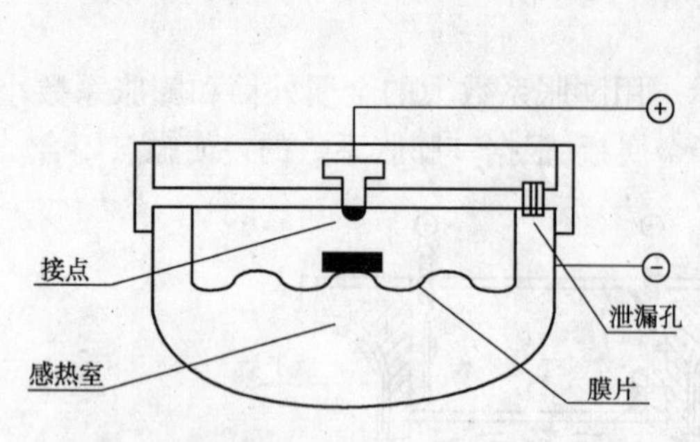

接点
感热室
泄漏孔
膜片

图 7-16　膜盒差温火灾探测器

膜片
接点
检出器
空气管
泄漏孔
试验机

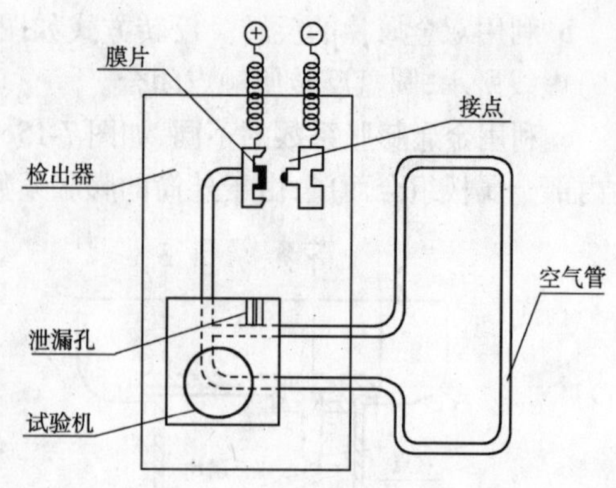

图 7-17　空气管线型差温火灾探测器

c. 热电耦式线型差温火灾探测器

其工作原理是利用热电耦遇热后，产生温差电动势，从而有温差电流，经放大传输给报警器。其结构示意图如图 7-18 所示。

③差定温探测器

以机械式差定温探测器为例，差温探测部件与膜盒式差温探测器基本相同，但其定温部件又分为双金属片式与易熔合金式两种。图 7-19 为差定温探测器的结构示意图。它属于膜盒—双金属片式差定温探测器，其定温探测部件的工作原理是，当温度升高时，双金属片由于热膨胀系数不同而产生弯曲变形，使得触点闭合，接通电源，发出报警信号。

中继器
接点
热电耦

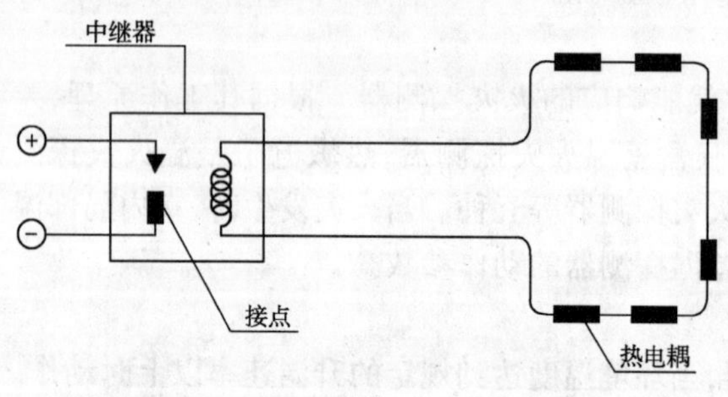

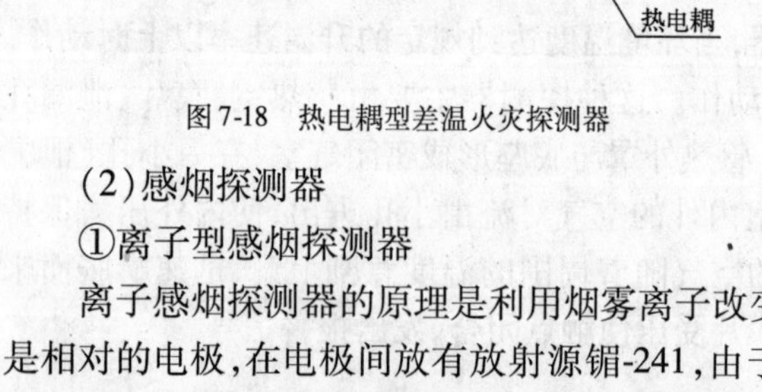

图 7-18　热电耦型差温火灾探测器

低膨胀
金属片
泄漏孔
高膨胀
金属片
感热室
膜片
接点

图 7-19　差定温式火灾探测器

(2)感烟探测器

①离子型感烟探测器

离子感烟探测器的原理是利用烟雾离子改变电离室电流，如图 7-20 所示。图中 P_1 和 P_2 是相对的电极，在电极间放有放射源镅-241，由于它持续不断地放射出粒子，粒子以高速运动撞击空气分子，从而使极板间空气分子电离为正离子和负离子(电子)，这样，电极之间原来不导电的空气具有了导电性。这个装置称为电离室。当电离室加上直流电压后就在电极空间产生电场。电离室空气在放射源作用下发生电离，分成正负离子，在外加电场(E_1，E_2)作用下向两极迁移，即产生电离电流。电离电流的强度与离子的数量及迁移速度有关，离子在迁移中有部分离子又复合成中性分子。当外加电压一定时，离子的产生与复合达到动态平衡，这时就有一个对应的稳定电离电流值。当发生火灾时，烟微粒进入电离室空间，就有一些离子吸附在体

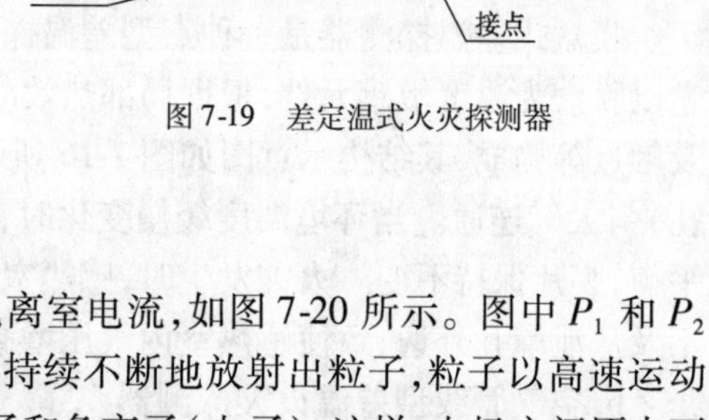

积比离子大许多倍的烟微粒上，离子的迁移速度剧减；同时烟微粒又会增加离子复合率，这样就使到达电极的有效离子数减少；另一方面，由于烟微粒的作用，射线被阻挡，电离能力降低，电离室内产生的正负离子数减少。结果使电离电流减小，相当于检测电离室的空气等效阻抗增加，因而引起施加在两电离室两端的分压比的变化。

②光电型感烟探测器

a. 散射型光电感烟探测器

结构示意图如图 7-21 所示。图中所示的光学暗室为一个迷宫式的暗箱，能阻止外部光线的射入，但烟雾粒子则可自由进入。暗室内有一组发光及光探测元件，分别设置在特定位置上。探测器利用红外光束在烟雾中产生散射光的原理，探测火灾初期阴燃阶段产生的烟雾，它由光学系统、信号处理电路、报警确认灯及外壳等部分组成。无烟时受光元件不能直接接受发光元件射来的光束，无信号发出。当烟雾进入探测器光学暗室后，由红外光源发出的光束在烟粒子表面反射或散射而到达受光元件，受光器的光敏二极管接受到散射光，产生光敏电流，经电路处理、延时后，产生报警信号，同时点亮报警确认灯。

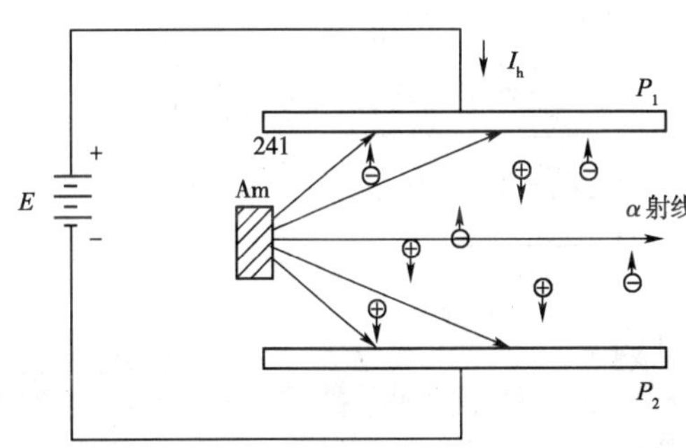

图 7-20　离子感烟探测器原理

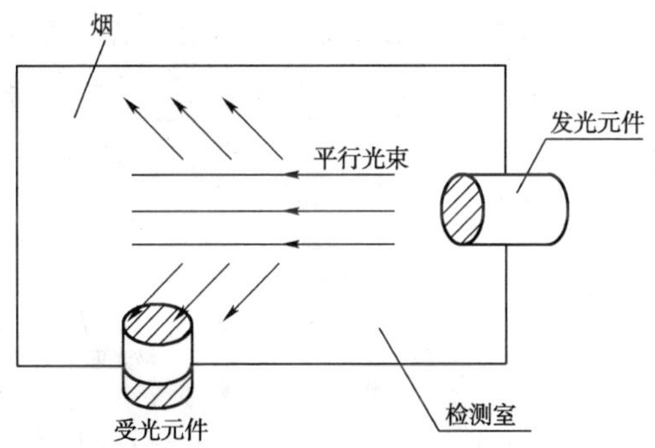

图 7-21　散射型光电感烟探测器

散射光型光电感烟探测方式只适用于点型探测器结构，其遮光暗室中发光元件与受光元件的夹角为 90°～135°，夹角越大，灵敏度越高。一般地，散射光式光电感烟探测器中光源的发光波长约 0.94m，光脉冲宽度 10～10ms，发光间歇 3～5s，对粒径为 0.9～10m 的烟雾粒子能够灵敏探测。

b. 点型遮光电感烟探测器

点型遮光探测器的结构原理如图 7-22 所示。它的主要部件也是由一对发光及受光元件组成。发光元件发出的光直接射到受光元件上，产生光敏电流，维持正常监视状态。当烟粒子进入烟室后，烟雾粒子对光源发出的光产生吸收和散射作用，使到达受光元件的光通量减小，从而使受光元件上产生的光电流降低。一旦光电流减小到规定的动作阈值时，经放大电路输出报警信号。

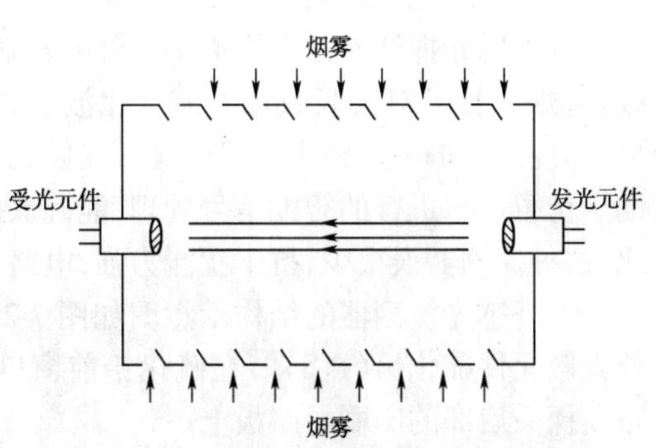

图 7-22　点型遮光感烟探测器

c. 线型遮光电感烟探测器

线型遮光探测器原理与点型相似，仅在结构

上有所区别。线型遮光探测器的结构原理如图7-23所示。

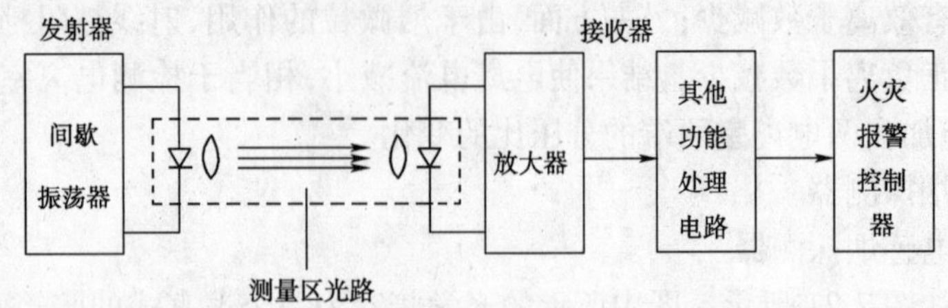

图7-23　线型遮光感烟探测器

点型探测器中的发光及受光元件组合成一体，而线型探测器中，光束发射器和接收器分别为两个独立部分，不再有光敏室，作为测量区的光路暴露在被保护的空间，并加长了许多倍。发射元件内装核辐射源及附件；接受元件装有光电接收器及附件。按其辐射源的不同，线型遮光探测器可分成激光型及红外束型两种。

d. 激光型光电感烟探测器

图7-24为激光型光电感烟探测器的结构原理示意图。

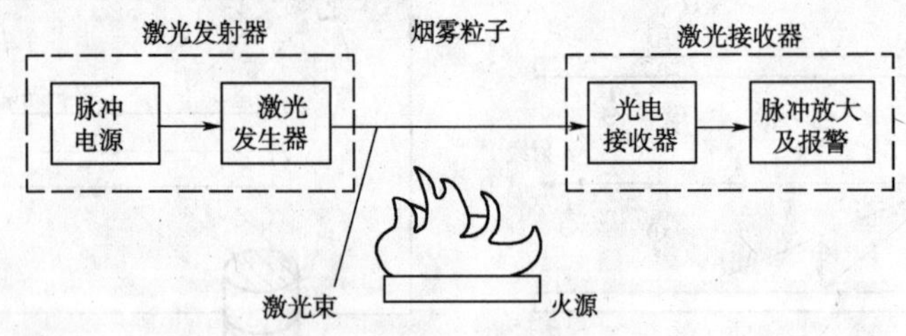

图7-24　激光型光电感烟探测器

它是应用烟雾粒子吸收激光光束原理制成的线型感烟火灾探测器。发射机中的激光发射器在脉冲电源的激发下，发出一束脉冲激光，投射到接收器中光电接收器上，转变成电信号经放大后变为直流电平。此电平的大小反映了激光束辐射通量的大小。在正常情况下控制警报器不发出警报。有烟时，激光束经过的通道中被烟雾粒子遮挡而减弱，光电接收器接收的激光束减弱，电信号减弱，直流电子下降，当下降到动作阈值时，报警器输出报警信号。

(3)感光探测器

①红外感光探测器

红外感光探测器是利用火焰的红外辐射和闪灼效应进行火灾探测。由于红外光谱的波长较长，烟雾粒子对其吸收和衰减远比波长较短的紫外光及可见光弱。因此，在大量烟雾的火场，即使距火焰一定距离仍可使红外光敏元件响应，所以，它具有响应时间短的特点。此外，借助于仿智逻辑进行的智能信号处理，能确保探测器的可靠性，不受辐射及阳光照射的影响，因比，这种探测器误报少，抗干扰能力强，电路工作可靠，通用性强。

红外感光探测器的结构示意图如图7-25所示。在红玻璃片后塑料支架中心处固定着红外光敏元件硫化铅(P_bS)。在硫化铅前窗口处加一可见光滤片——锗片，鉴别放大和输出电路在探头后部的印刷电路板上。

由于红外感光火灾探测器具有响应快的特点，因而它通常用于监视易燃区域的火灾发生，特别适用于没有熏燃阶段的燃料(如醇类、汽油等易燃气体)仓库火灾的早期报警。

②紫外感光探测器

紫外感光探测器又称紫外火焰探测器，它以紫外光电管作为火焰传感元件。紫外光电管是一种灵敏度高，抗干扰能力强，受光角度宽，响应速度快的紫外线传感器，又称火焰传感器。

它能对火焰中波长为1850-2900A的紫外辐射响应，可以检测8m外一般打火机的火焰。但对可见光源（如太阳光，普通灯光等）均不敏感。这是因为阳光中虽有强烈的紫外辐射，但被大气中的臭氧层大量吸收，到达地面的紫外辐射量很低；而人工照明中的气体放电灯也会产生强烈的紫外光。但这些电光源的石英玻壳对2000-3000A的紫外光吸收力很强。因此紫外感光探测器对阳光及上述电光源均不敏感。而对易燃、易爆物（如汽油、煤油、酒精、火药等）引起的火灾则很敏感，因这些有机化合物燃烧时，它的氢氧根在氧化反应中有强烈的紫外辐射（波长为2500-3500A），火焰的温度越高，其紫外光辐射的强度也越高，因此对于易燃物质火灾，利用火焰产生的紫外辐射来探测火焰是十分有效的。因此，紫外感光探测器应用于各种火灾消防系统及易燃易爆场所，用以监测火焰的产生，防止火灾蔓延。是一种远距离火焰探测器。

图7-26为其结构示意图。在紫外光敏管的玻壳内有两根高纯度的钨丝或钼丝电极。当电极受到紫外光辐射后立即发出电子，并在两电极间的电场中被加速。这些加速后的电子（动能携带者）与玻壳内的氢、氦气体分子发生碰击而被离化，发生连锁反应造成“雪崩”式的放电，使紫外光管由截止变为导通输出报警信号。紫外感光火灾探测器的最大特点是对强烈的紫外辐射响应时间极短（最少可达15ms）。此外，它还不受风、雨及高气温等影响，可以在室内外使用。常用于飞机库、油井、输油站（管）、可燃气罐和液罐、易燃易爆物品仓库等。特别适用于火灾初期不产生烟雾的场所，如生产、储存酒精及石油的场所。

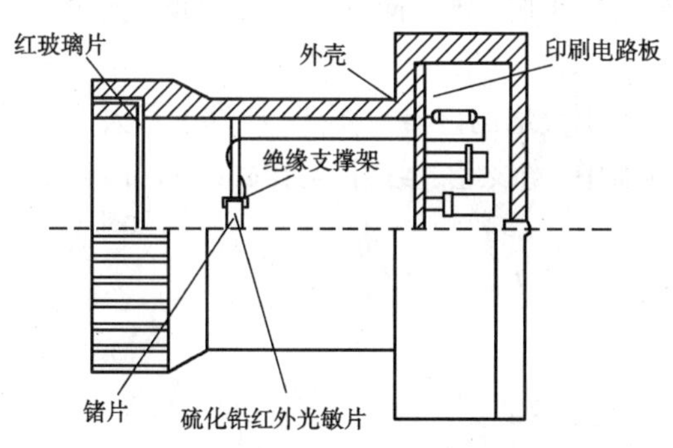

图7-25　红外感光探测器

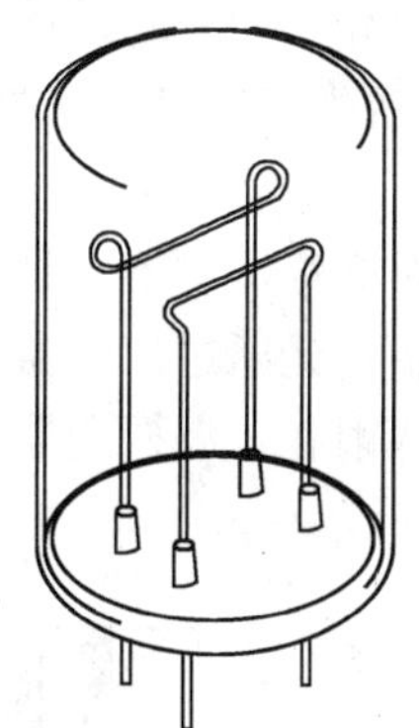

图7-26　紫外感光探测器结构示意图

(4)气体探测器

可燃气体探测器利用对可燃气体敏感的元件来探测可燃气体浓度，当可燃气体浓度达到危险值（超过限度）时报警。在火灾事例中，常有因可燃性气体，粉尘及纤维过量而引起爆炸起火的。因此对一些可能产生可燃性气体或蒸汽爆炸混合物的场所，应设置可燃性气体探测器，以便对其监测。可燃性气体探测器有催化型及半导体型两种。

①催化型可燃性气体探测器

可燃性气体检测报警器，是由可燃性气体探测器和报警器两部分组成。探测器利用难熔的铂丝加热后的电阻变化来测定可燃性气体浓度。它由检测元件、补偿元件及两个精密线绕电阻组成的一个不平衡电桥。检测元件和补偿元件是对称的热线型载体催化元件(即铂丝)。检测元件与大气相通,补偿元件则是密封的,当空气中无可燃性气体时,电桥平衡,探测器输出为零。当空气中含有可燃性气体并扩散到检测元件上时,由于催化作用产生无焰燃烧,铂丝温度上升,电阻增大,电桥产生不平衡电流而输出电信号。输出电信号的大小与可燃性气体浓度成正比关系。当用标准气样对此电路中的指示仪表进行测定,即可测得可燃性气体的浓度值。一般取爆炸下限为100%,报警点设定在爆炸浓度下限的25%处。这种探测器不可用在含有硅酮和铅的气体中。为延长检测元件的寿命,在气体进入处装有过滤器。

②半导体型可燃气体探测器

它采用灵敏度较高的气敏元件制成。对探测氢、一氧化碳、甲烷、乙醚、乙醇、天然气等可燃性气体很灵敏。QN、QM 系列气敏元件,是以二氧化锡材料掺入适量有用杂质,在高温下烧结成的多晶体。这种材料在一定温度下(约 250 ~ 300 t)下,遇到可燃性气体时,电阻减小,其阻值下降幅度随着可燃性气体的浓度变化。根据材料的这一特性可将可燃性气体浓度的大小转换成电信号,再配以适当电路,就可对可燃性气体浓度进行监测和报警。

7.3.3 三种高速公路隧道常用火灾报警系统

7.3.3.1 双波长火焰探测器式隧道火灾报警系统

(1)检测原理

与自然大多数光源(太阳、汽车灯、荧光灯、白炽灯、钠灯等)相比,燃烧的火焰辐射的光具有两个不同:其一,大多数光源发射的光是稳定的,而火焰发光是不稳定的,呈周期性变化,不同的燃烧媒介其光波的跳动频率是有差别的,其中汽油的火焰的跳动频率一般为 1 ~ 15Hz;其二,一般光源发光光谱在红外波段是逐渐的衰减,呈下降趋势,而火焰发光强度在红外波段逐渐增大,呈上升趋势。

双波长火焰探测器正是利用这两个特点来识别火焰的。参见图 7-27,汽车着火以后,汽油燃烧火焰辐射光通过探测器的透光窗进入探测器中,光线经过红外滤光片以后,分别经过不同的滤光片入射在长波探测器和短波探测器上。

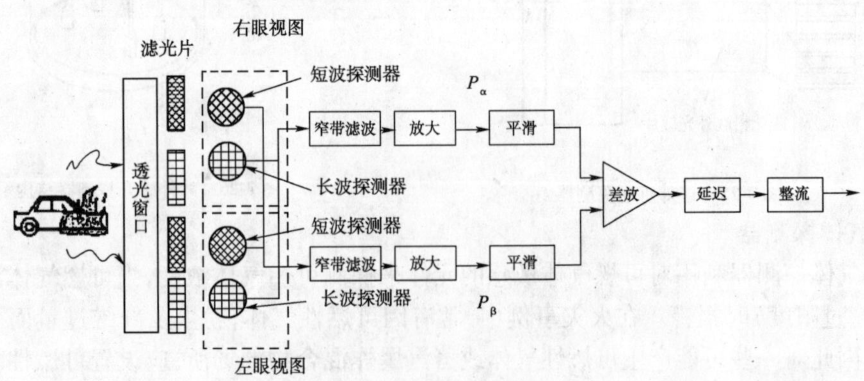

图 7-27 双波长火焰探测器原理图

其中,长波探测器采用的是锗探测器,相应的滤光片透过 1.7m 的光波;短波长探测器是硅探测器，相应的滤光片透过 1.0m 的光波；为了模拟人眼的视觉，系统采用两对传感器。两种波长的探测器分别探测到 1.0m 的光强 P_β 值和 1.7m 的光强 P_α 值。由不同燃烧介质火焰频谱图上可看到，在 1.0 ~ 1.8m 光谱范围内汽车灯光、自然光、荧光灯、纳光灯及其他光源的曲线呈下降趋势，汽油燃烧曲线发光光谱呈上升趋势；即非火灾情况下测得值应该 $P_\alpha < P_\beta$，对应火灾情况则是 $P_\alpha > P_\beta$。这样对透过探测器窗的光进行光学过滤，检出特定的两个光波长的强度，并进行比较判断，当这两个反映了汽油火焰的特征频率光波长功率差值超过设定的标准阀值，就可初步判断为有火灾发生。同时，汽油火焰的跳动频率是 1 ~ 15Hz，在探测器后面加上相应频带的窄带带通滤波器，如果是其他光源光发光，经过探测器以后或者是直流信号，或者是不在 1 ~ 15Hz 内的交流信号，不能通过滤波器，经过相应滤波、放大、平滑、差放电路得不到输出，此时可以判断为非火灾。一旦是汽油着火，则探测器输出 1 ~ 15Hz 的电信号，经过滤波、放大、平滑、差放以后仍然有 1 ~ 15Hz，交流输出；由于经过差动放大电路，这个交流输出具有一个直流偏置，这个直流偏置由 P_α 和 P_β 的差值的大小决定，只要对信号进行滤波就可以获得 P_α 和 P_β 的差值。这样，通过电路中加窄带滤波器的方法，探测器利用了汽油火焰的另一个特征——跳动频率，保证了判断的准确性。

(2)系统构成

双波长火焰探测器以日本能美公司的 FDF012 为代表。双波长火焰报警系统的配置如图 7-28 所示。

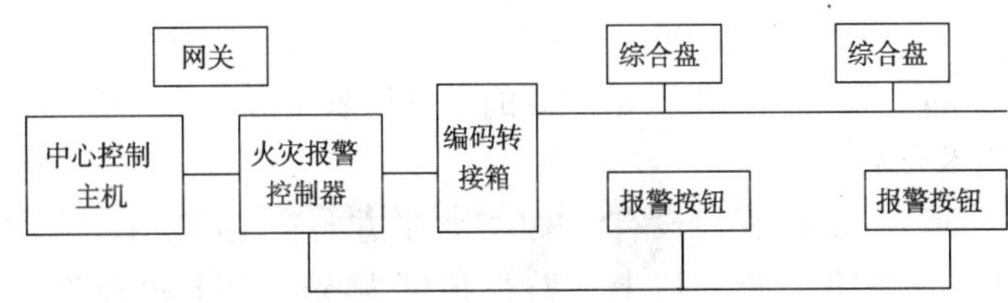

图 7-28 双波长火焰报警系统组成图

其中，监控中心的报警处理部分主要由传输设备和火灾报警计算机组成；本地控制系统由火灾报警控制器、编码转接箱（或短路隔离器）和负责协议转换的网关组成；终端设备为综合盘或手动按钮（有的厂家的综合盘自带手动报警按钮）。其中综合盘以总线方式连接至转接箱，再通过转接箱传达至各自隧道内的联动型火灾报警控制器，最后再通过网关转换协议后以网络方式连接至中心报警处理系统；手动报警按钮直接通过总线连接至火灾报警控制器，再通过网关转换协议后以网络方式连接至中心报警处理系统。综合盘一般应设在隧道壁高 1.4 ~ 2.5m 的高度上，每隔 50m 设置一台；内置双波长火焰探测器、手动报警按钮、指示灯、电话插孔、信号转换器等（图 7-29）。

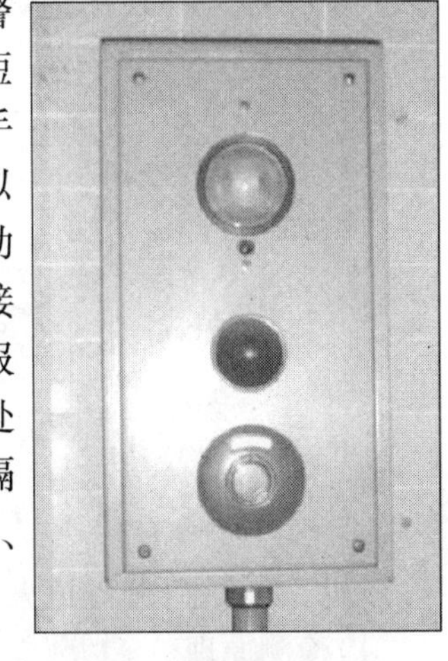

图 7-29 隧道内安装的双波长火焰探测器综合盘

双波长火焰探测器在实际隧道工程中表现出如下特点：

①由于探测器仅针对特征频率起作用，能有效地避免汽车灯光、照明灯光、日光等的影响；

②不受隧道内风速和空气气流的影响,能准确告知火灾发生的地点;

③探头采用了密封结构,可防水、防腐蚀,对隧道内的渗水、废气酸碱腐蚀有出色的耐久性;

④探头安装高度在隧道侧墙上1.5m左右,试验检测和维护方便;

⑤对汽油火焰响应迅速,在多个实体隧道工程中的应用实践表明,一般在几秒钟内可确认并发出报警信号;

⑥检测灵敏度较高,探头内部带有报警确认判别,即在内定连续的3个检测周期均检测到火灾信号后才向中心报警控制器发出报警信号,同时点亮探头上的火灾报警指示灯。这种措施在一定程度上有效地避免了误报;

⑦由于是日本能美公司的专利技术,探头价格昂贵。探头突出部分为玻璃罩,当隧道内车辆发生事故而撞到隧道侧墙时,易于损坏探头。不过,探头更换容易;

⑧隧道内烟尘较大,当感光玻璃窗被污染到一定程度时,探测灵敏度会受到影响而降低,这时需要人工清洁玻璃罩维护;

⑨当探头前意外停有大型车辆阻挡了探头的检测光纤进入感光窗时,探头的检测灵敏度会大幅下降,报警时间延长甚至不能报警;

⑩从工作原理分析,双波长火焰探测器对某些纯材质燃料如工业纯酒精的火焰反应不灵敏,在工程实际应用测试中曾得到证实。不过在实际情况中这种不掺杂其他物质的纯化学品燃烧的可能性极小;

⑪对非明火性质的火灾如只产生大量浓烟的火灾反映不灵敏甚至不能报警。

(3)系统主要技术参数

检测范围如图7-30所示:感光口没有污染时,水平方向感光口左右90°,左右检测各35m,前方检测半径为40m;垂直方向感光口上下监视角度为60°,上下距离为10m。感光口污损50%时,水平方向感光口左右90°,左右检测各25m,前方检测半径为30m;垂直方向感光口上下监视角度为60°,上下距离为10m。工作环境:温度范围-20~50℃。

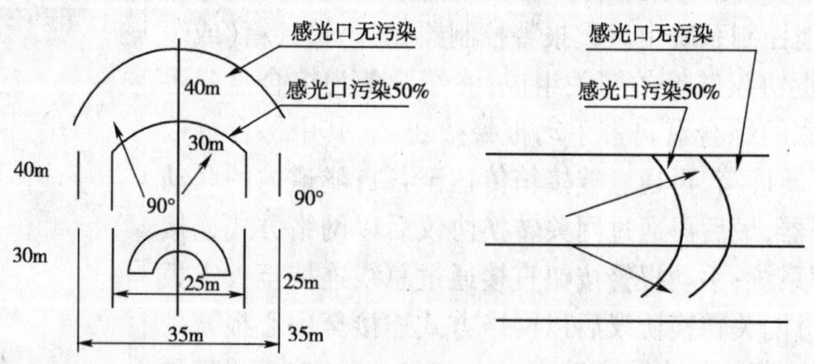

图7-30 检测范围示意图

7.3.3.2 光纤式隧道火灾报警系统

(1)检测原理

光纤传感技术是伴随着光导纤维及光通讯技术的发展而逐步形成的,是20世纪70年代末发展起来的一门崭新的技术。所谓光纤传感器就是通过被测量对光纤内传输的光进行调制,使传输光的强度(振幅)、相位、频率或偏振态等特性发生变化,再通过对被调制过的光信号进行检测，从而得出被测量的一种新型传感器。目前的光纤传感器可以测量温度、压力、变形、振动、流量、放电等，广泛应用于现代工业的监测、控制和保护系统中。

用于隧道火灾检测的光纤火灾探测器实际上是一种分布式光纤测量温度传感器（DTS）。将激光光源发出的强光脉冲注入光纤当中，脉冲大部分能传到光纤末端并消失，但部分光会沿着光纤反射回来，反射光谱（或称为后向散射）包含与入射光波长一致的瑞利散射以及由光纤非线性效应引起的拉曼散射（Raman）和布里渊散射（Brillouin），如图7-31所示。反射光谱中布里渊散射和拉曼－反斯托克斯（Anti-Stokes）散射光的强度与光纤的温度相关；因而，可以通过测量这两种散射光的强度来检测光纤的温度。

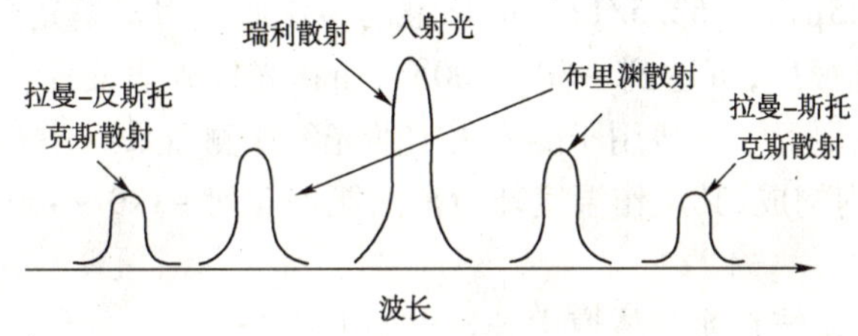

图7-31　后向散射光谱图

这种系统有几个优点：

①由于光纤本身就是传感器，光纤放在哪里就能检测到那里的温度，测量到的温度数据是不间断、多点的连续分布。

②由于光纤是用石英材料所造，是绝缘材料，故此不会像金属导线那样受电磁或电场的干扰，也不存在高压绝缘破坏的问题。

③光纤本身就是光传播的媒体，可以同时将传感的温度信号传送到光纤的端部，这就使得光纤不像其他系统那样需要把信号通过别的金属导线来传输，光纤传感器测温的这一即传感又传播的特点，使得整个系统变得非常简单。

④由于光纤非常细小，加之柔软轻量，使得安装施工较简便。在其他场合如要求测量物体的表面温度，则只需用胶布将光纤粘贴固定在物体表面即可。在测量空间温度时，只需要挂在被测空间的顶部。由于光纤属于玻璃质，故不会受到酸碱腐蚀，光纤的维护保养工作可减轻。

（2）系统构成

光纤火灾探测系统以英国YORK公司的DTS系统为代表，在我国多条高速公路隧道内有成功应用，其结构如图7-32所示。

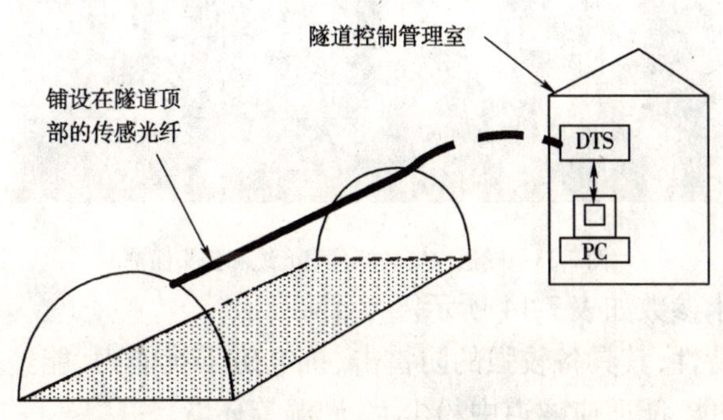

图7-32　分布式光纤火灾检测报警系统安装示意图

光纤传感器沿隧道顶部连续敷设,光纤主机 DTS 放置在隧道控制管理室内。DTS 系统控制单元能与不同长度的光纤相连。该控制单元包括一个能产生激光脉冲的激光源,和一个能通过分析后向散射光信号来确定光纤温度分布信息的专门跟踪系统。控制单元上具备一个串行通讯接口,通过通讯和专用协议连接到监控工作站,在工作站上可实时显示沿线感温光缆所检测到的温度分布。当温度实时曲线上温度跃变超过系统的设置值时,监控工作站就发出报警信号。监控工作站可以和远端的电脑相连,并由远端电脑控制,形成远程监测系统。一般情况下,光纤火灾报警系统和手动按钮报警系统结合配套设置,采用各自的报警主机完成报警布防功能。

TS 系统采用 50/125μm 或 62.5/125μm 标准的传输通讯用多模光纤作为传感器,该光纤本身适用的温度范围就很广,可达到 -50 ~ 300℃,而在光纤外表面涂上不同材料,如丙烯酸盐、丙烯酸酯、聚合物涂层等。一般用于隧道火灾的光纤探测器采用外涂丙烯酸酯光纤装在壁厚 0.5mm 的不锈钢管内构成,其工作温度环境范围能扩大到 -190 ~ 460℃。因此可以胜任大多数隧道工作环境。

光纤火灾报警探测系统在实际隧道中表现出如下特点:

①能实时监测到隧道内的温度分布;

②感温精度较高,对温度跃变的位置能准确判断;

③安装在隧道拱顶,一般不需要维护,但当感温光纤在隧道中附着了较多的油垢和灰尘时,可能对报警灵敏度有所影响;

④隧道现场只需要安装感温光缆,不需要其他设备,除 DTS 主机外不需要供电,施工较简便;

⑤由于是感应环境温度,受隧道内通风效果(包括自然风、汽车行驶造成的活塞风、隧道内风机机械通风)的影响交大,判断的火灾位置可能与实际位置有一定偏差;

一般来说隧道用的感温光纤应尽量避免接续。当隧道较长或隧道离 DTS 主机的安装位置远,不可避免必须接续时,由于采用了钢护套,其接续工艺要求较高并要求接头处有良好的保护(图 7-33),否则接头处大的衰耗会严重影响传感器的检测效果。另外,光纤敷设时必须满足弯曲半径的要求,严禁折损。

图 7-33 隧道内安装的感温光缆和接头保护

(3) 系统主要技术参数如表 7-14 所示。

由于光纤固有的特性,其具备较强的防雷击、抗电磁干扰能力,能经受住大多数电干扰试验。具有防尘、防水功能,能适应隧道中粉尘大、潮湿等环境。

DTS200-7 技术指标一览表　　表 7-14

项　目	指　标	项　目	指　标
探测距离	最长 8kM	测量温度精度	<1℃
回路数	1,2,4,6 回路	设备工作温度	10～30℃
取样间隔	1m	设备存储温度	65℃
定位精度	1m	设备工作湿度	95% 相对湿度(无凝露)
测量周期	50s 内完成 3 条探测光缆回路的测量	自动故障排除	光纤受损后可自动检测并定位受损点
采样时间	可调节	报警阀值	温度报警和差温报警模式
感温传感器(光纤)工作温度	-190～460℃		

7.3.3.3　热敏合金线式隧道火灾报警系统

(1)工作原理

热敏合金金属线的物理特性(电阻值)随温度的变化而变化,这种变化的特性值通过处理器转换成数字量,传送至火灾报警控制器,控制器再将接收到的数字量还原成温度值,实现报警和位置的确定。

具体而言,热敏合金线式线型差温火灾探测器的电阻值 R_i 随现场温度 T_i 的变化而变化,下位机以一定的采样周期采集一次 R_i,并进行 A/D 转换后,通过通讯总线送至火灾报警控制器,控制器通过专用软件对下位机送来的数据进行分析、比较和处理后,还原为温度值 T_i 并显示于控制器显示屏上。一旦该温度值或温升速率值高于系统定温报警或差温报警设定值时,系统将发出相应的火灾报警信号。

同时,下位机还采集隧道内的手动报警按钮以及室内点式感烟/感温探测器、手动报警按钮的信息。因此无论是隧道内还是室内发生火灾,系统均能手动或自动发出相应的火灾报警声光信号。

当隧道内发生火灾时,周围的空气受火源的辐射、对流换热作用而迅速加热膨胀,呈紊流式上升并迅速加热探测器,探测器电阻值 R_i 随之将剧烈变化。

(2)系统构成

一般情况下,热敏合金金属线火灾报警系统和手动按钮报警系统结合配套设置,在同一下位机上可以同时接入感温金属线和手动报警按钮,并通过总线方式在控制室的报警主机上完成报警布防功能。

以成都康达电子有限公司的 HT1901 型隧道专用火灾监测报警系统为例(应用在四川二郎山隧道、广(安)—邻(水)高速公路华蓥山隧道等实际工程)。热敏合金线感温探测系统由每 50m 一段且沿隧道长度方向连续环状布设的热敏合金线式线型差温火灾探测器、每 50m 设置的一只手动火灾报警按钮、每 100m 安装的一台下位机和置于中控室的火灾报警控制器以及中控室、变电站、发电机房的室内下位机、点式感烟/感温探测器、手动报警按钮、相应的连接线缆等设备和附件构成。各设备在隧道内的布设如图 7-34。

热敏合金线感温探测系统在实际工程应用中表现出以下主要特点:

①探测器灵敏度高,温度响应速度快,能较准确地测出隧道中每一段的实际温度;

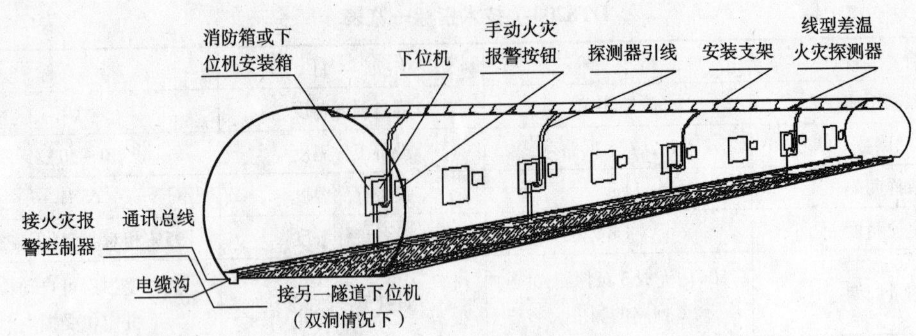

图 7-34　隧道内设备布舍示意图

②探测器外层裹有具有防潮、防腐保护层，不受酸碱腐蚀，无须维护保养，且安装较方便；

③下位机采用了高效瞬变电压抑制器 TVS，能吸收高达数千瓦的浪涌功率，可抗雷达、静电干扰；

④探测器为线型可恢复探测器，如损坏，可分段更换，更换成本低。

(3)系统主要技术参数

热敏合金线火灾感温探测系统在标准配置下测温精度 ±1℃，分辨率为 0.1℃，报警反映时间 <60s，一台控制器可带 125 台下位机，可监控范围为 12.5km，单回路探测器监测范围为纵向 50m，横向 11m，其熔点为 1000℃。

7.3.3.4　三种高速公路隧道火灾报警系统的综合比较分析

根据表 7-15 对三种高速公路隧道火灾报警系统的综合比较分析发现，双波长火焰探测器式在隧道长度较小的情况下，有较高的可靠性和技术经济指标。光纤式使用于较长的隧道，隧道越长，其技术经济指标越佳，而其可靠性与隧道长度不敏感，即是说在长隧道的应用中其可靠性与短隧道相当。热敏合金式工程造价较低，当隧道长度不超过系统的传输要求时有最好的技术经济指标，但当隧道超长时系统的结构较复杂，降低了系统的可靠性。

三种隧道火灾报警系统比较　　表 7-15

比较项目	双波长火焰探测器式	光纤式	热敏合金线式
探测类型	火焰光谱	环境温升	环境温升
最大检测距离	100km	30km	200km
火灾性质	明火	不限	不限
探测灵敏度	高	一般	较高
环境影响	不受风速影响，探头前不能有阻挡物	受风速影响较大	受风速影响较大
报警可靠性	几乎无误报，可能漏报	可能误报，火灾不严重时可能漏报	可能误报，火灾不严重时可能漏报
布置方式和覆盖面积	点式、覆盖全隧道	线式、覆盖全隧道	线式、覆盖全隧道
可维护性	简单定期维护	免维护	基本免维护
系统造价	较高	较高	较低
使用寿命	20 年	20 年	20 年

7.3.4　高速公路隧道火灾报警系统设置

火灾报警系统的设置应符合 GB/T 18567 的相应规定，每一系统应至少配置一台火灾报警控制器，其余设备的选取见表 7-16。

在设计火灾报警系统时应注意以下事项：

(1)火灾报警系统的设计应符合 GB 50116 的相关规定及表 7-4 中的配置要求，传感器宜选择线缆式感温传感器。

(2)连接各设备的所有缆线，除铠装电缆及线型感温探测器外，应穿管保护并封堵。

(3)装于隧道壁上设备，若无特殊规定，应安装。

(4)火灾报警系统应采用一级负荷，并采用单独的配电回路。

(5)火灾报警系统(含手动报警与自动报警)的数据通讯应正常、可靠，同时应具备与中央控制计算机、PLC 或其他设备进行数据通讯与联动控制的能力，并具有以太网接口。

火灾报警系统设备配置　　表 7-16

<table>
<tr><th colspan="2" rowspan="3">设备名称</th><th colspan="4">隧道部位</th><th rowspan="3">配置要求</th></tr>
<tr><th rowspan="2">隧道内</th><th colspan="3">隧道工程建筑物内</th></tr>
<tr><th>中控室及设备房</th><th>配电房及地下风机房</th><th>发电机房备用</th></tr>
<tr><td colspan="2">室外下位机</td><td>√</td><td></td><td></td><td></td><td></td></tr>
<tr><td colspan="2">室内下位机</td><td></td><td>√</td><td>√</td><td>√</td><td></td></tr>
<tr><td colspan="2">手报按钮</td><td>√</td><td>√</td><td>√</td><td>√</td><td></td></tr>
<tr><td rowspan="3">探测器</td><td>线型感温</td><td>√</td><td></td><td></td><td></td><td>沿隧道长度分段布设</td></tr>
<tr><td>点型感温</td><td></td><td>√</td><td>√</td><td>√</td><td>按 GB50116 设计规范设置</td></tr>
<tr><td>点型感烟</td><td></td><td></td><td></td><td>√</td><td>按 GB50116 设计规范设置</td></tr>
</table>

注：有“√”的设备宜设置

7.3.5　公路隧道火灾报警系统研究发展趋势

针对于高速公路隧道，主要展开的是火灾自动报警系统的研究，根据目前我国隧道消防安全的形势和国际上的相关研究情况，隧道火灾自动报警系统将在如下方面开展进一步的研究工作。

(1)适合隧道场所用环境条件和火灾特点的新探测方法研究，例如新型传感器研究、多传感和复合应用、智能信号处理算法等。

(2)火灾自动报警系统应用于隧道中的综合性能评估。主要内容包括分析隧道场所火灾自动报警系统性能评价的性能要素，建立评估考核模式和评估数学模型，确立评价指标体系，和评估实验方法和流程以及评测有效性分析等。

(3)基于性能化防火思想开展隧道火灾自动报警系统设计方法研究，包括火灾场景设计、基于(CFD)的火灾发展和烟气蔓延规律研究、火灾自动报警系统响应时间模型等研究。

(4)适用于隧道的火灾自动报警系统设计、施工方面的相关标准和规范的制订工作，这部分工作要以上述工作为基础，特别是针对火焰探测器、吸气式系统、光纤探测器等的设计和施工验收方法等工作。

7.4 高速公路隧道消防系统设计理论与方法

7.4.1 概述

近年来，为了克服高程障碍，优化线路，缩短里程，修建隧道必不可少，而且数量越来越多，规模越来越大的隧道是公路交通的咽喉要道。随着交通隧道的发展及里程的不断延伸，隧道的消防安全问题越来越引起重视。

因为隧道都是狭长的，建筑结构复杂，环境相对密闭，空间狭窄，通风条件差，能见度差，流动车辆多，车速快。一旦发生火灾，由于受隧道空间的限制，可燃物产生的火焰和烟雾无法向上发展，迫使其从起火部位以每秒1m的速度四处对流扩散，直至弥漫整个隧道，呈现聚集不散的状态。在隧道发生火灾后，较多的车辆和随车人员被困在隧道内，这种情况为火势蔓延，扩大人员伤亡和财产损失创造了条件。由于大多数隧道远离消防站，且消防部门缺少扑救隧道火灾的专用装备。消防队员进入隧道灭火的专用消防通道极其缺乏，因而很难接近火源灭火，尤其是较长的隧道近似于密封状态，自然排风的可能性几乎为零，较长的隧道内设有专用的照明，通风设备，一旦发生火灾，烧毁隧道内的照明和通风设备，极易造成隧道内烟雾大、温度高的局面，浓烟和高温对人的生命构成严重的威胁。消防施救十分困难，后果不堪设想。据资料报道，两辆货车或公共汽车相撞酿成的火灾，在起火25s后就充分发展，3min左右火源上方顶部温度已达到1000℃左右，10min内达1000℃以上。如此迅猛的火势给人员疏散和灭火造成很大的困难。

为确保隧道工程的安全运营，在隧道设计时，应贯彻预防为主，防消结合的方针，采取有效的防火与灭火措施，使火灾控制在最低限度，使隧道真正起到安全输送人员和物资的作用。故隧道内应有行之有效、完备的消防设施。消防工程应安全可靠、经济合理，防消结合，采取行之有效的灭火、降温措施，防止和减少火灾害。

7.4.2 公路隧道火灾起因，种类及特点

7.4.2.1 火灾的起因

公路隧道一般远离市区，是车辆流通的必经之道，火灾的起因主要有以下5种可能：①人为纵火；②汽车本身系统故障起火；③汽车装载的货物遇明火或热源引起燃烧或自燃；④汽车相撞起火；⑤电气线路短路起火。

7.4.2.2 火灾的种类

隧道火灾可分为隧道设备火灾，隧道内的车辆火灾和隧道附属用房火灾。根据隧道火灾的起因和物质燃烧的特性分析，隧道可能发生的火灾种类大致有A、B、C、E四类。

A类指汽车装载的可燃固体燃烧的火灾或常温下呈半凝固状态的重油燃烧的火灾；

B类指汽车装载的可燃液体燃烧的火灾或汽车本身的油箱燃烧的火灾；

C类指汽车运载的可燃气体燃烧的火灾；

E类为带电物体燃烧的火灾。

其中以汽车相撞引发的A、B类火灾和电气火灾最为常见，即为汽车引擎周围燃油的油料

火灾和装载货物的普通火灾。但也不排除C类火灾出现的可能性。因此在选择消防灭火剂及系统时应选择对两类火灾均有效的类型,并便于搬运和在狭小空间使用。

7.4.2.3　隧道火灾的特点

(1)具有多样性和不确定性

由于隧道长度、断面、交通量、车型、车载可燃物等影响火灾发生,蔓延的因素不确定,决定了隧道火灾及其发展蔓延规律和烟气流动规律具有多样性和不确定性。隧道越长,交通量越大,火灾发生的概率越高。隧道火灾荷载主要取决于车载可燃物类型及其数量,车内装修和车载燃油量等。

(2)隧道火灾会产生跳跃性蔓延

由于隧道内空气不足,火灾时多为不完全燃烧,产生的CO等不完全燃烧产物随高温烟气流动,当有新鲜空气补充,并遇到新的可燃物时,即会引发新的燃烧,从而出现火灾从一辆车跳越到另一辆车的跳跃式蔓延。

(3)隧道壁容易发生崩落

隧道呈狭长形,隧道越长越接近似于封闭空间。火灾发生后,隧道内烟雾大、能见度低、温度较高,起火点附近未进行防火保护的隧道壁混凝土容易发生崩落,造成更大的损失。

(4)容易发生二次灾害

隧道火灾发生后,安全疏散困难,容易造成交通堵塞和出现二次灾害。双向交通隧道,单向交通隧道车流量大或处于交通高峰期的隧道发生火灾时,由于隧道能见度低,疏散通道有限,加之驾驶人对烟雾的恐惧,容易慌不择路造成交通堵塞或出现新的交通事故,严重影响车辆疏散。隧道越长,车辆疏散所需的时间越长,期间发生二次灾害的概率也越高。

(5)灭火救援的难度较大

由于公路隧道多远离城市,无可靠市政水源,当火灾发生后,其火灾延续时间和火灾扑救的成功率通常取决于隧道消防设施的合理性和使用效率以及隧道管理单位的管理效率和自救能力。隧道越长,越容易发生灭火救援路线、疏散路线与烟气流动路线的冲突,加之救援面和救援途径有限,火灾扑救难度较大。

(6)火灾损失的不可预见性

隧道火灾损失因隧道火灾荷载和交通状况等不确定因素而有不可预见性,隧道火灾可能只造成一辆车损失,也可能为群死群伤、车损洞毁、交通中断的重大恶性火灾,产生巨大的经济损失和恶劣的社会影响。

7.4.3　常见灭火剂及灭火原理

7.4.3.1　灭火剂的种类

现代灭火剂的发展很快,不仅在品种上日趋繁多,能够造成扑救各种火灾的灭火剂,而且在质量上不断提高,向着高效、低毒和通用的方向发展。目前,我国常用的灭火剂种类有:

(1)水。古今中外,水是使用最广泛的一种天然灭火剂。

(2)泡沫灭火剂。泡沫是一种体积较小,表面被液体包围的气泡群。火场上使用的灭火泡沫是由泡沫灭火剂的水溶液,通过物理、化学作用,充填大量气体(二氧化碳或空气)后形成的。通常使用灭火泡沫,发泡倍数的范围为2~1000,密度在0.001~0.5之间。

①普通泡沫灭火剂:这类泡沫灭火剂适用于扑救A类火灾和B类火灾中的非极性液体火灾(包括:蛋白泡沫灭火剂、氟蛋白泡沫灭火剂、水成膜泡沫灭火剂、化学泡沫灭火剂和合成泡沫灭火剂);

②抗溶泡沫灭火剂:这类泡沫灭火剂适用于扑救A类火灾和B类火灾(包括:金属皂型抗溶泡沫灭火剂、凝胶型抗溶泡沫灭火剂、抗溶氟蛋白泡沫灭火剂和抗溶化学泡沫灭火剂等)。

(3)干粉灭火剂:这类灭火剂是一种微细而干燥的、易于流动的固体粉末。

①普通干粉灭火剂:适用于扑救B、C类火灾和带电设备火灾这类干粉灭火剂包括:碳酸氢钠干粉、改性钠盐干粉、碳酸氢钾干粉、氯化钾干粉、硫酸钾干粉和氨基干粉;

②多用干粉灭火剂:适用于扑救A、B、C类火灾和带电火灾这类干粉灭火剂主要是以磷镀盐为基料的干粉。

(4)卤代烷灭火剂。以卤素原子取代烷烃分子中的部分或全部氢原子后得到的有机化合物统称卤代烷。一些低级烷烃的卤代物具有程度不同的灭火作用,这些具有灭火作用的低级烷烃卤代烷称为卤代烷灭火剂(卤代烷灭火剂应用范围较广,并且灭火速度快、用量省、容易汽化、空间淹没性好、洁净、不导电、可靠期储存不会变质,是一种优良的灭火剂)。这类气体由氟、氯、溴等卤素原子取代低级烷烃(甲烷、乙烷)分子中氢原子后所得到的一类有机化合物。灭火中经常使用的卤代烷有三氟一溴甲烷(1301)、二氟一氯一溴甲烷(1211)、四氟二溴乙烷(2402)、二氟二溴甲烷(1202)等。

(5)二氧化碳灭火剂。这是一种惰性气体,具有不燃烧、不助燃的性质,所以在燃烧区内稀释空气,减少空气的含氧量,从而降低燃烧强度。当二氧化碳在空气中的浓度达到30%~35%时,就能使燃烧熄灭。

7.4.3.2　灭火剂的灭火作用

(1) 水的灭火作用

①冷却作用。冷却是水的主要灭火作用。试验证明,若将1kg常温下的水(20摄氏度)喷洒到火源处,使水温升至100摄氏度,则要吸收335kJ的热量,若再将其汽化,变成100摄氏度的水蒸气,又能吸收2259kJ的热量。因此当水与炽热的燃烧物接触时,在被加热和汽化的过程中,就会大量吸收燃烧物的热量,迫使燃烧物的温度大大降低而最终停止燃烧。

②窒息作用:水遇到炽热的燃烧物会被加热和汽化,产生大量的水蒸气。1kg水汽化后可生成1700l水蒸气。水变成水蒸气后,体积急剧增大,大量水蒸气的产生,将排挤和阻止空气进入燃烧区,从而降低了燃烧区内氧气的含量。试验证明,当空气中的水蒸气体积含量达35%时,大多数燃烧就会停止。1kg水变成水蒸气时的抑燃空间可达$5m^3$,因此,水有良好的窒息灭火作用。

③冲击作用:在机械力的作用下,直流水枪射出的密集水流,具有强大的冲击力和动能。高压水流强烈地冲击燃烧物和火焰,可以冲散燃烧物,使燃烧强度显著减弱;水还可以冲断火焰,使之熄灭。

④稀释作用:水溶性可燃液体发生火灾时,在允许用水扑救的条件下,水与可燃液体混合后,可降低它的浓度,因而降低了蒸发速度和燃烧区内可燃气体的浓度,使燃烧强度减弱。当水溶性可燃液体被水稀释到可燃浓度以下时,燃烧即自行停止(水的稀释灭火作用只适用于容器中储有少量水溶性可燃液体的火灾,或浅层的水溶性可燃液体溢流引起的火灾)。

(2)泡沫灭火剂的灭火作用

①覆盖作用(主要作用):灭火泡沫在燃烧物表面形成的泡沫覆盖层,可使燃烧物表面与空气隔离,可以遮断火焰对燃烧物的热辐射,阻止燃烧物的蒸发或热解挥发,使可燃气体难以进入燃烧区。

②冷却作用:泡沫析出的液体对燃烧表面可起到冷却作用。

③稀释作用:泡沫受热蒸汽产生的水蒸气有稀释燃烧区氧气浓度的作用。(适用于扑救A、B类火灾中的非水溶性液体火灾;不适用于扑救遇水燃烧物质的火灾、气体火灾和带电设备的火灾)。

(3)干粉灭火剂的灭火作用

①抑制作用:干粉喷入燃烧区与火焰混合时,粉粒便与火焰中的自由基接触而把它瞬时吸附在自己的表面,形成了不活泼的水。所以借助粉粒的作用,可以消耗火焰中的自由基OH和H。当大量的粉粒以雾状形式喷向火焰时,可以大大吸收火焰中的自由基,使其数量急剧减少,从而中断燃烧的连锁反应,使火焰熄灭。

②稀释作用:使用干粉灭火时,浓云般的粉雾包围了火焰,可以减少火焰对燃料的热辐射;同时,粉粒受高温的作用,将会放出结晶水或发生分解,这样不仅可以吸收部分热量,而且分解生成的不活泼气体又对燃烧区内氧的浓度有稀释作用,但这些作用对灭火的影响远不如抑制作用大。(适用于扑救可燃气体火灾和甲、乙、丙类液体火灾及电气设备火灾。干粉灭火剂对人、畜是无毒或低毒,但有强烈的窒息作用)。

(4)卤代烷灭火剂的灭火作用(1211灭火剂、1301灭火剂)

化学作用:卤代烷灭火剂在火焰的高温中分解产生活性游离基BR、CI等,参与物质燃烧过程中的化学反应,清除维持燃烧所必需的活性游离基OH、H等,生成稳定的分子H_2O、CO_2以及活性较低的游离基R等,从而使燃烧过程中的连锁反应中断而灭火。(适用于扑救精密设备、仪器、仪表文物档案的火灾,灭火后无残渣、残迹和污损)。

(5)二氧化碳灭火剂灭火的作用

①窒息作用(主要作用):当把二氧化碳施放到灭火空间时,由于二氧化碳的迅速汽化,排挤、稀释燃烧区的空气,使空间的氧气含量减少,当空间的氧气含量低于维持物质燃烧所需的极限氧含量时,物质的燃烧就会熄灭。

②冷却作用(次要作用):当把二氧化碳从钢瓶中释放出来,由液体迅速膨胀为气体时,会产生一个冷冻效果,致使部分二氧化碳转变为固态的干冰。干冰迅速汽化的过程中,要从火焰和周围环境吸热。(适用于扑救气体火灾,甲、乙、丙类液体火灾和一般固体物质火灾。灭火后无污染、无腐蚀,不留痕迹。另外,二氧化碳是一种不导电的物质,可以用来扑救带电设备的火灾)。

7.4.3.3　灭火基本方法

物质的燃烧条件和相应的灭火方法

燃烧是一种放热发光的化学反应。燃烧现象发生时具备三个基本条件:可燃物、氧化剂和着火源。这就是通常所说的燃烧三要素。在这里,可燃物和氧化剂(消防中的氧化剂主要是空气)是燃烧反应的两种反应物,着火源可以理解为使反应开始发生的条件。

根据物质燃烧的要素以及解释反应条件的热理论和连锁反应理论,相应的灭火方法有以下四种：

(1)隔离法：把可燃物与空气隔离开来。

既然燃烧是可燃物与空气两种物质的化学反应，那么把它们隔离开来，使之不能互相接触，燃烧自然就会中止。例如，用石墨粉覆盖在燃烧的金属上，把金属与空气隔离开来，金属的燃烧就会熄灭。灭火泡沫像一层厚厚的毡毯覆盖在燃烧液体或固体的表面上，在冷却作用的同时，把可燃物与空气以及火焰隔离开去，火焰失去了燃料来源，随之就会熄灭。

(2)窒息法：减少空气中氧的含量。

各种可燃物的燃烧，都存在一个维持燃烧所需的最低氧浓度，当空气中的氧气低于此浓度时，燃烧就不能进行。各种物质由于其燃烧性能不同，维持其燃烧的最低氧浓度也不同(表7-17)。

几种物质停止燃烧的最高含氧量　　表7-17

物质名称	停止燃烧的最高含氧量(V%)	物质名称	停止燃烧的最高含氧量(V%)
汽油	14.4	乙醚	12.0
乙醇	15.0	橡胶屑	13.0
煤油	15.0	棉花	8.0
丙酮	13.0	氢	5.9

空气中氧气的浓度按体积计约21%，这种浓度足以维持绝大多数可燃物的燃烧。如果用对燃烧呈惰性的气体，例如二氧化碳、水蒸气、氮气等来稀释空气，使空气中的含氧量降到维持燃烧的最低氧浓度以下，燃烧就会熄灭。

(3)冷却法：降低燃烧物质的温度。

一般可燃物之所以能够持续燃烧，就是因为在火焰或热的作用下，达到或超过了各自的燃点温度，在此温度下，通过热解或蒸发能够产生足以维持燃烧的气体或蒸气。如果将可燃物冷却到其燃点温度以下，并隔绝外来的热源，它就不能产生足以维持燃烧的气体或蒸气，燃烧反应就会被迫中止。

水具有很大的比热容和很高的汽化潜热，用水扑救一般固体物质火灾，主要就是通过冷却作用来实现的。当把水喷洒到灼热的燃烧表面时，水在与燃烧物接触的过程中，通过被加热和汽化，就会大量吸收燃烧物的热量，使燃烧物的温度大大降低而最终停止燃烧。

(4)化学抑制法：抑制燃烧连锁反应的进行。

物质的有焰燃烧都是通过连锁反应来进行的。在碳氢化合物燃烧的火焰中，维持其连锁反应的自由基主要是H、OH和O。据称，对于含氢的化合物，燃烧速度取决于火焰中OH的浓度和反应的压力；对于不含氢的燃烧物，燃烧速度取决于火焰中O的浓度。因此，如果能够有效地抑制自由基的产生或者能够迅速降低火焰中H、OH、O等自由基的浓度，那么燃烧就会中止。卤代烷灭火剂在火焰的高温作用下产生的自由基Br、C1以及干粉灭火剂的粉粒，都是捕获自由基的能手，从而导致火焰的熄灭。

以上所讲的四种灭火方法，也就是各种灭火剂的四种主要灭火机理或灭火作用。不同的灭火剂有其不同的灭火作用。同一种灭火剂在灭火中的灭火作用，往往不是一种因素单独起作用，而是几种因素联合作用的结果。但是，其中必有一种因素起主要灭火作用。例如，水的主要灭火作用是冷却作用；泡沫、金属灭火剂的主要灭火作用是隔离作用；二氧化碳、水蒸气的主要灭火作用是窒息作用；干粉、卤代烷的主要灭火作用是化学抑制作用。

7.4.4 消防设施

消防设施是在隧道内发生火灾时，用于灭火或控制火势的设施。隧道内消防设施主要有：灭火器、消火栓、固定式水成膜泡沫灭火系统等。

7.4.4.1　灭火器

灭火器是小型的消防器具，用于小规模的初期火灾的灭火。灭火器的种类很多，按充装的灭火剂分为泡沫灭火器、卤代烷灭火器、干粉灭火器和二氧化碳灭火器。按使用方式分为固定式和移动式两类。移动式又分为车载式和手提式两种，车载式又有消防专用车和手推车之分。

(1)泡沫灭火器(化学泡沫和空气泡沫)的构造及使用方法

①构造：a. 手提式化学泡沫灭火器由筒体、筒盖、瓶胆、喷嘴等部件组成；空气泡沫灭火器目前只有手提式一种，但我国使用还很不普遍；b. 推车式化学泡沫灭火器由筒体、筒盖、瓶胆、瓶口密封机构、安全装置、喷射系统和行驶机构组成。

②使用方法：手提式化学泡沫灭火器使用时，应注意在未到达火灾现场时不能将灭火器过分倾倒，避免两种药剂(碳酸氢钠水溶液和硫酸铝水溶液)混合提前喷出。当距起火点约 10m 时，将灭火器倒置，一手握提环，一手抓住筒体底边，对准着火点即可喷出。

③灭火注意事项：a. 在喷射泡沫过程中，灭火器应一直保持颠倒的垂直状态，不能横置或直立过来；b. 如果扑救可燃固体物质火灾，应把喷嘴对准燃烧最猛烈处喷射；c. 如果扑救容器内的油品火灾，应将泡沫喷射在容器的器壁上，使泡沫沿器壁流下，再平行地覆盖在油品表面上；d. 如果扑救流动油品火灾，应站在上风方向，尽量减少泡沫射流与地面的夹角使泡沫由近而远地逐渐覆盖在整个油面上。

(2)卤代烷灭火器(1211、1301)的构造及使用方法

①构造：a. 手提式 1211、1301 灭火器一般由筒体、筒盖、喷射系统、开启机构和压力表等构成；b. 推车式 1211 灭火器由钢瓶、喷射系统(喷射软管(MYT25 型为 6.5m，MYT40 型为 7.25m)和喷枪)和推车三部分组成。

②使用方法：a. 手提式 1211 灭火器和 1301 灭火器使用时，应手提灭火器提把，迅速赶到起火点。首先拔掉保险销，然后右手紧握压把，左手握住喷射软管前端的喷嘴(没有喷射软管的左手可扶持灭火器底部)，对准燃烧处喷射；b. 推车式 1211 灭火器一般由两人操作。使用时，应迅速把灭火器推到或拉到起火现场，在距起火点大约 10m 处停下。一人把灭火器直立放稳，然后打开钢瓶上的手枪式启闭阀，另一个快速取下喷枪，展开喷射软管，双手紧握手握开关，把喷嘴对准燃烧物，喷射灭火。喷射时，要沿火焰根部喷扫推进，直至把火扑灭。灭火后，放松手握开关压把，开关即自动关闭，喷射停止。同时关闭钢瓶上的手轮式启闭阀。

③灭火注意事项：a. 灭火器在喷射过程中应保持直立状态，不允许水平和颠倒使用；b. 在室外使用时，应注意占据上风方向喷射；c. 在狭小的室内空间灭火时，灭火后应迅速撤离。因为卤代烷灭火剂有一定毒性，防止对人体造成伤害；d. 要注意防止复燃。

(3)干粉灭火器的构造及使用方法

①构造：a. 手提式干粉灭火器有内装式、外置式和储压式三种结构，现以内装式为主，一般

由筒体、筒盖、储气钢瓶、喷射系统和开启机构等部件构成;b. 推车式干粉灭火器由筒体、筒盖、储气瓶、行驶系统,喷射系统和开启机构等组成。

②使用方法:a. 手提式干粉灭火器使用时,在离火几米远处,将灭火器立于地上,用手握紧喷嘴胶管,另一手拉住提环,用力向上拉起并向火源移近,这时灭火器内就会喷出一股带大量白色粉末的强大气流;b. 推车式干粉灭火器一般由两人操作。使用时应将灭火器迅速拉到或推到火场,在离起火点大约 10m 处停下,一人将灭火器放稳,然后拔出开启机构上的保险销,迅速打开二氧化碳钢瓶;另一人则取下喷枪,迅速展开喷射软管,然后一手握住喷枪枪管,另一只手钩动扳机,将喷嘴对准火焰根部,喷粉灭火。灭火方法同手提式灭火器。

③灭火注意事项:在室外使用时,应占据上风方向喷射。

(4)二氧化碳灭火器的构造及使用方法

①构造:a. 手提式二氧化碳灭火器由钢瓶、瓶头阀和喷射系统组成;b. 推车式二氧化碳灭火器与手提式灭火器基本相同,其主要不同点在于:ⓐ多了一个固定和运送灭火器的推车;ⓑ开启机构全采用手轮式的;ⓒ在瓶头阀上装了一个安全帽。使用时卸下安全帽,才能开启手轮。

②使用方法:a. 手提式二氧化碳灭火器使用时,可手提灭火器的提把,或把灭火器扛在肩上,迅速赶到火场。在距起火点大约 5m 处,放下灭火器,一只手握住喇叭形喷筒根部的手柄,把喷筒对准火焰,另一只手或者旋开手轮,或者压下压把,二氧化碳就喷射出来;b. 推车式二氧化碳灭火器使用时,一般应由两人操作。先把灭火器拉到或推到火场,在距起火点大约 10m 处停下,一人迅速卸下安全帽,然后逆时针方向旋转手轮,把手轮开到最大位置,另一人则迅速取下喇叭喷筒,展开喷射软管后,双手紧握喷筒根部的手柄,把喇叭筒对准火焰喷射。其灭火方法与手提式灭火相同。

③灭火注意事项:a. 灭火时应注意在密闭的空间内要采取防止人员窒息的措施;b. 灭火时应处于上风方向喷射。

常见的几种灭火器其性能如表 7-18 所示。

常见灭火器性能表 表 7-18

种类	泡沫灭火器	1211 灭火器	二氧化碳灭火器	四氯化碳灭火器	干粉灭火器
规格	10L 65 ~ 130L	2kg 以下 4kg 6kg	2kg 以下 2 ~ 3kg 5 ~ 7kg	2kg 以下 2 ~ 3kg 5 ~ 8kg	4kg 8kg 35kg
药剂	筒内装有碳酸氢钠,发沫剂和硫酸铝溶液		瓶内盛有压缩成液态的二氧化碳	钢瓶内装有四氧化碳液体	瓶内装小苏打或钾盐干粉
用途	适合扑救油类火灾	适用扑救油类、有机溶剂、精密仪器、文件档案等火灾	适用扑救贵重仪器和制备,不能扑救金属钾、钠、镁、铝等物质的火灾	用于扑救电气火灾,不能扑救金属钾、钠、镁、铝、乙炔、乙烯、二硫化碳等火灾	适用于扑救石油、石油产品、油漆、有机溶剂和电器设备等火灾

续上表

种类	泡沫灭火器	1211 灭火器	二氧化碳灭火器	四氯化碳灭火器	干粉灭火器
性能	10L 灭火器、喷射时间 60s、射程为 8m。65L 的喷射时间 170s,有效射程 13.5m	10 升灭火器,喷射时间 50s,射程为 10m	要接近着火地点,保持 3m 远	3kg 喷射时间 30s,射程为 7m	8kg 干粉喷射时间 14～16s,射程为 4.5m
使用方法	倒过来稍加摇动或打开开关,药剂即喷出	把灭火器筒倒过来溶液即可喷出	一手拿好喇叭筒对准火源,另一手打开开关即可	只要打开开关,液体就可喷出	提起圈环,干粉即可喷出
保管和检查方法	保管:①灭火器要放在方便地方;②防止喷嘴堵塞;③注意使用期限;④冬季防止灭火器冻结,做到保温。 检查:①泡沫灭火器的泡沫发生倍数为 5.5 倍。存放期间低于四倍时,应换药。另一种用比重计试验内外药(内药为 30 度,外药为 10 度)低于规定应换药。②酸碱灭火器的检查方法同检查泡沫灭火器的检查方法同检查泡沫灭火器的第二种方法。③二氧化碳灭火器的检查方法:年称重一次,得出重量与器体上注明的器体重量和二氧化碳净重相对照,如二氧化碳净重减少 10% 以内应检修充气。④四氯化碳灭火器检查方法:用仪器试验瓶内液体压力,发现不足 8kg 应充气				应保存在干燥通风处,防止受潮日晒。每年应抽查一次干粉是否受潮结块,二氧化碳气体每半年称重一次

7.4.4.2　消火栓

消火栓是一种用于初期火灾的灭火设施,是一个截止阀,一般配有供消防使用的橡胶软管。根据安装位置的不同分为室内消火栓和室外消火栓。室内消火栓可设在隧道边墙上,室外地下消火栓可设在隧道侧内沟。室内消火栓主要由阀体、密封垫、阀杆、阀盖、手轮、进出接水口等部件组成。

(1)消火栓的构造及使用方法

①构造:消火栓设备通常装置在具有玻璃门的专用箱内,由水枪、水带和消火栓三部分组成。水枪喷嘴口径一般为 13、16、19mm。室内一般采用直径 50 或 65mm 的麻质水带。若水枪喷嘴口径为 16、19mm 时,宜采用直径为 65mm 的水带,室内消火栓的直径应不小于所配备的水带的直径。室内双出口直径不应小于 65mm,如表 7-19 所示。

②使用方法:消火栓使用时需两人以上进行操作,一人将水带铺开(采用滚动),接好水枪头,另一人将水带与消火栓水阀进行连接,并开启水阀。

③使用注意事项:a. 当开启水阀时,水带将产生较大的力,应防止水带滑落伤人;b. 当水带注满水后,应防止重物压水带防止水带瀑裂;c. 在铺开水带时,应防止水带打结;d. 使用后的水带应及时晒干及卷好放入消火栓箱内。参见表 7-19。

SN 型室内消火栓规格性能　　表 7-19

型号	进水口		出水口		强度试验压力(MPa)	密封试验压力(MPa)	密封试验压力(MPa)	质量(kg)	外形尺寸(长×宽×高)(mm)
	形式	口径(in)	形式	口径(mm)					
SN50	管牙	2	内扣式	50	1.5	1.0	≤1.0	4.25	165×125×190
SN65	螺纹	2.5		65				5.3	180×140×210

(2)水带和水枪的使用

室内消火栓配合水带、水枪使用。

水带是连接消火栓或消防泵与水枪的一种输水软管。它按材料可分为麻织、棉织涂胶、尼龙涂胶三种;按口径可分为50、65、80、90mm四种;按承受压力可分为甲、乙、丙、丁四级,承受最大工作压力分别为≥1、0.8~0.9、0.6~0.7、≤0.6MPa。选择水带时要注意到各种接口的型号、规格与性能,以便配套使用。

水枪是增加水流速度、射程和改变水流形状的射水灭火工具,按喷射水流不同,可分为直流水枪、开关直流水枪、开花直流水枪、喷雾水枪、带架水枪等。直流水枪是用来喷射密集充实水流的水枪;开关直流水枪是在直流水枪上安装控制开关,能控制水流大小和增加水流射程的水枪;开花直流水枪是一种既可以喷射充实水流,又可喷射伞形开花水流的水枪,开花水流能隔离辐射热,能掩护消防员以充实水流进行灭火;喷雾水枪是在直流水枪的枪口上安装一个双级离心喷雾头,使水流在离心力作用下,将压力水变成雾状水流,可适用于扑救油类火灾及电器设备火灾。雾状水流能吸收大量辐射热,可以掩护消防员接近火源,提高灭火效率;带架水枪由枪管、旋转盘、操纵杆、底架等主要部件构成,适用于大面积火场及高层建筑等。

7.4.4.3　固定式水成膜泡沫灭火装置

采用水成膜泡沫灭火栓是采用窒息灭火方法进行灭火的。水成膜是成熟有效的灭火药剂,能与消火栓系统结合工作,对扑灭隧道内有机固体物类、液体类、可溶化固体类火灾有很好的效果。

水成膜系统与消火栓系统合用一套消防给水管网及加压泵组,由消火栓箱进水管接出水管供水成膜箱用水,水成膜箱也与消火栓箱设在一起。在每组消防栓箱旁设水成膜泡沫灭火装置箱一只,内设软管卷盘一盘(由高压橡胶管、喷枪等组成)、30L泡沫液容器罐、负压式比例混合器、泡沫喷枪、导向架及管路组件等。其中水成膜泡沫浓缩液采用瓶装,浓度为3%,相应喷射时间为22min,主要是在消防队到达之前灭火用。该系统通过比例混合器将水与泡沫原液罐接通,使压力水与泡沫原液按规定比例自动混合,经发泡枪产生泡沫,并喷射3%的泡沫混合液,消防时,开启消防泵或按下箱内的报警起动泵按钮,取出泡沫枪并拉开导向架,即可使用泡沫系统进行灭火。

水成膜泡沫液对甲、乙、丙类液体火灾具有特殊的灭火效果。由于隧道内以汽车火灾为主,火灾扩散速度比地面道路快,且油类火灾不同于一般火灾,而水成膜泡沫灭火栓箱是新型高效低倍数泡沫固定灭火装置,主要在灭火过程中,泡沫层析出的水分能在燃料表面形成水膜,它含有氟碳表面活性剂,能降低泡沫溶液的表面张力,使其浮在燃料的表面,达到燃料与空气隔离触并冷却油面,能迅速扑灭火灾,不会复燃,且操作简便。

以上四种消防设施,在一般隧道中只设置前两种,在高等级公路上的长大隧道中,则四种同时设置。此外,自动喷水灭火系统在隧道内使用,国内外均持“不推荐”态度,我国在目前的情况下也暂不考虑,具体解释可以参见《公路隧道交通工程设计规范》条文说明。

7.4.5　隧道消防系统设计

公路隧道消防系统可分为两类:(1)干式消防系统,即只采用灭火器,不设置消火栓和固定式水成膜泡沫灭火装置。(2)水消防系统,即至少包括灭火器和消火栓,根据规范和实际需求可以加上固定式水成膜泡沫灭火装置。所以我们设计的第一步就是要确定消防系统。根据《公路隧道交通工程设计规范》中的计算法，确定隧道分级，从而确定消防设施的配置。A 级时，采用水消防，必须包括灭火器、消火栓和固定式水成膜泡沫灭火装置。B 级时，采用水消防，必须包括灭火器和消火栓，根据实际情况确定是否设置固定式水成膜泡沫灭火装置。C 级时，采用干式消防，即只用灭火器，根据实际情况确定是否设置另外两种装置，D 级且隧道大于 100M 时，采用干式消防，只用灭火器。

此外，按照设计和工程经验，通常我们可按如下划分(与《公路隧道设计规范》JTJ026—90 略有不同)：即 500m 以下短隧道，可采用干式消防，只用灭火器；在隧道很短(100m 左右)且交通量不大的情况下可不设消防系统。由于 500m 以下的隧道，汽车在隧道内通行的时间不足 1min，火灾危险小，故设计时一般只考虑配置便携式磷酸铵盐干粉灭火器。

500 ~ 1000m(含 500m)中隧道，火灾危险性较大，通常采用水消防，包括灭火器和消火栓，根据实际情况可不加固定式水成膜泡沫灭火装置。

1000m 以上(含 1000m)长隧道，采用水消防，必须包括灭火器、消火栓和固定式水成膜泡沫灭火装置；长隧道，火灾危险性大，起火后容易造成重大的火灾损失，除配置便携式磷酸铵盐干粉灭火器外，还分别配置消火栓灭火设施和水成膜泡沫灭火设施。这种灭火设施的配置，在用水成膜泡沫灭火设施灭火的同时，还可用消火栓灭火设施对火灾周围进行冷却。

根据火场灭火情况，一般首先发现火灾并面临火灾的是驾驶人和乘客，他们没有专门的灭火技能，必须使用隧道内配置的消防设施，对他们来说便携式磷酸铵盐干粉灭火器是最好的灭火设施。随着火灾的发展，隧道管理所兼职消防人员到达隧道，他们具有专门的灭火技能，但不携带消防设备，对他们来说，使用隧道内配置的消火栓或水成膜泡沫灭火设施是最好的灭火手段。由于隧道一般都远离市区，社会消防队员总是最迟到达火灾现场，他们具有特殊的灭火技能，且自带灭火设备，对于他们来说，一般只要求供给充足的水源，为满足他们的需要，我们在隧道进出口设置了室外消火栓和水泵接合器。

7.4.5.1 消防设施配置

(1)消防水灭火系统

隧道消防系统设计，按同一时间发生一处火灾考虑，主要由以下几个系统组成：消火栓系统、水成膜泡沫系统、灭火器系统及地面消防设施设置，以及给水设施的电控系统。当隧道为重要城市隧道，长度较长，可建议当地消防管理部门配置消防专用车。

消火栓系统及给水管道

消火栓及给水管道的防火设计，目前借鉴相关的防火设计规范：《建筑设计防火规范》(GBJ16—87)(2001 年度)《高层民用建筑设计防火规范》(GB50045—95)(2005 年度)其中主要参数：

a. 消火栓的布置应保证有两支水枪充实水柱同时到达洞内的任何部位，且最大安装间距不应大于 50m。

b. 为保证消火栓的灭火效果，应保证消火栓水枪的充实水柱不应小于 10m，即栓口的最低工作压力不应小于 10 × 104Pa。

c. 水枪的水压过大，开闭时容易产生水锤作用，造成给水系统中的设备损坏，一人难以握紧使用，同时水枪流量增大，易在短时间内用完消防水量，对扑救初期火灾极为不利。消火栓栓口的静压不应大于 1.00MPa，当大于 1.00MPa 时，应采用分区给水系统。当消火栓栓口的动压即出水压力超过 0.5MPa 时，应采取减压措施，即在管道上设减压阀。

d. 为了保证隧道内消火栓用水的安全可靠性，隧道给水管网要设置成环状管网，以便在某段管网维修或发生故障时仍能保证火场用水。

e. 当室内消火栓超过 10 个且室内消防用水量超过 15L/s 时，常高压给水系统，从高位水池到环状管网的引入管不应少于两根，当其中一根发生故障时，其余进水管或引入管能保证消防水量和水压的要求。

f. 环状管网应用阀门分成若干独立段。当某段落损坏或检修时，关闭阀门，不影响其他段消火栓的正常使用。两个阀门之间停止使用的消火栓数量不应超过 5 个，主要是控制停水范围。

j. 隧道每个出入口处至少应设置一组室外消火栓和水泵结合器。设置水泵结合器主要目的是消防车向隧道内消防给水管道临时补水。设置相应的室外消火栓是保证消防车快速投入灭火供水工作。为了便于消防车使用，水泵结合器与室外消火栓距洞口不宜小于 5m，距公路边不大于 2m。水泵结合器与室外消火栓间距不大于 40m。每个水泵接合器的流量应按 10 ~ 15L/s 计算。管道上装有不锈钢伸缩节，可缓冲管路轴向的变化。

消火栓系统是成熟可靠的消防系统，可在火灾初期时灭火和防止火灾扩大，能扑灭多种类型火灾，由专业消防人员操作，可大大降低火灾损失。

消火栓系统用水量一般为 20L/s，火灾持续时间以 2h 计算。分别由隧道两端的市政给水管网上各引一条消防给水管，接至隧道两端的消防泵房，泵房内不设消防水池，火灾时消防泵直接从城市自来水管网吸水加压（需征得消防部门及供水部门的同意）。如市政管网压力满足最不利点消火栓的压力要求，可不设消防泵房，将消火栓管网与供水管网合用。

消火栓给水管网分别沿隧道下的管沟敷设，全线贯通，并在两端设连通管，从而形成安全可靠的消防环网。在每条隧道的一侧每隔 45 ~ 50m 设一组消火栓箱，每只箱内设两个 SN65 型单口单阀消火栓、两根 25m 长 直径 65mm 水带、两只直径 19mm 水枪。在消防干管上每隔 5 个消火栓设一个检修蝶阀，在最高点设放气阀，最低点设泻水阀。并由电力专业设置相应的消防报警按钮、应急照明灯、应急发光标识灯等设施。

消火栓的水压应保证水枪有一定长度的充实水柱，洞内水枪充实水柱长度可由式（7-35）得出：

$$s_k = H_1 - H_2/\sin\alpha \tag{7-35}$$

式中：s_k——水枪的充实水柱长度，m；

H_1——隧道主洞净高，m；

H_2——消火栓安装高度，m；

α——水枪上倾角，一般为 45°，若有特殊困难可适当加大，但不应大于 60°。

火场实践证明，当口径 19mm 水枪的充实水柱长度小于 10m 时，由于火场烟雾较大，辐射热高，尤其是隧道排烟困难，温升又快，很难扑救火灾，当充实水柱增大，水枪的反作用力也随之增大。经过训练的消防队员只能承受的水枪最大反作用力不大于 20kg，一般人员不大于 15kg。充实水柱长度与水枪反作用力情况如表 7-20 所示。

口径 19mm 水枪充实水柱长度与水枪反作用力对照表　　表 7-20

充实水柱长度(m)	水枪反作用力(kg)	水枪反作用力(kg)	充实水柱长度(m)	水枪反作用力(kg)	水枪反作用力(kg)
10	1.35	7.65	15	2.70	15.31
11	1.5	8.51	16	3.25	18.42
12	1.70	9.63	17	3.55	20.13
13	2.05	11.62	18	4.33	24.38
14	2.45	13.08			

消火栓间距十分重要,它关系到初期火灾能否被及时,有效地控制和扑灭;关系到起火隧道内人身和财产安危。《公路隧道交通工程设计规范》参考了日本的规定,所以取了 50m。计算过程如式(7-36):

消火栓保护半径:

$$R = L_D + L_S, L_S = S_K \times \cos 45° \tag{7-36}$$

式中:R——消火栓保护半径,m;

L_D——水龙带敷设长度,m;考虑水带的转弯曲折,折减系数取 0.9;

L_S——水枪充实水柱在平面上的投影长度,m;根据火场经验,水枪射流上倾角度一般不超过 45°,故按 45°考虑;

S_K——水枪充实水柱,m;可参照《公路隧道交通工程设计规范》条文说明中的方法进行计算,可按 10m 水柱计。

消火栓的布置间距式(7-37):

$$S = (R^2 - b^2)^{0.5} \tag{7-37}$$

式中:S——两支水枪的充实水柱同时到达隧道内任何部位时消火栓的间距,m;

R——消火栓的保护半径,m;

b——消火栓的最大保护宽度,m;即隧道的最大刻度。

根据《人民防空工程设计防火规范》第 7.62 条规定,消火栓间距不能大于 50m。

(2)水成膜泡沫灭火系统

水成膜泡沫浓度 3% 为欧洲各国常用浓度,喷射时间性不应小于 22min,主要考虑在消防队到场之前群众的灭火时间。固定式水成膜泡沫灭火装置箱内设有给水检修阀门及泡沫液开关阀门等。泡沫液的阀门平时是关闭的,由于火灾时操作者的心理原因,如不及时打开,会导致延误灭火的最佳时间,所以阀门应有明显的启闭标志。寒冷地区使用水成膜泡沫液,必须考虑其适用范围,可选用抗寒型泡沫。固定式水成膜泡沫灭火箱门上应注明“泡沫灭火栓”字样。

PSG30 型水成膜泡沫灭火箱采用新型的水成膜泡沫灭火剂(AFFF)。其灭火介质为:水 + 水成膜液。水成膜罐与导向架间连接铜管有一个小球阀,当该球阀关闭时,水成膜液即无法喷出,其灭火介质即单纯为水。

PSG30 型水成膜泡沫灭火装置技术参数如表 7-21 所示。

PSG30 型水成膜泡沫灭火装置技术参数 表 7-21

型号	泡沫液	混合液(L/min)	泡沫液储量(L)	混合比(L)
PSG30	3%	30	30	3%
喷射距离(m)	喷射时间(min)	供水压力(MPa)	发泡倍数	
>6	>30	0.40~0.8	>4.5	

(3)灭火器及地面消防设施设置

灭火器及地面消防设施使用方便、性能可靠,通过正确使用能及时扑灭隧道内各类火灾。由于隧道内可能发生的火灾多为 A、B 类火灾和带电火灾,灭火器选用手提式磷酸氨盐干粉灭火器及水成膜泡沫灭火器。

灭火器在规范中没有具体规定型号,灭火器配置参照《建筑灭火器配置设计规范》(GB50140—2005)的火灾种类、危险等级以及计算方法。设计的步骤如下:

①确定灭火器配置场所的危险等级;

②确定灭火器配置场所的火灾种类;

③划分灭火器配置场所的计算单元;

④测算各单元的保护面积;

⑤计算各单元的需配灭火级别;

⑥确定个单元的灭火器设置点;

⑦计算每个灭火器设置点的需配灭火级别;

⑧确定每个设置点灭火器的类型、规格与数量;

⑨验算各设置点和各单元实际配置的所有灭火器的实配灭火级别,确定每具灭火器的设置方式和要求。

一般长度小于 1km 的隧道,采用干式消防设施,较为单纯,每隔 50m 设一个干粉箱。干粉灭火器由干粉箱和三个磷酸铵盐干粉瓶组成。其灭火介质为磷酸铵盐干粉,每个干粉瓶容量为 8kg。

在长度大于 1km 的隧道内,在隧道设置消火栓、水成膜箱的对面一侧,每隔 45~50m 设一组灭火器箱,与消火栓箱交错布置。每个箱内配置磷酸铵盐干粉灭火器和水成膜灭火器各两具,同时在每个消火栓箱内再配置两具磷酸铵盐干粉灭火器。在隧道 lZl 附近分别设置两套水泵结合器,在水泵结合器附近 15~40m 范围内设置相应的室外消火栓。

此外,灭火器箱宜采用嵌墙型开门式灭火器箱,箱门上还应有明显的反光标志。灭火器箱尺寸和质量应符合现行行业标准《灭火器箱》的规定。具体灭火器箱内灭火器数量可根据《公路隧道交通工程设计规范》要求设置。

(4)消防给水

由于公路隧道多在郊外无市政自来水可利用,故宜用地下水。若地表天然水源充足也可以考虑采用天然水源,但若此水源不稳定,有枯水期或断流,则不宜采用。根据《公路隧道交通工程设计规范》中消防用水量表,计算 $500m \leqslant L < 1000m$,$1000m \leqslant L < 3000m$,$L \geqslant 3000m$ 三种情况下的用水量分别为:$108m^3$、$288m^3$ 和 $432m^3$,高位消防水池容量可分别取 $150m^3$、$300m^3$ 和 $500m^3$。高位水池建在深山高处,周围无高建筑,为保证水位信号线路免遭雷击的破坏。应按 GB50057—94《防雷设计规范》(2000 年度)要求,在池顶安装接闪器、避雷带,避雷带在池顶

组成网格,该网格与池面金属构件作电气连接,与池体的金属构件作电气连接,引下线与接地体连接,组成具有屏蔽的笼形防雷体系。这样不仅可以有效防止雷击损坏系统设备,而且还能防止外来的电磁干扰水位电信号的准确性和可靠性。若考虑其他用水(给水栓用水及服务维护用水等)情况,此项用水按照两个给水栓计,每个给水栓出水量按6.2L/s计,共12.4L/s,水成膜灭火按两套装置,每套按1L/s计,分别计算500m≤L<1000m,1000m≤L<3000m,L≥3000m三种情况下的用水量分别为:211.68m^3、495.36m^3和743.04m^3,高位水池容量可分别取:300m^3、500m^3和800m^3。

(5)给水设施的电控系统

数字水位显示仪

无人值守的水控制系统配置数字水位显示仪,具有直观了解水池(尤其高位水池)水位的特点,能及时掌握控制系统设备的运行情况。数字水位显示仪主要包括水位探测器、外控输出电路等。

①水位探测器

水位探测器的选用,是保证系统可靠的关键。目前,水位检测方面采用的技术和产品,由于自身的特点,使它们的使用范围受到了很大的局限。超声波探测器只能在宽敞的安装条件下使用,压差式水位传感器只能在干净无污的水中使用,电容传感器受分布参数影响等问题,共同特点是抗干扰能力低,信号远距离传输能力低,稳定可靠性差。我国目前在水位监控中使用最多的还是最原始的"浮子式水位传感器",但无法数字显示水位高度。根据消防工程电气控制对水池水位数字显示的精度要求不高,对控制点可靠性要求高的特点;且产品价位不应太高为了提高水位控制的可靠性,选用多个探测器组成一个探测单元,采用数字式分段的方法,按精度要求,确定采样的点数数字量的采集可以选用光电耦合器、红外传感器、磁性浮子传感器等,这些传感器可以制成坚固的不锈钢外壳,实现全密封绝缘防水,具有耐浸泡、耐腐蚀、反应灵敏、运行稳定、长期运行无需调校以及抗外界环境干扰能力强的特点。必须指出的是,水位探测器的外引线路的保护,通常被疏忽,一般的橡皮护套电线,长期浸泡在静止的水池中,橡皮老化,影响绝缘,影响线路的可靠性,使系统出现故障。

②外控输出电路

除了高低水位控制水泵的启停外,拟考虑采用接收两个并行停泵点信号方法,当任一停泵点失效,均会故障报警至监控室,并照样控制停泵;同时通知检修,保证了系统的可靠性。价格允许的话,控制系统可以考虑增加对探测器逐个自动定时巡检。当任一探测点失效,均会故障报警至监控室,通知检修。

7.4.5.2 隔火、防排烟系统

发生在隧道中的火灾,多数是开放性火灾,它带有浓烟烟气的热辐射率为数兆瓦级,在数分钟内便可形成火灾,是造成人员伤亡最主要的原因之一。因此,控制好火灾烟气,对提高消防设施抵御火灾及保障人员安全的能力显得尤为要。

(1)防火门系统

在隧道内隔火、隔烟的设施,有在行人横洞或汽车横洞置防火门。防火门平时收拢,当火灾发生时,防火门下降,阻烟、火蔓延。按照消防规范要求,电动防火门的控制一般应同时满足三种方式:一是自动控制;二是手动就地控制;三是消防控制室远距离控制。但是由于各种原因(主要是人因素),对防火门在火灾中的作用,没有引起人们足够的重视,对隧道内的防火门控制,仅有机械控制功能的启闭装置,且在火灾时发挥不了作用。因为在烟火蔓延的隧道内,要一个个的手工机械操作闭门装置,是有一定难度的。

(2)隧道内防排烟系统

目前长隧道内装有通风用的排风机,没有防排烟系统,更还没有较为成熟的长隧道防排烟理论。防排烟系统可以借通风系统对压力的影响,按照某种预定而有益的方式设计是否考虑设有两套通风系统:一套是常规通风系统用于提新鲜空气,火灾发生时停止使用;一套是紧急通风系统用隧道发生火灾时控制烟气流动方向,设计风向可逆,控制隧道内的气流方向和风速。保证无火灾隧道压力大于火灾隧道压力,便于人员疏散及救护。排烟系统以控制隧道内的烟雾流动。根据火灾情况控制防火门、送风机、排烟机引导本隧道内的烟雾流动,通过控系统形成完整的排烟系统,以减少烟雾对人员的侵害及火的蔓延。

7.4.5.3　防灾报警联动系统

我国规范要求火灾自动报警系统应为一个独立的系统,为了确保火灾报警的可靠且无误报,火灾的探测系统应适应隧道的特点,合理选配产品,做到安全适用、技术先进、经济合理。火灾探测器有:感烟的线型红外光束型和激光型,感温的线性光纤感温探测器。火灾探测系统用总线方式传递至消控中心。同时还要考虑沿线变配电间的消防安全设计,纳入防灾报警联动系统。火灾自动报警控制器是火灾自动报警系统的中枢,它接受信号并做出分析判断,一旦发生火灾,它立即发出火警信号并启动相应的消防设备。消防控制室接到火警信息后应能够自动或手动启动相应的消防联动控制设备,并对各设备运行状态进行监控。在自动情况下,火灾自动报警系统按照预先编制的联动逻辑关系,在火灾报警确认后,输出自动控制指令,启动相关设备动作,同时向其他系统及时传输、显示火灾报警信息,并能接收必要的其他信息,这样也能更好地监控火灾现场情况:消防联动设备的运行状态、消防疏散通道情况等等。随着隧道消防的作用逐渐被人们所重视,以及隧道消防理论的健全,防灾报警控制系统的监视和控制的功能将会更广泛地应用。消防控制室可单独设置,但为了实现整个隧道弱电系统的信息共享和集中统一管理,沿线整个集成系统采取合用控制室设计,有利于集中统一地进行监控和管理,即可节省大量人力,又可提高管理水平。采用合用控制室,消防设备在室内的设计,应当满足《报警规范》的有关要求,占有独立的区域,且相互间不会产生干扰。借鉴相关的防火设计规范,隧道的消防用电负荷要保证达到一、二级荷载,应设置应急照明和指示标志。

7.5　高速公路隧道照明系统设计理论与方法

作为公路重要组成部分的隧道既能缩短交通路径,又能简捷通过险要地段,其环境与普通路段环境相比具有:隧道内外亮度差极大、空气污染严重、侧向净宽较小且高度有限、没有扩展活动的余地和噪声高的特点,加之车辆数的迅速增长,交通问题显得尤为突出。不仅通行能力、行程速度、交通安全性能客观上比其他路段差,而且交通事故发生率、交通能耗及对环境的污染也成倍增加。在此情况下要保证来往车辆的顺利通行,避免交通事故的发生,隧道照明系统就显得越发重要。

7.5.1　照明设计影响因素

驾驶人通过隧道的过程中经常会产生视觉心理的障碍，使行车变得不安全。隧道照明的目的是创造洞内良好的视觉环境质量，确保在白天和夜间行驶的车辆以设计速度能够安全的接近、穿越和通过隧道。依据这样的设计目的，在照明设计初期时应充分考虑以下因素。

(1)“黑框”、“黑洞”和“白洞”效应

车辆在驶进隧道时，会遇到各种视觉问题。车辆以 50km/h 的设计车速行驶时，通过洞门附近(例如内外各 10m)时，时间是非常短的，约需 1. 5s。时间很短，但是亮度变化的很快。因隧道长度不同，驾驶人会产生不同的反应。大致分为以下两种：短隧道情况下，从入口可以看到出口外的亮度很高，会产生“黑框”效应；长隧道情况下，当车辆驶入隧道时，会感觉洞口很黑，以至于无法辨认洞口附近的状况，连障碍物也无法辨认，产生“黑洞”效应；车辆在接近隧道出口时，看到的是一个刺眼的眩亮白洞，此时形成“白洞”效应，同样会降低驾驶人出洞口时的视觉功能和视觉舒适，无法准确判定前方的车辆。夜间通过隧道接近出口时也是一样的道理，会产生“黑洞”效应。在进行照明设计时应注意到这几种视觉上的效应，尽量减少这些效应带来的不利影响。

(2)人眼的适应

隧道照明中必须考虑人眼视觉功能。人眼是一个能够自动适应环境光强变化的复杂自控机体。亮度变化的速率越高，所需要的适应时间越长。当环境光强由亮变暗时，人眼的瞳孔直径会变大，以适应较暗的环境，这个过程称为暗适应，通常约需 5min；反之，当环境光强由暗变亮时，眼的瞳孔直径会变小以适应较亮的环境，这个过程称为亮适应，通常约需 1min，如图 7-35 所示。白天驾驶人驾车进入隧道时，要经历一个暗适应过程，驶出隧道时要经历一个亮适应过程。不论明适应还是暗适应都会使驾驶人暂时失去获得视觉信息的能力，使视觉信息暂时中断，对隧道的交通安全产生影响。照明的任务是不间断的为驾驶人获得足够视觉信息提供照明条件。在照明设计时要充分考虑人眼的适应，尤其是暗适应，使亮度变化速率与适应时间相协调。

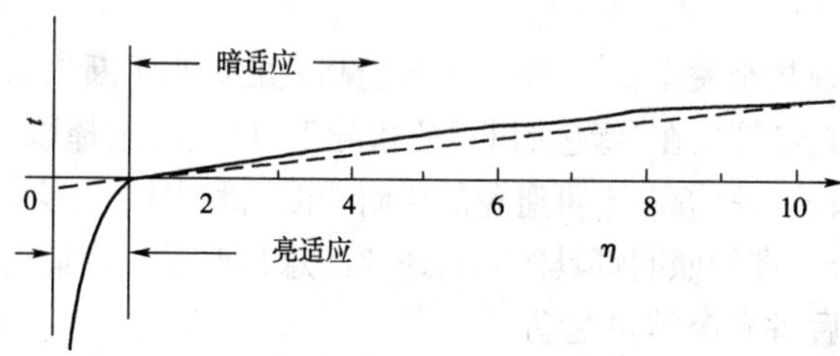

图 7-35　眼睛视觉适应曲线

(3)车辆尾气

驾驶人行车驶入和驶出隧道时，通常都会降低速度。在隧道内部行驶一般也达不到设计车速。尤其是一些乡间的双向隧道，有些照明设施比较差，所以在会车时驾驶人会把车速进一步降低，会车后又要重新换挡加速，从而产生大量尾气，尤其是交通量比较大时，尾气更多，对能见度造成了不良影响。如果此隧道内通风设施不完善，那么就会造成隧道内烟雾很大，严重影响隧道照明质量。所以在设计照明时要注意到最大交通量时隧道内的尾气对能见度的影响(选用气体穿透力强的光源)及隧道内通风设施的配置。

(4)路面、墙壁和顶棚的种类及反射率

驾驶人在隧道内行驶时,通过障碍物与作为背景的路面的亮度对比来观察道路上有无障碍物。路面平均亮度升高,察觉障碍物所必要的亮度对比变小,障碍物容易被发现。路上的物体、行人等的亮度如果比背景暗,或者比背景亮,驾驶人就可以见到它们的轮廓。在具体的隧道运营过程中,驾驶人只需要得到一个轮廓辨认(或逆轮廓辨认)的亮度即可,无需知道障碍物的具体特质。路面的亮度来源于两个方面:一是照明灯具给予的亮度;一是路面、墙壁和顶棚对光的吸收和散射。所以在进行照明设计时要针对具体的路面、墙壁和顶棚的材料特质来进行设计。

(5)隧道状况

不同的隧道对应的照明设计要求有所不同。

①隧道长度。不同长度的隧道对照明的要求不同。长度小于100m的隧道可以不设置照明灯具,长度越长的隧道对照明的要求越严格。

②隧道宽度。隧道的宽度,如单车道或双车道,或者是人车混合通行的隧道中对亮度的要求不同。

③隧道线形。隧道的线形与照明设计有着密切的联系,如笔直的和有弯度的隧道如果要求同样的亮度,其安装的灯具数目和间距是不同的。所以在进行设计时,应该充分了解隧道的工程状况。

④交通状况。交通状况可以影响路面的照度,关系到照明质量,所以在设计照明时要考虑到此隧道是单向交通还是双向交通,汽车专用还是混合交通、设计交通量和远期计划交通量等因素。

⑤隧道附近的环境。隧道洞口附近的野外自然亮度,隧道的地理位置和附近地形,进出引道上及附近的环境状况和线形状况(曲线与坡度等)。除此可观测的状况,还要对当地的气象状况(雾、烟尘、雨、风及其携带物等)进行了解,进行高效、安全的照明设计。

(6)照明设施

灯具的选择毋庸置疑是至关重要的,市场上节能高效的灯具不断出新,如白炽灯、高压汞灯、高压钠灯、低压钠灯、荧光灯等。在"绿色照明"的指导下,灯具的选择以节能、环保为主。此外,由于隧道内温度和湿度较洞外均高,不可避免的要附着油垢和尘埃,并会经常受到洗涤剂等化学药物的侵蚀,因此在选择合理的照明灯具的同时还要注意其他照明设施应具有抗蚀能力。

(7)光源的维修及后备光源的再起动

为了保证隧道照明的质量,应尽量采用使用寿命长、便于维修更换及启动速度快、能在最短时间内达到要求照度水平的光源。

(8)减光设施

如果把洞外亮度降低到一定的程度,可以使驾驶人在进入隧道内时感受到的亮度变化较为缓和。因此在设计初期可以把隧道口处的减光设施考虑在内,这对于入口段和出口段的照明设计都是有帮助的。常用的减光设施如下:

①遮阳棚。遮阳棚设置在洞口,可以起到减弱自然光的作用。设置遮阳棚时以当地日照

图为依据。顶棚为透光构造，但不准阳光直接投射到路面上。

②植被减光。因为四季变化会使一些绿色植物变黄。所以应该在隧道入口处种植常绿植被或者是常绿树木。驾驶人对植被或树木的反射光有舒适感，可以改善驾驶人的“黑洞”和“黑框”效应。此外，还有遮光棚，它与遮阳棚的不同是允许日光直接投射到路面上。但是由于遮光棚的设置一般很长，造价较高，所以除非重要的大交通量的隧道，一般不采用。

7.5.2　照明系统概况和要求

隧道照明系统应包括：①中间段照明；②入口段照明；③过渡段照明；④出口段照明；⑤接近段减光设施；⑥应急照明；⑦洞外引道照明，如图 7-36 所示。

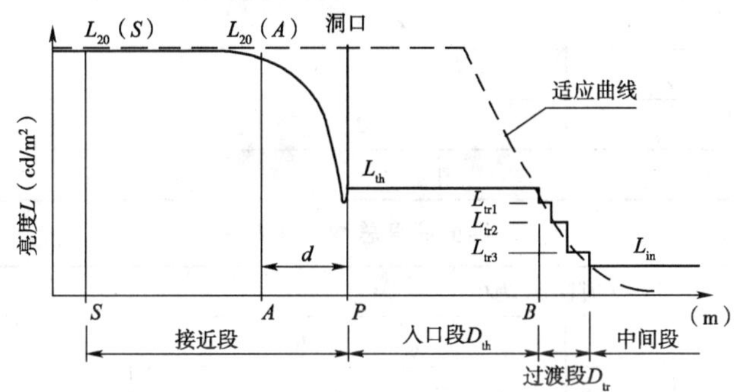

图 7-36　各照明段亮度与长度

P-洞口；S-接近段起点；A-适应距离；$L_{20}(S)$-洞外亮度；$L_{20}(A)$-适应点亮度；L_{th}-入口段亮度；L_{tr_1}、L_{tr_2}、L_{tr_3}-渡段亮度；L_{in}-中间段亮度

在照明控制系统中，应赋予每个区段在不同时间有不同的亮度，这些亮度是随着隧道外亮度的变化而变化，使驾驶人驾车从隧道外高速进入隧道时，视觉上有一段明暗之间的过渡，以调整一定的视力滞后。通常入口段的亮度要求高，以减少洞内外亮度落差，避免黑洞效应；适应段亮度其次；过渡段亮度减弱；基本段亮度只要满足安全行车的照明要求就可以了；出口段亮度必须加强以避免白洞效应。夜间出入口不设加强照明，洞外设路灯照明，亮度不低于洞内基本亮度的 1/2。

隧道照明设计可采用的计算行车速度不宜大于 100km/h，如大于 100km/h，应作特殊设计。

路面左右两侧墙面 2m 高范围内的平均亮度，应不低于路面平均亮度，宜铺设反射率不小于 0.7 的墙面材料。

另外，在隧道照明设计中，更要严格选用配光合理的灯具及灯具的合理布置间距，使之隧道的墙面和地面的亮度均匀，否则会很容易造成周期性的明暗交替的照明环境，在一定车速下会产生闪烁效应，这是不允许的。同时引进自动调光控制系统，整个隧道保持基本照明，入口段和出口段加强照明依据隧道外部亮度调节是否开启。通常白天需要加强照明，夜间关闭加强照明，只保留基本照明。基本照明和加强照明采用双电源供电。此外，隧道内应设置应急照明，且独立 UPS 供电，以保证隧道照明由于突然停电或其他原因而熄灭时，隧道内至少保持基本亮度的 1/10。

7.5.3 隧道各区段照明设计

7.5.3.1 中间段照明

中间段亮度可按表 7-22 取值，路面亮度总均匀度和纵向均匀度应不低于表 7-23、表 7-24 所示。

中间段亮度 L_{in} 表 7-22

计算行车速度(km/h)	Lin(cd/m²)	
	双车道单向交通 $N>2400$ 辆/h	双车道单向交通 $N\leqslant2400$ 辆/h
	双车道双向交通 $N>1300$ 辆/h	双车道双向交通 $N\leqslant1300$ 辆/h
100	9.0	4
80	4.5	2
60	2.5	1.5
40	1.5	1.5

路面亮度总均匀度 U_0 表 7-23

设计交通量 N(辆/h)		U_0
双车道单向交通	双车道双向交通	
≥2400	≥1300	0.4
≤700	≤360	0.3

注：当交通量在其中间值时，按内插考虑。

路面中线亮度纵向均匀度 U_1 表 7-24

设计交通量 N(辆/h)		U_1
双车道单向交通	双车道双向交通	
≥2400	≥1300	0.6～0.7
≤700	≤360	0.5

注：当交通量在其中间值时，按内插考虑。

隧道照明灯具的布置除考虑亮度分布外，还要考虑闪光、诱导性、灯具维修方便等因素。同时，道路使用者的视觉功能还受到灯具眩光的影响，眩光会造成能见度降低，从而带来安全行车隐患。为降低眩光产生的可能性，可以使用逆光布灯，将光线集中投向车辆前进方向，以突出背景，便于识别。中间段灯具的平面布置形式宜采用中线布置，两侧交错布置或两侧对称布置。而且灯具布置应满足闪烁频率低于 2.5 Hz 或高于 15 Hz。

7.5.3.2 入口段照明

在设计入口段照明之前，事先应进行调查：①隧道的剖面构造；②隧道坑道附近的方位与地形；③隧道的延伸情况；④设计车速；⑤交通流量等。入口段的亮度可按式(7-38)计算：

$$L_{th} = k \times L_{20}(s) \tag{7-38}$$

式中：L_{th}——入口段亮度(cd/m²)；

k——入口段亮度折减系数，可按表 7-25 取值；

$L_{20}(s)$——洞外亮度(cd/m²)。

入口段亮度折减系数　　表 7-25

设计交通量 N(辆/h)		k			
		计算行车速度 v(km/h)			
双车道单向交通	双车道双向交通	100	80	60	40
≥2400	≥1300	0.045	0.035	0.022	0.012
≤700	≤360	0.035	0.025	0.015	0.01

注:当交通量在其中间值时,按内插考虑。

在土建完成时,应采用黑度法进行洞外亮度实测,实测位置为接近段起点,接近段的长度应取洞外一个照明停车视距,一般洞外亮度是在 2000 ~ 6000cd/m^2 之间。若实测值与设计值的误差超出 ±25%,应调整照明系统的设计。洞外亮度在设计阶段,若无实测资料,可按表 7-26 取值。

入口段长度可按式(7-39)计算:

$$D_{th} = 1.15D_s - \frac{h - 1.5}{\tan 10°} \tag{7-39}$$

式中:D_{th}——入口段长度,m;

D_s——照明停车视距,m,按表 7-27 取值;

h——洞口内净空高度,m。

洞外亮度 $L_{20}(s)$(cd/m^2)　　表 7-26

天空面积百分比	洞口朝向或洞外环境	40km/h	60km/h	80km/h	100km/h
35% ~50%	南洞口	—	—	4000	4500
	北洞口	—	—	5500	6000
25%	南洞口	3000	3500	4000	4500
	北洞口	3500	4000	5000	5500
10%	暗环境	2000	2500	3000	3500
	亮环境	3000	3500	4000	4500
0%	暗环境	1000	1500	2000	2500
	亮环境	2500	3000	3500	4000

注:①天空面积百分比指 20°视场中天空面积百分比;
②南洞口指北行车辆驶入的洞口,北洞口指南行车辆驶入的洞口;
③东洞口与西洞口取用南洞口与北洞口之中间值;
④暗环境指洞外景物(包括洞门建筑)反射率低的环境;亮环境指洞外景物(包括洞门建筑)反射率高的环境。

照明停车视距 D_s 表(m)　　表 7-27

纵坡 / v(km/h)	-4	-3	-2	-1	0	1	2	3
100	179	173	168	163	158	154	149	145
80	112	110	103	103	100	98	95	93
60	62	60	58	57	56	55	54	53
40	29	28	27	27	26	26	25	25

入口段照明灯具布置,是由基本照明和加强照明两部分组成。基本照明可以按照中间段

的照明考虑,加强照明可用功率较大的灯具以洞口内10m处开始布设。

连续隧道的入口段照明,在通过前一座隧道内的行车时间按行车速度考虑小于30s,后续隧道入口段亮度折减率按表7-28取值。

后续隧道入口段亮度折减率　　表7-28

两隧道之间行驶时间(s)	< 2	< 5	< 10	< 15	< 30
后续隧道入口段亮度折减率(%)	50	30	25	20	15

7.5.3.3　过渡段照明

过渡段由 TR_1, TR_2, TR_3 三个照明段组成,与之对应的亮度可按表7-29取值,过渡段长度可按表7-30取值。

过渡段亮度　　表7-29

照明段	TR_1	TR_2	TR_3
亮度	$LU_1 = 0.3L_{th}$	$LU_2 = 0.1L_{th}$	$LU_3 = 0.035L_{th}$

过渡段长度 D_{tr}　　表7-30

计算行车速度 v(km/h)	D_{tr1}(m)	D_{tr2}(m)	D_{tr3}(m)
100	106	111	167
80	72	89	133
60	44	67	100
40	26	44	67

7.5.3.4　出口段照明

在单向交通隧道中,应设置出口段照明,出口段长度宜取60 m,亮度宜取中间段亮度的5倍。

在双向交通隧道中,不用设置出口段照明。

7.5.3.5　应急停车带和连接通道照明

应急停车带宜采用荧光灯光源,其照明亮度应大于7cd/m²。

连接通道亮度应大于2 cd/m²。

7.5.3.6　洞外引道照明

洞外引道宜布设路灯,且布灯长度与路面亮度不宜小于表7-31中值。

洞外引道布灯长度与路面亮度　　表7-31

计算行车速度(km/h)	路面亮度(cd/m²)	长度(m)	计算行车速度(km/h)	路面亮度(cd/m²)	长度(m)
100	2.0	180	60	0.5	95
80	1.0	130	40	0.5	60

7.5.3.7　应急照明

由于隧道对交通流的特殊作用,供电故障对正常行驶于隧道内的驾驶人来说是非常危险的,因此,高速公路隧道应设置不间断照明供电系统。长度大于200m的其他隧道应设置应急照明系统。应急照明采用正弦波在线式UPS供电。可将正常照明的1/3灯设计为在线式UPS供电,持续时间不少于10~15min,直至发电机启动投入正常供电。应急照明灯宜采用充电式荧光应急标志灯及白炽灯,以一定间距分布在整个隧道中,标明人行横通道、汽车横通道和紧急电话亭等设施的所在位置和方向。

配合启用应急照明,应在洞外一定距离处设置信号灯或可变信息板显示警告信息。启用应急照明时,洞内路面亮度应不小于中间段亮度的10%和0.2cd/m^2。在高速公路长隧道和长度大于2000m的其他隧道中,应设置避灾引导灯。

7.5.4　隧道照明控制

先进的照明控制方式是在保证视觉条件,满足隧道照明要求的情况下,合理节能的重要手段。照明控制的目的是可以随时改变隧道的照明水平。在隧道照明中可以根据白天、夜晚以及车流量大小等因素,通过各种调光设备或控制器件来对隧道照明环境的照度或灯的开启、关闭进行调整和控制。隧道照明系统可通过自适应模糊控制技术,实时优化各段照明,以达到进一步节电节能的目的。要实现隧道照明系统的节能,主要是对每盏高压钠灯进行独立控制,只要在每盏灯上增加能实现联网的遥控开关控制器即可。或者将旧的电感式镇流器更换成具有联网控制功能的高压钠灯电子镇流器,其性能更佳。并通过洞口的亮度检测器获得的参数,进行自动化控制。

7.5.5　照明的光源和灯具选择

隧道灯具光源的选用不能单独从光效出发,还应根据它的显色性、使用寿命、调光性等综合考虑,合理运用。隧道照明中一般选用的光源是荧光灯、高压钠灯、低压钠灯和高压汞灯。低压钠灯虽然光效高于其他光源,但是它的显色性差,使用寿命短;高压汞灯光效不高,而且吸引蚊虫,不能调光。高压钠灯光效高、透烟性强、使用寿命长,是目前公路隧道照明光源的最佳选择。而荧光灯的光效和寿命均为普通白炽灯的5倍以上,加之显色性高,在城市隧道中也有使用。隧道灯具为了避免产生眩光,均采用截光型灯具,光学系统采用反射式结构。反射器是重新分配光源光通量的重要部件,光源发出的光经反射器反射后,投射到要求的方向和目标。

绿色照明要求灯具要有高的光效,隧道灯具的光效很大程度上由反射器的光学设计(形状)和反射器的材料决定。目前很多隧道灯具光效仅有0.5左右,光源发出的光能大部分被损失,能量利用率不高;同时,由于很多光能没有被反射出灯具,使灯具温度上升,寿命减短。公路隧道灯具应根据隧道的特点、行车的要求,科学构思,精心地进行光学设计,提高光效。目前国际上发达国家在隧道照明中采用了先进的逆光照明技术,其配光特点是通过一个特殊的斜倾式反光器将光束集中朝汽车前进方向投向路面,从而提高目标的背景亮度,使前方车辆或目标更容易辨认。长期以来,公路隧道照明多采用沿隧道壁双侧交错或对称布灯,一座2000m长双洞单向行车隧道,其基本照明就需灯具1000套左右,功率100kW左右;而逆光照明隧道灯具可以实现中排布灯,只需灯具700套左右,功率700kW左右,较传统灯具节省投资30%,节省运营电力费30%。逆光照明灯具节能省电,在隧道绿色照明中应大力推广。

同时,灯具反射器应选用高反射率的材料。在隧道灯具中应选用高纯铝或不锈钢材料,表面进行抛光或镀铬处理,使反射率提高。另外,还要提高灯具的光通维持率,采取有效的防护措施,保证灯具玻璃表面、反射器等不易积尘、腐蚀,容易清洗。

7.5.6 隧道照明设计中的节能

目前有关隧道照明的节能，主要是采用高功率因数的照明灯具(配高效电子镇流器)，隧道内两侧铺反射率高的装修材料，尽量缩短供电电缆长度以减少线路损耗，合理布置配电房的位置，集中调光控制，减少洞外亮度等方法。为了进一步节能，一般还把隧道内的灯具分为全日灯、黄昏灯、白日灯和应急灯等几个回路进行人工或自动的控制。纵观现有的这些方法，虽然有一定的节能效果，但在实际运行中还是存在着电能的浪费现象，以及营运过程中产生的与行车安全和隧道监控之间的矛盾等问题。

7.5.6.1 隧道照明控制模式的电能浪费

隧道照明系统在设计中，中间段照明及夜间照明电能浪费严重。目前，隧道照明设计者依据规范通常把隧道分为入口段、过渡段、中间段和出口段四个段来设计照明，其中过渡段有两个，分别设计在中间段前后。各段的长度和照度(lx)是从全年行车安全要求出发，对洞内最大照度的设计是以全年洞外最大亮度和最高行车时速来确定隧道内各段的灯具功率和灯具分布密度，能够实现照明自动控制的非常有限，通常因线路布线回路的限制，只能做到二、三级人工或自动控制，对于如天气、车速、车流量等参数只是在设计阶段予以最大值考虑，最终各段照明的长度和照度也始终是处于最大值状态。对于天气、车速、车流量等时变参数无法从宏观上对整个隧道的照明进行自适应方式调制。因此，目前这种传统设计与使用的隧道照明系统存在着大量电能浪费问题。

7.5.6.2 隧道照明控制营运中节能与安全的矛盾

在运营管理中，营运者为了节省电费，往往都不采用自动控制，因为现有的自动控制没有涉及天气和车流量等实时变化因素。实际上营运者采用手动控制方式工作，在规定的时间人工开关隧道灯，白天全开灯，晚上关掉所有的灯。部分营运者考虑白天电能浪费严重，许多隧道白天只开全日灯，这种灯控方式表面上有一定的节能效果，但其实当洞外亮度小于1500cd/m^{2}时，只要确保隧道内路面亮度总均匀度U_0、亮度纵向均匀度U_1以及各段亮度达到相应要求，符合行车视觉要求，取其照度最小值即可，并非一定要达到开全日灯时的亮度。其次，存在一个洞口亮度不够的安全隐患问题。由于一天中洞外亮度变化很大，按照驾驶人行车从进入到离开隧道全过程的视觉适应要求，当洞外亮度较大时，入洞口亮度应和洞外亮度及洞内亮度有较好的交替，要考虑入口端洞口排出的大量废气可能降低亮度对比度和照明效果，所以期间要保持洞口足够的亮度，否则在车子进入洞口的瞬间，其照度只相当于夜间的照度，而晴天时洞外亮度超过3000cd/m^2，驾驶人眼前感觉一片黑暗，产生“黑洞效应”，如果前方有障碍车或行驶较慢的车辆，可能诱发连环撞车事故。所以白天入口段照明存在“黑洞效应”的严重安全隐患。同样，当隧道出口洞外亮度很高时，隧道内离隧道出口一段距离的亮度不能过低，以防止大型车辆后紧跟有小车，小车难以被发现、视认的情况发生。因此，隧道内照明的节能不是简单地开关某些灯具，而是要求建立在行车安全基础上的最大节能。

7.5.6.3 隧道照明节能与监控的矛盾

隧道监控是隧道管理的重要组成部分，目前隧道照明与监控之间产生的矛盾主要在夜间。营运者为了省电，夜幕降临时关闭隧道内所有的灯，由于目前国内隧道普遍采用非红外线摄像头，隧道内部一片漆黑，使得无法发挥有效监控，夜间直接造成从摄像头到监视器之间大量设备电能的浪费。这种间断的监控也不符合重要隧道内所需的监控要求；夜间，在有人进入隧道或发生偷盗、破坏等现象时，很难被及时发现；在车辆发生故障或发生交通事故时，不但监控不到，而且在处理时不能提供必要照明。在设计中应考虑在隧道发生紧急情况时，隧道内灯具能够根据需要自动控制照明亮度。比如隧道内发生火灾或拥挤堵塞时，为帮助隧道及时排除危险，系统自动将全部灯点亮，系统的手动控制应能够可以在多处实现，如监控中心，隧道管理房或隧道内的其他位置等。从安全、监控、节能及所能提供便利等方面综合考虑，夜间隧道内提供适当的照明是必要的。

7.5.6.4　隧道的照明节能措施

在整个隧道照明的设计规划中，就应该考虑节能问题。比如入口段照明通常由基本照明和加强照明两部分组成，前者的灯具布置同中间段照明相类似，后者的加强照明采用功率较大的灯具。由于洞外日光的投射进入，可利用作为入口段加强照明的部分，参照设计规范，可将离洞口 10m 以内的加强照明灯具予以省略。在单向交通隧道中，出口段照明的设计，其长度可与入口段有所不同，据相关资料证实，出口段长度取 60m 是合适的，可省去几十米入口段高密度布置的灯具，由中间段布置较为稀疏的灯具取代。出口段亮度也可有别于入口段，其亮度取中间段亮度的 5 倍即可。在长隧道中，由于有充分的适应（过渡）时间，所以中间段亮度可适当降低。

由于隧道长度超过 100m 就要设置照明，当隧道里安装照明灯具时，它的长度通常是几百米、几千米，如果隧道交通是单向，灯具安装总长度可能达到几公里甚至更长，如按照全年最大照度设计，单从洞外亮度这一指标分析，只要天气不是晴天，洞内亮度就是多余的，长时间势必造成电能的极大浪费。所以，要把隧道内各段照明的长度和照度设计成能够根据实际要求（如洞外亮度等）不断调整变化，动态地实现对隧道内各段灯具照明的自动控制。在长度小于 1000m 的隧道，设计时应实现对各段灯具照度的自动控制，在隧道长度超过 1000m，设计时应实现对各段的照明长度和照度的全面动态控制，才能从根本上杜绝隧道照明能源的浪费，并提高行车安全系数。

同时，选用先进的照明光源和灯具对于节能有着重要意义。绿色照明要求灯具要有高的光效，目前国际上发达国家在隧道照明中采用了先进的逆光照明技术，较传统灯具节省投资 30%，节省运营电力费 30%。逆光照明灯具节能省电，在隧道绿色照明中应大力推广。

电器附件对照明节能也有较大影响，其中镇流器影响最大。随着绿色照明工程的推进，电力电子学进入到电光源领域采用电子镇流器取代电感镇流器成为发展的趋势。荧光灯用电感镇流器一般功率为灯管额定功率的 20%，高强度气体放电灯的镇流器功耗为额定功率的 15% 左右。而电子镇流器与电感镇流器相比具有以下优点：

①自身功耗小，节约电能；

②可使灯具在高频条件下工作，光效提高；

③放电稳定，无频闪；

④噪声小，温升低，灯管寿命长，使用安全可靠；

⑤体积小，重量轻；

⑥可以实现调光。

所以，它是实现绿色照明的一个重要措施。

7.6 高速公路隧道供配电系统设计理论与方法

隧道内设有通风、消防、照明、监控等设施，为确保隧道安全、正常运营，要求隧道供配电系统无故障运行以保证高度的安全性。

隧道供电一般设有二路外电源和一套自备电源，在外电源发生故障的情况下，自备柴油发电机组运转发电。为使供电灵活、提高故障情况下供电的可靠性，系统采用分段母线供电，互为联络。通风、照明、监控、通信设备及事故用电各自设置单独的回路。

7.6.1 隧道供配电系统设计原则

(1)供电系统应满足负荷对供电可靠性和电能质量的要求，同时应注意接线简单，操作方便安全，具有一定灵活性。

(2)单相用电设备应适当配置，力求三相平衡。

(3)应考虑设备检修的需要并能适应远期设备的扩容。

(4)结合我国国情，在进行隧道供配电系统设计时应有选择地采用国内外先进技术，选取技术先进，经济合理的方案，不仅要满足用户的使用要求，而且要做到安全用电。

(5)与当地供电局和其他有关系统协调一致。

7.6.2 主要供电对象

(1)照明系统

隧道照明系统是根据人的视觉特点和高速公路交通状况所设计的。当驾驶人从隧道外驶进隧道内时产生的黑洞效应对行驶着的驾驶人通过隧道时存在着极大的危险性，甚至会导致严重的交通事故。因此，在设计隧道照明系统之前，首先应该了解隧道对行车视觉产生的四种不同现象，进入隧道前的视觉现象、进入隧道后立即出现的视觉现象、隧道内部的视觉现象和隧道出口处的视觉现象。根据这四种不同的视觉现象，分别设计相应的人工照明，使路面的亮度达到必要的水平。

(2)通风系统

隧道通风系统主要是为了降低洞内一氧化碳和烟雾浓度，提高隧道洞内可见度，保证车辆安全、顺畅通行，特别是在火灾事故中，通风系统可及时排出烟雾，保证人员和车辆顺利疏散和救援。通风系统的供电主要是指射流风机或轴流风机的供电。

(3)消防系统

隧道消防系统主要以水消防为主，辅以化学消防。对于大型隧道，一般采用两端高位水池保持一定管压供水(火灾初期)和消防水泵后期补水的方式进行消防水系统的配置和设计。消防系统的供电主要是指水泵和维修设备的供电。

(4)监控系统及生活用电

隧道监控系统目的主要是针对隧道内偶发事故的及时发现及处理，使系统可迅速感知事故发生的地域、类型，解决因偶发事故而产生的交通阻塞现象。隧道监控系统主要由计算机控制系统，闭路电视系统，交通信号控制系统，火灾报警系统等组成。监控系统的供电主要是指对上述各种监控设备的供电。

7.6.3　负荷等级划分及供电要求

根据《公路隧道设计规范》中的规定及要求，隧道通风、照明、通信、监控等重要电力负荷为一级负荷，应由两路电源供电，同时还应设置独立的备用电源和应急电源。隧道供电系统设计必须执行国家技术经济政策，做到保障人身安全、供电可靠、电压质量好和技术经济合理。系统结构简单并有一定的灵活性，操作安全、检修方便。制定供电系统方案时，还要充分考虑节省基建投资，减少电能损耗，降低运行费用，减少有色金属消耗量。此外，系统还要考虑到负荷的增长，预留必要的发展余量。

7.6.4　高压配电系统

对于长大隧道而言，一般是在隧道进出口附近建两座变电所，分别设置一台10kV/0.4kV的变压器。负责隧道的照明、射流风机、水泵、监控及生活用电。10kV配电装置由户内10kV交流金属封闭型固定式开关柜组成。交流电源自室外10kV架空线路分线开关下端经交联铠装电缆引至高压配电室电源进线柜，然后由电缆出线柜经电缆引至变压器。

由于隧道属于一类负荷，通常采用高压双回路(来自不同的供电回路)供电、高压计量、低压无功补偿的供电方式(或增设自动化电机组)。对于特大型隧道或隧道群，考虑到供电距离太长带来较大的线路损耗，可采用高压集中配电，设置变配电所的方式进行变配电，这样可以大大地减少线路损耗。

7.6.5　低压配电系统

设置在变电所内的低压配电装置，由组合式抽屉柜或封闭开关柜组成。低压配电采用380/220V、50Hz变压器中性点直接接地系统。隧道内通风、照明及监控用电设置单独回路。

(1)为了保证隧道内照明供电的需求，应在两座变电所低压侧各设一台自起动发电机。当两路10kV电源同时停电后，发电机即自行起动，维持隧道内基本照明用电。当市电恢复后，发电机停机，两种电源切换。各变配电所内另设一套UPS不间断电源，作为两种电源切换过程中的隧道应急照明供电电源。

(2)隧道照明划分成若干个三相四线回路，分别为入口过渡照明、出口过渡照明、基本照明、应急照明和洞外路灯照明等。

(3)每组(两台)通风机采用一条专用电缆由变配电所洞外电缆排管及洞内电缆沟引至洞内配电箱，再由配电箱引至风机。

7.6.6　静态交流不停电电源系统(UPS)

为保证设备用电的可靠性和电能质量，必须采用UPS系统。UPS不间断供电系统是一套将交流电变为直流电的整流/充电装置和一套把直流电再转变为交流电的PWM逆变器。一旦供电中断，蓄电池立即对逆变器供电以保证UPS电源交流输出电压供电的连续性。按《公路隧道和地道照明指南》(CEI)规定，在断电时应设置应急照明且亮度至少为基本照明的十分之一，这是为了尽可能减少驾驶人员在突然停电时，出于本能反应而紧急制动，造成尾撞事故的可能,或当洞内发生事故时,能尽快展开救援工作。所以当供电系统发生停电问题时,UPS供电电源将在柴油发电机完全起动前取代市电,继续向用电设备供电,以确保一级负荷电源不间断。

UPS电源具有旁路和在线两种运行方式。需手动切换,在线运行方式在失电时可自动切换蓄电池经逆变交流输出供电。在应急照明供电中,UPS电流应为独立的备用电源。处于在线工作方式,另设置一路专用主供应急照明电源。该电源与UPS电源为应急照明的两路供电电源,两者间可相互切换,当主供电源失电后,自动切换到UPS电源供电,当主供电恢复时,自动切换到主供电源供电,UPS电源处于备用状态,两路电源的运行方式为一主一备,UPS电源之所以不投入在线主供运行,是因为一般情况应急照明负荷起动电流较大,且操作频繁,尤其在自动控制状态时,这对UPS装置的稳定运行带来影响。运行经验表明工作电流状态下进行UPS切换,可减少其故障发生。大功率UPS一般为进口产品,价格昂贵,发生故障后维修周期长,不利于整个系统的运行维护,UPS电源出线开关,选择应合理,尽可能减少UPS电源过载运行。

7.6.7 防雷、接地系统

配电装置的工作接地和保护接地共用一个接地系统,采用TN—S系统。变电所内和隧道内的所有电气设备外壳、所有金属管路等,都与接地网可靠连接,构成等电位接地系统。

变电所接地宜采用环形接地网与所内电气设备相连。接地电阻小于4Ω。洞内上下各两条接地干线,与隧道内所有电气设备相连。接地装置位置的选择应视具体情况而定,一般在洞口处为石质地带,不利于接地电阻值的达标,宜灵活处理,接地装置采用外引式。

建筑物防雷可采用避雷针或避雷带,洞外高杆设备可加装避雷针,并利用自身金属杆作接地引线。防雷接地宜单独设置接地电阻小于10Ω。

7.6.8 隧道变电所

变电所是接收、变换、分配电能的环节,是供电系统中极其重要的组成部分。它是由变压器、配电装置、保护及控制设备、测量仪表以及其他附属设施及有关建筑物组成的。

隧道变电所宜设置在隧道口处行车道旁,对中、短隧道可在隧道口一侧设置变电所,对于长大隧道,分别在隧道进口、出口附近各设一个变电所,分别负责隧道约一半负荷的供电。对于特长隧道,可以在隧道进口、出口及隧道中间区段设置变电所,各隧道变电所分别负责隧道一部分负荷的供电。在隧道连续区段可将几条隧道统一考虑,便于管理控制,同时也能节省投资。另外,需要注意的是,安装在隧道内的供电设备必须符合特殊使用条件,如湿度、废气、污物、防冻裂、高压水等,必须满足保护方式IP65等级的要求。

7.6.8.1 变压器容量的确定

根据隧道内的设备类别和运行情况,一般需要用系数法计算变电所及变压器的总容量。

(1)隧道各个设备组计算负荷的确定

把隧道用电设备按其工作性质、起动方式分成若干个用电设备组,主要有照明、通风、监控和生活用电。查出各组用电设备相应的需要系数及对应的功率因数,然后求出每组用电设备的总额定容量。需要系数 K_x 是用电设备组在最大负荷时需要的有功功率 P_a 与其总的设备容

量 P_e 的比值，见式(7-40)：

$$K_x = P_a/P_e \tag{7-40}$$

按需要系数法确定三相用电设备组负荷的基本公式(7-41)如下：

$$P_a = K_x \cdot P_e \tag{7-41}$$

无功计算负荷见式(7-42)：

$$Q_a = P_a \tan\varphi \tag{7-42}$$

视在计算负荷见式(7-43)：

$$S_a = P_a/\cos\varphi \tag{7-43}$$

计算电流见式(7-44)：

$$I_a = S_a/3U \tag{7-44}$$

式中，K_x、$\cos\phi$、$\tan\phi$ 根据不同的用电设备均可从相关手册中查取其相应值；U 为用电设备的额定电压(单位：kV)。

(2)变电所低压母线计算负荷的确定

因低压母线上的用电负荷是多个用电设备组组成的，应考虑各组用电设备的最大负荷不同时出现的因素，因此在确定低压母线上的计算负荷时，可结合具体情况对其各组有功和无功计算负荷之和计入一个同时系数 K_y。其计算公式为：有功计算负荷见式(7-45)：

$$P_b = K_y \sum P_{ai} \tag{7-45}$$

无功计算负荷见式(7-46)：

$$Q_b = K_y \sum Q_{ai} \tag{7-46}$$

计算电流见式(7-47)：

$$I_b = S_b/3U \tag{7-47}$$

式中：$\sum P_{ai}$——各用电设备组的有功计算负荷之和，kW；

$\sum Q_{ai}$——各用电设备组的无功计算负荷之和，kVA。

(3)变电所总计算负荷

设10kV用电组的有功计算负荷为 P_d，无功计算负荷为 Q_d，则变电所总的计算负荷为：总的有功计算负荷见式(7-48)：

$$P_c = P_b + P_d + \Delta P \tag{7-48}$$

总的无功计算负荷见式(7-49)：

$$Q_c = Q_b + Q_d + \Delta Q \tag{7-49}$$

总的视在计算负荷见式(7-50)：

$$S_c = P_{c2} + Q_{c2} \tag{7-50}$$

总的计算电流见式(7-51)：

$$I_c = S_c/3U \tag{7-51}$$

式中：ΔP——变压器的有功损耗，$\Delta P = 0.02S_c$，kW；

ΔQ——变压器的无功损耗，$\Delta Q = 0.1S_c$，kVA。

(4)变电所功率因数的计算

功率因 $\cos\phi = \dfrac{S_c}{P_c}$，由 $\cos\phi$ 的值确定是否需要进行无功补偿，即当 $\cos\phi$ 小于0.85时，需进

行无功补偿。补偿后使得功率因数能够达到0.92~0.95以上。

7.6.8.2 电压主接线

(1)10kV主接线采用单母线经断路器分段接线。两路电源同时供电,母线联络断路器断开,当1路电源失电时,该路电源进线断路器分闸后,母线联络断路器合闸,则由另1路电源供电。

(2)0.4kV主接线,采用单母接线,由1台变压器向照明、动力及其他负荷供电。

7.6.8.3 变电所位置的选择

隧道变配电所一般设置于隧道两端,有两种方式:独立式和附属式。独立式应用较广泛。因纵向射流机械通风及自然通风方式对隧道出口污染严重,故具体所址宜在隧道两端入口外侧平缓地带。该式变电所按照电气设备运行要求,设计为专用建筑,具有较大的使用空间和良好的通风效果,适宜电气设备的稳定运行和有人值守。同时可将隧道监控中心与其合建,便于维护及管理。另外,隧道洞口端一般位于山脚地带,地形较复杂,在隧道主体工程设计时就应考虑预留变电所位置,对于桥隧相接或极为陡峭的隧道口,变电所造址应移位或选择附属式。附属式变电所设于隧道两端两洞间专用设备洞室内,与隧道主体工程同步施工。该洞室宜左右洞连通。具有足够大的空间,有利于洞内通风及设备安装和运行。该式变电所设备运行环境恶劣。潮湿严重,应在设备洞室内设置专用通风设备。风向应由入口端吹向出口端,适于无人值守及远程控制。

因为公路隧道的主要负荷分布在洞内,所以变电所的位置,选择在洞口的距离越近越好。在选择变电所位置时,还要考虑搬运设备的通道,便于进出线,不影响洞门的美观,并尽量减少隧道排出的烟气的污染。

7.6.9 电缆敷设

7.6.9.1 电缆截面的选择

正确选择电缆截面,对于保证供电系统安全、可靠、经济、合理地运行有着重要的意义;对于节约有色金属消耗量也很重要。电缆选择按照温升选择截面并通过电压损失校验。若不满足需放大截面,保证供电末端电压降小于5%的要求。隧道照明负荷容量较小,但距离较长,故电压损失校验对电缆截面的选择至关重要。隧道长度在1~3km之间时,电缆截面一般在$50mm^2$以下,最小配电电缆截面为$4mm^2$。根据以往的设计和运行经验,选择导线和电缆截面的计算步骤可分为下列几种情况:

(1)按发热条件选择导线截面

先按发热条件的计算选择截面,然后用电压损耗条件和机械强度条件来校验。此方法适用于距离短(一般不超过200m)的线路。按发热条件选择导线和电缆截面就是要求计算电流不超过长期允许电流(允许载流量),即

$$I_{\sum c} \leq I_n \tag{7-52}$$

式中:I_n——不同截面的导线和电缆长期允许电流,A;

$I_{\sum c}$——根据计算负荷求出的总计算电流,A。

$$I_{\sum c} = \frac{S_{\sum c}}{\sqrt{3 \times V_n}} \times 10^3 \tag{7-53}$$

式中：$I_{\sum c}$——视在计算总负荷，kVA；

V_n——电网额定线电压，V。

因为允许载流量与环境温度有关，所以选择截面时要考虑导线和电缆安装地点的环境温度。

(2)按允许电压损耗来选择导线和电缆截面

沿线路输送电能时，由于线路存在阻抗，所以在负荷电流通过线路时要产生电压损耗。按规定，高压配电线路的电压损耗，一般不超过线路额定电压的5%；从变压器低压侧到用电设备受电端的低压线路的电压损耗，一般不超过用电设备额定电压的5%，对视觉要求较高的照明线路，则为2%~3%。如线路的电压损耗值超过了允许值，则应适当加大导线的截面，使之满足允许的电压损耗要求。在进行设计时，常常是按照给定电压损耗的允许值，选求导线和电缆的截面。计算低压线路的电压损耗时，因三相线路的线间距离很近，导线截面小，电阻的作用大，因此可忽略不计电抗。这样，计算电压损耗时，只考虑线路电阻、功率和功率因数。

对于三相四线制，计算见式(7-54)：

$$\Delta V\% = \frac{Pl\rho}{V_n^2 \times S} \times 100 \tag{7-54}$$

对于单相制，计算见式(7-55)：

$$\Delta V\% = \frac{Pl^2\rho}{V_n^2 \times S} \times 100 \tag{7-55}$$

令：

$$C = \frac{V_n^2}{\rho} \times 100 \text{ 或 } C = \frac{V_n^2}{2\rho} \times 100 \tag{7-56}$$

则上两式写成式(7-57)：

$$\Delta V\% = \frac{Pl}{CS} \tag{7-57}$$

式中：$\Delta V\%$——允许电压损耗，%；

P——负荷的功率(单相或三相)，kW；

l——线路长度，m；

S——导线或电缆截面，mm^2；

C——由电路的相数、额定电压及导线材料的电阻率等决定的常数，称为电压损耗计算常数，见表7-32。

电压损耗计算常数

表7-32

线路系统	额定电压(V)	C 值	
		铜线	铝线
三相四线制	380/220	77	46.3
单相交流	220	12.8	7.75

应急照明电缆选用耐火电缆，其他照明回路选用阻燃电缆，选用耐火及阻燃电缆是因为防止隧道内一旦发生火灾将对人类生命造成极大危害。电缆电线引起火灾有两点原因：外部火源和自身火灾。普通聚氯乙烯电缆一旦发生火灾，其释放的有毒气体在2min内可以使人窒息。且隧道内为较封闭环境，逃生距离长，故隧道内配电电缆选用阻燃及耐火电缆。

7.6.9.2 供电线路敷设

电缆通道是电缆实施必经之路,隧道电缆通道一般随隧道土建主体工程实施,其设计与施工的优劣直接影响电缆的施工质量,甚至于无法施工,造成较大的经济损失。隧道电缆通道分洞外部分和洞内部分,洞外部分电缆管道宜采用电缆沟,安装电缆支架敷设电缆,因电缆数量较多。宜采用3、4层支架,两侧交错布置,另外对强电及弱电电缆宜分沟敷设,洞外电缆管道应特别引起注意的地方是洞口段,因该段地域狭窄,管线及设施众多,工程各方应充分重视,在设计阶段就要做好协调工作。洞口地段一般有电缆沟、水沟,通信管道及设施,消防管道及设施,监控设施,路灯,安全设施及接地等,以及受到洞口高边坡及路面的限制。其中路灯基础及其他设施基础宜在电缆沟旁制作,可减少预埋穿线管,其他设施亦分开布设。故洞口处应预留适当空间。洞内部分下部为电缆沟,上部为电缆桥架,电缆桥架宜采用钢制梯式桥架,桥架安装一般位于隧道拱顶两侧,距路面6m左右,两侧宜水平安装,严格超限,因隧道内衬砌存在较大的偏差,桥架安装中应尽可能消除该偏差,尤其对于曲线隧道和变坡隧道。调整措施:①加长桥架立臂且开具长孔,加长长度视隧道壁偏差而定,一般不小于正常立臂的一倍;②测量时先长距离粗定位,后每2m细定位,粗定位长度视隧道曲线情况而定,细定位应按粗定位桩进行调整,以达到下面观测为一平滑曲线(垂直面);③调整横臂上下位置,使其横向观测为一平滑曲线(水平面);④最终成为隧道内三维空间中的一条平滑曲线,增强其美观性。桥架与电缆沟以及桥架间电缆通道在工程实际中一般多采用预埋管,由隧道土建工程预埋,因存在土建与机电施工工艺上的差异及总体设计考虑不周,均造成预埋位置不正确,管径太小或管路不同程度的卡阻现象,不利于电缆穿管施工,甚至于无法施工,故宜预留电缆槽,槽内采用桥架安装电缆,外加防火板覆盖,若采用电缆管预埋施工,应采用弯管机弯管工艺,不可切口焊接,且管径应足够大,建议均采用G80钢管。

隧道电气设计是一项系统的电气工程,在方案设计阶段,设计人员应积极勘察现场,根据隧道工程的具体情况作出优化的电气方案,做到安全、节能、经济、实用,在条件许可的情况下,还要提高设计的起点,使设计具有一定的超前性。

第八章 高速公路管理设施系统发展前景及设计实例分析

不久的将来管理设施系统将全面数字化,特别是当拥有公网标准接口的高速公路信息化网络形成后,全国性的联网监控、联网收费、联网通信系统,必将成为一个分布广泛的"国家信息高速公路"。到时将会形成一种广义概念上的网络和巨大的战略资源。这种资源会为国家和投资者带来不容忽视的本行业的"边际效益"。而这个过程的原动力正是来自于具有高速公路"灵魂"之称的管理设施系统的数字化、网络化、智能化。

8.1 ITS 概述

8.1.1 ITS 产生及发展

随着全球经济的高速发展和道路交通的日趋繁忙,因交通事故而导致严重的人员伤亡和财产损失已经引起世界各国的广泛关注。20 世纪 80 年代后,各国旨在将先进的信息技术、数据通讯技术、电子控制技术及计算机处理技术等有效地综合应用于公路交通管理体系,从而建立起一种大范围、全方位发挥作用的,实时、准确、高效的智能交通系统的概念便产生了。

交通运输业的发展是科学技术发展的象征,而科学技术的发展有效推动了交通运输的发展。信息化是当今世界经济和社会发展的大趋势,伴随着人类向信息化社会的迈进,交通运输业也面临着一次重大的变革,为实现信息化社会发展的需要,交通运输必须信息化。智能交通系统是现代科学技术发展的必然产物,也是信息化社会发展的必然要求。

智能交通系统可以使汽车与道路的功能智能化,是目前国际公认的解决城市以及公路交通拥挤、改善行车安全、提高运行效率、减少空气污染等的最佳途径,是全世界交通运输领域研究的前沿课题。ITS 系统具体的运作方式是:该系统采集到的各种道路交通及各种服务信息,经过交通管理中心集中处理后,传送到公路交通系统的各个用户,出行者可以进行实时的交通方式和交通路线的选择;交通管理部门可以自动进行交通疏导、控制和事故处理;运输部门可以随时掌握所属车辆的动态情况,进行运力合理调度。这样,路网上的交通经常处于最佳状态,能够改善交通拥挤,最大限度地提高路网的通行能力、机动性及安全性。

8.1.2 ITS 研究的主要内容

8.1.2.1 日本、欧洲、美国 ITS 的研究

日本是最早开始进行 ITS 研究的国家。1973 年日本国际贸易和工业省发起了全面的车辆交通控制系统的研究,从而拉开了 ITS 的研究帷幕。日本 ITS 研究的主要内容包括:先进的导航系统、自动收费系统、协助安全驾驶、交通管理优化、道路管理效率化、协助公交车辆运营、商用车效率化、协助行人、协助紧急车辆运营等。

欧洲从 1986 年开始涉足 ITS 领域的研究。由欧洲主要汽车公司发起的 PROMETHUS (Program for an European Traffic with Highest Efficiency and Unprecedented Satety)计划旨在以汽车为主题,利用先进的信息、通信、自动化技术来改善运输系统,减轻交通问题;由欧洲共同体委员会(CEC - Commission of European Communities)发起的 DRIVE(Dedicated Road Infrastructure for Vehicle Safty in Europe)计划主要涉及公路和交通控制技术的研究,包括需求管理、交通和出行信息、统一的城市交通管理、统一的城市间交通管理、驾驶人员辅助系统、车队管理、公共交通管理。

1995 年 3 月美国运输部正式提出了:国家智能交通系统项目规划(National ITS Program Plan),明确智能交通系统的七大领域和 29 个服务用户及服务功能,并确定到 2005 年的年度开发计划。其七大领域包括:出行和交通管理系统、出行需求管理系统、公共交通运营系统、商用车辆运营系统、电子收费系统、应急管理系统、先进的车辆控制和安全系统。

8.1.2.2 中国 ITS 的研究

我国的智能交通系统研究虽然起步较晚,但是经过几年不懈的努力,在某些领域做了许多工作,已经取得了一定成果。国家科技部于 1999 年 11 月批准成立了国家智能交通系统工程技术研究中心。该中心的主要目标是以国民经济、行业和市场需求为导向,针对智能交通系统存在的重大技术问题,对有市场价值的重要应用科技成果,进行共性技术、关键技术的后续工程化、产业化以及系统集成的研究开发。

国家科技部于 2000 年 3 月组织全国交通运输领域专家组成 ITS 专家组,针对"九五"国家科技攻关项目"中国 ITS 体系框架研究",采用了面向过程的方法,起草了"中国智能交通系统体系框架",其服务领域主要有:交通管理与规划、电子收费、出行者信息、车辆安全和辅助驾驶、紧急事件和安全等。

8.2 高速公路管理设施系统与 ITS 的发展

近 10 年来,智能交通运输技术的快速发展给交通事故预防与安全管理带来了广阔的前景。智能交通运输系统是当前国际道路交通和运输科技发展的前沿,是交通运输的发展方向,也是高新技术的最大民用市场之一。从具体功能上讲,ITS 系统将汽车、驾驶者、道路以及相关的服务部门相互连接起来,并使道路与汽车的运行功能智能化,从而使公众能够高效地使用公路交通设施和能源。

ITS 是一个综合的信息系统,涵盖了水陆两方面的交通,在陆上交通中,又包含公路交通和城市交通,几乎是一个全方位、立体的、综合的信息服务和信息管理系统。道路出行者通过车辆子系统可以获得声音、图像、图片和书记等各种类型的信息服务。而中心子系统随时掌握路网中的各类实时信息,及时做出决策,调节路网中各方人员的行为。

ITS 的通信体系结构由有线通信和无线通信组成,无线通信又包括广域无线网络、短程无线网络、专用无线系统等,依赖高速公路的通信系统,或者在其基础上加以扩充及延伸,可以 ITS 系统在高速公路的信息服务平台,把出行者、道路子系统、中心子系统和公路管理机构连接在一起,实现公路专网业务数据的传输和为公网提供信息服务的双重功能。高速公路监控系统可以利用其监控设备,ITS 系统提供大量信息,包括公路车流量、路面通行状况、环境因素、道路拥挤程度和畅通情况及气候条件等,并利用其外场发布设施发布有关信息。收费系统通过在不同时段收取不等的通行费用,以调节进入公路的车流量,配合ITS系统的中心子系统对道路交通流实施调节。

可见,高速公路监控、通信、收费系统是ITS系统的重要组成部分,ITS系统是监控、通信、收费系统在交通网络中的扩展,而后者是前者的重要支撑。随着经济的发展,高速公路的里程不断增长,在交通行业中占有越来越大的比例和越来越重要的地位。高速公路管理设施系统直接服务于本地区的ITS系统,并成为其不可或缺的重要组成部分。

8.3 高速公路管理设施系统的发展方向

8.3.1 高速公路管理设施系统要互相配套、协调

高速公路管理设施系统都是围绕高速、高效、安全、舒适、方便及景观美化等共同目标而设计的。因此在工程建设开始前,就应当对将会出现的问题有一定的预测和估计。针对这些共同问题,各子系统要互相配套、协调,精心设计使问题得到有效解决。

具体设计时,项目可以采取一次设计、分期实施的办法,通过认真地调研,根据高速公路的实际情况,对整个系统方案进行了完整的设计。对于初期运行需要的项目在一期实施,对于为适应将来交通流量增长的二期实施项目,进行了方案设计,预留相应的管道和接口,便于在适当的时候实施,使整个系统既具有系统性又有灵活性。不停车收费系统、储值卡收费方式、紧急电话分机、闭路电视系统、可变限速标志、可变情报板及气象检测器的增设等在方案设计中都有考虑,在一期实施时预留出相应的管道。

为了保证监控、收费、通信、配电和照明等几大系统具有良好的协调性和兼容性,可以把几大系统作为一个总项目来设计,作为一个总承包合同进行招标。考虑到机电工程的建设周期长,技术更新快,机电工程的招标采用两步招标法;招标完成后,业主、承包商、设计单位、设备生产厂家一起进行施工图的联合设计,尽可能保证系统的完整性和系统性。

在高速公路管理设施系统中,通信系统是监控和收费系统的支持和保障。在通信系统建设时,应贯彻信道优于终端设备的原则,设计方案不仅要满足本路段通信业务的需要,而且要考虑到各路段通信系统联网的要求。通信管道可以采用目前最新型的HDPE硅芯管,并把管道提前在分隔带中间预埋,需经专家咨询和认真分析今后市场需求后,决定通信管道预埋的数量。收费计算机联网、监控信号、视频信号的传输,都需要通信系统提供各种速率的传输通道。在设计中,首先应考虑收费、监控系统的需求,再选定传输设备,甚至于交换设备力求减少设备的种类和数量,以降低造价节约资金,便于维护和管理。

高速公路管理设施系统对电源要求各异,但都必须稳定,中断几率小。因此系统应由专线供电,统一稳压后再由各系统分配。考虑到整体一致性、机房布设美观、便于日后维修、避免重复浪费等原因,系统的供电部分应统一设计。

8.3.2 高速公路管理设施系统的融合

传统的高速公路管理设施运营模式已经不能适应高速公路的发展需求,应该以一种全新

的观点去看待问题。不应把监控、收费、通信看作相互独立的管理设施系统,并把它们同路政、养护、交管部门相互分离,而是应把它们相互关联起来。可以将传统的监控、收费、通信系统中心所有机电设备看作是能够提供服务的工具,任何有需求的管理部门都可以利用它们了解自己所需要的信息,并形成各部门直接反应相互协调的管理构架。

监控、收费、通信系统的融合建设是打破传统三大系统的界限,不再硬性确定三大系统的相对独立性。随着数字技术、光通信技术和软件技术的发展,以及统一的传输协议的广泛应用,无论是从技术发展还是资源的合理使用上来说,实现三大系统融合的瓶颈已不存在。三大系统的融合可以实现统一的管理手段,节约有限的网络资源,并能提供更多的服务内容。

首先光通信的快速发展为数据传输业务提供了越来越大的宽带。其次,多业务跨平台技术的日益成熟和完善,用户已不需要考虑自己网络的配置情况,只需要会使用供应商提供的简单易用的操作软件就可实现不同信息业务的传输和交换。网络服务供应商可以在通用接口协议上开发出满足不同业务需求的软件,业务间既相互渗透和交叉,又可以相互独立。

具体可以根据各系统的功能和所需要的技术支持方案统一考虑设备的配置,将原来各系统分别配置的相同功能设备合并,并将外场设备资源充分利用。如将路段摄像机、车辆检测线圈、可变情报板等外场设备的信息先传至收费站监控室,这样站级监控就可以实时了解收费车道、收费广场的运行状况,也可以了解一定的路段交通状况。在中心一级将收费中心和监控中心的监控室合并,设置一套闭路电视监视系统、地图板或投影显示系统、计算机管理系统。网络设备和外围设备也可以共享,如路由器、网络服务器、打印机等。收费站机房可将已经集成的所有数据、图像信息传至上一级监控中心,形成对设备的最大利用。

8.3.3 注意和其他设施的协调、避让

高速公路管理设施系统建设要以高速公路主体工程的最新设计为依据,随着主体设计的变更而及时变更,注意协调避让,避免一些矛盾冲突,防止遗留故障隐患。如由于标志牌位置改变,造成闭路电视监控系统的摄像镜头被标志牌遮挡;由于场区设计的改变,造成主线光电缆无法沿原设计路由通过场区进入机房,场区电缆原设计路由无法实现;由于紧急电话系统设计没有和防撞护栏设计协调,造成紧急电话无 W 板防护或紧急电话处 W 板无开口;由于急流槽位置改变,造成过路横向预埋管及路旁手孔和急流槽位置重叠等。

高速公路的监控、通信、供电、照明等的电缆管道和收费站房的给排水等管道在收费站的总体布局中要统一考虑。由于这类管道属于不同的专业设计,施工时也不是同一单位,因此各专业要统一协调,在平面、纵面上互相兼顾,互不打架。要注意的是信号电缆与供电电缆之间应有一定的安全距离。

8.3.4 积极采用新技术

监控、收费、通信等各系统都具有技术密集、科技含量高的特点,并且管理设施系统所采用的通信、计算机网络、自动控制、遥感、遥测及图像传输等新技术近几年来发展日新月异,技术更新换代非常之快。因此为了避免在施工时出现设计中所选择的技术、设备及材料已过时或被淘汰的局面,除尽量缩短从设计到施工的周期外,设计时还要紧密跟踪最新的技术动态,在认真进行技术、经济可行性调研和需求的分析后,应积极采用最先进的技术、设备和材料。只

有这样才能不但满足当前技术先进性的要求,还能使高速公路管理设施系统保持较长时间技术优势。

监控、收费、通信系统融合后,将形成一个统一的信息服务平台,它将为不同的业务管理部门提供各种形式的通信服务。既要保证各业务部门信息的实时沟通,又要满足多业务通信的综合技术需求,这个综合信息平台还要提供很多以往三大系统并不涉及的应用服务,因此,必须采用一系列新的技术手段来满足这一需求。

8.3.4.1　IP Over SDH 视频传输技术

传统的高速公路路段视频监控系统一般采取模拟视频图像集中监控模式,但随着通信技术和网络技术的发展,高速公路模拟视频图像集中于路段管理中心的模式已经不能适应管理人员远程监控的要求。随着科技的发展,IP 数字视频远程传输技术已逐步从理论转化为实际应用,这为实现数字图像传输提供了很好的技术支持。

IP Over SDH 视频传输技术是将摄像机输出的模拟信号通过视频编码器进行视频处理,将视频信号压缩数字化为 MPEG2(第二代动态影像解压缩协定)视频数据流,利用视频解码器的以太网传输 MPEG2 视频数据流至收费站视频以太网交换机。站级视频交换机通过 SDH(同步数字系列)的以太网板将数字视频信号传送至监控中心。监控中心通过三层视频以太网交换机连接至视频解码器的以太网口,即可将 MPEG2 视频流还原为模拟视频信号,从而实现了整个传输过程。

IP Over SDH 能使 IP 数据包通过 PPP 协议直接映射到 SDH 帧结构中,按 STM－N 速率传输,在骨干网上快速传输多媒体业务,有效利用现有网络结构,简化网络体系,提高数据传输效率,充分利用 SDH 技术的优点。同时,将 IP 网络技术建立在 SDH 传输平台上,可以很容易地跨越地区和国界,兼容各种不同的技术和标准,更易于实现网络互联。

目前高速公路绝大多数的公司都是采用 SDH 技术组网,而且 IP Over SDH 宽带的利用率较高,并可借助其自动保护倒换以实现双环自愈,提高网络的安全性。因此在高速公路上采用 IP Over SDH 技术是实现高速公路管理设施系统三大系统融合的较好选择。

8.3.4.2　VOIP 技术

目前我国高速公路解决内部业务电话通信都是采用小型语音程控数字交换机完成的。这些设备仅提供语音通信服务,若与骨干 IP 网络相连,还要通过语音网关等设备。现在可采用 VOIP 技术,它是通过软交换的方式实现的,把呼叫控制功能从传输层中分离出来,通过软件实现连接控制、翻译和选路、网关管理、呼叫控制、带宽管理、信函、安全性和生成呼叫联网记录等功能,把控制和业务提供分离,提供了在交换网中与电路交换相同的功能。软交换是与业务无关的,因此可以处理各种实时业务包括语音、视频和多媒体等业务。高速公路通信网中采用软交换技术,既可省却大量繁杂的语音、数据图像系统设备,又可以真正实现三大系统的融合。

8.3.4.3　呼叫中心(call center)技术

随着社会对高速公路整体需求的发展,高速公路的运营管理部门应更侧重在加强对社会服务的能力上,应在服务内容、服务方式、服务质量、经营管理以及服务意识都提出新的解决思路。呼叫中心(call center)就是可以在高速公路上应用的比较好的面向社会服务的手段。呼叫中心是一种自动语音和人工坐席台的综合信息服务和交易系统,通过电话、传真、图文终端、计算机等设备,用户随时可以进入 call center 系统,并迅速得到响应,获得声音、文字文件等多种方式的服务。目前 call center 已经不是基于以往 PBX 的传统呼叫中心，而是基于 Internet 网络。既可以为社会用户提供高速公路运营状况的迅速查询工具，也可以作为 ETC、预付卡等支付通行费手段的交易系统。

8.3.4.4 数据库技术

数据库技术在高速公路的应用已十分成熟，机电系统融合后，主要是应该扩大数据库的应用领域，并形成共享的数据库平台。建立了综合的信息服务平台后，即可加强原来的诸如监控、收费数据库系统的建设与应用，同时可以为养护管理、路政管理、OA 系统等部门构建相应的数据库，所有这些数据库的信息均源自于综合的信息平台，最终形成基于同一数据基础的不同应用主体结构。

8.3.4.5 网络安全技术

随着对提高高速公路通行能力、通行速度、降低投资成本和保护环境的要求被提出，联网收费已在全国范围内全面铺开。联网收费不仅给高速公路带来了经济利益，而且其社会效益也同样可观。但网络安全是非常重要的问题，当网络逐渐庞大，联网收费涉及的货币金额数量巨大。因此，一定要确保网络安全不被破坏。

但只要采取得当的网络安全手段，完全能够保证高速公路专用网络的安全。像目前通常的做法仅仅采用防火墙是不可靠的，比较可行的方法是采用网闸技术，即在内网与 Internet 的接口处设置一台专用防火墙，该防火墙为软、硬件结合产品。在内网中设置专用的 Internet 外网代理服务器，在内网与 Internet 外网代理服务器之间也设置一台防火墙，两台防火墙之间采用网闸动态实时网络隔离系统，该系统不同于传统的防火墙之间采用通用的 TCP/IP 协议，而是采用专用通道协议，动态调整，达到双重保护功能，这种方法完全能满足高速公路专网的安全需要。

与发达国家相比，我国的交通工程毕竟起步较晚，技术上还存在很大差距。因此，在我国高速公路持续高速发展之际，不断总结经验，逐步完善高速公路管理设施系统建设具有重要意义。随着科学技术的发展，高速公路文化的进步，将会有越来越先进的计算机技术、通信技术、电子技术、网络技术，以及 GPS 车辆定位导航技术、GIS 地理信息系统等都将会应用到高速公路机电系统。那时系统将更先进、工作更安全、操作更简易、维修更方便。

8.4 广西平钟高速公路监控系统设计实例分析

本路包括二塘至同古段主线、贺州支线、钟山连接线和贺州连接线。二塘至同古段主线和贺州支线为高速公路。主线全长 57.697km，计算行车速度 120km/h，路基宽度 28m。贺州支线全长 30.5km，计算行车速度 100km/h，路基宽度 26m。钟山连接线全长 16.505km，采用二级公路标准，计算行车速度 80km/h，路基宽度 17m。贺州连接线全长 6.007km，采用一级公路标准，计算行车速度 100km/h，路基宽度 25.5m。全线共设互通立交六处，分别位于二塘、同安、英家、同古、回龙和贺州，隧道三处，分别为水冲口隧道（长约 1405m）、下岩隧道（长约 550m）和木冲隧道（长约 3695m）。全线设置了 1 处同古服务区，1 处同安停车区，1 处贺州服务区，5 座匝道收费站，2 个隧道管理所（水冲口和木冲隧道管理所），1 个英家养护工区，1 个钟山管理所。

8.4.1　概述

本路的监控系统设计充分考虑近期、远期需要，并根据交通条件和环境，采用一次设计，分期实施的原则。在一期工程中实施管道预埋，做好系统升级、扩充的准备；一期工程中的主线外场设备有2套大型可变情报板（二塘互通和贺州互通各设一套），5套车辆检测器（每两个互通立交之间有一套）。整个监控系统采用当前先进技术，选用性能良好的设备，使系统运行稳定可靠，实用方便，达到最佳使用效果。

8.4.2　监控管理体制分析

考虑国家体制改革精神，管理设施的设置总的趋势是适应市场经济发展，不论采取何种模式应能体现公路管理业务上集中统一指挥的系统性、特殊专管的客观性，并利于近期与远期管理上的连续性。本路监控系统信息管理设计为二级管理体制，即监控所—监控外场设备，主线互通立交上所有外场设备的数据通过通信系统上传至钟山监控所。监控所可对所有信息进行处理，确定外场设备信息发布内容，并发布指令。木冲隧道上传6路图像至监控所，水冲口隧道站上传4路图像至监控所，下岩隧道上传3路图像至监控所。

8.4.3　监控系统主要功能分析

8.4.3.1　信息采集功能

系统主机是计算机系统的核心部分，它除负责LAN系统的管理与运行，为各终端计算机提供安全、可靠的监控系统数据外，还通过通信系统收集外场设备信息，它与外场设备的通信寻呼周期为不大于60s，通信速率为9600bit/s。如果三次通信失败，即判为故障，系统主机可通过用户端口向值班员报警。

监控所可接收如下信息：

（1）各种外场设备工作状态的反馈信息；

（2）车辆检测器检测到的各种交通参数；

（3）收费所传来的各收费站交通流数据；

（4）大型可变情报板显示内容的反馈信息；

（5）外场遥控摄像机拍摄的图像信息；

（6）重要路段、互通立交图像、信息；

（7）高速公路收费站出入口、收费广场图像、信息；

（8）操作员输入的事件、事故信息。

值班员可将路上发生的每一事件、事故的详细情况，如时间、地点、性质等信息以及所采取的措施、处理结果、值班员号码等输入计算机。

8.4.3.2　数据处理功能

监控所计算机可分别对收集到的信息进行处理，处理车辆检测器检测到的信息，判断交通状况，并通过人机接口进行报警。

8.4.3.3　交通控制功能

（1）在交通正常情况下，监控所计算机系统综合分析各种交通数据，选择合理的控制方案，自动形成对大型可变情报板的控制命令，在操作员确认后向外场设备终端发出控制命令，对交通流进行控制。

(2)在紧急情况下(事故、火灾等)，监控所计算机系统综合分析各种交通数据和气象参数，选择合理的控制方案，自动形成控制方案，在操作员确认或修改后发出控制命令(包括通知消防、救援等部门)，操作员也可通过手动录入指令向外场设备终端发出控制命令，即可选择自动控制或手动控制方式。

(3)可控制互通附近的遥控摄像机动作，包括遥控云台上下左右旋转，遥控镜头自动光圈、变焦等；可切换摄像机图像在任意一台监视器上显示，任选一路进行录像。

(4)控制方式有人工控制和自动控制两种，人工控制优先。

8.4.3.4 显示、录像功能

(1)可在监控所的图形计算机显示器上，动态显示每一区段的交通运行状态、沿线设施位置、检测参数、设备工作状态、报警位置及各种图表、报告等。

(2)通过图形界面，对所有设备的工作状况进行实时监测和显示工作状况，并在设备出现故障时自动报警。

(3)图像信息可在监视器实时显示，并可通过数字硬盘录像机进行存储录像为以后的交通事故和管理提供依据。

8.4.3.5 统计查询功能

(1)统计、查询及报表

监控所计算机系统能够完成各种报表的显示和打印，以便在需要时复制和调出历史数据进行各项分析、处理工作。报表主要包括：

①交通报表：包括日、月、年的交通量、平均车速、占有率报表；

②各种事件、事故报表：包括火灾、紧急电话、巡逻车报警等的事件类型、时间、处理经过及内容等；

③设备工作状态报表：包括所有的外场设备和监控室的主要设备；

④发布命令报表：情报板发布的命令内容、操作员、地点、日期等；

⑤任意查询一年内系统运行的详细数据：包括任一时刻的交通、设备状况、事件事故输入、命令发布记录，可以报表形式打印；

⑥交通量、收费数据还可以以图形方式绘制变化曲线。

(2)数据存储

监控所计算机软件可对系统每日的数据备份及重要文件进行存档，并带有时间记录，以便在需要时复制和调出历史数据进行各项分析、处理工作。

各类报表的时效如下：其中日、周或旬报表每3个月转存，月、季、年报表按12个月转存。

8.4.3.6 事件、事故输入功能

值班员可将路上发生的每一事件的详细情况，包括发生的时间、地点、持续时间、值班员号码、事故原因、事故类型、当时道路情况、对事故的处理、监控系统采取的措施等输入计算机。

8.4.3.7 自检与报警功能

本监控系统具有对系统软、硬件，监控室设备及所有外场设备的自动检测和报警功能，以提示值班员进行相应的处理。

8.4.3.8　自动数据备份和系统恢复功能

系统具有数据自动备份功能,系统能实时自动的将重要数据进行备份,一旦系统受到破坏,可以尽快地恢复系统运行。

8.4.3.9　安全功能

系统对不同层次和职责的人员,分别设置不同的操作使用权限,设置不同的操作口令和密码,防止越权存取和修改,保障数据的完整性,并对值班员的操作进行存储、记录和打印。

系统的用户管理:

监控系统采用分钥式(所谓分钥式人员管理主要针对系统维护员的管理,系统中的每个子系统均设有自己的超级用户,且每个子系统的超级用户仅能对自己的系统进行使用维护操作,无法登录使用其他子系统;此种方式增加了系统的安全性,避免了一个用户有绝对权限的可能。)人员管理方法,即在通信、图形、监控计算机系统中均设有用户管理功能,将使用监控系统的用户分为三级:

(1)监控员,只具有一般使用权限,如统计打印报表、监视交通变化、向可变情报板下发固定命令等;

(2)管理人员,除具有监控员的权限外,还可对可变情报板和可变限速标志信息进行编辑,可修改报警阀值,查看系统记录等;

(3)系统维护员,除具有管理人员的权限外,还具有人员管理、数据备份、设备检测、参数设置、系统关闭等权限。

8.4.4　监控系统软硬件功能及设备配置

监控所设在钟山县,各外场设备的数据和图像先上传到就近的通信站,再由通信站传至监控所。

8.4.4.1　监控所主要设备功能及配置

(1)服务器

CPU:Inter Xeon 2.8GHz;

Ultra2 SCSI 热插拔驱动器,配备 RAID 5 磁盘阵列卡;

硬盘:72GB×2,7200rpm 的 Ultra2 SCSI 磁盘驱动器,可热插拔;

512M 高性能 ECC 内存,可扩充至 4GB;

15″液晶显示器,最大分辨率 1280×1024,响应时间 16ms;

标准键盘、鼠标器;

10/100M TX 网卡;

1 个软盘驱动器:3.5″;

电源:220VAC, 50Hz×2 热备份电源。

功能:接收外场设备和收费站的数据,管理本局域网络的正常运行。

(2)图形计算机

CPU:主频≥3.0GHz;

内存:≥512MB DDR;

缓存:一级缓存≥256kB;二级缓存≥1024kB;

系统总线:≥800MHz;

硬盘:≥120GB;

软驱:1.44M;

CD-ROM:COMBO;

显卡:最大分辨率支持2048×1536/256 colors;

显示器:17″彩色液晶,最大分辨率1280×1024,响应时间16ms;

网卡:10/100M 自适应;

键盘:标准键盘;

鼠标:双键鼠标器;

电源:220VAC,50Hz。

功能:监控所图形计算机储存有高速公路的道路地形、环境概貌、路况局部细节的彩色图形库;显示主要设备的工作状态、运行彩色图形应用软件,以便交通监控操作员可以很直观地对高速公路运行进行监视。

(3)交通监控计算机

CPU:主频≥3.0GHz;

内存:≥512MB DDR;

缓存:一级缓存≥256kB;二级缓存≥1024kB;

硬盘:≥120GB;

软驱:1.44M;

CD-ROM:COMBO;

显示器:15″彩色液晶,最大分辨率1280×1024,响应时间16ms;

网卡:10/100M 自适应;

键盘:标准键盘;

鼠标:双键鼠标器;

电源:220VAC,50Hz。

功能:运行监控系统应用软件;负责外场设备的数据收集,形成打印各种报表,实时轮询处理后的外场数据信息,提供控制方案供值班人员决策。

(4)通信控制计算机

CPU:主频≥3.0GHz;

内存:≥512MB DDR;

缓存:一级缓存≥256kB;二级缓存≥1024kB;

硬盘:≥120GB;

软驱:1.44M;

CD-ROM:COMBO;

显示器:15″彩色液晶,最大分辨率1280×1024,响应时间16ms;

网卡:10/100M 自适应;

键盘:标准键盘;

鼠标:双键鼠标器;

电源:220VAC,50Hz。

功能:负责存储和转发监控室与外场设备的交换信息、数据缓存,定义通信协议和网址路由分配。

(5)紧急电话计算机

CPU:主频≥3.0GHz;

内存:≥512MB DDR;

缓存:一级缓存≥256kB;二级缓存≥1024kB;

硬盘:≥120GB;

软驱:1.44M;

CD-ROM:COMBO;

显示器: 15″彩色液晶,最大分辨率 1280×1024,响应时间 16ms;

网卡:10/100M 自适应;

键盘:标准键盘;

鼠标:双键鼠标器;

电源:220VAC,50Hz;

串口数≥3。

(6)视频监控计算机

CPU:P4 3.0 GHz 以上;

512MB DDR DRAM,可扩充至 1GB;

硬盘:80GB SMART Ⅱ Ultra ATA/66 驱动器;

19″液晶显示器;

视频: 75Hz 下,支持 1280×1024、32 位真彩色分辨率,64MB SGRAM;

标准键盘,鼠标器;

10/100MB TX 网卡。

(7)以太网交换机

端口:16 口;

网管:支持 SNMP 网络管理;

电源:AC180—264V,47—63Hz。

构成监控所的局域网并和收费所交换机级联。

(8)彩色扫描仪

扫描元件:CCD;

彩色扫描仪:色彩深度 48 位;

最大扫描幅面:A4 加长;

光学分辨率:4800×4800dpi;

最高分辨率:4800×4800dpi。

(9)激光打印机

打印汉字、英文、曲线及简单图形,打印幅面: A3、A4;

内存:≥32MB;最大可扩展至 192MB;

进纸盒容量:≥500 张;

速率:≥22ppm;

分辨率:1200×1200dpi;

接口方式:并行。

(10)彩色喷墨打印机

打印曲线、简单图形及图片;

打印幅面:A3、A4;

缓冲内存:≥16MB;

打印速率:≥14ppm(全页彩色);

最高分辨率:2400×1200dpi。

(11)数据光端机

电气接口:RS232/RS485 可选;

传输速率:支持 DC 至 115.2kbps;

光纤接口:ST、FC 光接头;

光纤类型:1310/1550nm;单模具有自愈功能,光收发站点故障自动切除,故障恢复后自动投入;

数据通道:2(1)路;

电源:交流 220V,50Hz;

工作温度:-40~85℃。

8.4.4.2 监控外场设备功能及配置

(1)车辆检测器功能及配置

在一期工程中,主线外场设备布设 5 组车辆检测器。车辆检测器是由环形线圈组成的传感器和测量单元、数据处理单元、通信传输单元及电源组成,每组车辆检测器包括 8 个环形线圈,每个线圈由检测线环绕 4 圈而成,环形线圈埋设在道路路面中,并与环形线圈检测器相连。在同一位置的路面的双向四车道对称布设。它在某一断面上能实时测量出交通流量,平均车速和占有率等交通参数。

①工作原理

环形线圈检测器的检测原理为当车辆通过埋设在路面下环形线圈时引起线圈电磁场变化,从而检测到车辆。检测器收集的参数应满足监控系统的需要。

检测器收集到的数据由处理单元处理,处理单元是以微处理机为核心的电子设备。按照系统的总体要求,处理单元将处理好的数据定时传送到监控中心计算机系统。

同一检测器的不同通道的操作是独立的并互相不影响。检测器的车辆检测单元与检测线圈相匹配,不会引起相邻车道的车辆的误检。

②功能要求

a. 检测器的每一个通道应能检测出二轮大型摩托车以上所有类型的机动车。

b. 检测器应能提供以下交通参数:

每一车道的车辆数;

每一车道的车辆速度;

每一车道的车辆占有率；

每车道车行方向。

c. 检测器应具有预处理功能，数据预处理时间可按5s至1h之间进行设定，能按5s、10s、30s、1min、5min、10min、30min、1h的间隔，以数据块的方式周期上传车辆数、车辆速度、车辆占有率的累计。

d. 在通信系统故障及外部电源故障时，检测器具有存储功能，能存储10天的检测数据并能输出到便携式计算机。

e. 检测器具有数据传输功能，各车道数据通过接口，传送到监控室计算机系统。

f. 检测器能够连续不间断工作。

g. 检测器能进行温度自动补偿。

h. 检测器面板有表示整机工作是否正常的显示。

i. 具有手动自检故障诊断功能，并能提供整机工作状态信息。

③系统构成

检测器的构成主要如下：a. 埋设在各车道路面下的环形线圈传感器；b. 检测单元；c. 数据处理单元及通信控制单元；d. 供电和环境。

④环形线圈

环形线圈检测器的探头为单导体，低压电缆。机箱设在路侧，应有可靠的避雷装置。其主要技术参数如下：

环形线圈：2.6m×2m；

每个环形线圈的测量时间：不大于80μs；

车流量的测量精度≥99%；

车平均速度的测量精度≥95%；

车辆占有率测量精度≥95%；

电感范围：20～2000μH；

车速范围：0～260km/h；

工作温度：-40～85℃；

传输速率：300～115200bps可调；

灵敏度：0.02～0.64七级可调；

频率：20～140kHz可进行4个频率设置：高、中、低及超低；

电源：21～40VDC，额定电流85mA；

通信接口：RS232、RS485、10 BASE-T；

至少可存储10天的检测参数，并具有自调节，温度补偿功能；

防雷保护：电源输入与信号输入端应有良好防护措施。

⑤检测单元

a. 检测单元放置于机箱内，在其面板上至少具有下列开关和指示灯。每个车道的操作模式选择。每个车道的灵敏度选择，允许对每个车道进行灵敏度调节。不少于3挡的频率选择。检测显示。故障闪烁显示。

b. 平均无故障工作时间应大于40000h。

c. 检测单元应在加电后30s内进入正常工作状态；在电源中断恢复后应能自动恢复正常工作状态。亦应能在暂停使用后或在环形线圈断裂重新接通后，经操作一个按钮就可自动恢复正常工作。

d. 技术数据检测精度：二轮以上机动车检测数量精度≥99.9%；测速范围：0～260km/h，误差5%（20～180km/h）；占有率检测精度：≥95%。

⑥数据处理单元和通信控制单元

a. 功能要求

ⓐ接收检测单元送来的采样数据；

ⓑ按每个车道对检测到的数据进行处理并存储处理后的交通参数；

ⓒ按指定的时间间隔将交通参数以数据块的形式传送到监控室计算机系统；

ⓓ对检测单元和检测线圈的工作进行监测，在出现故障时向监控室计算机报告；

ⓔ应具有与便携式计算机的通信接口，以便直接存取数据和进行外场参数设置；

ⓕ通信控制单元负责与监控室计算机通信，必须确保其通信的正确性、有效性和可靠性。

b. 技术数据

ⓐ处理能力：应能处理4个车道（8个线圈）所采集的数据的能力；

ⓑRAM：应不小于16MB，数据以先进先出的方式存储，能保留至少10天的数据；

ⓒ预处理数据通过通信线路传输，传输速率≥4800bps。

因为安装在外场机箱内，故应提供加热和通风装置。

⑦供电和环境

车辆检测器的供电和环境条件：

a. 电源：AC 220V ±20%，50Hz ±5%。

b. 环境温度：-30～50℃。

c. 相对湿度：10%～90%。

d. 要求提供雷电保护：电源输入与信号输入端应有良好的防护措施。

e. 机箱应具有防雨、防尘、防干扰、防震动功能，满足IP65的要求，电磁干扰保护等级IEC801 Ⅱ。

（2）可变情报板功能及配置

本设计中的可变情报板为门架式大型可变情报板2套。可变情报板由设置在情报板附近控制箱内的微处理器控制，微处理器通过通信系统与监控所计算机通信。可变情报板组成包括：可变情报板显示屏、微处理器、驱动模块、通信控制单元、安装支架、控制箱、光缆、电源及软件等。

①可变情报板显示屏

a. 显示屏

ⓐ显示屏由四元素高亮度发光二极管点阵组成，显示单元由多个LED元件组成，每个像素的LED管配比为红、蓝、绿，白平衡亮度≥8000cd/m²。表面封装满足IP65标准，为超高亮度、防水、防腐、防尘、野外型组件，显示屏平均亮度≥8000cd/m²，LED半功率角≥300，满屏显示时功率≤5kW，寿命大于100000h。

ⓑ跨度14m（可根据现场情况调节）的可变情报板显示面积为1m×10m，包括10个模块，

采用全彩色显示，用于显示汉字、英文、交通标志、图形、符号等。每个像素由5红、3绿、2蓝三种LED组成，其配比达到白平衡，显示屏平均亮度≥8000cd/m^2。

ⓒ可以显示32×32，24×24，16×16几种大小的文字，其字体、粗细、汉字间隔、位置均可调。文字、图形均有闪烁功能，亮、灭时间应分别在1～30s之间可调。

ⓓ能够根据环境的亮度自动调整情报板发光强度，采用自动调光形式，最少应分成八级，程序控制调光模式下应满足0%～100%范围内的自由设置。一般情况下，车辆以120km/h速度行驶时，显示信息无论在日光下或黄昏下均应在210m外清晰可见。在雨、雪等天气状况下，驾驶人在150m外仍可清晰读出。

b. 显示屏箱体结构

ⓐ箱体采用铝合金或不锈钢材质，为双层结构。

ⓑ箱体为防风雨、防腐蚀、野外型，并达到IEC IP65防雨标准。箱体应有通风、散热的装置，保证情报板的正常工作。箱体应上锁，内部电路板的布置应易于操作和维护。

②可变情报板龙门架

可变情报板采用门架式钢梁结构，其基础一端位于中央分隔带，另一端位于路侧边坡上。龙门架采用喷沙除锈，船用二度防腐底漆处理，具有工作通道、工作便梯。龙门架的设置保证净空不小于5.5m。地基处理应能防止下沉。可变情报板应能承受36m/s的风力。

可变情报板具有防雷电和过电压保护措施。控制机箱有安全保护接地端子，接地端子须与机壳连接可靠，其之间的接触电阻<0.1Ω。所有金属构件必须设置良好的接地装置，可变情报板防雷接地与工作接地采用联合接地方式，阻值≤4Ω。

③可变情报板电子设备

a. 可变情报板微处理器

可变情报板微处理器放在控制箱内，并安装在可变情报板龙门架的横梁上，微处理器应为嵌入式工控机结构。微处理器可执行下列功能：

ⓐ接收指令，通过通信系统接收监控所计算机发来的情报板显示数据，校验有效性和正确性，并向计算机发送确认与否信号；

ⓑ存储常用显示信息；

ⓒ驱动显示模块，对监控所传送来的情报板数据解码，并驱动对应的显示模块，显示内容更换时间不大于1s；

ⓓ状态检测，通过检测显示屏驱动器的状态，监视正在显示的信息编码，并送到监控所计算机；进行可变情报板的日常自检，以监视可变情报板的故障，并将故障信息传送到监控所计算机；

ⓔ通过光敏器件控制显示器件的光强，并可人工在监控所调节；

ⓕ可变情报板微处理器应配备后备电源，以便电源故障时，有足够的电力储备向监控所计算机发出电源故障信息；

ⓖ至少提供两个RS232接口，用于与监控所计算机及便携计算机的通信使用；

ⓗ系统平均无故障工作时间不小于100000h。

b. 驱动模块

驱动模块采用恒定电流驱动方式。每一显示单元由微处理器控制的驱动模块控制显示或清除状态。驱动器模块具有高可靠性并便于更换和维修。驱动器模块的电源保证显示板可靠地运行，电源出现故障时，所有的单元显示为黑色。

驱动电源和控制系统电源都采用 $n+1$ 的开关电源系统，任何一台电源的故障不会影响显示屏的工作。

④可变情报板系统要求

a. 显示的信息

ⓐ显示信息由汉字、英文、交通标志、图形、符号组成，显示方向可左至右或右至左读。

ⓑ监控所计算机为可变情报板提供所要显示的文字、单词及符号。

固定显示模块，用户给出某些经常使用的固定显示信息，系统将这些信息的显示方式和码型存储在计算机中，可储存至少 50 条预先编制好的显示信息。

可编程显示模块，采用标准人机对话方式将信息存储在计算机中。

人工构成显示模块，为可在控制台上组成的点阵，用人机对话方式将信息存储在计算机中。此类显示模块可构成任何点阵的简单图形。

b. 监控所计算机控制功能

监控所计算机接收输入的命令，并将操作人员输入的显示信息发送给可变情报板微处理器；可变情报板微处理器执行接收的命令，显示相应的信息；监控所计算机接收可变情报板运行状态的数据，并在控制台终端上显示。

c. 可变情报板的检测

ⓐ除非执行另外的命令，监控所计算机定时监测每一块情报板，时间间隔不超过 10min。如果监测命令与发送到可变情报板的其他命令发生冲突，那么取消这一周期监测命令。

ⓑ在收到监控所计算机监测命令以后，可变情报板微处理器根据命令要求发送下列监测信号中的一种或全部。

已显示的信息确认：监控所计算机将收到的信息与控制台上发送的信息比较，并最终确认；

自检故障数据：可变情报板自检程序检出的故障传送到监控所计算机。

当可变情报板的失控点大于设定值时，应自动关闭显示屏为全黑状态。

8.4.5 监控系统设备的施工要求

(1)机架安装位置应符合设计要求，当有困难时可根据电缆地槽和接线盒位置作适当调整。

(2)机架上的固定螺钉、垫片和弹簧垫片均应按要求紧固不得遗漏。

(3)监控室内电缆的敷设采用地槽或墙槽时，电缆应从机架、控制台底部引入，将电缆顺着所盘方向理直，按电缆的排列次序放入槽内；拐弯处应符合电缆曲率半径要求。

(4)控制室内电缆的敷设，在电缆走道上时，光端机上的光缆宜预留 10m；余缆盘成圈后应妥善放置，光缆至光端机的光纤连接器的耦合工艺，应严格按有关要求进行。

(5)在敷设的电缆两端应留适度余量，并标示明显的永久性标记。

(6)监视器的安装位置应使屏幕不受外来光直射，当有不可避免的光时，应加遮光罩遮挡。

(7)监视器的外部可调部分,应暴露在便于操作的位置,可加保护盖。

8.4.6　结束语

广西平钟高速公路段监控系统是一个高标准的高速公路监控系统,它的建成以及所采用的各类设施、各种技术为高速公路的安全使用发挥了十分重要的作用。由于系统设施多,工作量大,在设计、建设和使用中既积累了一些经验,也遇到了许多困难,运行至今有不少教训,这也促使设计人员在不断地总结和提高,从而进一步完善该系统。

8.5　银武高速公路通信系统设计实例分析

高速公路通信网是区域交通专网的重要组成部分,是全国高速公路通信网在一个区域的延伸,是保证高速公路快速、安全、高效运营,实现高速公路现代化管理的重要手段。本节将以银武高速公路(宁夏境)固原至沿川子段通信系统为例进行介绍。

8.5.1　通信系统设计范围、内容及原则

8.5.1.1　设计范围及内容

本通信系统设计范围是:西部大通道银川～武汉公路(宁夏境)固原至沿川子(甘宁交界)段高速公路(全长64.54km)沿线的光缆传输、程控交换、紧急电话、通信电源等工程,设计包括提供传输路由、通信站站址、设备选型要求、通信系统组成等内容,并提出与设计相配合的各通信站的供电要求及土建要求。

8.5.1.2　设计原则及参考的标准

(1)设计原则

固原至沿川子段高速公路通信设施是该路交通工程的重要组成部分,为高速公路的运营管理路政等部门以及收费系统、监控系统提供通信传输手段,本通信工程的主要设计原则是:

①结合固原至沿川子段高速公路的运营管理,满足管理部门、收费系统、监控系统对通信传输的需求,以及今后通信传输业务增长的需求。

②符合国家、信息产业部、交通部相关技术体制,设计规范和技术标准。

③系统设计切合实际,在考虑投资合理的前提下,采用先进的通信技术。

④选用技术成熟可靠的系统和设备。

⑤充分考虑系统的可扩容性。

(2)涉及参考的标准

①中华人民共和国国家标准GB7262.2～7262.3—91《公路通信技术要求及设备配备和组网技术要求》;

②通信行业标准YD5021—96《同步数字系列(SDH)长途光缆传输工程设计暂行规定》;

③通信行业标准YD5021—96《数字同步网工程设计暂行规定》;

④原邮电部YDJ14—91《长途通信干线光缆数字传输系统线路工程设计暂行规定》;

⑤通信行业标准YD2004—92《长途通信干线复用设备安装工程设计规范》;

⑥中国工程建设标准化委员会CEC09:89《工业企业程控用户交换机工程设计规范》;

⑦原邮电部 YDJ20—88《程控电话交换设备安装设计暂行技术规定》;

⑧通信行业标准 YD5040—97《通信电源设备安装设计规范》;

⑨通信行业标准 YD5025—96《长途通信光缆塑料管道工程设计暂行技术规定》;

⑩原邮电部 YDJ26—89《通信局(站)接地设计暂行技术规定(综合楼部分)》。

8.5.1.3 相邻公路通信系统的衔接设计考虑

本路段属于西部大通道银川—武汉公路的一段,北接同心至固原段高速公路,南与西部大通道甘肃境内路段相连,在本次通信系统的设计中预留远期与甘肃境内公路通信联网的接口。同时,在本通信系统的构成方案和联网接口等方面,结合已经设计的同心至固原段高速公路通信系统的设计,预留远期与同心至固原段高速公路通信系统联网的接口。

本路段什字监控通信所与桃沿通信分中心及甘肃相接公路通信系统进行联网,构成干线传输系统。什字监控通信所的交换机预留与桃沿通信分中心和同心监控通信所交换机之间各 1×2MB/s 数字中继方式接口。

8.5.2 工程概述

8.5.2.1 光缆传输工程

(1)系统构成

本路段在什字监控通信所设一个 ADM 站与桃沿通信分中心及甘肃相接公路通信系统进行联网,构成干线传输系统。干线传输系统采用 SDH 系列的 STM-1(155MB/s)光通信系统,预留四芯光纤。区间光缆传输系统是为了什字监控通信所与各收费站、停车区以及隧道变电站之间的通信联络而设置的,采用 SDH 系列的 STM-1(155MB/s)光综合业务接入网设备。区间光缆传输系统由 1 个局端站,6 个远端光通信站构成光综合业务网。光综合业务接入网系统采用四芯光纤构成自愈环保护。

(2)系统配置与通路组织

本工程光缆传输系统主要任务是为本路段各站点之间的语音、数据和图像信息提供传输通道,并且为自治区干线组网预提供传输通道。干线光缆传输系统采用 STM-1 等级 SDH 光同步传输系统,在什字监控通信所设置一套 STM-1 等级 ADM 设备。采用综合业务接入网设备组成区间光传输系统。即在什字停车区、三十里铺隧道变电站、青石嘴匝道收费站、堡子山隧道变电站、下寺匝道收费站、沿川子主线收费站分别安装光网络单元(ONU)设备,在什字监控通信所安装光线路终端(OLT)设备。

(3)网管和公务通信

根据网管系统的特点和管理、维护体制,本路段通信系统由什字监控通信所统一维护管理。所以在什字监控通信所配置一套网元级网管设备,用于对本路段综合业务接入网和通信电源统一网管。

本工程区间传输设置公务通信电路,用于全程各站之间的业务联络。公务电话应具备选址和群呼功能。

(4)时钟同步系统

SDH 时钟同步系统,远期将在宁夏回族自治区高速公路通信中心设置的数字程控交换机时钟为主时钟,同步全自治区通信网的各站设备。近期则以桃沿通信分中心的数字程控交换机时钟为主时钟，同步本区段内各站设备。

(5)光缆的选择

本区段内，光缆拟采用24芯单模波长为1310nm的光纤光缆（含监控和收费系统所需光纤），内部填充油膏，不用充气维护，采用管道方式敷设。

8.5.2.2　程控交换工程

(1)网络构成

本工程在什字监控通信所安装200线数字程控交换机，并相应建设什字停车区、三十里铺隧道变电站、青石嘴匝道收费站、什字隧道变电站、什字监控通信所（与什字匝道收费站、养护工区合建）、刘家沟隧道变电站、堡子山隧道变电站、卡子村隧道变电站、下寺匝道收费站和沿川子主线收费站的站区用户通信线路和安装所需电话分机。

什字监控通信所的交换机预留与桃沿通信分中心和同心监控通信所交换机之间各1×2MB/s数字中继方式接口，同时该交换机以半自动方式接入当地市话网，以沟通和当地各部门之间的联系。在交换机处配备一台话务台和一套话务员设备。

(2)设备选型

本工程中，交换机的选型应能满足本通信网近期和远期的需要，并应具有以下特点：

①产品技术先进、成熟，符合国家标准，并具有有关部门颁发的进网许可证书；

②交换机应采用数字型的，具有V5.2接口及其性能；

③采用全分散控制方式，系统可靠性高，维护工作量小；

④高度模块化的结构设计，可不停机的连续扩容；

⑤组网能力强，具有众多的中继接口、信号方式和灵活的网络管理。

主要技术要求如下：

①端口

接口类型：模拟用户、模拟中继(2W、4W、E&M)；

数字用户：2B+D；

数字中继：(2Mbit/s、30B+D)。

②端口传输能力

用户环路电阻$<1.8k\Omega$；

中继环路电阻$<1.8k\Omega$。

③传输特性

传输特性应符合ITU—TQ.512建议和Q.517建议。

(3)中继方式

什字监控通信所交换机与桃沿通信分中心交换机、同心监控通信所交换机之间均采用全自动中继方式（即DOD^1 + DID）互联。什字监控通信所交换机以半自动中继方式（即DOD^2 + BID）接入当地市话网。

(4)接口与信令

用户口：模拟用户接口Z^1、数字用户接口2B+D、30B+D

接入网接口：V5.2

中继接口及信令：本通信网内交换机之间均设2MB/s数字中继接口，局间信令采用中国

No.7。本交换机接当地市话局采用模拟中继接口，出中继线信令为 LOOP + DTMF，入中继线信令为 25Hz 铃流。

8.5.2.3　紧急电话工程

(1)系统构成

紧急电话系统的职能是：当路上行驶的车辆发生故障或道路出现交通事故时，驾驶人或有关人员可以通过路侧紧急电话及时与紧急电话控制台值班人员联系以求得救助。

本工程在什字监控通信所监控机房设置一套紧急电话控制接收台，负责管辖范围内的紧急电话的接收。紧急电话分机一期按 2km 一对设置，土建按 1km 一对预留。本路段沿线隧道内不设紧急电话分机。紧急电话分机供电采用太阳能 + 蓄电池供电方式，通过太阳能对沿线分机内的免维护蓄电池进行充电，通话时蓄电池提供电源。紧急电话采用共线传输方式，传输电缆采用 HYAT－10×2×0.9。

(2)设备选型

本工程中，设备选型以招标方式确定，本设计中仅提出紧急电话的功能要求。

①紧急电话接收台的基本功能要求：

a.任意一部紧急电话摘机或按键时，接收台应有编号指示和音响告警功能；

b.接收台应有自动录音及自动打印通话时间和紧急电话机编号的功能；

c.采用计算机硬盘录音方式。

②紧急电话机的基本功能要求：

a.单向呼叫，双向通话；

b.使用者一摘机无须拨号即可建立与接收台的通话；

c.每部紧急电话机应有特定的编号。

8.5.2.4　通信电源工程

(1)交流供电

为保证通信设备的正常工作，要求本路段各通信站所在地的专用总配电室提供二路 380V、50Hz 稳定可靠的交流电源至通信电力室交流配电盘。

在什字监控通信所的光传输、程控交换机室设一套 UPS 电源，用于外供交流电源中断时的监控维护终端和计费终端，UPS 的供电时间按 1h 考虑。

紧急电话控制台放置在监控机房，其供电由监控用 UPS 供电。

(2)直流供电

直流供电方式采用浮充制。各站均设两组蓄电池，平时由整流器与蓄电池并联浮充供电。详见“通信电源系统示意图”。

为减少维护工作量，蓄电池采用阀控式密封蓄电池。每组蓄电池容量按 10h 放电计算。

整流器选用高频开关型，并且与交流配电盘、直流配电盘和监控单元组合，构成高频开关组合电源。

8.5.2.5　对接地和机房的要求

(1)接地要求

本工程中，各站按单点接地原理设计，即通信设备的工作接地、保护接地(包括屏蔽接地和防雷接地)共同合用一组接地体的联合接地方式。接地电阻值不大于 1Ω，其他技术要求参见原邮电部 YDJ—26—89《通信局(站)接地设计暂行技术规定(综合楼部分)》。

为保证通信设备昼夜不间断地正常工作,要求供电专业从院内专用变电站引专线(380V、50Hz)接至通信电力室交流配电屏。电力专线采用三相五线制电力电缆,并应直埋敷设。

接地系统的接地体、闭合接地环和接地引入线由房建专业统一设计与施工;接地总汇接铜排以内(含铜排)由通信专业设计与施工。

(2)机房要求

本工程中,各站通信用房由土建设计统一考虑。机房建筑工艺要求如表 8-1 所示。

机房建筑工艺要求　　表 8-1

序号	房间要求	房间种类	通信机械室	电力机械室	监控和计算机室
1	室内最低净高(m)		3.5	3.2	3.5
2	地面均匀布荷(kPa)		≥4.4	≥4.4	≥4.4
3	房间装修	地面	防静电活动地板	水磨石或塑料地板	防静电活动地板
		墙面	浅色乳胶,1.2m 以下涂浅蓝色(或浅绿色)	同左	同左
		顶棚	涂与墙面同色的无光油漆	同左	同左
4	门		玻璃门 门宽 >1.2m	同左	同左
5	窗		双层密闭玻璃滑动窗	同左	同左
6	照明		200lx 设事故照明灯 (机架前)一盏 25W	同左	离地面 0.3m 不小于 300lx
7	交流暗插座		单相插座 4 个 三相插座 3 个	同左	同左
8	事故插座		适当位置设 1 ~2 个距地面 0.3m	同左	同左
9	工作温度 工作湿度		温度:18 ~28℃ 湿度:30% ~75%	同左	同左

8.5.3　高速公路通信业务及其接入特点分析

8.5.3.1　高速公路通信业务

(1)语音业务

语音业务包括业务电话 BT、指令电话 CT、紧急电话 ET、对讲电话(IT)、无线集群、广播系统等。

业务电话 BT 是通信系统基本的通信业务,为高速公路管理局、各公司、各管理所以及高速公路上各种设施(如监控、收费、服务区、停车场、加油站、维修、交警、通信、供配电及养护等)提供内、外业务联系电话。业务电话为全网自动拨号,应与市话公用网汇接,实现高速公路专用网内用户和公网用户间的通话。

指令电话 CT 为在高速公路内部进行交通管理和调度指挥服务,指令电话调度台对分机具有选呼、组呼、令呼等功能,它包括有线指令电话和无线指令电话。为便于交通控制和交警业务调度,在监控中心和分中心可分别设置两套指令电话控制台,以便公路值班人员和交警值班人员使用,指令电话应自成系统。指令电话控制台具有群呼、组呼、单呼、转接及自动录音功能,设置在各路公司内,分监控指令控制台和交警指令控制台,分别控制所辖路段各指令电话机和交警用指令电话机。

紧急电话 ET 是高速公路内部专用的安全报警电话,为高速公路使用者提供紧急呼救求援的通信手段;广播包括路侧道路情报广播及交通信息电台广播。

高速公路语音对讲系统,对于信息传递和收费监管有着重要的作用,因此它在道路机电工程项目中应用也较为普遍。传统的内部对讲系统是在收费站或管理所设置一套对讲主机、在各收费亭设置一台对讲分机。对讲控制主机与收费亭内终端设备构成一个独立封闭的有线对讲系统。

随着高速公路的建设和发展,公路运输的管理已不能仅限于本地的管理,更多的情况是路段全程的管理、路网全域内的管理,出现了诸如"片区划分"、"管理所管收费站"、"一所多站"等管理新模式,要求通过内部对讲系统实现管理所—收费站—收费亭的三级或多级调度,这样不仅系统架构复杂,而且传输线路往往也较长(从几百米至几十公里),所以,传统的音频对讲系统受到了颇多的限制,无法满足在运营管理上的要求。新形势下的对讲系统应具有以下功能。

①收费车道(收费员)与调度台保持热线畅通;

②收费车道之间不得直接通话联系;

③收费站公务电话(业务管理)能与每个收费车道和调度台通话;

④调度台和收费车道联系时可采用单呼、群呼的方式,并能实现录音、监听功能;

⑤整个收费对讲系统能实现多级联网。

(2)数据业务

数据业务包括高速数据业务和低速数据业务。

高速数据业务主要是高速公路收费系统和综合管理信息系统(包括办公自动化系统、路政和养护管理信息系统)计算机通信网络的数据业务。通信系统为其提供传输信道。其中收费系统计算机网络要实现收费站、收费(分)中心、收费总中心的三级收费网络互联,计算机收费局域网的速率一般为 10Mbps/100Mbps。

低速数据业务主要是指外场交通监控数据业务,涵盖数据采集及控制信号,如可变情报板、可变限速标志、车辆检测、气象检测、图像切换等外场设备的控制信息、反馈信息等。

(3)图像业务

图像业务主要是 CCTV 交通监控系统图像及会议电视图像。

CCTV 交通监控系统图像包括收费站中收费车道、收费亭、广场图像以及重要路段和立交桥的外场监控图像。

(4)多媒体业务

多媒体是一种集计算机的交互性、通信的分布性和视听技术的真实性为一体的技术,它应具有良好的人机界面,可以在时间轴上和空间域内进行随意加工处理,并具有时空同步性。因此,多媒体概念在内涵上实际反映的是一种技术。与一般所说的数据通信业务相比,多媒体业务具有以下特征。

①集成性:指的是多媒体通信系统能处理、存储、传输和显示多媒体信息,因此,它是集多

种显示方法、多种传输接口、多种存储压缩格式的通信系统;

②交互性:指的是通信系统中人与系统之间的交流、控制能力。它包括两个方面:其一是人机接口,也就是人在使用系统的终端时,用户终端向用户提供的操作界面;其二是用户终端和系统之间的应用交互通信,如对远程摄像镜头的控制;

③同步性:指的是多媒体通信系统终端上显示的图像、声音和文字信息是以同步方式工作的。同步性是多媒体通信系统最主要的特征之一,也是多媒体通信系统中最困难的技术之一。

多媒体业务主要包括会议业务、电子信函业务、检索业务和采集信息业务。在这些业务中要注意四项关键技术,它们是:数据压缩技术、网络通信技术、媒体同步技术和终端技术。随着这些问题的解决将会推动高速公路通信业务的迅速发展。

8.5.3.2 高速公路通信系统业务接入特点分析

随着信息技术的发展,电信网从提供单纯的话音业务发展到包括语音、数据和图像等多种业务的综合通信网,其发展目标是建设先进的宽带综合业务数字网(B-ISDN)和智能网(IN)。

高速公路通信系统作为行业专网,其发展紧随着电信公网通信技术的发展步伐。从巡逻调度业务看,由简单的无线对讲系统发展到800MHz 数字集群系统从紧急电话系统看,由铜缆/光纤有线紧急电话,发展到专网/公网无线紧急电话;从交换角度看,由简单用户线模拟交换机,发展到具备 ISDN、SSP、V5.2 等业务接入功能的交换机从传输角度看,由小容量微波通信发展到早期 PDH 传输系统,现在基本上是采用 SDH 系列数字光纤传输系统,采取交换 + SDH + 接入网的网络结构形式,把高速公路通信系统中的多种业务融入到一个传输平台。

目前,在高速公路建设发达的省份,如广东、山东、浙江,已经开始着手进行区域内高速公路交通机电工程(通信、收费、监控)联网的方案论证及工程实践,以省为中心的高速公路联网计划和实施已逐步在全国铺开。以路段为基点规划高速公路通信系统网络建设已不能适应时代的要求,必须站在组建全省/全国交通专用通信网的高度来进行网络建设和业务服务规划。在高速公路省域和全国联网实现后,这一庞大的通信专网将成为重要的网络服务资源,在满足自身业务需求的基础上,可以组成经营实体,向公众提供 ISP 服务,主要业务可以涉及以下两个方面:

(1)骨干传输业务租赁服务:高速公路通信网虽然较少进入城域,但具有跨区、省分布的特点,可以向网通、吉通等已进入城域但没有完善的自主通信骨干网的宽带数据业务提供商提供骨干网传输业务租赁服务。

(2)数据业务服务:包括 Internet 接入、IP 电话、视频会议、ASP。

8.5.3.3 高速公路通信网络技术分析

(1)关键技术

从组建全省/全国交通专用通信网的高度看,适合高速公路通信的关键网络技术有 ATM、IP、SDH 和 WDM/DWDM,且这些技术相互融合,产生了各种重叠模型和集成模型,如 ATM Over SDH、IP Over ATM、IP Over SDH、IP Over WDM/Optical。各种技术的特点如下:

①SDH 技术

SDH 是在 PDH(准同步数字体系)的基础上发展起来的,采用时分复用(TDM)技术,加强了组网功能,具有自愈能力。由于固定带宽分配,所以故障路由迂回实为有损迂回。SDH 源于传统通信技术,尤其对实时业务(遥控、遥调、继电保护等)及等时性要求高的视频业务能够很好地支持。现分别从以下几个方面对SDH技术原理进行阐述。

a. SDH帧结构采用的信息结构等级称为同步传送模块STM-N,最基本的模块为STM-1;SDH采用块状的帧结构来承载信息,每帧由纵向9行和横向270列字节组成,每个字节含8bit,整个帧结构分成N段开销区、STM-N净负荷区和管理单元指针(AUPTR)区三个区域,其中段开销区主要用于网络的运行、管理、维护及指配以保证信息能够正常灵活地传送,它又分为再生段开销RSOH和复用段开销MSOH;管理单元指针用来指示净负荷区域内的信息首字节在STM-N帧内的准确位置以便接收时能正确分离净负荷;净负荷区域用于存放真正用于信息业务的比特和少量的用于通道维护管理的通道开销字节。

b. 复用与映射各种业务信号要进入SDH的帧都要经过映射、定位和复用三个步骤:映射是将各种速率的信号先经过码速调整装入相应的标准容器(C),再加入通道开销(POH)形成虚容器(VC)的过程,定位即是将帧偏移信息收进支路单元(TU)或管理单元(AU)的过程;复用则是将多个低阶通道层信号通过码速调整使之进入高阶通道或将多个高阶通道层信号通过码速调整使之进入复用层的过程。

c. 保护SDH保护分为子网连接保护(SNCP)和路径保护,路径保护包括线路系统的复用段保护,环网的复用段保护、环网的通道保护。子网连接保护是交叉连接在先,路径终结在后。路径保护经常用作段层端到端或通道层端到端的保护,而子网连接保护则由用户自由地定义网络连接中需要保护的部分,它可能只是连接的一小部分,也可能是多重保护的部分,当然也可以是端到端的整个网络连接。

d. SDH传输网的组成同步光纤线路系统或SDH微波传送系统、同步复用器(SM)、分插复用器(ADM)和同步数字交叉连接设备(SDXC)是SDH传输网的基本网络单元,能够在基本的传送线路上实现横向兼容性,即允许不同厂家的设备在传送线路上互通。SDH传输网最重要的两个网络单元是终端复用器(TM)和分插复用器。分插复用器的主要任务是将同步复用与数字交叉连接功能综合于一体,具有灵活的分插任意支路信号的能力,在网络设计上有很大的灵活性。终端复用器的主要任务是将低速支路信号和155Mbit /s电信号纳入STMN帧结构,再经CMI(符号反转码)变换后进入传送系统。

②ATM异步传输模式是以信元为基本单位面向连接的交换和传输技术,具有完整的网络层和传输层的各种特性,例如寻址、路由、流控。它是为实现B-ISDN而提出的,实现语音、数字和图像在同一网络上的综合业务交换和传输,并提供服务质量保证QoS和带宽动态分配。ATM是一种非常适合于高速公路业务特点的通信系统网络技术。

③IP面向无连接、在第三层采用统一的地址格式和协议,实现异构网互联的数据网通信技术,在高速公路业务中,计算机收费数据业务比较适合采用IP技术。随着IP Over ATM、IP Over SDH、IP Over WDM/Optical技术的发展,IP正在向话音、视频图像业务扩展,并最终实现Every-thing over IP。

目前,在构建宽带骨干网技术选用上存在着两种技术:一种是ATM核心骨干网,另一种是IP骨干网。由于SDH已被运营商广泛地采用,成为物理网络基础结构,所以前者为ATM Over SDH,后者为IP Over SDH。ATM Over SDH既利用了ATM面向连接的快速交换能力,提供QoS保障;又利用SDH可靠的传输特性。因此从性能、价格和发展态势综合考虑,目前ATM Over SDH技术是高速公路通信系统及其联网技术的首选。宽带IP(IP Over ATM,IP Over SDH、IP

Over WDM 等）技术将是未来交通专用通信网的发展趋势。

（2）SDH 传输技术在高速公路联网中的应用

光纤技术、IP 技术、图像编码技术和异步传输模式（ATM）是 20 世纪 90 年代对网络发展产生巨大影响的四大技术，它们的发展使综合业务数字网成为可能，目前适应高速公路通信系统的网络技术有 SDH、ATM 和 IP 技术。下面将重点论述 SDH 传输技术在高速公路联网中的应用。

在各种宽带光纤网络应用中，采用 SDH 技术作为骨干网络的基础平台是最普遍的。这种系统可称之为有源光接入，主要是为了与基于无源光网络（PON）的接入系统相对比。有数字表明：目前 55% 的光纤采用的是 SDH 技术，在两年内将有 73% 连到用户的光纤采用 SDH 技术。

SDH 技术源自 20 世纪 80 年代美国贝尔通讯研究所提出的 SONET 技术，是 90 年代初期发展起来的一种同步传输技术。至今，SDH 技术已经是一种成熟、标准的技术，在骨干网中被广泛采用，而且价格越来越低。在接入网中应用 SDH 技术，可以将 SDH 技术在核心网中的巨大带宽优势和技术优势带入接入网领域，充分利用 SDH 同步复用、标准化的光接口、强大的网管能力、灵活网络拓扑能力和高可靠性带来的好处，在接入网的建设发展中长期受益。

由于在现行的高速公路 SDH 传输设备中，承载的主要数据类型依然是电话系统。根据电话容量，我们不难算出电话信道对于 SDH 链路的有效应用通常不大于 10%，有的甚至于仅有 1%。我们在很多业务数据、语音、图像苦于无法远程获得的情况下，这种状况的存在显然极不合理。

应该认识到，无论从高速公路的光纤资源，还是高速公路的链路资源都有着不小的空闲和浪费。如前面所述，现行的高速路纷纷由 SDH 设备中辟出多路 2MB/s 数据接口，来接驳数据路由器。但这只是一种权宜之计，并将可能面临以下两个严峻的问题。

①2 MB/s 数据仅能将收费数据进行实时传输，无法传输语音与图像数据，通道不能有效共用，依然要为图像传输寻找专门通道。

②多路 2MB/s 的划分，将会在 SDH 155MB/s ~ 622MB/s 的主干上划出 N 个定制窄带的 2MB/s，使得资源无法相互利用与借鉴。这恰如在 50m 宽的高速路上硬生生地分出 10 个相互隔绝的 5m 宽车道，已失去了高速公路的基本优势。

事实上，SDH 系统的建设不应仅局限于 PSTN 的传输平台，而应是交通信息工程的综合应用平台。根据 ISO/OSI 的网络协议分析并将 SDH 作为广域网络的链路底层，可以采用以下渐进方式。

a. 在 SDH 之上直接复接 2 类设备：程控交换机，用于实现基于电路交换的 PSTN 电话网络；宽带高速率接入的 ATM 交换机或 IP 路由器，用于实现综合数据的集中接入和传输。

b. 当光传送网或高速广域网络技术成熟以后，可直接将 ATM，DPT，千兆网，IPOS 等架构于光纤之上，并将数据与电话系统同步接入。

参考文献

[1] JTG D80—2006 高速公路交通工程及沿线设施设计通用规范[S]. 北京:人民交通出版社,2006.

[2] 陈启美,金凌,王从侠. 高速公路通信收费监控系统构成与进展[M]. 北京:国防工业出版社,2006.

[3] 翁小雄. 高速公路机电系统[M]. 北京:人民交通出版社,2000.

[4] 李峻利,过秀成. 交通工程设施设计[M]. 北京:人民交通出版社,2001.

[5] 孟祥海. 高速公路规划设计与管理[M]. 哈尔滨:哈尔滨工业大学出版社,2006.

[6] JTG F80/2—2004 公路工程质量检验评定标准(第 2 册)机电工程技术手册[S]. 北京:人民交通出版社,2004.

[7] 公路工程机电设施标准汇编[S]. 北京:人民交通出版社,2005.

[8] 林福文. 高速公路交通安全智能监管系统建设研探[A]. 交通部公路司,交通部公路科学研究所. 国际公路安全研讨会论文集[C]. 北京:人民交通出版社,2005:527-534.

[9] 张洋,王笑领,朱岩. 浅谈高速公路交通机电工程[J]. 交通与计算机,2000,18(1):53-54.

[10] 张学锋,陈飚. 湖北省京珠高速公路机电工程总体方案及特点[J]. 交通科技,2000,(6):21-24.

[11] 韩冰. 高速公路机电系统升级的趋势、现状和要点[J]. 高速公路运营技术与管理,2005,(12):61-62.

[12] 高胜辉. 基于 C/S 和 B/S 混合模式的高速公路监控系统设计与实现[A]. 交通部公路司,交通部公路科学研究所. 国际公路安全研讨会论文集[C]. 北京:人民交通出版社,2005:534-540.

[13] 张铁岩,李一兵,殷晓华. 高速公路监控系统软件系统构架与实现[J]. 应用科技,2000,27(3):16-17,20.

[14] 陈平. 高速公路监控系统设计中的几个关键问题[J]. 辽宁交通科技,2003,(3):53-54.

[15] 张杰宏. 高速公路监控系统的设计与实现[D]. 成都:西南交通大学,2004.

[16] 谢战旗. 高速公路视频监控系统研究与设计[D]. 西安:长安大学,2005.

[17] 芦霞,施强. 省内高速公路视频联网方案[A]. 交通部公路司,交通部公路科学研究所. 国际公路安全研讨会论文集[C]. 北京:人民交通出版社,2005:540-545.

[18] 赵祥模,靳引利,张洋. 高速公路监控系统理论及应用[M]. 北京:电子工业出版社,2003.

[19] 刘伟铭,杨兆升. 高速公路系统控制方法[M]. 北京:人民交通出版社,1998.

[20] 李纲. 高速公路监控系统及交通控制策略研究[D]. 西安:长安大学,2006.

[21] 朱松坚. 交通可变信息标志设计研究[D]. 北京:北京工业大学,2007.

[22] 杨兆升,朱中. 交通流诱导的信息系统研究[J]. 公路交通科技,1999,16(4):34-38.

[23] 黄逊. 浅谈高速公路监控系统施工技术分析[J]. 广东科技,2007,(168):138-139.
[24] 王文逾. 高速公路可变情报板的设计与功能[J]. 科技情报开发与经济,2005,15(16):225-226.
[25] 叶俊明. 高速公路监控系统施工技术[J]. 中国西部科技,2004,(4):46-47.
[26] 王红燕,潘勇,高远望,等. 浅谈高速公路监控系统防雷[J]. 公路交通科技,2006:175-176.
[27] 赵祥模,关可,靳引利. 高速公路通信系统理论及应用[M]. 北京:电子工业出版社,2003.
[28] 郭元术. 高速公路通信[M]. 北京:人民交通出版社,2002.
[29] 张晋,多文英. 关于高速公路交通工程机电系统建设的几点思考[J]. 山西机械,2000,增刊2:62.
[30] 汪建平,邓云塘,钱公权. 道路照明[M]. 上海:复旦大学出版社,2005.
[31] 刘延新,于爱国,朱东辉. 高速公路监控通信管理[M]. 北京:人民交通出版社,2002.
[32] 李峻利,过秀成. 交通工程设施设计[M]. 北京:人民交通出版社,2001.
[33] 濮荣强,汪炳权. 数字交换技术的现状与前景[J]. 安徽大学学报(自然科学版),1999,23(4):49-53,59.
[34] 李兴林. 公路通信的现状与作用[J]. 电信技术,2003,(4):3-5.
[35] 安明伟,陈启美. 基于高速公路通信网的VoIP实现及应用[J]. 电子产品世界,2006,(75):127-129.
[36] 俞博,李文远,施培俊. 防雷接地系统施工质量通病及其控制[J]. 建筑管理现代化,2006,(1):63-65.
[37] 孙金海. 高速公路通信技术发展趋势[J]. 交通世界,2007:73-75.
[38] 刘志宁,唐正锋,翟洪涛. 铜川至黄陵高速公路通信系统设计[J]. 中国交通信息产业,2006,(12):112-113.
[39] 王高爽,张勇. 高速公路通信系统优化及故障处理[J]. 北方交通,2006,(10):68-70.
[40] 张昊. 高速公路通信网络技术方案比较分析[J]. 交通与计算机,2006,24(5):67-70,74.
[41] 陈昱覙,陈强,赵忠阳. 高速公路通信传输系统的设计实现及应用[J]. 北方交通,2006,(4):87-89.
[42] 曲晋,窦旭东. 高速公路通信管道的设计与施工之我见[J]. 黑龙江交通科技,2006,29(10):101-102.
[43] 郭敏. 高速公路收费系统[M]. 北京:人民交通出版社,2002.
[44] John,Toll Facilities in United States[M]. Federal Highway Adminisrtation of USA,2001.
[45] 中华人民共和国交通部. 中华人民共和国交通部高速公路联网收费技术要求[M]. 北京:人民交通出版社,2000.
[46] 刘伟铭,王哲人,郑西涛,等. 高速公路收费系统理论与方法[M]. 北京:人民交通出版社,2001.
[47] 王联明,刘文刚. 高速公路不停车收费系统设计[J]. 山西电子技术,2000,(5):25-26,48.

[48] 许宏科,赵祥模,关可. 高速公路收费系统理论及应用[M]. 北京:电子工业出版社,2003.
[49] 黄卫. 高速公路数据库应用技术[M]. 北京:科学出版社,2002.
[50] 张晓红. 车道收费系统设计[J]. 丹东纺专学报,2005,12(1):26-38.
[51] 郑其俊. 高等级公路收费系统设计中几个问题的探讨[J]. 交通与计算机,1998,16(2):30-33.
[52] 王晓红. 高速公路收费系统应用软件的设计与实现[J]. 交通标准化,2001,(4):21-24.
[53] 阚红星. 封闭式高速公路电脑收费系统的设计与实现[J]. 交通与计算机,1998,16(4):15-19.
[54] 雷莉. 辽宁省高速公路收费系统组成及功能[J]. 辽宁交通科技,2003,(2):52-53.
[55] 张明,吴玉清. 高速公路自动化收费系统设计方案[J]. 东北公路 ,1997,20(4):3-7.
[56] 韩优良. 高速公路收费系统设计方案探讨[J]. 山西建筑,2007,33(25):313-314.
[57] 崔士伟. 河北省京沪高速公路收费系统设计[J]. 交通世界,2003,(9):50-51.
[58] 杨晓光,张汝华,储浩,等. 基于高速公路收费系统的交通信息采集与处理基本问题研究[J]. 系统工程,2004,22(11):4-11.
[59] 毕壮志. 高速公路收费系统的维护和管理[J]. 中国交通信息产业,2005,(4):119-121.
[60] 戴伟,林昕,陈为民,等. 高速公路收费系统关键技术分析[J]. A&S:国际中文版,2005,(5):124-126.

[61] 刘跃军,王芳,徐健,等. 高速公路收费系统的防雷保护措施[J]. 应用能源技术,2005,(4):11-13.
[62] 何兴高,李凌飞. 高速公路收费系统的设计与实现[J]. 计算机应用,2002,22(5):80-82.
[63] 刘大春,王路. 山东高速公路收费系统联网试运行[J]. 中外公路,2003,23(1):57.
[64] 马钺,苏衍斌. 高速公路收费系统联网技术[J]. 计算机工程,2003,29(3):158-160.
[65] 叶忠杰. 高速公路收费系统与 ETC 技术[J]. 山西交通科技,2003,(1):12-14.
[66] 张飞军,丛广岩. 高速公路收费系统的联网[J]. 吉林交通科技,1997,(4):49-50.
[67] 赵祥模,关可,靳引利. 高速公路供配电照明系统理论及应用[M]. 北京:电子工业出版社,2003.
[68] 余为干,卢敏. 雷电对高速公路房建机电工程的影响及对策分析[A]. 交通部公路司,交通部公路科学研究所. 国际公路安全研讨会论文集[C]. 北京:人民交通出版社,2005:419-422.
[69] GB50116—98 火灾自动报警系统设计规范[S]. 北京:中国计划出版社,1999.
[70] 王卫平. 典型的高速公路隧道火灾自动检测报警系统的比较研究[D]. 重庆:重庆大学,2005.
[71] 曹立军. 分布式光纤温度测量及数据处理技术研究[D]. 合肥:合肥工业大学,2006.
[72] 张杨,陈启军. 常用隧道火灾探测器:原理、应用及研究动态[J]. 隧道监测、控制技术,2006.
[73] 马丽香,刘国斌. 公路隧道火灾自动报警探测器技术的选择[J]. 科技情报开发与经济,2006,16(13):259-260.

[74] 毛义永. 公路隧道火灾探测器选择探讨[J]. 中国三峡建设,1997,4(6):22-23.
[75] 孙湛. 公路隧道用光纤 Bragg 光栅火灾探测器及系统[D]. 西安:西安科技大学,2006.
[76] 董文辉,李永峰. 隧道火灾自动报警系统的应用[A]. 国际安全科学与技术学术研讨会论文集[C]. 北京:人民交通出版社,2006.
[77] 曾盛. 隧道火灾报警系统的应用[J]. 现代隧道技术,2005,42(1):48-51.
[78] 吕康成. 公路隧道运营管理[M]. 北京:人民交通出版社,2006.
[79] 陈建勋,王华牢. 高速公路隧道通风设计[J]. 公路,1998,(9):32-35,51.
[80] 韩直. 公路隧道通风设计的理念与方法[J]. 地下空间与工程学报,2005,1(3):464-466.
[81] 方金珍. 公路隧道消防设计与探讨[J]. 工业用水与废水,2003,34(3):67-69.
[82] 杨红. 浅谈公路隧道工程的机电系统的设计[J]. 科技咨询导报,2007,(2):73.
[83] 王幼竹. 浅谈隧道的消防系统[J]. 福建建筑,2006,102(6):115-116,128.
[84] 肖志祥. 利用涌水的公路隧道消防供水系统[J]. 现代隧道技术,2006,43(2):77-79.
[85] 周金忠,黄代青. 长大公路隧道消防设计探讨[J]. 西部探矿工程,2003,15(8):87-88.
[86] 王永东,夏永旭. 公路隧道通风设计中若干问题的探讨[J]. 公路,2006,(2):181-183.
[87] 苏立勇. 公路隧道通风设计问题分析[J]. 现代隧道技术,2005,42(5):26-31.
[88] 谢朝军. 公路隧道通风设计的新观念[J]. 世界隧道,2000,(6):59-62.
[89] 窦占翔. 隧道消防系统灭火设施的合理性设置[J]. 中国交通信息产业,2004,(10):131-133.
[90] 李兵. 浅谈隧道消防系统设计[J]. 科技资讯,2006,(1):41-42.
[91] 邓志. 高速公路隧道消防系统工程设计总结[J]. 中国科技信息,2005,(10):107.
[92] 赵忠杰. 公路隧道机电工程[M]. 北京:人民交通出版社. 2007.
[93] JTG D70—2004 公路隧道设计规范[S]. 北京:人民交通出版社,2004.
[94] JTJ026.1—1999 公路隧道通风照明设计规范[S]. 北京:人民交通出版社,2000.
[95] JTG/T D71—2004 公路隧道交通工程设计规范[S]. 北京:人民交通出版社,2004.